U0457751

丛书总主编／马怀德

中国政法大学新兴交叉学科研究生精品教材
"中国政法大学体育法治研究基地"

体育法导论

主　编◎马宏俊
副主编◎姜　涛
撰稿人◎(按撰写章节顺序)

马宏俊　王银宏　张笑世
王小平　姜　涛　闫成栋
赵　毅　戎　朝　上官凯云
裴　洋　陈华荣　马法超
袁　钢　姜　熙　罗小霜

TIYUFA DAOLUN

中国政法大学出版社

2021·北京

作者简介

马宏俊（主编、第一章），中国政法大学教授，体育法治研究基地主任，中国体育科学学会常务理事，中国法学会法律文书学研究会会长，中国法学会体育法学研究会副会长。

姜　涛（副主编、第五章），中国政法大学副教授，体育法研究所副所长，中国法学会体育法学研究会副秘书长，国家体育总局反兴奋剂中心听证委员会委员，法学博士。

王银宏（第二章），中国政法大学副教授，博士生导师，教育部人文社会科学重点研究基地中国政法大学法律史学研究院副院长，法学博士。

张笑世（第三章），中国政法大学教授，中国法学会体育法学研究会副秘书长。

王小平（第四章），中国政法大学教授，中国法学会体育法学研究会常务副会长，中国足协纪律委员会主任。

闫成栋（第六章），南京体育学院教授，教育学博士，法学博士后。

赵　毅（第七章），苏州大学王健法学院教授，院长助理，博士生导师，法学博士。

戎　朝（第八章），上海邦信阳中建中汇律师事务所合伙人。

上官凯云（第八章），上海邦信阳中建中汇律师事务所律师。

裴　洋（第九章），北京师范大学副教授，硕士生导师，国家体育总局反兴奋剂中心听证委员会委员，法学博士。

陈华荣（第十章），运城学院教授，政法系主任，体育学博士。

马法超（第十一章），中央财经大学副教授，体育学博士。

袁　钢（第十二章），中国政法大学教授，博士生导师，体育法研究所所长，中国法学会法律文书学研究会副秘书长，中国法学会体育法学研究会常务理事，法学博士。

姜　熙（第十三章），上海政法学院副教授，体育法治研究院副院长，中国法学会体育法学研究会副秘书长，国家体育总局反兴奋剂中心听证委员会委员，体育学博士。

罗小霜（第十四章），中国政法大学教师，法学博士。

总　序

　　2017 年 5 月 3 日，在中国政法大学建校 65 周年前夕，习近平总书记考察中国政法大学并发表重要讲话。他强调，全面推进依法治国是一项长期而重大的历史任务，要坚持中国特色社会主义法治道路，坚持以马克思主义法学思想和中国特色社会主义法治理论为指导，立德树人，德法兼修，培养大批高素质法治人才。推进全面依法治国既要着眼长远、打好基础、建好制度，又要立足当前、突出重点、扎实工作。建设法治国家、法治政府、法治社会，实现科学立法、严格执法、公正司法、全民守法，都离不开一支高素质的法治工作队伍。法治人才培养上不去，法治领域不能人才辈出，全面依法治国就不可能做好。

　　习近平总书记强调，没有正确的法治理论引领，就不可能有正确的法治实践。高校作为法治人才培养的第一阵地，要充分利用学科齐全、人才密集的优势，加强法治及其相关领域基础性问题的研究，对复杂现实进行深入分析、作出科学总结，提炼规律性认识，为完善中国特色社会主义法治体系、建设社会主义法治国家提供理论支撑。法学学科体系建设对于法治人才培养至关重要。我们有我们的历史文化，有我们的体制机制，有我们的国情，我们的国家治理有其他国家不可比拟的特殊性和复杂性，也有我们自己长期积累的经验和优势，在法学学科体系建设上要有底气、有自信。要以我为主、兼收并蓄、突出特色，深入研究和解决好为谁教、教什么、教给谁、怎样教的问题，努力以中国智慧、中国实践为世界法治文明建设作出贡献。对世界上的优秀法治文明成果，要积极吸收借鉴，也要加以甄别，有选择地吸收和转化，不能囫囵吞枣、照搬照抄。

当前，我们正处于中华民族伟大复兴战略全局和世界百年未有之大变局之中，面对深刻的社会变革、复杂的法治实践和日新月异的科技发展，我们必须清醒认识到，我国法学学科体系存在学科结构不尽合理、社会急需的新兴学科供给不足、交叉融合不够、学科知识容量亟待拓展等深层次问题，需要加快构建具有中国特色和国际竞争力的法学学科体系。正如习近平总书记深刻指出的那样："我国高校学科结构不尽合理，课程体系不够完善，新兴学科开设不足，法学与其他学科的交叉融合不够。"近年来出现的教育法、网络法、卫生法、体育法、能源法、娱乐法、法律与经济等新兴法律领域和交叉学科，已经开始挑战固有的法学学科秩序，带来法学学科创新发展的新机遇。健全法学学科体系，重点在于创新法学学科体系，必须大力扶植法学新兴学科和交叉学科的发展。学科体系建设同教材体系建设密不可分。要培养出优秀的法治人才，教材体系建设是重要基础性工作。中国政法大学作为中国法学教育的最高学府，可以利用其学科齐全、人才密集的优势开展法学新兴交叉学科教材的编写工作，促进法学新兴交叉学科的建设。

编写法学新兴交叉学科教材是落实全面依法治国要求，大力发展法学新兴交叉学科的需要。十八大以来，全面依法治国进入快车道，对法学学科体系建设提出了新要求，构建中国特色法学体系特别是学科体系、教材体系刻不容缓。2020年9月，教育部等三部委联合下发了《关于加快新时代研究生教育改革发展的意见》，该意见明确提出，要加快学科专业结构调整、加强课程教材建设。推进法学新兴交叉学科发展、加强法学新兴交叉学科教材建设，是我校落实全面依法治国要求、加快法学学科体系和法学课程教材建设的应有之义和具体措施。

编写法学新兴交叉学科教材是推动法学教育事业，培养复合型、创新型人才的需要。随着经济社会快速发展，社会急需复合型、创新型人才。在法学领域，急需既懂法律，又懂专业技术和其他社科知识的复合型、创新型人才。特别是熟悉监察法、党内法规、大数据、人工智能、共享经济、数字货币、基因编辑、5G技术等方面的人才奇缺，研究也不深入。为此，急需建立一批法学新兴交叉学科专业，开设更多新兴交叉学科课程，努力培养社会急需的复合型、创新型法治人才。中国政法大学在回应新技术革新对法治的挑战，培养创新型、复合型人才方面一直在积极探索、努力耕耘。近年来，我校相继设立了一批科研机构（包括数据法治研究院、资本金融研究院、互联网金融法律研究院、党内法规研究所等），开设了一批新兴交叉学科课程。为发展新兴交叉学科，推动法治人才培养取得实效，必须推进法学新兴交叉学科教材建设。

编写法学新兴交叉学科教材是引领世界法学学科发展潮流，构建中国特色法学学科体系的需要。近年来，许多国家法学新兴交叉学科发展迅速。例如，美国推动法经济学、法社会学、法政治学、法心理学、法人类学等新兴交叉学科建设，在世界范围内产生较大影响。中国要引领法学学科发展，必须打破法学内部的学科壁垒，扩充法学学科的知识容量，推进法学和其他学科的交叉与融合。习近平总书记指出，要按照立足中国、借鉴国外，挖掘历史、把握当代，关怀人类、面向未来的思路，体现继承性、民族性、原创性、时代性、系统性、专业性，加快构建中国特色哲学社会科学。我们要在借鉴国外有益经验的基础上，努力建设既体现中国特色、中国风格、中国气派，又具有国际竞争力，能够引领世界发展潮流的法学学科体系。

推出这套法学新兴交叉学科精品教材，希望可以积极推动我国法学教育新的发展方向，做法学新兴交叉学科建设的探路者。我们深知，合抱之木，生于毫末；九层之台，起于累土。希望这套精品教材的推出能够成为一个良好开端，为推进我国法学新兴交叉学科发展尽绵薄之力。经过一段时间的努力，相信一定能够建成具有中国特色、中国风格、中国气派，符合时代要求、引领世界法学学科发展的我国法学新兴交叉学科。

是为序。

马怀德

2021 年 9 月 9 日

编写说明

—❧❧❧❀❧❧❧—

作为一门新兴交叉学科，体育法学近年来在我国处于快速发展的阶段。尤其是近年来，随着孙杨仲裁案等诸多热点案件的广泛传播，体育法逐渐走入国人的视野，让人们意识到这一领域原来有如此众多的法律现象值得重视，有如此独特的法理需要精研。

在体育发达国家，体育法的研究其实已经非常深入而广泛。尤其是伴随着国际奥林匹克运动的蓬勃发展和各种职业体育赛事的普及，体育产业在许多国家具备了相当的规模。与此相应，也必然产生出大量的法律问题。这些法律问题有的可以归属于传统的法律部门，如合同法、知识产权法等，但是，也有许多则呈现出鲜明的体育特殊性，很难在传统法律体系之内找到适合的规范依据。故此，体育法在许多国家已经发展得相当成熟，为体育领域定分止争起到了重要的准绳作用。

我国自1995年颁布《中华人民共和国体育法》之后，体育法作为一个学科也开始进入人们的视野。尤其是2008年北京奥运会之后，更是取得了长足的发展。在这个消费转型、产业结构升级的新时代，一方面，体育领域的诸多社会现象由于曝光度高而极易成为热点事件，引发社会关注，具有较强的公共性；另一方面，国民生活方式的演进，使得体育消费不断升级，体育产业在我国也正在成为新兴朝阳产业。这两方面的因素，使得体育法律现象在21世纪的中国越来越受到人们关注。体育法学的研究也步入了快车道。

近十余年来，我国多所高校都开启了体育法学的研究生教育，因而也对相应的课程建设、教材建设提出了崭新的要求。然而，专门的体育法学教材在我国目前还屈指可数，且大多针对本科教育。2019年初，中国政法大学正式设立了体育法研究所，这是我国第一个专门从事体育法教学和研究工作的在编机构。

体育法研究所的成立，理应为我国体育法学科建设起到学术引领作用，带动全国体育法学整体研究水平，为学科建设提供重要的平台和纽带。为此，中国政法大学体育法研究所聚合国内体育法学界中坚研究力量，撰写了本教材，与本系列中其他教材一起，展现出蓬勃发展的法学各交叉学科的风采。

本教材立足于学科特点，从体育法具体案例入手，引发读者对各章具体内容的思考，注重理论与实践、国际与国内、法学与体育的对比和结合。需要说明的是，由于近年来我国体育法治处于快速发展当中，包括《中华人民共和国体育法》在内的诸多法律和规则都可能因为修订而处于变动之中，因此本教材在客观介绍现行体育法律制度的同时，也力求通过对相关体育法理论的阐发而体现教材内容一定的前瞻性。由于我们的水平有限，教材中如有错漏，敬请读者指正。

具体写作分工如下：

马宏俊：前言、第一章、后记；

王银宏：第二章；

张笑世：第三章；

王小平：第四章；

姜　涛：第五章；

闫成栋：第六章；

赵　毅：第七章；

戎　朝、上官凯云：第八章；

裴　洋：第九章；

陈华荣：第十章；

马法超：第十一章；

袁钢：第十二章；

姜　熙：第十三章；

罗小霜：第十四章。

编　者

于 2021 年 5 月 1 日

目
录 Contents

第一章 ·

体育法概论

【引例】2020 年 2 月 28 日，国际体育仲裁院宣布了世界反兴奋剂机构诉中国游泳运动员孙杨和国际游泳联合会一案的一审仲裁结果——孙杨被禁赛 8 年。这个案件引起了大众的关注。而该案件中所涉及的运动员需要遵守的《国际游泳联合会反兴奋剂规则》、国际体育仲裁院仲裁规则等是否属于我国体育法的范围呢？本章将厘清体育法若干基本概念。

【目标】掌握体育法的概念、本质、特征、体育法律关系、体育法律体系以及体育法与其他部门法的关系等基础知识，对体育法相关法律知识形成基础性的认知。

第一节　体育法概述

界定体育法的概念，分析体育法的研究对象、本质以及特征是体育法研究的基本问题，其有助于论证体育法学作为一门部门法学科的意义与价值。

一、体育法的概念

"体育"一词最早是于 19 世纪初由日本传到我国的，是从教育的角度提出来的。从体育的功能来看，体育即身体教育，指借助体育运动促进人的身心健康全面发展。①体育法作为法的一部分，确定其概念首先要确定法的概念。法的产生同阶级社会的产生有着密切的联系，是社会发展的产物。根据法律基础理论，法是由一定物质生活条件决定的体现立法者意志的行为规范体系，其以权利和义务为内容，具有国家意志性。明确法的概念后，我们需要结合体育自

---

① 参见梁红梅、李金龙、李梦桐："体育概念的重新界定"，载《北京体育大学学报》2014 年第 1 期。

身的特点、概念进一步探究体育法的概念。

学界对于体育法概念的争论可谓从未停息，甚至对于体育法是否是一个独立的学科都尚未达成一致。国外学者对于体育法是否具有独立性这一问题的主张，可简单分为三种类型：否定说、折中说和独立说。其中否定说主要是否定了体育法独立存在的可能性，认为体育法难以成为独立的法律部门，否认该领域法律资料的特殊性。折中说主要认为体育法尚在发展阶段，其认为虽然单独适用于体育的法律不多见，但存在着作用于体育领域的法律资料，承认了该领域的法律资料具有特殊性，有可能成为独立的法律部门，只是尚不成熟，所以没有直接使用"体育法"的表述，而使用了"体育与法律"等类似的表述。而独立说则承认体育法具有独立性，主张专门的体育立法和判例的大量产生，丰富了体育法的理论，而且有持续发展的趋势，因而体育法具有独立性。^①我国对于体育法是否具有独立性持肯定观点的学者越来越多，这也是进一步研究体育法概念的基础。

目前我国对于体育法概念并没有明确的法律予以规定，学界对于体育法概念亦有着不同的观点。传统上对于体育法的概念可作如下理解：从法的制定角度，体育法同其他法律一样，在国家机关依照法定程序制定或认可后成立。从法的意志角度，体育法是国家意志落实到体育领域后的另一种表现。从法的形成角度，为调整体育活动过程中产生的系列社会关系，会形成系列法律规范，这些法律规范的总和就是体育法。与法律一样，体育法可作广义和狭义理解。前者涵盖所有对社会体育关系进行调整的法律规范，除法律法规外，还有规章、地方法规、规范性文件等；后者可理解为《中华人民共和国体育法》（以下简称《体育法》）。^②

但是上述传统上对于体育法概念的观点仍然局限于实定法的范畴，忽视了非由国家制定或认可但在实践中发挥着实际规范体育法律关系和体育行为作用的体育习惯、体育行业规则等的存在。还有一些由非政府组织制定的、非国家强制力保障实施的国际性体育组织的章程、国际性争端解决规则（如国际体育仲裁院制定的仲裁规则以及在仲裁实践中形成的判例规则）等，这些能否成为体育法的一部分呢？

在传统法律一元视角之外，体育法概念还可以在法律多元视角下理解，即不应把国家制定或认可作为体育法成立的前提，还有各种非国家法。在此视角

---

① 参见唐勇："体育法概念的甄别"，载《体育科学》2013 年第 3 期。

② 参见董小龙、郭春玲主编：《体育法学》，法律出版社 2006 年版，第 7 页。

下，体育法主要由国家制定或认可的体育国家法和以社会权威机构制定或认可的体育活动中的自主性规则、人们遵守体育活动的承诺为主要内容的体育固有法组成（体育固有法又可称为体育行业管理规范）。① 需要注意的是，实践中创造出的行业管理规范在发展、适用中，可能会经历国家立法阶段，成为具有公力强制性的体育国家法。此角度下，可以将体育法定义为构建体育社会秩序和体育行业秩序的规范体系。②

　　早期传统法律一元视角下的体育法概念占主流地位，但随着时间的推移和研究的深入，尤其当今社会体育自治的趋势越来越明显，实践中许多体育问题难以完全通过适用法律去解决，需要法律对体育有必要的宽容，因而采用法律多元视角下的体育法概念，即广义的体育法概念更适合社会的发展，有利于提升体育行业自治的作用和地位。因而我们可以将体育法的范围作扩大理解，将那些非国家制定或认可的体育规则、国际性争端解决规则等均纳入体育法的范围。国家法律只是社会生活中存在的各种规范中的一种，③ 体育法不仅是指体育法律规范，实践中众多的体育行业管理规范应纳入体育法的范畴，这样才能更好地发挥体育法的作用，解决实践中的诸多问题。综上，体育法概念可从广义和狭义两个角度理解，前者即调整体育领域内各种社会关系的规范体系，包括国家体育法、国际体育法和体育行业管理规范三部分；后者指由国家制定或认可的、调整体育领域内各种社会关系的法律规范体系。

二、体育法的本质

　　根据国家法的概念：国家意志通过各种政策文件固定，体育法（狭义体育法，下同）则是国家意志在体育领域内的体现；另一方面体育法作为法的重要组成部分，立足于现实的物质生活条件。这一点通过重新回顾体育法治制度建设的历史便可以看出。新中国成立之初，由于国民身体素质普遍比较低下，但在当时的国防和生产建设需要拥有强健体魄的人，因而在这一时期，提升国民身体素质、群众体育等成为国家体育工作的重点，并以政策文件等形式将其固定下来，借助立法保障体育工作的有序进行，如制定了《关于改善各级学校学生健康状况的决定》。随着群众体育的广泛开展，国民运动水平得到提高，体育法治建设开始向提升竞技实力等与竞技体育有关的方面发展，竞技体育开始

---

① 参见周爱光："法哲学视野中的体育法概念"，载《体育科学》2010 年第 6 期。

② 参见向会英、谭小勇、姜熙："法律多元视角下的体育法概念"，载《武汉体育学院学报》2015 年第 4 期。

③ 参见谭小勇、姜熙："全球体育法引论"，载《体育科学》2011 年第 11 期。

登上体育工作的舞台，如 1956 年国家体委提出了"加速开展群众性的体育运动，在广泛的群众运动的基础上努力提高运动技术"的方针。

改革开放以后，举国体制、全民健身等成为时代主题，体育法治制度建设在改革开放的大背景下也开始了一个新的阶段，我国的体育法律体系逐渐形成。比如《体育法》的颁布实施及《全民健身条例》等多部重要的行政法规的出台。不过随着改革的深入，体育法领域内也出现了许多的新的问题，比如政府管理与社会化的矛盾，社会主义市场经济体制给体育法领域带来的新的要求。体育法只有立足现实的物质生活条件，及时调整，才能稳步发展。体育改革提上日程，比如推进体育行政审批制度改革、简政放权，体育自治趋势愈发明显，体育法治功能由"行政性"向"社会性"转变。以往认为体育法的调整对象或归于行政法调整，或在行政法下设立部门分支的看法已经不能适应现在的发展，体育法应作为一个独立的部门学科。①另外我们还需要看到，体育难以躲避经济全球化浪潮的冲击，由此带来了一系列全球体育法律治理的问题。如何更好地处理国际体育法、非国家制定或认可的全球体育法与国内体育法之间的关系，也是非常重要的问题，体育法未来的发展要立足于现实的物质生活条件。

综上所述，我们认为体育法的本质是由现实的物质生活条件所决定的，是国家意志在体育领域的体现。

三、体育法的特征

（一）规范性

体育法从存在形态看，首先作为一种行为规范，具有规范性。体育法确定了体育运动的当事人在体育社会关系中的各项权利与义务，规定了体育领域内各主体的行为模式，提供相应的活动标准，指导人们可以为、应当为或者不能为某种行为，影响人们的行为。

（二）综合性

体育法的调整对象具有综合性。体育法调整的体育领域内的各项社会关系的主体具有复杂多样性。从国家到公民均可以成为体育法的主体，且他们的权利、义务因受到不同法律法规的影响而出现了差异。比如，在学校体育领域，体育法的主体涉及学生的法定监护人和在校学生等；对于体育竞技赛事来说，涉及裁判、运动员以及各体育组织等。体育社会关系也因此变得复杂，涵盖平

---

① 参见张家喜、瞿国凯："关于体育法地位的几种学说"，载《天津体育学院学报》2006 年第 1 期。

等主体之间的竞争协作关系，也有不平等主体之间的体育管理关系，等等。再加上体育本身的国际性等特点，使得体育社会关系的类型复杂多样。

体育法的调整手段具有综合性。比如在不平等的体育管理关系中，可能会涉及行政监督检查、奖励与处罚等；在平等的竞争协作关系中，可能会涉及民事调整的手段；如果涉及刑事犯罪，就要适用刑事调整手段，例如最高人民法院就有关兴奋剂犯罪问题出台了相关司法解释。而对于一些涉外的体育社会关系，还需要与国际法和国际惯例的调整方法接轨。

（三）社会性

体育法具有社会性，有保障公民平等地享有体育权利、维护社会利益、执行社会公共事务的职能。体育是人类作用于自身的改造活动，是人类有目的、有意识的一种社会活动，是一项社会公益事业，具有维系社会公共利益的功能。①体育不以民族、意识形态等为界限，活跃在整个人类社会，体育语言是全球性的，在各国间无阻碍交流。尤其是改革开放以来，体育在我国的社会作用不断增强，体育以为社会、公共利益服务为主导思想，具有明显的社会性。而反映此规律的体育法也因此而具有社会性。比如制定《全民健身条例》的目的便是保障公民在全民健身活动中的合法权利，其体现了为公共利益服务的思想；再如针对体育中的弱势群体，《体育法》第16条强调了政府应为老年人、残疾人参加体育活动提供方便；面对地区之间发展不平衡的问题，《体育法》第6条也提到国家对于少数民族地区的体育事业要加以扶持。

（四）技术性

体育法具有技术性。体育法调整体育社会关系，其制定依据在于发展体育事业。体育有其自身的规律与特点，体育法律规范需要把体育领域中涉及的体育运动技术规范、体育赛事活动的标准与规则、体育配套设施的使用规范等内容吸收进来。而这些具有很强的专业性、技术性特征。在体育法中，有许多有关体育运动技术规范和法律相结合的内容。如《体育法》第30条中对运动员、裁判员技术等级以及教练员专业技术职务等级制度的规定。而对于这些等级制度的确定，不仅需要熟知法律规范，而且需要一定的专业知识与技术能力。再比如《反兴奋剂条例》中有大量的条文涉及许多专业性很强的名词，比如第8条规定中提到的"蛋白同化制剂""肽类激素"等词语具有极强的专业性。

---

① 参见于善旭："论体育法的基本特征"，载《天津体育学院学报》1994年第4期。

第二节　体育法律关系

一、体育法律关系的概念

"法律关系是根据法律规范（狭义国家法）产生，以主体之间的权利与义务关系的形式表现出来的特殊的社会关系。"[①]体育法作为法的一部分，在调整体育领域内各种关系时，形成了以体育权利和体育义务为主要内容的体育法律关系。体育法律关系是体育法律规范调整各种体育社会关系的具体结果，是体育领域中的各主体因追求一定的利益需求而在各种体育活动中形成的一种特殊的社会关系。体育法律关系兼具法律关系的一般特征及其自身特殊性。

二、体育法律关系的要素

（一）体育法律关系的主体

通常将参与法律关系的权利享有者和义务承担者看作是法律关系的主体。因而参与到体育法律关系中，并在该关系中享有权利和承担义务的人或组织可看作体育法律关系的主体。[②]它主要是指公民和法人，国家是特殊主体。体育法律关系的主体具有广泛性，只要能够参与到体育法律关系中，均可以成为体育法律关系的主体。综上，我们得出参与且在体育法律关系中享有相应的权利及承担相应义务的人或组织即体育法律关系的主体。对于我国而言，体育法律关系主体可以分为以下几类：

1. 自然人。我国公民属于自然人的范畴。另外居住在我国境内或在此活动的外国公民或者无国籍人士，也属于自然人的范畴。当自然人参与到体育活动中，并形成具体的体育法律关系时，他们便成了体育法律关系的主体。例如学校运动会中的参赛学生，体育竞赛中的裁判员、运动员等。

2. 法人和其他组织。体育法律关系中的法人和其他组织主要由与体育相关的行政机关和各种企业事业组织和社会团体组成。法人主体主要有以下几种：一是体育行政机关，如国家、地方体育局，国家各种机关中负责体育事务的行政部门；二是营利体育法人，如体育公司、俱乐部等；三是非营利法人，如各

---

① 《法理学》编写组编：《法理学》，人民出版社 2010 年版，第 111 页。
② 参见张家喜、沈建华："体育法主体理论的研究"，载《体育文化导刊》2005 年第 9 期。

种体育协会、体育事业单位。以上三类主体统称为体育法人，它们也满足法人应具备的条件。

3. 国家。我国作为一个主权国家，对内可作为法律关系的特殊主体，对外可作为国际法律关系的主体。如在奥运会和其他赛事的申办以及举办中，国家便成了体育法律关系的主体。

（二）体育法律关系的客体

法律关系的客体即法律关系主体之间的权利和义务所指向的对象。一般包括以下几类：

1. 物。体育法律关系中的物应具备以下三个特征：首先，该物必须是能够给体育法律关系主体带来一定物质利益的，比如运动员在比赛时所使用的各种体育器材均可作为体育法律关系的客体；其次，该物必须受到体育法律关系主体的支配，体育法律关系主体难以支配的物，无法成为其客体；最后，该物必须是体育法所认可的独立存在的物，否则无法成为体育法律关系的客体。①

2. 精神产品。精神产品是非物质财富，是人们的精神活动通过有形物质等固定化后形成的结果。精神产品的利益或价值，体现为物之上所承载的知识内容、信息内容、符号内容等更为抽象的事物。比如奥运会的精神内涵等；再比如按照《体育法》第34条的相关规定，对于在我国境内举办的大型体育赛事，涉及的旗帜、名称、吉祥物和徽记等，我国应当给予法律保护。而体育法要去保护的徽记、旗帜都属于一种精神产品。

3. 行为。作为体育法律关系客体的行为，是在人们目的、意志等支配下做出的体育外部举动，包括作为和不作为两种。比如竞技体育中裁判员的裁判行为，学校体育中学校按照规定为学生提供基础运动设施等行为。

4. 人身。体育领域中体育主体人身的利益在一定范围内能够成为一种特殊的体育法律关系客体。如运动员在比赛中如果受到伤害，此时运动员的人身利益就成为一种客体。

（三）体育法律关系的内容

法律关系的内容主要是指法律关系所确认的权利和义务。体育法律关系的内容主要包括以下两类：

1. 体育权利。现代体育权利体系包括固有体育权利、法定体育权利等多种体育权利形态。本书所指的体育权利是法定体育权利。法定体育权利是指体育法律规范所规定的体育权能，其由受到体育法律规范的保护的体育法律

---

① 参见周爱光编著：《体育法学导论》，高等教育出版社2012年版，第185页。

关系的主体享有。我国体育法对权利人的合法权利进行保障，当其受到外界不法侵害时，可请求国家机关依法采取强制手段给予保护，这是维护体育权利法律效力权威的强制性手段。

在我国权利人享有的体育权利的种类十分广泛。根据不同的分类标准，也可得出不同的权利分类类型。以宪法权利延伸出体育权利，认为体育权利包括体育受教育权、体育劳动权等；[①] 从体育权利的享有主体出发，体育权利主要包括公民体育权利、学校体育权利、运动员体育权利、体育社会团体权利等；按照权利主体的性质可将体育权利划分为国家和带有公共性特征非国家主体享有的公体育权利和私体育权利；[②] 依据从事体育的主要目的，体育权利主要有休闲体育权、健康体育权、竞技体育权、身体支配权。

2. 体育义务。与体育权利相对，体育义务是体育法规定的体育法律关系主体所必须承担和履行的体育责任。其有以下几种含义：义务主体必须依照体育法律规范的规定和相关权利人的要求实施某种行为或者不实施某种行为。比如，我国《反兴奋剂条例》第 18 条规定了体育社会团体有义务对运动员等人加强反兴奋剂的教育、培训，第 19 条规定了体育社会团体等单位不得实施对运动员提供兴奋剂等兴奋剂使用行为；再如我国《体育法》第 33 条规定了体育竞赛的组织者和运动员、教练员、裁判员有遵守体育道德，不得弄虚作假、营私舞弊的义务。另外不履行或违反体育义务，应当接受法律的制裁。如《体育法》第 51 条规定了在体育活动中不履行自己的义务，寻衅滋事、扰乱公共秩序的，会被追究行政责任甚至刑事责任。

体育权利和体育义务是相互依存的，体育法律关系的主体享有着体育权利，也承担着相应的体育义务，二者处在相对平衡的状态，构成了体育法律关系的内容。

第三节　体育法律体系

一、体育法律体系概述

（一）体育法律体系的概念

法律体系是指根据一定的划分标准，将一国现行的法律规范按照不同的

---

① 参见董小龙："中国公民体育权利的法律保护"，载《宁夏党校学报》2009 年第 2 期。
② 参见葛卫忠："我国体育权利的分类"，载《体育学刊》2007 年第 6 期。

法律部门进行分类后所形成的内部和谐一致、有机联系的整体。体育法律体系则是指将现行体育法律规范根据一定标准进行分类组合所形成的有机联系的整体。体育法律体系的建立有利于体育立法规范化、科学化、系统化，为体育法治建设提供了强有力的法律保障，促使其在社会主义市场经济的环境下，能够长久稳定发展，有利于体育法治社会的建设，能更好地适应社会主义市场经济体制下体育发展的需要。

（二）体育法律体系应遵循的原则

1. 立足实际，符合国情的原则。体育法律体系应符合我国国情，立足实际，充分考虑我国体育改革和发展的需要，将体育法律体系置于整个社会发展及我国的法治建设中。

2. 完整统一的原则。完整统一的原则要求从整体上把握好体育法规的类别与层次，对于框架和内容来说，应当囊括体育法规所有的种类，还需要规范划分标准，要体现一定的内在逻辑以及结构的整体统一性。[1]体育法律体系的建立，应当是由繁入简的过程，通过将体育法律规范按照不同的标准进行分类，方便人们在参与体育活动时更好地去了解、适用体育法律规范。所以体育法律体系在建立时要注意整体性与逻辑性，做到科学整合。

3. 动态发展的原则。当前我国的体育立法工作取得了一定的进步，体育法律体系基本建立，《体育法》的修改工作也在逐步推进，规章和规范性文件的立、改、废、释工作也日益规范，比如《最高人民法院关于审理走私、非法经营、非法使用兴奋剂刑事案件适用法律若干问题的解释》对于规范兴奋剂入刑具有重要的意义。这些都体现了我国体育法律体系的日趋完善。[2]但我国仍处在社会主义初级阶段，且体育法律体系并不是一成不变的，体育领域内不断涌现出新现象、新事物。因此，体育法律体系的内容和形式应适应体育发展的现状，我们要认真分析社会与体育发展对体育立法的现实需求和未来需求，大胆借鉴和吸收国外的成功经验，与国际接轨。

（三）我国体育法律体系框架

对于我国体育法律体系的框架，根据体育法律规范调整的内容进行分类，可将体育法律体系大致划分为体育综合法、体育专门法以及体育相关法三大类。其中体育法综合法是《中华人民共和国宪法》（以下简称《宪法》）等一些基本

---

① 参见闫旭峰主编：《体育法学与法理基础》，北京体育大学出版社 2007 年版，第 241 页。
② 参见国家体育总局政策法规司法规处："改革开放四十年中国体育法治建设研究"，载《体育文化导刊》2018 年第 7 期。

法律中与体育有关的原则性规定的法律规范的总和。体育专门法则是专门对体育运动进行规范的法律规范。比如社会体育法、学校体育法、体育组织管理法等都属于这一分类。体育相关法则是除体育综合法、体育专门法以外的其他特定的某一类法律、法规中有关规定体育事业的法律规范的总称，比如《中华人民共和国教育法》等。[①] 除此之外，还可采取体育法律体系二维结构的概念，即体育法律体系包括按体育法律规范调整的体育社会关系的内容和性质进行分类的内容结构和按立法主体以及法规的等级效力进行层次性分类的效力结构。[②] 纵向根据其效力分为宪法、体育基本法、体育行政法规、地方性体育法规、部门体育规章以及地方政府体育规章，确定其效力以后，横向根据其内容进行划分，如与学校体育有关的体育法规、与竞技体育有关的体育法规等，使体育法律体系形成一个二维的结构。如下图所示，图中的点（《学校体育工作条例》），从效力来看，属于体育行政法规；而从内容上看，属于学校体育法规。

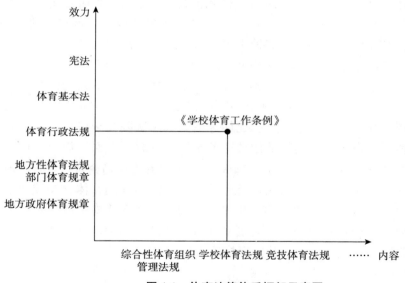

图 1.1　体育法律体系框架示意图

二、体育法律渊源

　　尽管法律渊源的概念存在众多不同解释，但是一般认为法律渊源是与法的

---

① 参见董小龙、郭春玲主编：《体育法学》，法律出版社 2006 年版，第 57～59 页。
② 参见于善旭、陈岩、李雁军："完善《中华人民共和国体育法》配套立法的对策探讨"，载《体育与科学》1999 年第 1 期。

效力来源相联系的法的表现形式。体育法律渊源是指体育法律规范借以表现和存在的法律形式。本书将其归纳为以下内容：

（一）宪法

宪法是我国的根本法，规定了国家的根本制度和根本任务，具有最高的法律效力，一切体育法律法规不得同宪法相抵触，否则无效，同时宪法也是制定其他法律、法规的依据。我国《宪法》规定了我国的体育制度、体育立法准则、体育权利以及体育关系的重要原则等内容。比如《宪法》第21条第2款提到"国家发展体育事业，开展群众性的体育活动，增强人民体质"；而《体育法》第1条便规定了"为了发展体育事业，增强人民体质，提高体育运动水平，促进社会主义物质文明和精神文明建设，根据宪法，制定本法。"由此可以看出宪法是体育法的立法依据，也是其他体育立法的依据。

（二）法律

法律由全国人民代表大会及其常务委员会制定，其法律地位和效力仅次于宪法。比如《体育法》是我国当前调整体育关系的基本法，其地位和效力低于宪法，而高于其他体育法规，其他体育法规不得与其抵触，否则无效。另外其他法律中涉及体育活动的条款也属于这一范畴。比如《中华人民共和国民族区域自治法》第41条中关于民族自治地方发展体育事业的相关规定。

（三）行政法规

行政法规由国家最高行政机关（国务院）根据宪法和法律制定颁布。行政法规的法律地位和效力低于宪法和法律，也是体育法的渊源之一。比如《反兴奋剂条例》《全民健身条例》等。

（四）地方性法规

省、自治区、直辖市或设区的市人民代表大会及其常委会制定的文件，比如《山东省体育发展条例》。

（五）行政规章

行政规章包括部门规章和地方政府规章。部门规章是由国务院组成部门及其直属机构在各自职权范围内制定的规范性文件。其法律地位和效力低于宪法、法律和行政法规。地方政府规章的法律地位和效力低于前述法律规范，由省、自治区、直辖市和设区的市、自治州的人民政府以及经国务院批准的较大的市的人民政府依据法律和国务院的行政法规制定。

（六）体育行业规则

体育行业规则是指在体育竞技活动中形成的由各体育协会共同约定的行为准则。它不具有法律的性质，但在各自的体育活动中已得到广泛的认可。体育行业规则具有自律性、规范性和专业性等特点，随着体育改革的不断深化，一些职业化的运动项目与市场经济接轨，不断丰富完善行业规则。如足协的规章制度：足球联赛具有一整套其他社会生活领域不具备的最完整的规则系统，除了法律法规，有各种各样的类似于、效力不亚于法律法规的职业足球规则、竞赛规则、申诉规则等。体育行业规则也是体育法的重要渊源。

（七）国际条约和国际惯例

国际条约是指两个以上（含两个）国家或国际组织间所缔结的确定其相互间权利和义务的协议。体育是一项国际化、全球化的运动，国际条约本不是我国国内法的范畴，但是我国在缔结和加入的国际条约生效后，需要遵守该条约，其对我国体育法律关系的主体产生了约束力。比如《反对在体育运动中使用兴奋剂国际公约》，我国运动员在参加国际性赛事时，也需要遵守该条例。

国际惯例是国际交往中的当事人在反复实践中所形成的一些通行规则或行为方式。国际体育领域中广泛遵守的规则或方式可作为国际惯例，比如兴奋剂检测中，血液离开运动员身体后，其所有权属于检测机构。受到兴奋剂违规指控的运动员就其抗辩的或提供的具体事实举证时，适用优势证据的标准。

第四节　体育法与其他法的关系

一、体育法与宪法

宪法是体育法的立法依据，二者之间是母法与子法的关系，体育法是宪法中抽象内容的具体化。以体育权利为例，体育权利在我国《宪法》中其实已有体现。虽然并没有明确、直接的规定，但通过整合《宪法》中与体育相关的内容，我们能够形成一套相对完整的体育权利表述。如我国《宪法》第43条第2款规定了"国家发展劳动者休息和休养的设施"，保障劳动者休息、休养的权利。结合《宪法》总纲中的原则性规定来看，国家发展体育事业是为了增强人民体质，增强人民体质所离不开的物质条件和重要载体是体育场所和体育设施，而其又属于劳动者休息和休养的场所和设施，保障劳动者休息、休养的权利其实也是体育权利在宪法中的一种体现。[①]

再如《体育法》第4条中提到县级以上地方各级人民政府管理本行政区域

---

① 参见黄明涛："我国宪法'体育权利'的文本表述与制度实现"，载《体育文化导刊》2017年第4期。

内的体育事业，但是具体县级以上地方各级人民政府如何去管理并没有说明；而《体育法》第 12 条对其进一步细化，提到"地方各级人民政府应当为公民参加社会体育活动创造必要的条件，支持、扶助群众性体育活动的开展"。这再一次说明体育法是宪法中抽象内容的具体化。

二、体育法与其他法的关系

体育法有着自己的特殊性，通过将其与其他法律进行比较，可以帮助我们更好地理解体育法。

（一）体育法与其他法之间的联系

体育法与其他法律部门有着十分密切的联系，其他法律、法规中有关体育方面的规定，可以作为体育法的渊源。例如：刑法、民法、经济法等法律中有关体育问题的规定都是体育法的渊源。除此之外，体育法所调整的体育社会关系具有复杂性，且与其他法律部门有交叉部分。比如在参与和开展体育活动中发生的竞争与协作的关系可由民法调整；竞技比赛中的一些犯罪行为可由刑法调整；体育市场上发生的关系由经济法调整。这些关系还可运用行政、民事、刑事等多种手段行调整。

另外体育法与行政法之间的关系尤为密切，首先二者都有着特定的调整对象，都是为了维护国家利益与社会公共利益，两类法规在某种程度上具有强制性的特点，早期的体育法也具有明显的行政性。不过随着我国社会主义市场经济的发展以及社会改革的不断推进，竞技体育项目的职业化成为改革趋势，体育法的行政性也逐渐向社会性转变。

（二）体育法与其他法的区别

首先体育法的调整对象与其他部门法不同，体育法调整的是体育活动领域内的社会关系，其具有复杂性。行政法调整的是处于不平等地位主体间的行政管理关系。这种社会关系发生在行政主体内部之间及其与行政相对人、行政监督主体之间。双方地位不平等，行政相对人处于弱势一方，因而限权是行政法的主要思想。民法调整的是平等主体间的人身关系和财产关系，是一种私人关系。刑法的调整对象是刑事责任关系，且刑法具有制裁性，刑法并不调整合法行为，仅制裁犯罪行为。而且刑法的调整手段是一种带有惩处性、强制性色彩的刑事手段，犯罪主体需要承担刑事责任。而体育法调整体育运动中的体育社会关系，既有平等主体间的、也有不平等主体之间的关系。同时对于体育领域来说，犯罪难以避免，比如足球行业内的贪污问题，此时体育法又会涉及刑法方面的内容。

另外广义上的体育法还包括许多非由国家、政府制定的体育行业管理规范，同时还涉及大量的国际法律规范，具有显著的混合性。而随着体育自治趋势的发展，体育行业管理规范会成为体育法的脊骨，对解决体育实践问题起到重要的作用。在争议解决方面，体育纠纷的解决方式多样，以非诉讼纠纷解决机制为主，司法权对于介入体育争议一般比较谨慎，保持有限干预的态度，具有自己的特色。①

通过上述与其他部门法的对比，我们可以看到与民法、刑法等传统的部门法不同，体育法具有交叉性、综合性的特点，因而有人认为体育法具有独立性，可以成为一个独立的部门法。但在实践中，体育法问题也会适用其他部门法。比如学校中两名同学在体育活动中发生的纠纷，可能需要适用《中华人民共和国民法典》（以下简称《民法典》）侵权责任编的规定，所以其独立性有待商榷。这种情况下，将其看作是领域法可能更符合社会的发展。

领域法学是指旨在解决某一领域的问题，以某一领域的法律现象为研究对象，融合多种研究范式、具有整合性和开放性的交叉型法学学科体系。随着社会的不断发展，出现了像体育、互联网等诸多新兴交叉领域，也由此诞生了体育法学、互联网法学等新型交叉学科。这些新兴交叉领域内所涉及的社会关系错综复杂，出现了许多新的问题，而在以调整对象为主要划分标准的传统部门法学体系下，认为每个独立的部门法调整着某个领域的社会关系，当遇到新兴交叉领域可能涉及多个领域的社会关系这种情况时，便很难去判断这些新兴交叉领域中诞生的学科属于何种部门、是否具有独立性。另外，部门法学从实定法出发，而这些新兴交叉领域现有的法律规范不够完备，可能需要更多适应该领域的规则、法律习俗等去解决该领域发生的问题。因而体育法学、互联网法学等一些新兴交叉学科由此诞生。②在这种情况下，能够更好地解决新兴交叉领域困境的领域法学应运而生。

值得注意的是，领域法虽然具有交叉学科的特征，但仍应坚持法学基本范畴的研究。③领域法的出现并非是否定原始部门法范式，而是要与原有部门法范式进行同构互补。比如领域法的涵摄力有限，而部门法却可与其互补。体育法究竟是独立的部门法还是领域法，仍需要深入的讨论。

---

① 参见肖永平、钱静："体育法法律地位的重新审视"，载《学习与实践》2014年第3期。
② 参见刘剑文："论领域法学：一种立足新兴交叉领域的法学研究范式"，载《政法论丛》2016年第5期。
③ 李大庆："法学范式竞争与领域法学的知识创新"，载《江汉论坛》2019年第4期。

【推荐阅读资料】

于善旭、陈岩、李雁军："完善《中华人民共和国体育法》配套立法的对策探讨"，载《体育与科学》1999 年第 1 期。

周爱光："法哲学视野中的体育法概念"，载《体育科学》2010 年第 6 期。

向会英、谭小勇、姜熙："法律多元视角下的体育法概念"，载《武汉体育学院学报》2015 年第 4 期。

谭小勇、姜熙："全球体育法引论"，载《体育科学》2011 年第 11 期。

唐勇："体育法概念的甄别"，载《体育科学》2013 年第 3 期。

肖永平、钱静："体育法法律地位的重新审视"，载《学习与实践》2014 年第 3 期。

刘剑文："论领域法学：一种立足新兴交叉领域的法学研究范式"，载《政法论丛》2016 年第 5 期。

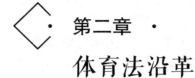

第二章

体育法沿革

【**目标**】通过本章学习，学生应了解体育法的发展，掌握我国体育法的发展沿革，掌握国际体育法的发展状况。

第一节　体育法的发展

体育法是人类社会文明及体育活动发展的产物，跟体育活动一样有着悠长的历史。恩格斯在《论住宅问题》中对法的起源和发展问题有过简要的论述："在社会发展某个很早的阶段，产生了这样一种需要：把每天重复着的生产、分配和交换产品的行为用一个共同规则概括起来，设法使个人服从生产和交换的一般条件。这个规则首先表现为习惯，后来便成了法律。随着法律的产生，就必然产生出以维护法律为职责的机关——公共权力，即国家。在社会进一步发展的进程中，法律便发展成或多或少广泛的立法。"[①]体育法的产生和发展也经历了从习惯、习惯法到国家制定法的过程。

一、体育习惯法

原初形态的体育活动是在社会劳动生活的基础上发展起来的，古时的体育活动与劳动、娱乐、军事、教育等有着密切的联系，主要表现为人们在日常的劳动生产和战争中逐渐产生了跑、跳、射箭、搏斗等活动。在诸多情形下，体育活动与军事活动、娱乐活动等是同一的。"在原始社会，原始人类的一些劳动标准和出自身心需要的自发娱乐或其他身体活动（也就是体育的最早源头）

---

① 中共中央马克思恩格斯列宁斯大林著作编译局编：《马克思恩格斯选集》（第2卷），人民出版社1995年版，第539页。

逐渐演化为模仿技能或为提高劳动素质（跑得更快、跳得更高、投得更远更准）服务的最早的'身体练习'（在劳动过程之外进行）以及有意识的娱乐活动（有人称之为'雏形娱乐'）……在这些活动中所形成的标准或规则也就成了体育规范的萌芽。"① 据考，古埃及时期就出现了有组织的体育比赛活动。公元前1829 年，居住在爱尔兰的凯尔特人定期举办体育比赛活动。而体育活动本身就要求遵循一定的方式并确立相应的规则，以保证体育活动公平、合理地进行。这种规则是调整体育活动本身的规则，也是调整特定的人与人之间的行为的规则，是具有社会性的规则。② 但是，这种规则最初只是以习惯或习俗的形式存在。

由此，体育活动本身以及相应的体育活动规则最初均是以习惯或习俗的方式流传下来的，并逐渐发展成为有组织、有目的的体育活动及以此为基础的体育规则。基于对早期诸多体育活动的考察，早期的体育习惯和习惯法一般都比较简单、零散，也没有形成系统性的规则，但是在之后的相互交流、融合发展的过程中，特定体育规则的适用对象逐渐明确，特定规则的适用范围逐渐扩大，体育习惯和习惯法经历了从个别规则调整和特定对象调整到一般规则调整和普遍性调整的过程。

二、体育成文法

按照马克思主义法学的观点，法律通常是指由国家制定或认可并由国家强制力保证实施的行为规范，法律是对全体社会成员具有普遍约束力的一种社会规范。易言之，法律是由统治阶级制定的，体现出统治阶级的意志和利益。体育成文法的历史跟成文法的历史一样久远，也体现出特定阶层的意志和利益。

早期的体育法可分为两类：一类是古代法典中关于体育的规定，例如古巴比伦的《汉谟拉比法典》规定了"里都"和"巴依鲁"（重装兵和轻装兵）以及"德库"或"卢布图"（军官）的权利和义务及相关军事技能、技术学习的内容，古雅典的梭伦立法规定了轻骑兵的资格、农民的竞技和训练、各类竞技的管理以及体育竞赛优胜者的奖励等内容。我国古代的《周礼》中也有涉及体育活动的相关内容。另一类是针对某些体育问题而单独发布的行政法令，例如我国战国时期魏国颁布的习射令、英国在 17 世纪前发布的关于禁止足球和投

① 刘举科、陈华荣主编：《体育法学》，广西师范大学出版社 2014 年版，第 20~21 页。
② 赵毅：《罗马体育法要论》，法律出版社 2017 年版，第 24~25 页。

掷游戏的命令等。① 虽然上述规定涉及军事、礼仪等方面的内容，但是具有体育法的性质。

值得注意的是，古代罗马法中存在专门针对体育活动和关于运动员的特定规定。公元 438 年的《狄奥多西法典》记载了诸多罗马皇帝发布的有关体育赛事组织、赛事开支和节俭办赛的敕令，其中第十五卷专门收录了关于战车竞赛、斗兽和角斗等当时较为流行的体育活动的法律。此外，《优士丁尼法典》第十卷中单列"关于运动员"一题，规定了运动员的免税身份。优士丁尼皇帝在公元 533 年颁布的《学说汇纂》中规定了不少关于运动员的法律地位以及运动伤害责任等方面的内容，例如，运动员有权豁免监护职责，但条件是在神圣赛会上获得桂冠；球类运动中的伤害可能是意外事件，而非因过错导致；运动员在公开的拳击竞赛或其他对抗性竞赛中即使将对方杀死也非违法行为，因为这种伤害是基于声誉和勇敢而产生的。②

从上述内容看，罗马体育法较为发达、完善，除罗马法中存在关于体育活动及运动员较为系统的规定之外，早期的体育法规定较为简单、零散，缺乏系统性和体系性。

随着文明的发展和社会的进步，人类的体育活动不断发展，体育活动的内容和方式呈现多样化，体育法也随着体育活动的发展而不断发展。18 世纪初，欧洲一些国家开始制定有关规范学校体育的法律。③ 近代国家以法律的形式对学校体育及其他体育活动作出相应的规定，表明体育活动在国家和社会生活中的重要地位和作用，体育管理亦成为国家事务管理的重要内容。第一次世界大战后，诸多国家的体育法律逐渐发展为具有综合性质的体育基本法，内容涉及体育目的、行政机构与体育组织、体育经费等诸多方面。在第二次世界大战之后，随着体育运动的科学化和多元化发展，体育在社会生活的诸多方面都发挥着越来越重要的作用，体育立法也不断发展完善。20 世纪 60 年代以来，世界范围内出现了一次体育立法的热潮，许多国家制定、颁布体育法律，体育法的发展进入一个新的时期。这一时期的体育立法涉及国家的体育管理、学校体育、社会体育、竞技体育以及体育场地、体育资金、体育器材、体育科研、体育产业发展等内容，几乎涉及人类社会体育活动的各个方面。④

---

① 谭华："近代各国体育立法的三次高潮"，载《体育文史》1988 年第 4 期；姜仁屏、刘菊昌主编：《体育法学》，黑龙江人民出版社 1994 年版，第 28 页。
② 赵毅：《罗马体育法要论》，法律出版社 2017 年版，第 13~14 页。
③ 苏号朋、赵双艳主编：《体育法案例评析》，对外经济贸易大学出版社 2010 年版，"前言"第 1 页。
④ 董小龙、郭春玲主编：《体育法学》，法律出版社 2018 年版，第 30~31 页。

随着体育活动的多元化和多样性发展，诸多国家关于体育活动的立法逐渐完善，并出现国际领域的体育立法。体育法在现代国家发展成为一个独立的法律部门，成为调整和规范体育活动以及解决体育纠纷的系统性规则体系。

第二节 我国体育法的发展

一、我国古代的体育活动及其规制

我国的体育活动和体育法的发展有着悠长的历史。以蹴鞠为例。西汉刘向在《别录》中记道："蹴鞠者，传言黄帝所作，或曰起于战国之时。"无论蹴鞠是否为黄帝所作，但战国时已有相关记载。例如，《史记·苏秦列传》记载了战国时期齐国的体育和娱乐活动情况："临淄甚富而实，其民无不吹竽鼓瑟，弹琴击筑，斗鸡走狗，六博蹋鞠者。"在汉代，蹴鞠已经发展成为一项较为专业化的活动。东汉的李尤在《鞠城铭》中记载了蹴鞠比赛的方法和规则要求："圆鞠方墙，仿象阴阳。法月衡对，二六相当。建长立平，其例有常。不以亲疏，不有阿私。端心平意，莫怨其非。"据此，当时的"鞠"是圆形的，球场四周是"方墙"，即围起来的方形场地，这被看作是对天圆地方、阴阳相对的仿效。当时根据一年的月份数，确定双方各为 6 人，比赛有着明确的规则，还设置了裁判员，要求裁判员公正裁判，不能因亲疏关系而偏向任何一方，同时要求参赛队员端正态度和心态，服从裁判的判罚。这里的内容涉及蹴鞠比赛的用具、场地、裁判、比赛规则以及对裁判员和运动员的道德要求，可知当时的蹴鞠比赛已经有了比较全面的专业性规则及相关要求。

唐代是我国"蹴鞠"的一个盛行时期。"蹴鞠"作为文化交流的内容之一而传到日本。据载，当时创造了"充气的球"和"球门"，同时比赛方法多样，有双球门的"蹴鞠"、单球门的"蹴鞠"、无球门的"蹴鞠"等，在"蹴鞠"比赛的场地、器材等方面均有较大发展。宋代沿用了唐代的单球门"蹴鞠"，从而降低蹴鞠的对抗性。当时也有女子蹴鞠，《文献通考》记载："宋女弟子队一百五十三人，衣四色，绣罗宽衫，系锦带，踢绣球，球不离足，足不离球，华庭观赏，万人瞻仰。"宋人孟元老在《东京梦华录》中记载了当时关于蹴鞠的场地、设备以及比赛活动的规则和方法等内容。宋代的民间蹴鞠体育组织称为"圆社""齐云社"，其社规对蹴鞠技术、比赛方式、比赛规则以及体育道德等作了详细规定。元朝和明朝沿袭了当时的相关组织形式及规则内容。之后，

"蹴鞠"活动逐渐衰落。①

此外，我国古代还有射箭、游泳、拳棒、龙舟、棋类活动等体育活动，并确立相应的技术标准，发展出相应的比赛规则。唐代的诏敕、西夏的《天盛律令》等古代律令中存在一些涉及体育活动方面的规定，涉及当时的讲武骑射、相关的体育人身伤害和侵权以及弓箭、马匹等器物的管理等。②此外，我国古代的"礼"以及军事制度等也涉及对体育活动的规制，丰富了我国古代体育法的相关内容。

二、我国近代体育法的发展

进入近代以后，西方列强用坚船利炮打开了古老中国的大门，中国被迫进入西方国家主导的"国际秩序"，同时也认识到自己在"器物""制度""文化"等方面的落后性，开始向西方学习，从"洋务运动"到"戊戌变法"，从"清末新政"到"立宪法、开国会"，从制度变革到思想文化的革新，以求富强。在这一时期，近代西方的体育思想和体育法理念也传入中国，成为近代中国体育制度变革及法律发展的重要内容。

（一）清朝末期

1902年，清政府颁布由张百熙拟定的《钦定学堂章程》，又称"壬寅学制"。《钦定学堂章程》是在参考欧、美、日等国教育制度的基础上制定的，包括《蒙学堂章程》《小学堂章程》《中学堂章程》《高等学堂章程》《京师大学堂章程》《考选入学章程》等，其中规定"体操"是重要的学习内容，但是章程的内容没有得到实施，旋即被之后的《奏定学堂章程》所废除。

1904年1月，清政府颁布由张百熙、张之洞、荣庆等奏拟的《奏定学堂章程》，又称"癸卯学制"，这是近代中国第一个在全国实行相关学制的教育法令，规定了较为完整的从小学到大学的学制制度，同时对学校教育课程设置、教育行政及学校管理等内容作了明确规定，被视为中国近代教育的开端，对中国近代教育产生重要影响。《奏定学堂章程》规定各级各类学校均需开设体育课程，即"体育科"，并且规定了不同阶段课程的不同教学目标、教学内容、教学课时等内容。例如，对小学堂提出的体育教学目标是，"使儿童身体活动，发育

---

① 参见龚智敏："关于足球运动起源之新论"，载《体育与科学》2007年第1期；姜仁屏、刘菊昌主编：《体育法学》，黑龙江人民出版社1994年版，第26~27页；刘举科、陈华荣主编：《体育法学》，广西师范大学出版社2014年版，第22~23页。

② 参见郭文庭："唐代诏敕与体育"，载《成都体育学院学报》2009年第12期；戴羽："《天盛律令》中的西夏体育法令研究"，载《成都体育学院学报》2015年第4期。

均齐，矫正其恶习，流动其气血，鼓舞其精神……导以有益之游戏及运动，以舒展其心思"；对中等学堂提出的要求是，"凡教体操者，务使规律肃静，体势整齐，意气充实，运动灵活"，还强调"中学堂体操宜讲适用"，同时规定中学的体操科分"普通体操"和"兵式体操"，"宜以兵式体操为主"。①1906 年清政府在《通行各省推广师范生名额电》中要求在省城师范"附设五个月毕业之体操专修科，授以体操、游戏、教育、生理、教授法等，名额百名，以养成体育教习"。

此外，清末在编练新军过程中也注重体育训练，天津水师学堂、天津武备学堂及江南水师学堂等军事学堂均实施兵操教育。1903 年设立的练兵处制定和编译诸多操典、章程，其中体操活动是重要的训练科目内容。1904 年清政府批准颁布了练兵处关于全面编练新军和建立各级陆军学堂的条陈，规定依照西方军队和军事学堂改造中国军队，确立了西方体育和军事训练等西式练兵方法在中国军队训练中的重要地位。②

（二）南京临时政府和北洋政府时期

"中华民国"成立后一直重视国民的教育问题，采取一系列举措推进学校教育、社会教育等领域的教育工作，同时颁布相关法律法规，确立了体育教育在国家教育体系中的重要地位。1912 年 1 月，"中华民国"成立之初，教育部就通电各省颁布《普通教育暂行办法》《普通教育暂行课程标准》等法规。其中，《普通教育暂行办法》要求高等小学以上的学校注重兵式体操，《普通教育暂行课程标准》统一规定了学习年限和学习的科目，其中要求初等小学、高等小学、中学、师范学校等学校均需开设体操课程。③1912 年 9 月，教育部公布实施新学制，规定了从初等教育、中学到大学的学制，称为"壬子学制"，之后又陆续颁布相关法令，对"壬子学制"予以修改和完善，其中对各级学校的体育活动提出了具体要求。小学学制要求体操要旨在于，"使儿童身体各部平均发育，强健体质，活泼精神，兼养成守规律、尚协同之习惯"，"初等小学校，宜授适宜之游戏，渐加普通体操。高等小学校宜授普通体操，仍时令游戏，男生加授兵式体操"。④1914 年公布的《教育部官制》规定，由教育部的社会教育司负责"公众体育及游戏事项"，但是没有成立专门的体育行政机构。

---

① 罗时铭主编：《中国体育通史（第三卷）》，人民体育出版社 2008 年版，第 64~66 页。
② 参见姜仁屏、刘菊昌主编：《体育法学》，黑龙江人民出版社 1994 年版，第 30~32 页；董小龙、郭春玲主编：《体育法学》，法律出版社 2018 年版，第 31~32 页。
③ 罗时铭主编：《中国体育通史（第三卷）》，人民体育出版社 2008 年版，第 241 页。
④ 成都体育学院体育史研究所：《中国近代体育史资料》，四川教育出版社 1988 年版，第 148 页。

1922 年 11 月，北洋政府对当时的学校教育进行改革，公布"学校系统改革案"，制定实施新学制，又称"壬戌学制"，采行美国的"六三三制"。1923 年，北洋政府又公布《课程标准纲要》，将学校的"体操科"改名为"体育科"，并规定了学校体育的目标、内容以及组织形式等内容。该纲要规定废除兵式体操，提出体育课要以田径、球类、游戏、体操为主要内容，初中和高中还要讲授生理、卫生等方面的知识，使学校体育教育的课程内容更为科学化。这是我国学校体育教育的一个重大变革，也是我国近代体育史和教育史上的重要进步。①

这一时期还重视师范体育教育和体育专门人才的培养，使我国的女子体育和体育教育有了进一步发展。例如，1919 年 4 月，当时的教育部发布《关于国立高等师范学校均设体育专修科与体育讲习会训令》指出，"高等师范学校设体育专修科一项，查北京、南京两校业已先后举办。此外，各校均宜察酌情形量为筹设。并为增进体育学术起见，得于设立研究科时特置体育研究科，力求深造，以备他日体育上根本改良之用"。②

在近代，体育成为各类学校教育制度中的一门重要课程。当时的各级各类学校均设体操课，但是这种体操课的设置主要是基于"尚武主义"的教育，以期通过国民体育训练来增强军力和国力。当时的《请定军国民教育议案》明确指出："欲使全国人民克尽当兵义务，必先于学校教育趋重尚武主义。"直到新文化运动，人们逐渐认识到"学校体育，亟宜革除兵式教练一门"，认为兵式体操教育"本非学校体操保存康健之普及法也"。③1919 年的第五次教育联合会对学校体育的改革问题作出专门决议，指出"近鉴世界大势，军国民主义已不合教育之潮流，故对学校体育自应加以改进"。④

（三）南京国民政府时期

南京国民政府建立后采取了一系列措施改革体育和学校教育，国民政府教育部设立体育委员会、体育督学系统等专门的体育管理机构，统筹管理和指导全国的体育教育。为"统一全国体育行政及促进全国体育发展"，当时的教育部还在 1932 年 9 月专门发布《教育体育委员会规程》，对体育委员会的组织、

---

① 罗时铭主编：《中国体育通史（第三卷）》，人民体育出版社 2008 年版，第 254~255 页。

② 中国第二历史档案馆编：《中华民国史档案资料汇编·第 3 辑教育》，凤凰出版社 1991 年版，第 854 页。

③ 徐一冰："整顿全国学校体育上教育部文"，载《体育杂志》1914 年第 2 期；罗时铭主编：《中国体育通史（第三卷）》，人民体育出版社 2008 年版，第 247 页。

④ 罗时铭主编：《中国体育通史（第三卷）》，人民体育出版社 2008 年版，第 251 页。

职能等内容作出规定。同时，国民党系统也设立党政军学体育促进会等机构，提倡开展体育活动，强健国民体魄。

1929 年 4 月，南京国民政府公布了国民党第三次全国代表大会制定的"中华民国教育宗旨及实施方针"。其中实施方针共 8 条，除规定各级学校的三民主义教育、社会教育、大学及专门教育、师范教育等内容之外，还规定"各级学校及社会教育，应一体注重发展国民之体育，中等学校及大学专门，须受相当之军事训练。发展体育之目的，固在增进民族之体力，尤须以锻炼强健之精神、养成规律之习惯为主要任务"（第 7 条）。

1929 年 4 月，南京国民政府还颁布了由国民党第三次全国代表大会审议通过的《国民体育法》，这是中国近代史上第一部专门针对体育而制定颁布的法律。《国民体育法》确立了当时的体育政策，明确体育活动的目的、学校体育、民众体育的管理机构等内容，同时还规定了国民"有受体育之义务"（第 1 条）、实施体育的方法、公共体育场馆的设立以及相关体育团体的设立和管理等方面的内容。《国民体育法》规定，体育的目的"务使循序发达得有应具之健康与体力及抵抗力，并其身体各官能之发育，使能耐各种职业上特别劳苦为必要效用"。而体育的实施方法由训练总监部会同教育部拟议制定，规定各级行政机关要严禁妨碍青年男女体格正常发育的风俗习惯。第 6 条规定，"高中或高中相当以上之学校，均须以体育为必修科"，与之前公布的军事教育方案"同时切实奉行"，"如无该两项功课之成绩，不得举行毕业"。

虽然《国民体育法》较为全面地规定了国家体育的相关内容，但是只有 13 条，相关规定过于简单、粗疏。为贯彻实施《国民体育法》，教育部在 1932 年 8 月召开全国体育会议，通过了《国民体育实施方案》，对《国民体育法》的精神及相关内容予以解释说明，提出发展国民体育的一系列措施和方法，具体内容包括体育的目标、行政与设施、推行办法、考试方法、分年实施计划等方面。《国民体育实施方案》将国民体育分为学校体育和社会体育两类，将国民体育的目标规定为五个方面，即"供给国民机体充分平均发育之机会"，"训练国民随机运用身体以适应环境之能力"，"培养国民合作团结抗乱御侮之精神"，"养成国民侠义勇敢、刻苦耐劳之风俗，以发扬民族之精神"，"养成国民运动及游戏为娱乐之习惯"。方案规定教育部、省、市、县的体育委员会是专门的体育行政机构，推行办法涉及研究工作、师资训练、学校体育实施办法、民众体育实施办法、各种集会五个方面。客观地讲，《国民体育实施方案》对于发展国民体育、提高国民身体素质具有积极意义，同时也在一定程度上促进了近代体育活动的普及和发展。①

此外，南京国民政府还公布《修正国民体育法》（1941 年）、《国民体育实施方针》（1941 年）以及《国民体育实施计划》（1945 年）等规定，涉及学校体育法、社会体育法等诸多方面。

在学校体育法方面，南京国民政府颁布了一系列体育法规，例如 1932 年的《小学体育课程标准》、1936 年的《暂行大学体育课程纲要》、1940 年的《各级学校体育实施方案》以及《各级学校体育设备暂行最低标准》等。

在社会体育法方面，南京国民政府也制定颁布了诸多法规，包括 1927 年的《各省体育会组织条例》和《省会及通商大埠城市公共体育场办法》、1939 年的《体育场规程》和《体育场辅导各地社会体育办法大纲》。1944 年以后颁布了《体育场工作实施办法》和《全国运动大会及各省市县运动会举行办法》等规定。

通过颁布诸多体育法律法规，南京国民政府在形式上建立起较为系统的体育法律制度，在一定程度上反映出当时体育法律制度的发展趋势，但是囿于当时的历史条件，这些体育法律和法规多未真正付诸实施。②

三、革命根据地时期的体育法

在革命根据地时期，中国共产党领导人民进行革命和法制建设。虽然革命根据地时期的体育立法不够系统、完善，但是当时的法制建设为新中国成立后的法治建设和体育法发展提供了宝贵经验。

革命根据地时期，党领导人民成立各种体育组织，旨在加强对体育活动的组织和领导。1933 年在苏区成立的"赤色体育会"是革命根据地时期最早成立的群众体育组织，对于苏区群众开展体育活动起到很大的促进作用。苏区在借鉴国外经验的基础上而成立的俱乐部及其内设的运动委员会也是党组织领导群众开展各项体育运动的重要方式。陕甘宁边区也注重组织开展各项体育活动，在 1937 年成立"陕甘宁边区体育运动委员会"，由陕甘宁边区政府主席林伯渠任名誉会长，主要负责组织和领导陕甘宁边区的体育运动。为更好地加强对群众体育运动的领导，根据中共中央青年工作委员会的倡议，于 1940 年 5 月成立"延安体育会"，由李富春任名誉会长，其主要任务是"积极组织和推动各机关、部队、学校及工厂的群众性体育活动，增强体质，提高

① 参见罗时铭、赵诙华主编：《中国体育通史（第四卷）》，人民体育出版社 2008 年版，第 53~58 页。
② 参见董小龙、郭春玲主编：《体育法学》，法律出版社 2018 年版，第 33~34 页。

工作、生产和学习效率，以使战胜日本侵略者"。1942 年 1 月成立"延安新体育学会"，以促进体育理论研究、编写各种体育教材以及体育调查研究工作。1945 年东北解放后，东北解放区建立东北人民教育部，各地建立教育局，在共青团、工会的协助下组织和管理体育活动，并且规定各级各类学校需开设体育课。革命根据地和解放区的体育组织及管理经验为新中国体育制度的发展奠定了重要基础。①

革命根据地的体育活动和体育立法主要是在当时的各级教育人民委员会、教育厅、教育委员会等机构的领导下进行的。1933 年中央苏区发布《各种赤色体育规则》，1934 年中央教育人民委员部制定《俱乐部纲要》，以服务于"锻炼身体干革命"的总方针。1934 年，教育人民委员会颁布《中华苏维埃共和国小学校制度暂行条例》和《小学课程教学大纲》，规定体育课的内容以运动游戏和体操为主。

在组织和加强社会体育方面，1933 年，中央教育部颁布《俱乐部的组织和工作纲要》，教育人民委员部颁布《关于建立和健全俱乐部的组织和工作》，1934 年颁布《俱乐部纲要》《儿童俱乐部的组织与工作》，1943 年陕甘宁边区文教大会通过了《进一步开展工厂、机关、学校体育运动的决议》。此外，苏区历次代表大会的相关决议也多涉及群众体育活动的有关内容。这些决议和规定为人民群众开展相关体育活动提供了规范保障。②

四、《中华人民共和国体育法》的发展

中华人民共和国成立后，国家将发展体育事业作为社会主义建设的重要内容，我国的体育事业得到极大发展，体育法律制度也不断发展、完善，成为中国特色社会主义法治建设的重要方面。

（一）新中国成立至"文化大革命"时期

1954 年 1 月，中共中央发布《关于加强人民体育运动工作的指示》，明确提出，"改善人民的健康状况，增强人民体质，是党的一项重要政治任务"，加强体育工作具有重大意义。1959 年 4 月，周恩来总理在《政府工作报告》中提出了国家的体育工作方针："在体育工作中，应当贯彻执行普及和提高相结合的方针，广泛开展群众性的体育运动，逐步提高我国的体育水平。"

为加强对体育事业的领导、推进国家体育事业的发展，全国性的体育组

---

① 夏书宇、巫兰英、刘薇主编：《中国体育通史简编》，河南人民出版社 2007 年版，第 245~249 页。
② 参见董小龙、郭春玲主编：《体育法学》，法律出版社 2018 年版，第 34~35 页。

织——中华全国体育总会于 1949 年 10 月成立，1952 年在北京举行成立大会，会议选举朱德为名誉主席，马叙伦为主席，同时通过了《中华全国体育总会章程》。该章程明确规定，中华全国体育总会的宗旨是："在中央人民政府和中国共产党的领导下，根据共同纲领第 48 条'提倡国民体育'的规定与人民政府有关发展体育的政策，协助政府组织、领导并推进国民体育运动，为增进人民身体健康及为国防与生产服务。"（第 2 条）1952 年 11 月，中央人民政府委员会决定成立中央人民政府体育运动委员会（1954 年改称"中华人民共和国体育运动委员会"），统一管理和领导全国的体育工作，由国务院副总理贺龙兼任委员会主任。贺龙主任在其所作的第一个报告中指出，"体育工作必须积极地为国家的总路线服务"，"为了保证体育运动的开展，必须建立和健全各级体委"。此后，县级以上政府逐步设立体育运动委员会，同时行业体育协会和基层体育协会等组织也得以逐步设立，我国初步建立起统一的体育管理体制。①

从 1951 年开始，国家制定和颁布一系列体育法规、规章和相关规范性文件，主要有：全国体育总会、中央广播事业局等单位发布的《关于推行广播体操活动的联合通知》（1951 年）、中央人民政府政务院发布的《关于在政府机关中开展工间操和其他体育活动的通知》（1954 年）、全国总工会发布的《关于开展职工体育运动暂行办法纲要》（1955 年）、国务院批准发布的《体育运动委员会组织简则》（1956 年）、国家体委发布的《中华人民共和国体育运动竞赛制度的暂行规定（草案）》（1956 年）、《中华人民共和国运动员技术等级制度条例》（1956 年）、《青年业余体育学校章程（草案）》（1956 年）、《少年业余体育学校章程》（1956 年）等。② 这些体育法规和规定为我国体育法制的发展奠定重要基础，同时也为各级体育机构加强和推进各项体育活动的管理提供法制保障。

此后，我国的体育法进入较为稳定的发展时期，不仅广泛地开展群众体育活动，而且学校体育进一步得到重视，我国体育事业发展迅速。同时，我国的体育法制建设也得到进一步发展，制定和修改了一批体育法规和规章，涉及群众体育、运动技术等级制度、运动训练、运动竞赛工作及相关纪律、运动奖励制度等诸多方面，进一步发展完善了我国的体育法制。但是，由于"左"的思想影响、

---

① 夏书宇、巫兰英、刘薇主编：《中国体育通史简编》，河南人民出版社 2007 年版，第 271~272 页。

② 刘晖："新中国体育法制建设的回顾"，载《体育文史》1995 年第 1 期。

反右斗争扩大化和"大跃进"运动等，我国的体育法制建设受到一定的影响。[①]

从总体上看，新中国成立后十多年的体育立法多是以原则性、纲领性、政策性的内容为主，主要规定国家体育政策和体育事业发展宏观方面的内容，其重点是强调人民的身体健康，重在增强人民的身体素质。

"文化大革命"期间，我国的体育制度遭到破坏，体育法制建设陷入停滞，直到"文化大革命"末期才发布相关规定，推进国家的体育教育和体育工作，例如国家体委、国务院教科组在1973年发布《关于在全国中小学推行第五套儿童广播体操的通知》，国务院在1975年批准、国家体育运动委员会制定的《国家体育锻炼标准条例》。[②]

（二）党的十一届三中全会以后的体育法治建设时期

1978年12月，党的十一届三中全会提出，发展社会主义民主、健全社会主义法制是党和国家一项历史性的根本任务。同时，我国的体育制度和体育法也进入一个快速发展和完善的时期，国家的体育法治建设取得重大成就。

1. 形成较为完整的体育法律规范体系。我国已经建立起以宪法为基础，包括法律、行政法规、地方性法规、部门规章等在内的较为完整的体育法律规范体系。1982年《宪法》第21条第2款明确规定："国家发展体育事业，开展群众性的体育活动，增强人民体质。"第46条第2款规定："国家培养青年、少年、儿童在品德、智力、体质等方面全面发展。"这为我国体育事业和体育法律制度的发展奠定了宪法基础。

1995年颁布实施的《体育法》是我国体育法发展历史上的一个里程碑，其内容涉及社会体育、学校体育、竞技体育、社会体育团体、对国家体育事业的保障以及法律责任等方面。《体育法》的颁布实施标志着我国的体育工作和体育法的发展开始进入法治化发展的新阶段，我国的体育法治建设进入高效快速

① 这一时期颁行的涉及群众体育的法规、规章主要有国家体委发布的《劳动卫国体育制度条例》（1958年）和《青少年业余体育学校实行工作条例》（1964年）；运动技术等级制度方面主要有国家体委发布的《中华人民共和国教练员等级制度》（1963年）、《中华人民共和国裁判员等级制度》（1963年）；运动训练方面主要有国家体委发布的《运动队伍试行工作条例》（1963年）、《运动队思想政治工作条例》（1963年）；运动竞赛工作方面主要有国家体委发布的《关于各级运动会给奖办法的暂行条例》（1957年）、《中华人民共和国体育运动竞赛制度》（1958年）、《关于运动竞赛纪律的几项规定》（1963年）、国务院《关于批准各项运动会全国最高纪录审查及奖励制度的通知》（1963年）。此外，国务院还批准了由国家体委、公安部发布的《射击运动枪支弹药使用暂行规定》和《射击场设置管理规程》（1958年）等。参见刘晖："新中国体育法制建设的回顾"，载《体育文史》1995年第1期。

② 刘晖："新中国体育法制建设的回顾"，载《体育文史》1995年第1期。

发展的时期。

在这一时期，我国制定、颁布、实施了一大批体育法规、规章等规范性文件。据统计，从十一届三中全会至 1994 年，我国制定、发布的体育行政法规和规章共 455 件，占新中国成立以来发布的体育法规、规章总数的 87%。这些行政法规、规章的内容广泛，涉及体育工作和体育法发展的各个方面，包括社会体育、学校体育、竞技体育、体育教育与科研、体育新闻广告、体育外事、劳动人事、财务与器材、物资、监察审计以及文书档案保密与安全、保卫等。为加强和推进体育立法的科学性、民主性，国家体委在 1987 年 7 月发布了《关于制定体育法规程序的规定》，从法规名称、立法原则、立法计划到法规的起草、审议和发布、实施等方面都作了具体规定。我国的体育立法工作开始实现程序化、规范化、法治化。① 此外，根据国务院的部署，国家体委对中华人民共和国成立以来的体育法规进行多次全面清理。其中，第一次是从 1984 年 6 月至 1985 年 2 月，第二次是从 1988 年 8 月至年底。通过这两次清理，发现和纠正了体育立法中不规范、不系统的问题，并且明确废止了 240 件体育法规。在法规清理的基础上，国家体委编辑出版了《现行体育法汇编》（1949~1988 年）和《中华人民共共和国体育法规汇编》（1989~1992 年）。②

《体育法》颁布实施后，我国的地方体育立法发展迅速。全国大部分省、自治区、直辖市以及市、县都进行了地方体育立法。从立法数量上看，《体育法》颁布实施后，地方人大或人大常委会制定颁布的地方性体育法规以及各省、自治区、直辖市政府审定颁布的地方政府部门体育规章数量大幅增加，在短短几年制定颁布了百余件。地方体育立法的内容涉及全民健身、体育场地和设施、体育竞赛、体育人才、体育市场与经营等诸多方面。③ 这些行政法规、规章不仅为国家和地方的体育事业发展提供了法治保障，而且保障和促进了我国体育事业的法治化发展和体育法治建设的顺利进行。

2. 全面推进依法治体，建设法治体育。1997 年，党的十五大将"依法治国"确立为我国的基本治国方略，1999 年修宪将"依法治国，建设社会主义法治国家"写入宪法，中国特色社会主义法治建设进入一个新的发展时期。党的十八大明确提出"全面推进依法治国"，"加快建设社会主义法治国家"，推进科

---

① 董小龙、郭春玲主编：《体育法学》，法律出版社 2018 年版，第 38 页。
② 刘晖："新中国体育法制建设的回顾"，载《体育文史》1995 年第 1 期。
③ 郭春玲、张彩红："我国体育立法回顾与述评"，载《西安体育学院学报》2008 年第 3 期。

学立法、严格执法、公正司法、全民守法，将法治作为治国理政的基本方式。同时，我国的体育法治建设稳步推进，体育事业进入法治化的发展轨道。党的十九大报告强调，要"坚定不移走中国特色社会主义法治道路，完善以宪法为核心的中国特色社会主义法律体系，建设中国特色社会主义法治体系，建设社会主义法治国家，发展中国特色社会主义法治理论，坚持依法治国、依法执政、依法行政共同推进，坚持法治国家、法治政府、法治社会一体建设"，这为新时代全面推进依法治国、建设社会主义法治国家指明了前进道路和发展方向。习近平总书记在党的十九大报告中指出，要推进"全民健身和竞技体育全面发展"，"广泛开展全民健身活动，加快推进体育强国建设"。我国的体育法治建设进入新时代的全面发展时期。全面推进依法治体、建设法治体育，是全面推进依法治国、建设中国特色社会主义法治国家的应有之义。

进入 21 世纪以来，我国在体育法治建设中更加注重发展体育文化，重视对公民体育权利的保障，特别是保障公民平等参与体育活动的权利，在维护和保障公民体育权利中实现体育法治建设。2003 年 6 月，国家体育总局制定了《"雪炭工程"实施办法》，积极扶持中西部地区和少数民族地区发展体育事业，继续实施援建全民健身设施的"雪炭工程"。同年，国务院公布施行《公共文化体育设施条例》，规定了公共体育设施的规划、资金、用地保障适用范围、服务规范以及公共体育设施管理保护的制度和措施，同时明确政府责任，以保障公民体育权益的实现。我国在推进和加强普通民众体育权益保障的同时，还注重对特定群体体育权益进行保障。例如，国家体育总局和农业部在 2002 年颁行《农村体育工作暂行规定》，国家体育总局在 2006 年公布《关于实施农民体育健身工程的意见》，对农民体育工作进行部署和规划，加强对农民体育权益的法律保护。2007 年，国务院办公厅印发《关于进一步加强残疾人体育工作的意见》、中共中央和国务院印发《关于加强青少年体育增强青少年体质的意见》等，加强和改善残疾人、青少年等群体的体育工作。党的十八大以来，中央全面深化改革领导小组审议通过了《中国足球改革发展总体方案》，深入推进我国足球发展的体制机制改革。此外，国务院还颁布实施《全民健身计划（2016—2020 年）》、印发《关于加快发展体育产业促进体育消费的若干意见》等，深入推进实施全民健身和公共体育服务体系建设。2016 年，中共中央、国务院印发《"健康中国 2030"规划纲要》，加强健康法治建设，全面推进健康中国建设。①

---

① 董小龙、郭春玲主编：《体育法学》，法律出版社 2018 年版，第 39~40 页。

全面推进依法治国，要求各级行政机关依法行政，加快法治政府建设，深入落实依法治国方略。这对各级政府及体育行政主管部门在体育工作中提高依法行政的能力、坚持依法治体提出了更高的要求。各级政府要充分发挥在体育法治建设中的主导作用，按照建设法治政府的要求，进一步强化各级行政机关及其体育部门供给体育法治产品和对其他公共产品进行法治保障的服务职能，提高体育行政管理的法治化水平。此外，建构起多元化的体育纠纷解决机制，完善体育权利保障的程序法治，加强体育法治的程序化、规范化建设，完善公民体育权利的救济和保护机制，实现体育法治的价值理性与程序正义的统一。[①]

法治不仅是治国理政的基本方式，而且是我国体育事业发展的根本保证。在新时代，依法治体成为各级国家机关和全社会公认的基本理念。坚持依法治体，需要把法治精神和法治方式融入体育法治建设的各个方面、所有环节。推进体育法治建设，需要在坚持依法治国、依法执政、依法行政共同推进以及法治国家、法治政府、法治社会一体建设的过程中全面推进依法治体，在法治实践中不断提升体育事业发展的法治化水平。

3. 体育法学研究的内容和理论深度不断拓展。改革开放前，我国的体育法学和体育法理论研究不甚繁荣，不仅研究力量薄弱，而且理论研究的深度、广度和创新性远远不够。改革开放以来，体育法学理论研究逐渐受到重视，发展成为一门新兴学科，取得一定的研究成果。在体育法学界及其他学科同仁的努力下，不仅出版了一系列体育法学教材和著作，而且发表了为数不少的体育法学论文。当前，我国的体育法学研究视野更加开阔，研究范围不断拓展，而且密切关注体育法学科发展和体育法治实践中的现实问题，回应我国经济社会和体育事业的改革发展需求，相关研究内容涉及体育法学发展与基础理论、法治体育建设、《体育法》的修改、公民体育权利保障、全面深化体育改革的法律调整、体育产业的法治保障、体育知识产权的法律保护、体育腐败惩治、体育伤害的责任认定与防范救济、多元化的体育纠纷解决机制、举办冬奥会的法律问题等体育法理论前沿与实践问题。近年来，我国体育法学研究成果的数量蔚为可观。据统计，在体育法学的著作和教材方面，在 2008 年之前的 10 年间，体育法学正式出版的图书数量从 5 部增加到 39 部，而近 10 年的出版数量则达到 70 部，是之前 10 年的近两倍。在论文发表数量方面，体育法学论文在《体育法》实施后的 20 达到一定规模，共计发表论文 6000 多篇，是之前 20 年发

---

① 于善旭："新中国 60 年：体育法治在探索中加快前行"，载《天津体育学院学报》2009 年第 5 期。

表论文数量的 23 倍，同时发表论文的质量也有较大提升。[1]

在此期间，一些大学不仅开始开设体育法学课程，而且开始培养体育法学专业的研究生，不仅推进我国体育法学的深入研究，而且为我国体育法学和体育事业的发展输送了大批专业型、复合型人才。例如，中国政法大学根据法学和体育学发展的需要，从 2006 年开始招收体育法方向的法学硕士研究生，2009 年开始"体育法学"交叉学科建设，2014 年开始招收体育法方向法学博士研究生。目前，已为本科生开设"职业体育法""体育法律服务创业""体育法"等课程，为研究生开设"体育法导论""体育概论""体育仲裁""体育产业与法律保护""反兴奋剂与体育人权保护""体育法学前沿"等课程。

此外，一些专门的体育法学研究机构和学术组织也相继成立，组织开展了各类学术活动，繁荣国际学术交流。例如，中国政法大学体育法研究中心于 2002 年 3 月 18 日成立，2019 年在体育法研究中心的基础上成立体育法研究所，系国内第一个专门从事体育法研究的在编教学科研机构。2003 年 3 月 27 日，中国法学会批复同意成立中国法学会体育法学研究会。2005 年 7 月 20 日，中国法学会体育法学研究会召开成立大会，通过了研究会章程，选举了第一届理事会。此后，研究会曾调整领导机构部分人员，并召开多次换届大会和学术研讨会，开展体育法学理论研究和法律实践活动。体育法学研究会的成立，促进了体育法学研究的繁荣，推进了我国的法治建设和体育事业发展，是我国体育法治建设和体育法学发展的一个标志性事件。体育法学研究会为推动我国体育法学研究不断进步、推进体育法治建设事业不断发展做出重要贡献。

第三节　国际体育法的发展

国际体育法是体育运动发展到一定阶段的产物，是体育国际交流和体育运动国际化的产物，在一定程度上也是参与国际体育的各国和国际组织利益妥协下的产物。因此，国际体育法的主要目的在于协调和促进国际体育的发展，维护国际社会的体育秩序，保障国际体育参与主体的利益和权利。

一、奥林匹克运动与奥林匹克法律制度的发展

古希腊是古代体育法的萌芽时期，各希腊城邦参加奥运会的规定、奥运会

---

[1]　参见李先燕、于善旭："近十年我国体育法学研究的概况、特点与期待"，载《天津体育学院学报》2020 年第 2 期。

本身的比赛规则等成为国际体育法的雏形。古罗马时期，体育法得到进一步发展，立法者将体育法融入罗马市民法，竞技运动与马戏活动的区分也在法律上予以确立。以古希腊和古罗马体育法为代表的古代体育法制文明为近现代体育法的发展奠定了基础。①

据考，国际体育法最早可追溯至公元前884年古希腊的埃利斯城邦与斯巴达城邦之间签订的《神圣休战条约》。《神圣休战条约》确立了奥林匹克运动会在古希腊诸城邦的崇高地位，规定希腊各城邦无论任何时候发生战争，都不允许侵入奥林匹亚圣区。即使是战争发生在奥运会举行期间，交战双方都必须宣布停战，准备参加奥林匹克运动会。停战期间，凡是参加奥运会的人都将受到神的保护，是神圣不可侵犯的。该条约还规定，在举行奥林匹克运动会期间，凡是携带武器进入奥林匹亚的人就被认为是背叛了神的人，应当受到惩罚；有力量惩罚这种背叛神的行为而不予以惩罚的人也被认为是对神的背叛。②根据该条约的规定，奥运会举办期间，任何人不准偷盗、抢劫、卖淫，凡是违背这些神圣规定的人或城邦都将受到各城邦的联合惩罚。但是，破坏"神圣休战"的事件仍偶有发生。根据史料记载，破坏"神圣休战"的事件共发生过3起，在公元前420年发生的第一起事件中，斯巴达的侵略遭到希腊各城邦的一致谴责，斯巴达受到的处罚包括被取消该次奥运会的敬神和参加比赛资格，并被处以罚金1000迈纳。在公元前364年和公元前352年，《神圣休战条约》也受到过不同程度的挑战，但在各城邦的坚决维护下经受住了考验，违反者受到了应有的制裁和惩罚。③

《神圣休战条》在当时起到了保障奥林匹克运动会安全与和平的作用，奠定了将奥运会作为世界和平与友谊象征的基础。因此，《神圣休战条约》不仅是当时维持和平与安全的协议，也被认为是体育国际法的先驱。《神圣休战条约》所蕴含的体育和平精神以及奥林匹克运动会本身的体育规则至今仍影响着国际体育法的发展。

古代罗马法以其概念、内容、原则、制度对后世法律的发展产生重要影响，并且古罗马体育法规范内容广泛，体现出较高的立法技术。但是古罗马的体育国际法并不发达，因为在罗马征服希腊之后，"奥林匹克赛会从此被置于罗马

---

① 赵毅：《罗马体育法要论》，法律出版社2017年版，第18页。

② "古代神圣休战条约"，载 http://www.gov.cn/test/2007-04-01/content_578214.htm，2020年3月26日访问。

③ 赵毅："古希腊罗马：体育法制文明的先驱"，载《天津体育学院学报》2014年第3期。

皇权的荫庇之下"，随着罗马帝国的扩张而几乎失去了存在的意义。① 当时，虽然狄奥多西一世或其他古罗马皇帝并未发布敕令予以废止，但奥林匹克运动会在西罗马帝国时期还是走向"消亡"。②

经过漫长的中世纪以及人们对体育进行了重新认识，1859 年在雅典举办了第一届泛希腊奥林匹克运动会。19 世纪末，被后人称为"奥林匹克之父"的法国教育家、历史学家皮埃尔·德·顾拜旦（1863~1937）提出恢复奥林匹克运动的倡议。1894 年 6 月，第一届奥林匹克代表大会在巴黎召开，通过了成立国际奥林匹克委员会的决议，顾拜旦任国际奥林匹克委员会秘书长，大会还通过了由顾拜旦起草的《奥林匹克宪章》，其中阐述了奥林匹克运动的基本宗旨、原则以及举行奥运会的相关事项。1896 年 4 月，第一届现代性的奥运会在希腊雅典举行。

《奥林匹克宪章》是国际奥委会发展奥林匹克运动的总章程。从 1978 年开始，国际奥委会将之前关于奥林匹克运动的规章汇集编纂，称为《奥林匹克宪章》。随着奥林匹克运动的发展，国际奥委会在坚持奥林匹克精神和基本原则的前提下对《奥林匹克宪章》进行过多次修改，以适应不断发展变化的国际社会情势和国际体育的发展。《奥林匹克宪章》不仅阐述了奥林匹克运动的目标和宗旨，而且确定了国际奥委会的法律地位、作用、其成员资格以及国家奥委会的组织、地位、任务、职权范围等方面的内容。《奥林匹克宪章》是所有参与奥林匹克运动的国家、团体和个人应遵守的基本准则，也是开展国际体育合作、进行国际体育交流的重要基础。《奥林匹克宪章》指出，奥林匹克精神是相互了解、友谊、团结和公平竞争，经过现代奥运会的不断发展，奥林匹克精神深入人心，得到全世界的接受和认可。

经过百余年的发展，以《奥林匹克宪章》为基础，与奥运会相关的法律制度不断完善，涉及奥运会知识产权保护、安全保卫、市场营销、运动员权利保障、社会服务以及相关纠纷和争端解决等诸多方面。

二、国际体育法的发展

体育运动的国际化发展，推动和促进了国际体育法的发展。据析，现代意义的国际体育法兴起于 19 世纪。在 19 世纪，随着民族国家间国际合作和文化

---

① 赵毅：《罗马体育法要论》，法律出版社 2017 年版，第 39 页。

② 当时举办从奥古斯都时期就存在的安提阿运动会，这项运动会聚集了来自整个希腊—拉丁世界的运动员。参见［意］约勒·法略莉："论古代奥运会之'无声消亡'"，载赵毅：《罗马体育法要论》，法律出版社 2017 年版，第 222~256 页。

交流的发展，体育运动也超越国界，出现了国际性的体育交流和体育比赛。例如，澳大利亚在 1858 年组织举办了首次国际游泳锦标赛。但是尚未产生专门的国际体育组织，一些体育比赛也没有形成统一的比赛规则。1881 年，第一个国际单项体育组织——国际体操联合会在比利时安特卫普成立；1892 年，国际赛艇联合会和滑冰联盟相继成立。国际体育组织的建立不仅使国际体育运动得到统一的组织和管理，而且确立起统一的、广受认可的比赛规则。[①] 可以说，国际体育组织的成立以及统一的体育运动规则的建立推动了现代国际体育法的产生和发展。

国际体育法的发展集中体现为与体育运动相关的国际条约、国际体育习惯、国际体育组织的规范性文件和相关决议以及国际社会普遍承认的一般法律原则和司法判例等方面的发展，这些内容从不同方面推进了国际体育法的发展和完善。

（一）国际条约

与体育运动相关的国际条约是国际体育法的基本组成部分，首先是由联合国及其专门机构等国际组织制定通过并由多数国家、地区或相关国际组织等参加的与体育运动相关或者专门规定体育运动相关内容的国际协议。此外，它还包括区域性国际组织制定通过的相关国际条约以及其他一些虽非专门针对体育领域而制定但适用于体育领域的国际条约。

1978 年 11 月，在巴黎召开的联合国教科文组织大会第 20 次会议通过《国际体育教育、体育活动与体育运动宪章》，强调体育运动应谋求促进各国人民间与个人间更加密切的交流以及无私的竞赛、团结友爱、相互尊重与了解，要求负责体育运动的政府性和非政府性国际组织要为了各国人民之间的和平与友谊而进行合作，以促进体育运动的发展，使体育运动的发展为人类进步服务。该宪章规定，参加体育运动是所有人的一项基本权利（第 1 条），体育运动是全面教育体制内一种必要的终身教育因素（第 2 条），国际合作是普遍均衡地促进体育运动的一项先决条件，要求各个国家及相关机构以完全无私的动机推进国际合作，促进和推动各国各地区体育运动的发展，对维护持久和平、互相尊重和友谊作出贡献（第 10 条）。2015 年 11 月，联合国教科文组织在第 38 届大会上通过了修订后的《国际体育教育、体育活动与体育运动宪章》，充分肯定了体育对于和平与发展的重要作用，强调体育活动对于人类健康，对于帮助残疾人群体、保护少年儿童以及对于世界和平发展的作用，同时也强调反对滥

---

① 袁古洁：“论国际体育法的渊源”，载《体育学刊》2011 年第 6 期。

用兴奋剂、体育暴力、非法操纵比赛以及保护体育运动纯洁性等重要内容。

1981 年 9 月，诸多国家在内罗毕外交大会上缔结《保护奥林匹克会徽内罗毕条约》，规定条约成员国非经国际奥林匹克委员会许可，有义务拒绝以国际奥林匹克委员会宪章规定的奥林匹克会徽组成的或含有该会徽的标志作为商标注册，或使其注册无效，并应采取适当措施禁止出于商业目的以此种标志作为商标或其他标记使用。1985 年，联合国大会在纽约通过了《反对体育运动领域种族隔离国际公约》，各缔约国强烈谴责种族隔离，并承诺立即以一切适当手段推行消除体育领域一切形式的种族隔离行径的政策（第 2 条）。该条约规定各缔约国不得准许同实行种族隔离的国家进行体育接触，并应采取适当行动，确保其体育机构、体育队和运动员个人不进行这种接触（第 3 条），要求各缔约国采取一切可能的措施，阻止同实行种族隔离的国家进行体育接触，并采取切实有效的办法使这种措施得到实施（第 4 条）。

2003 年，世界反兴奋剂机构（WADA）制定了《世界反兴奋剂条例》，目的在于杜绝兴奋剂在体育运动中的使用，消除兴奋剂对运动员的身体健康、公平竞赛的体育精神和体育价值带来的严重伤害。但是，《世界反兴奋剂条例》对各国政府没有法律约束力。为贯彻实施《世界反兴奋剂条例》，联合国教科文组织于 2005 年 10 在巴黎召开的第三十三届会议上通过了《反对在体育运动中使用兴奋剂国际公约》，其宗旨是在教科文组织体育运动领域的战略框架和活动计划框架内促进预防并反对在体育运动中使用兴奋剂，最终消除在体育运动中使用兴奋剂的现象。该公约要求缔约国注重国内的协调，根据情况采取措施，限制获得禁用物质和禁用方法的途径，从而限制运动员在体育运动中使用违禁药物，以确保公约的实施。同时，缔约国应当鼓励其管辖范围内的反兴奋剂组织、公共当局和体育组织与其他缔约国的相应机构和组织开展合作，以在国际范围内实现该公约禁止在体育运动中使用兴奋剂的宗旨。在该条约生效后，占世界人口总数 90% 以上的国家和地区批准了条约，有效控制和打击了兴奋剂在体育运动中的使用。

此外，欧盟等区域性国际组织也通过相关国际体育条约，以保障相关利益和体育运动的发展。例如，欧盟在体育运动领域通过了《反对球场暴力的国际公约》《反兴奋剂公约》《欧洲体育运动宪章》以及涉及体育运动的大量决议。①1992 年 5 月，在希腊举行的第七次欧洲体育内阁首脑会议通过《欧洲体育运动宪章》，强调任何人都有参加体育活动的权利，防止来自政治、商业、

---

① 　黄世席：“国际体育法若干基本问题研究”，载《天津体育学院学报》2007 年第 1 期。

金钱方面的对体育以及体育选手的侵害，要通过抑制滥用药物等不正当行为，维护体育道德伦理之基础和与体育有关的人的尊严和安全（第1条）。为实现该宪章的目标，鼓励民间和公共部门在财政上对体育的支持（第12条），同时需要欧洲和国际的合作（第13条）。①

除上述国际性的体育条约之外，还有一些国际条约虽非专门针对体育领域而制定实施，但是适用于体育领域，例如涉及知识产权领域的《保护工业产权巴黎公约》（1883年通过）、《承认及执行外国仲裁裁决公约》（1958年通过）、《关于向国外送达民事或商事司法文书和司法外文书公约》（1965年通过）、《商标国际注册马德里协定》（1967年修订）、《世界版权公约》（1971年修订）、《保护文学和艺术作品伯尔尼公约》（1986年修订）、《世界知识产权组织版权条约》（1996年通过）等。这些方面的国际公约也是国际体育法的重要组成部分，其制定和实施促进了国际体育法的发展。

（二）国际体育习惯

国际体育习惯主要是指被诸多国家或体育组织、个人普遍接受或认可、在体育活动中持续、重复实践而形成的一般性体育规则。国际体育习惯与国际习惯（或国际惯例）的形成一样，是在长时期的反复实践过程中形成的。因此，国际体育习惯的形成过程反映出国际体育运动和国际体育法的发展。

《奥林匹克宪章》是典型的国际习惯法。《奥林匹克宪章》由奥林匹克代表大会通过，不具有国际条约所具有的强制性，但是它得到了所有参与奥运会国家、组织和个人的支持和认可，世界各国都承认《奥林匹克宪章》的约束力并予以遵守。所以，《奥林匹克宪章》成为国际习惯法，符合国际习惯法所要求的条件，满足持续性、连贯性、普遍性以及被接受为法律等要求。②此外，《奥林匹克宪章》第1条规定，无论以何种身份参加奥林匹克运动的人员或者组织都要遵守《奥林匹克宪章》的规定，并遵守国际奥委会的决定。

此外，前述《神圣休战条约》所确立的禁止在举行奥林匹克运动会期间进行战争的规定也在后世发展成为国际惯例。1993年10月，联合国大会通过了第48/11号决议，号召成员国保留奥林匹克休战期，即在奥运会开幕前7天到闭幕后7天停止战争。在亚特兰大奥运会和长野冬奥会期间，联合国大会也通过决议，敦促各方遵守奥林匹克休战决议。1999年11月24日，联合国在悉尼

---

① "新欧洲·体育宪章（1992年5月希腊第七次欧洲体育内阁首脑会议通过）"，仇军译，载《北京体育大学学报》1996年第1期。

② 董小龙、郭春玲主编：《体育法学》，法律出版社2018年版，第358页。

通过决议，要求各国政府与国际奥委会合作，在奥运会期间停战，以此作为推动发生冲突地区实现和平、对话、协商的办法。2001年12月11日为盐湖城冬奥会通过的56/75号决议也号召国际冲突各方按照联合国的原则和目的达成和平协议。[1]这种主张在奥运会期间维持和平的做法不仅符合奥林匹克运动的理念和精神，也反映出联合国和奥林匹克运动共有的价值观，体育本身虽然不能维护或实现和平，但是能为实现一个更加美好、和平的世界发挥重要作用。[2]

（三）国际体育组织的规范性文件及相关决议

国际体育组织与国际会议等制定通过的规范性文件及相关决议，包括其章程、宣言、声明、规范等，虽然不具有法律的强制力，但是能产生一定的法律效果，并且这些规范已在国际体育界得到广泛认可，对于从事相关体育运动的团体组织和个人而言是应予遵守的规范，这些规范具有与法律类似的约束力。因此，国际体育组织制定的相关规范及通过的相关决议虽然不属于国际条约，但是对国际体育运动的发展起到了重要的推进作用。[3]

体育运动领域的竞赛规则和技术标准等体育规则是国际体育法的重要内容。在奥运会中，运动项目的技术规范和竞赛规则由各个单项体育联合会制定，对相关单项运动具有约束力。目前，世界上的各单项体育联合会均制定了章程和相关竞赛规则，对其管辖范围内的项目进行直接管理，这些竞赛规范具有针对性和特殊性，适用于各单项体育运动。[4]对于奥林匹克运动而言，除《奥林匹克宪章》之外，各国家或地区的奥委会、各大洲的奥委会、各国际单项体育联合会等组织制定的章程和竞赛规范以及国际奥委会下设的常设或者临时性的专门机构，如奥林匹克道德委员会、药物委员会、人道主义事务委员会等也制定了相关规则和章程，例如国际奥委会医务规则、体育仲裁规则等。这些规范也随着国际体育运动的发展而不断完善。

（四）一般法律原则和司法判例

国际体育法承认一般法律原则和司法判例的法律地位，因此，一般法律原则和司法判例也是国际体育法体系的重要内容。这主要与国际体育仲裁院（CAS）在国际体育争端解决领域的主导地位及其权威性密切相关。国际体育仲裁院于1984年成立，通过30多年的发展，已经成为重要的国际体育仲裁组

---

[1] 赵毅：《罗马体育法要论》，法律出版社2017年版，第27页。

[2] 参见袁古洁："论国际体育法的渊源"，载《体育学刊》2011年第6期。

[3] 黄世席："国际体育法若干基本问题研究"，载《天津体育学院学报》2007年第1期。

[4] 袁古洁："论国际体育法的渊源"，载《体育学刊》2011年第6期。

织，其仲裁裁决具有较高的公信力，得到各国、各国际组织的普遍接受和认可，所有的国际奥林匹克体育单项联合会的成员都承认国际体育仲裁院的管辖权，而且国际体育仲裁院针对奥运会设立特别分院专属管辖奥运争议，可以说几乎一切体育争议都可以提交国际体育仲裁院仲裁。[①]

国际体育仲裁院在兴奋剂违规案件中适用的严格责任原则、在仲裁程序中适用的禁止反言原则等原则为世界各国和其他国际体育组织解决相关争议提供了指导，为国际体育法的发展奠定重要基础。在国际体育运动发展过程中，保障人权、公平竞赛、反对歧视、反对种族主义和反对暴力等原则已经成为国际体育法公认的基本原则。

【推荐阅读资料】

龚智敏："关于足球运动起源之新论"，载《体育与科学》2007 年第 1 期。

黄世席："国际体育法若干基本问题研究"，载《天津体育学院学报》2007 年第 1 期。

袁古洁："论国际体育法的渊源"，载《体育学刊》2011 年第 6 期。

刘晖："新中国体育法制建设的回顾"，载《体育文史》1995 年第 1 期。

郭春玲、张彩红："我国体育立法回顾与述评"，载《西安体育学院学报》2008 年第 3 期。

于善旭："新中国 60 年：体育法治在探索中加快前行"，载《天津体育学院学报》2009 年第 5 期。

李先燕、于善旭："近十年我国体育法学研究的概况、特点与期待"，载《天津体育学院学报》2020 年第 2 期。

赵毅："古希腊罗马：体育法制文明的先驱"，载《天津体育学院学报》2014 年第 3 期。

---

① 董小龙、郭春玲主编：《体育法学》，法律出版社 2018 年版，第 358~359 页。

第三章

运动员、教练员、裁判员的权利与义务

【引例】在 2007 年 12 月举行的北京国际马拉松比赛中，任龙云获得了男子亚军，张莹莹和白雪分别获得女子亚军和季军。但在赛场内喜获佳绩的同时，他们却因为违纪而收到了国家体育总局田径运动管理中心的罚单。

在中国田径协会所发布的公告中，公开了对上述运动员的处罚原因。上述运动员在比赛过程中，因违规遮挡号码或佩戴超过规定尺寸的单位标志等问题，受到了以下处罚：在中国田径协会网上给予通报批评；给予任龙云 10 000 元人民币的罚款，给予张莹莹、白雪等违规运动员每人 3000 元人民币的罚款。

在竞争激烈的体育世界里，运动员等体育从业人员既拥有一些专属于他们的权利，也负有与体育竞赛有关的相应义务。遵守赛事规则，就是其中最常见的一种义务。作为专门从事体育事业的人群，人们通常关注的大多是运动员、教练员、裁判员们的赛场表现。但其实，不论在场内场外，围绕着这些体育从业人员都有着复杂而丰富的法律问题，这些问题既涉及体育竞赛的秩序和公平，又涉及体育从业人员的生活保障和经济利益。合理设置他们的权利和义务，是体育法中的重要问题。

【目标】通过本章学习，学生应掌握运动员、教练员、裁判员的概念和分类，熟练掌握运动员、教练员、裁判员的权利和义务，并能运用上述知识分析具体案例。

第一节 运动员的权利与义务

一、运动员的界定及分类

（一）运动员概念梳理

什么是运动员？总结起来有这么几类概念：

1. 词典当中的普遍定义。《辞海》将运动员定义为经常从事体育锻炼、运动训练和运动竞赛，具有一定运动能力和技术水平的人员。360 百科中运动员词条为："运动员指从事体育运动的人员，词语起源于古希腊文，意思是'裸体'。"

这一定义主要是将运动员的个体特点进行了定义，但是并未将运动员作为一个团体性概念予以明确。

2. 从职业的角度定义。原劳动部 1992 年 5 月 8 日颁布的《关于界定文艺工作者、运动员、艺徒概念的通知》中指出："运动员，系指专门从事某项体育运动训练和参加比赛的人员。"2015 年新颁布的《中华人民共和国职业分类大典》将运动员归为第二大类，属于专业技术人员类别，编号为 2-11-01-03。运动员被界定为"从事各类运动项目训练和比赛的专业人员。主要工作任务：在教练员的指导下，进行体育专项训练，提高运动能力和技术水平；参加各级各类比赛，争取优异运动成绩。"[①]

欧美国家也接受将运动员视为一种职业类别。"例如美国劳动统计局出具的《标准职业分类》，将'运动员与体育选手'作为一种职业类型，其特征性区别标准表述为'参与体育赛事竞技'，并举例为足球运动员、职业赛马骑师和赛车手。""英国国家统计办公室出具的《标准职业分类》将运动员界定为'为获得经济收益，作为个人或作为团队一员而进行训练和竞技的男女职业运动员'；'该职业无需学历资格，其准入条件基于通过辅导和训练能够进一步发展的运动天赋'。该职业的工作任务包括：……具体岗位被举例为板球运动员、足球运动员和高尔夫球运动员。"[②] 这一定义将运动员定位为一种职业类型，但

---

① "国家体育总局《国家职业分类大典》颁布，细化体育行业职业分类"，载 http://www.sport.gov.cn/n16/n33193/n33223/n35664/n2348334/7048749.html，2020 年 8 月 17 日访问。

② 钱侃侃："运动员权利保障机制研究"，武汉大学 2014 年博士学位论文。

国内的定义并未明确其是否是特指职业运动员，而国外的定义比较明确。[1]但是，国家体育总局联合教育部、公安部、财政部颁布的《运动员聘用暂行办法》第 3 条规定："本办法所称运动员是指专业从事某项体育运动训练和参加比赛，且享受试训体育津贴或体育津贴的人员。运动员包括试训运动员和优秀运动员。"这其中又将运动员定义为专业运动员，其实质与职业运动员并无不同。

3. 体育行政机关的定义。国家体育总局颁布的《全国运动员注册与交流管理办法》（2003 年）第 2 条规定："本办法所称运动员，是指参加国家体育总局主办的全国综合性运动会和全国单项竞赛的运动员。"这个定义是从工作实践出发，将运动员的概念与是否注册及是否参赛联系起来，但是与是否从事该职业并无必然联系。与此相对应，国家体育总局颁布的《运动员技术等级管理办法》（2014 年）第 3 条规定："本办法所称运动员，是指参加总局颁布的各项目《运动员技术等级标准》（以下简称"等级标准"）中规定比赛的正式参赛人员。运动员符合等级标准可以申请等级称号。"

可见，体育行政机关在其发布的规范性文件中，对于运动员的概念采用的是一种实践可操作性的定义，以利于竞赛管理。

（二）运动员的分类

1. 按照是否收取报酬来划分。各国际组织及欧美国家将运动员划分为职业运动员和业余运动员。职业运动员是相对业余运动员而言的，1947 年的《斯德哥尔摩规定》将业余运动员定义为仅仅为了欢乐，为了获益于身心和社会而参加竞技运动的人，而对于职业运动员并未有统一的标准概念。

职业运动员在百度百科中被定义为"受雇于一个俱乐部或一个财团，把参加比赛和运动作为职业，以取得个人收入的运动员"。有学者也这样对职业运动员加以界定："职业运动员是把某项运动作为一种谋生手段，将自身的竞技能力以商品的形式出现，换取劳务报酬的一种职业。"[2]

国际足联（FIFA）将运动员分为两类：业余与非业余运动员。业余运动员指那些参与足球比赛或相关活动时，除实际发生费用得到补偿外，不收取任何报酬的运动员。报销参加比赛产生的差旅住宿、器材、热身活动和保险支出，都不应被视作对业余运动员资格的损害。与之相比，那些参加足球比赛或相关

---

① 钱侃侃："运动员权利保障机制研究"，武汉大学 2014 年博士学位论文。作为职业概念的运动员等同于"职业运动员"范畴，其特征集中表现为下述四个方面：其一，获利性。其二，稳定性。其三，专业性。其四，群体性。

② 杨铁黎、张建华："职业体育市场运作模式的理论探讨——兼谈中国职业体育市场存在问题"，《体育与科学》2000 年第 3 期。

活动，所得收入高于上述各项费用总和者，则为职业运动员。

在我国，不仅有职业运动员和业余运动员的区分，还有一种专业运动员的概念，"是指在实行举国体育体制的国家中，由国家负担费用并提供适当报酬，在体育管理部门组织下参与体育训练和比赛，为体育管理部门和国家在各种赛事中争取优异比赛成绩、夺取金牌的运动员。专业运动员除体育比赛和训练外没有其他的工作和收入，但专业运动员又不受雇于职业体育俱乐部，不参加职业比赛，不通过参赛获得额外收入"。① 但是，随着市场化的进程，传统的体育体制正在萎缩，面临生存的危机，造成高水平体育人才断层现象严重。……许多在校学生（或其家长）认为运动员这一行业将来的出路渺茫，而选择了放弃竞技体育，这是我国竞技体育发展的巨大损失"。② 但是，从另外一个角度考虑，专业运动员也是符合职业运动员的定义的，毕竟其收取的报酬已经超出其参赛的必要支出，显然不是业余运动员，因此，专业运动员只是职业运动员的一种特殊状态。

总结起来，职业运动员主要靠市场机制的资金投入来培养训练，通过职业联赛来赢取奖金，投资者通过广告或者运动员的转会获取回报。专业运动员则是在政府体育行政部门注册，通过多种机制培养，专门从事体育竞赛的人员。业余运动员是不经注册，有其他谋生的手段，不以体育比赛为主业，出于对体育竞赛的兴趣，参加各类比赛的人员。

2. 根据运动成绩来区分。这种划分方法应该是我国的一项特殊政策，《体育法》第 28 条规定：国家对优秀运动员在就业或者升学方面给予优待。什么样的成绩可以确定为优秀运动员？有诸多解释。体育总局科教司 2018 年在优秀运动员免试入学资格中，给予了三个标准，满足其一即可："①曾获指定项目比赛最高级别组（见附件 2）全国前 3 名、亚洲前 6 名、世界前 8 名，武术套路传统项目运动员需同时获得运动健将等级称号；②获得足球、篮球、排球、田径和武术项目运动健将称号；③获得国际级运动健将称号。"③ 而体育总局 2019 年选派优秀运动员赴美短期留学时规定："报名运动员须获得奥运项目的亚运会前 3 名、世锦赛前 6 名、世界杯（总决赛）前 6 名或奥运会前 8 名。"④

① "专业运动员"，载 https://baike.so.com/doc/852819-901752.html，2020 年 8 月 20 日访问。

② 刘仁盛、张国海："我国专业运动员退役安置现状及对策研究"，《北京体育大学学报》2009 年第 1 期。

③ "体育总局科教司关于做好 2018 年优秀运动员免试进入高等学校学习有关事宜的通知"，载体育总局官网：kjs.sport.gov.cn/n5083/c9。

④ "体育总局办公厅关于 2019 年选派部分优秀运动员赴美国短期留学有关事宜的通知"，载国家体育总局官网：http://www.sport.gov.cn/n316/n336/c913230/content.html，2020 年 8 月 20 日访问。

而《优秀运动员伤残互助保险办法（试行）》中对于优秀运动员的认定采用了是否进入某级别运动队的标准。[①]

3. 按运动等级划分。这一分类是一种技术等级分类。国家体育总局《运动员技术等级管理办法》（2014 年）第 4 条规定："等级称号分为：国际级运动健将、运动健将、一级运动员、二级运动员、三级运动员。"《运动员技术等级标准》第 1 条规定了国际运动健将的标准："凡符合下列条件之一者，可申请授予国际级运动健将称号：在奥运会、青年奥运会、世界锦标赛、世界青年锦标赛、世界杯、世界大学生运动会、亚运会、亚洲青年运动会、亚洲室内运动会、亚洲锦标赛、亚洲青年锦标赛、泛太平洋赛、环地中海赛、中澳对抗赛中达到成绩标准。"[②] 第 4 条规定了三级运动员的标准："凡符合下列条件之一者，可申请授予三级运动员称号：①在可授予二级运动员及以上称号的比赛中达到成绩标准；②在市（地、州、盟）体育行政部门主办的综合性运动会或锦标赛中达到成绩标准。"[③]

此外，从不同的角度还可以对运动员作出不同的分类，引发的法律规制也不同。比如，未成年运动员和成年运动员，运动会中的运动员和全民健身活动的参与者，学生运动员和职工运动员，等等。

（三）运动员的概念

在梳理了运动员的概念与分类后，有必要结合体育法学研究的视角，从法律概念的角度对运动员进行界定。前文梳理了三种运动员的概念，这三种概念的内涵都是"具有一定运动能力和技术水平的人员"，区别在于概念的外延。词典的定义，将运动员的外延泛泛地定义为经常从事体育锻炼、运动训练和运动竞赛；职业角度的定义，可以清晰地依照职业分类标准等规范性文件来清晰地识别职业运动员。"这为运动员范畴从生活概念向法律概念的过渡奠定基础。"[④] 但是，按照运动员的分类来看，除了职业运动员之外，还有专业运动员和业余运动员，谁能否认参加北京马拉松比赛的业余选手是运动员呢？体育

---

① 《优秀运动员伤残互助保险办法（试行）》（已失效）第 2 条：本办法所称优秀运动员（以下简称运动员）是指：全国各省、自治区、直辖市及计划单列市（所属）正式在编、享受体育津贴奖金制并从事奥运会和全运全项目的运动员。

② 《运动员技术等级标准》，载 http://www.sport.org.cn/search/system/bmgz/2018/1108/192022.html，2020 年 8 月 20 日访问。

③ 《运动员技术等级标准》，载 http://www.sport.org.cn/search/system/bmgz/2018/1108/192022.html，2020 年 8 月 20 日访问。

④ 钱侃侃："运动员权利保障机制研究"，武汉大学 2014 年博士学位论文。

行政机关的定义主要解决的是运动员的外延定义，即注册和参赛。但是谁能说参加世界大学生运动会的大学生不是运动员呢？他们很多并未注册。我们可以总结，职业运动员（以下我们所说职业运动员包括专业运动员）是作为法律概念的运动员的最主要的主体，但是，除此以外，不是职业运动员，"但参加了各种级别体育竞赛的运动员，在某些具体的法律关系中，也可以成为权利主体，享有相应的运动员权利"。① 综上，运动员可以界定为，参加各级各类有组织的运动会和单项竞赛的，专门从事某项体育运动训练和参加比赛的人，或其他有资格参加比赛的人。

在此我们是将运动员作了一个广义的定义。需要注意的是，那些不以竞技体育为职业，但参加了各种级别体育竞赛的运动员，在某些具体的法律关系中，也可以成为权利主体，享有相应的运动员权利。但是，这类主体必须以参加比赛为限度，一旦脱离比赛，则失去运动员的资格，成为普通的体育爱好者。这类运动员与我们在法律意义上认定的运动员还是存在一定区别的。

作为职业概念的运动员是作为法律上运动员概念的核心范畴。只要是专门从事体育运动训练并参加竞技比赛的运动员，就属于法律上的运动员。因此，法律上的运动员概念必须以职业运动员为基准进行构建。

二、运动员的权利和义务

运动员是体育赛事的参加主体，所有体育赛事活动都是围绕着运动员而展开的。运动员既是竞技体育运动的中心力量，同时也肩负着建设体育强国、推动全民健身、促进全民健康的重要使命。在这一大背景下，运动员这一群体的重要性凸显了出来，原先并不为大众所知的侵害运动员权利的事件纷纷曝光。

改革开放促进了我国各个行业市场化进程的不断发展，但是，体育行业的举国体制却得以保留了下来并成为制度优势。举国体制维持了政治利益一元性，其核心任务也定格在金牌追逐上，继续保持了对运动员的严格控制，运动员对体制的依附性并未减少。但是，由于大环境的变化，旧的体制不再能够支撑原有的福利保障制度，运动员固有的劣势尽显无疑，知识匮乏、没有其他谋生手段、转型艰难、社会容纳量有限，所有这一切使得运动员处于更加弱势的地位。一方面他们面对社会急剧转型没有融入的手段和途径，另一方面，由此带来的恐惧使得他们更加想寻求原有体制的保护从而处于不利地位。这些原因综合起来，使得一部分运动员在此过程中个人权利受到严重伤害。

---

① 钱侃侃："运动员权利保障机制研究"，武汉大学 2014 年博士学位论文。

当然，与此同时，由于改革推动了另外一部分运动员经济权利的增加和实现，进而形成追求个人利益的道德正当，由此促进了运动员权利意识觉醒；而在现行运动员培养机制下，体育界内部利益多元化局面出现，运动员的商业价值所带来的经济利益又往往使得运动员管理机构在利益驱使下侵犯运动员的权利，利益冲突逐渐显现。而在争取个人权利过程中，运动员的诉求受到来自体育行政主管部门的压制，产生激烈冲突。这些一方面反映了个人权利意识的不断增强，已经有了寻求权利救济的主观意思表示；另一方面，运动员身上凸显的权利问题也反映了我国体育界法治进程的缓慢与僵化，与法治中国的要求不相适应。

运动员到底拥有哪些权利，如何理解其性质和分类，权利受到侵害如何获得救济？运动员在享受权利的同时应该承担哪些相应的义务，违反义务该受到何种处罚？这些成为运动员和体育行政管理部门共同关心的新问题。

（一）权利是什么？

权利和义务是一组相对应的概念，权利和义务是一致的，不可分割的，两者之间是互动的关系，任何权利的实现总是以义务的履行为条件。没有义务，权利便不再存在；没有权利，义务便没有存在的必要。所以，当讨论权利是什么的时候，也就同时探讨了义务是什么。

辞典中对于权利的解释是："权利一般是指法律赋予人实现其利益的一种力量。与义务相对应，法学的基本范畴之一，人权概念的核心词，法律规范的关键词。在家庭、社会、国家、国际关系中隐含或明示的最广泛、最实际的一个内容。从通常的角度看，权利是法律赋予权利主体作为或不作为的许可、认定及保障。"

而在法学界，对于权利是什么这样的问题，可谓众说纷纭，不同的学者给出了不同的解释。耶林说："权利就是受到法律保护的利益。法律上的权利并不能等同于利益，而是一种实现一定利益的可能性。在某些场合下，民众的权利诉求并不指向利益，而是指向自己的人格尊严和自由。"[1] 而在米尔恩看来，"权利概念之要义是资格。说你对某物享有权利，是说你有资格享有它"。[2]

国内学者也分别对此进行了自己的解读，有的说，"权利是指国家通过法

① 夏勇："民本与民权——中国权利话语的历史基础"，载《中国社会科学》2004 年第 5 期。

② ［英］A.J.M. 米尔恩：《人的权利与人的多样性——人权哲学》，夏勇、张志铭译，中国大百科全书出版社 1995 年版，第 111 页。

律规定，对人们可以自主决定作出的某种行为的许可和保障"。① 有的说，"权利指法律上之权利。法律上之权利，简而言之，则为以有政治组织社会之力量，而影响他人行为之权能"。② 有的说，"权利是指特定社会成员按照正义原则的法律规定享有的利益和自由"。③ 还有的说，"权利云者，乃得享受特定利益之法律上之力也"。④

具体到体育法学界，学者陈书睿认为："权利大体由两个基本构成要素组成：一为法律之力，一为利益和自由，故而可以推出：权利本身表现为利益和自由，但该利益和自由必须有法律来进行保障。"⑤ 学者韩新君认为："权利是指公民在宪法和法律规定的范围内，可做或不可做某种行为，也可要求国家和其他组织、公民做出或不做出某种行为，从而满足其利益的行为自由。"

上述诸多学者关于权利的概念，其基本观点都是相同的，简而言之就是法律保障的利益和自由。

与此同时，在法律上一方有权利，他方必有相应的义务，或者互为权利义务；任何公民不能只享有权利而不承担义务，也不会只承担义务而享受不到权利。说某人享有或拥有某种利益、主张、资格、权力或自由，是说别人对其享有或拥有之物负有不得侵夺、不得妨碍的义务。若无人承担和履行相应的义务，权利便没有意义。故一项权利的存在，意味着一种让别人承担和履行相应义务的观念和制度的存在。如果说权利表示的是以"要求""获取"或"做"为表现形式的"得"，那么，义务所表示的就是相应的以"提供""让与"或"不做"为表现形式的"予"。也就是说，权利和义务，都是为法律所保障的，作为法律所规定的权利的实现，当然离不开义务的履行；实质上，在此过程中，也是权利作用的结果。

基于以上论述，我们可以概括地说，运动员权利是指运动员在参与训练、比赛及其他体育社会活动中，依法应当受到保护的各种权利的总称。与此相对应，运动员义务是指运动员为使自己及他人权利实现的作为和不作为的总称。

（二）立法中关于运动员权利的规定

在我国，迄今为止立法上并没有有关运动员权利的专门法律法规。运动员

---

① 张贵成、刘金国主编：《法理学》，中国政法大学出版社 1992 年版，第 162~181 页。

② 燕树棠：《公道、自由与法》，清华大学出版社 2006 年版，第 68~79 页。

③ 夏勇主编：《走向权利的时代：中国公民权利发展研究》，中国政法大学出版社 2000 年版，第 1 页。

④ 王泽鉴：《民法总则》，兴丰印刷厂 1994 年版，第 40 页。

⑤ 陈书睿："优秀运动员权利的法学研究"，上海体育学院 2012 年博士学位论文。

权利散见于各法律法规和政策文件中，受到国家不同法律的调整，具有广泛的内容。

第一，"在体育法律关系中，运动员作为一个特殊的权利主体，首先是中华人民共和国的公民，享有《中华人民共和国宪法》所规定的公民享有的各项基本权利。然而，《中华人民共和国宪法》作为我国的根本大法，它对公民权利的规定都是原则性的，运动员所享有的各项基本权利只有在参与具体的社会活动中才能实现"。[1]

第二，《体育法》有几条关系到运动员具体权利、义务的条款。第26条规定："参加国内、国际重大体育竞赛的运动员和运动队，应当按照公平、择优的原则选拔和组建。具体办法由国务院体育行政部门规定。"第28条规定："国家对优秀运动员在就业或者升学方面给予优待。"第33条第1款规定："体育竞赛实行公平竞争的原则。体育竞赛的组织者和运动员、教练员、裁判员应当遵守体育道德，不得弄虚作假、营私舞弊。"除此之外，对运动员的权利和义务没有作出具体规定。

第三，其他一些政策法规对运动员权利的相关规定。《关于进一步加强运动员文化教育和运动员保障工作的指导意见》（2010年3月30日国务院办公厅发布，国办发〔2010〕23号）中对运动员的受教育权、职业保障权等有相关规定，如第1条规定："处于九年义务教育阶段的运动员的文化教育，应根据《中华人民共和国义务教育法》的要求，与九年义务教育学校紧密结合，接受教育行政部门的业务领导，保证达到国家规定的基本质量要求。"第15条第1款规定："运动员及其所在单位应按照有关规定参加社会保险，按时足额缴纳各项社会保险费，确保运动员享受相应的社会保险待遇。"[2]

《关于进一步做好退役运动员就业安置工作的意见》中对运动员的职业保障权进行了保护，如第3条规定："建立和完善运动员的社会保障机制。针对运动员入队年龄小、运动年限短、劳动强度大、伤病伤残多等职业特点，并考虑与整个社会保障机制相衔接，体育总局将会同有关部门研究制定切实可行的运动员社会保障政策和办法。运动员可参照工伤保险办法和标准享受有关待遇，所需资金由运动员所在单位统筹考虑。有条件的单位可推行运动员伤残互助计

---

① 马宏俊："运动员权利的法律保障制度研究"，载《体育科学》2014年第1期。

② 《国务院办公厅转发体育总局等部门关于进一步加强运动员文化教育和运动员保障工作的指导意见的通知》，载 http://www.sport.org.cn/search/system/xgwj/2018/1108/191959.html，2020年8月20日访问。

划。"第 4 条规定:"建立退役运动员就业培训制度,加强对运动员的职业技术培训。有关院校和培训机构要积极支持退役运动员的职业技术培训工作;各级教育、劳动保障部门对于体育部门举办的职业技术培训要给予积极支持。对于经过培训、考核合格的人员,由劳动保障部门颁发相应的《职业资格证书》,并根据《劳动力市场管理规定》有关条款将这些人员作为特殊服务对象为其提供服务。"对职业培训和受教育权的保护和支持,如第 7 条规定:"鼓励运动员进入高等院校学习并通过高校毕业生就业渠道就业。获得全国体育比赛前 3 名、亚洲体育比赛前 6 名、世界体育比赛前 8 名和获得球类集体项目运动健将、田径项目运动健将、武术项目武英级和其他项目国际级运动健将称号的运动员,可以免试进入高等学校学习,高等学校还可以通过单独组织入学考试、开办预科班等形式招收运动员入学。"第 10 条规定:"要从根本上解决退役运动员就业安置问题,必须不断提高运动员的科学文化素质,增强他们的竞争实力。教育行政部门要积极配合体育部门认真抓好运动员的文化学习,进一步加大对运动员进行系统的文化教育的力度,不断提高运动员的科学文化水平。要研究制定符合运动员特点的课程和教学内容,各级体育和教育行政部门要认真研究并尽快实施在役运动员的弹性学制。运动员的文化教育要从基础抓起,确保每一名在役运动员除了完成训练、比赛任务外,较好地接受九年义务教育。运动员所在单位要积极创造条件,保证运动员有足够的文化学习时间和较好的学习环境。"①

其他如《优秀运动员伤残互助保险试行办法》《体育运动员、教练员贯彻〈事业单位工作人员工资制度改革方案〉的实施意见的通知》《运动员聘用暂行办法》等行政文件,也都对运动员的退役安置、医疗保险等方面进行了相关安排。

但是,上述这些关于运动员权利的法律规定,彼此之间重合度较高。而在具体实施上,由于规则分散和层级较低,大部分政策法规的相关内容,只有概念化或原则性的笼统表述,缺乏可操作性和可量化的实施标准。例如 2007 年实行的《运动员聘用暂行办法》,其中第 20 条规定:"坚持科学训练,合理安排训练比赛时间,有针对性地开展文化教育工作,保障优秀运动员接受文化教育的权利。"这里的"科学训练","合理安排时间",都是非常抽象和笼统的说法,每周训练时间有没有上限,这些时间如何安排方为合理;保障接受文化教育权,达到什么文化程度可以确保这一目的实现,又由什么人用何种方法来确定目标

---

① 《关于进一步做好退役运动员就业安置工作的意见》,载 http://www.sport.org.cn/search/system/xgwj/2018/1108/191959.html,2020 年 8 月 20 日访问。

是否达成，未能达到目标的责任由谁以什么方式来承担，等等，所有具体操作的内容都未涉及。①

　　相比之下，我国其他一些针对特定人群的法律中，则有清晰的、明确的权利义务的规定。如《中华人民共和国教师法》中专门设立了权利和义务章，其中第 7 条列明了教师享有的法定权利，第 8 条则规定了教师应当履行的义务。在《中华人民共和国公务员法》中，则设立了公务员的条件、义务与权利一章，其中第 15 条规定了公务员享有的各项权利。其他如《中华人民共和国法官法》《中华人民共和国检察官法》《中华人民共和国人民陪审员法》《中华人民共和国律师法》《中华人民共和国执业医师法》等，均在法条中明确了调整对象的权利。与这些法律相比较，《体育法》的规定则不尽完善，未对运动员的权利作出明确规定。

　　（三）运动员权利的分类

　　运动员首先是国家的公民，享有公民权利；然后是运动员职业的从业者，其权利在公民权利的基础上具体化。运动员权利体系建立在运动员的公民权利基础上。伴随着运动员权利意识苏醒，有关运动员权利的纠纷逐渐增多。

　　与此相对应，与运动员权利相关的研究成果增多，其中，对于运动员权利构成也有不同的研究成果。学者们根据不同的标准，对运动员权利的内容进行了不同的分类和构建。

　　最早关于运动员权利分类的研究见于张厚福教授的"对我国运动员几个主要权利的保护"一文，"运动员权利应分为公平竞争权、人身安全健康权、劳动经济权、文化教育权四大权利"，②"尤其公平竞争权中关于平等参赛权、标准一致权、竞赛条件相同或相近权、成绩准确真实权、优胜劣汰权的论证，被后来的学者批判性地借鉴"。③

　　在张厚福之后，学者们开始对运动员权利进行更加细化的划分。有部分学者从宏观的角度将运动员权利视为多种权利的集合：

　　高永刚认为，"运动员权利包括《宪法》和其他法律、法规赋予公民的基本权利和基于履行特殊比赛职责的职业权利"。④

　　韩新君提出，"运动员权利内容的体系构成……①基本权利。运动员的基

①　参见李琳瑞："我国运动员权利保护研究"，北京体育大学 2009 年博士学位论文。

②　张厚福："对我国运动员几个主要权利的保护"，载《武汉体育学院学报》1999 年第 4 期。

③　钱侃侃："运动员权利保障机制研究"，武汉大学 2014 年博士学位论文。

④　高永刚、张瑞林："职业体育俱乐部侵犯运动员权利之法律思考——以篮球为例"，载《武汉体育学院学报》2007 年第 12 期。

本权利是指运动员根据宪法规范所确定，表明其公民地位，并具有相对稳定性的最根本、最重要的综合性权利……②相对权利。……还应享有来源于民法、行政法、诉讼法、商法、刑法、劳动和社会保障法、体育法等法律法规所赋予其的具体权利……③职业权利。……一些权利还是其他行业从业人员所不具备的，如转会权、注册权等。所以，对于运动员权利在竞技体育职业中的具体化问题，我们称之为职业权利"；① "运动员的职业权利，它重点在与运动员人身相关的权利、与运动员行为相关的权利、与运动员教育相关的权利三个方面"。②

马宏俊认为，"运动员作为一个特殊的权利主体，首先是中华人民共和国的公民，享有《中华人民共和国宪法》所规定的公民享有的各项基本权利……运动员根据法律、法规、地方性法规、部门规章、同有关单位（或组织）签订的协议（合同）所享有的权利"。③

有部分学者以运动员生涯不同阶段具体分析，叶小兰、王方玉提出，退役运动员的基本权利包括：生命健康权，基本生活水准权，受教育权，劳动就业权。④

陈书睿提出，"运动员在参加比赛的过程中享有参加比赛的权利、公平比赛的权利、安全比赛的权利、退出比赛的权利和获得奖励的权利"。⑤

刘一民、马先英提出，专业运动员"特殊的社会权利主要包括：公平竞赛权，人身安全保障权，运动训练自主权"。⑥

兰薇在论证竞技体育中的体育发展权的过程中，提出了运动员的体育发展权、运动员的受教育权和运动员的劳动权三个权利类型。⑦

除此之外，还有学者采用列举式总结了运动员权利的内容，如韩新君将权利分为"基本人权、身体健康权、公平竞争权、教育权及职业保障权、听证、申辩等权利救济的程序性权利以及建议权六项"。⑧

董小龙等提出，运动员"有进行训练，参加国内外各种竞技比赛的权利；

① 韩新君等："对构建运动员权利保障体系的研究"，载《广州体育学院学报》2005 年第 6 期。

② 韩新君等："对构建运动员权利保障体系的研究"，载《广州体育学院学报》2005 年第 6 期。

③ 马宏俊："运动员权利的法律保障制度研究"，载《体育科学》2014 年第 1 期。

④ 叶小兰、王方玉："退役运动员基本权利保障分析"，载《体育与科学》2008 年第 1 期。

⑤ 陈书睿："体育赛事中运动员权利的法学研究——以赛事组织方为相对人"，载《西安体育学院学报》2012 年第 6 期。

⑥ 刘一民、马先英："我国专业运动员群体的社会学分析"，载《体育学刊》2004 年第 3 期。

⑦ 兰薇："体育发展权研究"，武汉大学 2012 年博士学位论文。

⑧ 韩新君等："对奥林匹克运动中运动员权利问题的研究"，载《体育科学》2007 年第 8 期。

在竞技比赛中，对裁判员的裁决不服有权向仲裁委员会提出申诉；有拒绝服用违禁药物的权利；获得竞赛成绩奖励、奖金和荣誉称号；有接受文化教育和进行深造权利；有参与运动队的民主管理权利；有享受国家规定的福利待遇权利；运动员在与训练单位订立的合同结束后，有重新选择单位的权利"。①

黄世席基于运动员参加奥运会的前提提出了运动员的义务："①遵守《奥林匹克宪章》以及国际奥委会批准的有关国际单项体育联合会的规则。②尊重和遵守《世界反兴奋剂条例》和其他体育运动道德。③尊重奥林匹克产权，不得将自己的形象滥用于任何政治或商业目的。④遵守本国奥委会有关奥运代表队选拔和其他涉及奥运会的决定。⑤将有关奥运会争议提交仲裁的义务。"②

钱侃侃在其博士论文中进一步深入分析发现，自张厚福开篇论证运动员权利种类之后的 15 年内（2014 年），学界关于运动员权利的具体内容总共涉及 72 个权利类型。大部分学者认为将劳动报酬权、公平竞争权、转会权、受教育权、注册权、健康权和诉讼权纳入运动员权利范畴是没有争议的。另一方面，49 种法定权利只出现 1 次，这不仅仅是因为每一个学者对同一种权利类型作出不同的表述或选择了不同的侧重（比如，公平竞争权与平等竞争权；健康权、生命健康权与人身安全健康权；教育权、受教育权与文化教育权；职业伤残救济权、基本生活水准权与职业保障权；劳动权、劳动报酬权、劳动经济权与劳动就业权等），另一个重要的原因在于国内学者对于运动员权利的种类正处在研究的初级阶段，每一个学者在探索的阶段虽然都作出了智力贡献，但是尚未有学者改变了学术界目前混乱使用学术概念的现状，权威性地统一了术语。③

综合各位专家学者的论述，我们认为，运动员权利构成应分为基本权利和特殊权利。所谓基本权利，就是指运动员作为中华人民共和国的公民，享有《宪法》所规定的公民享有的各项基本权利在体育领域的具体权利体现，包括：生存权、生命健康权、教育培训权、公平竞争权、获得劳动报酬权、人格权（包括人格尊严、人身自由以及姓名权、肖像权、名誉权、隐私权等）等权利及保障实体性权利实现的程序性权利。所谓特殊权利，是指由于运动员从事体育行业的特殊性，还享有的其他行业从业人员不具备的权利，如注册权、自由转会权等。

与其相对应，运动员的义务就是遵守宪法和法律规定的基本义务，遵守国

---

① 董小龙、郭春玲：《体育法学》，法律出版社 2018 年版，第 183~184 页。
② 黄世席："奥运会参赛运动员的法律权利和义务"，载《武汉体育学院学报》2008 年第 2 期。
③ 钱侃侃："运动员权利保障机制研究"，武汉大学 2014 年博士学位论文。

际体育组织的规则，尊重和遵守《世界反兴奋剂条例》和其他体育运动道德，尊重和遵守代表队选拔的决定以及履行根据法律、法规、地方性法规、部门规章、同有关单位（或组织）签订的协议（合同）的义务。

三、运动员参赛资格

上文中我们具体分析了运动员权利的构成，分为基本权利和特殊权利。基本权利是作为公民都应享有的宪法和法律所规定的公民享有的各项基本权利，我们在此不做探讨。我们主要研究运动员的特殊权利，即由于运动员从事体育行业的特殊性，享有的其他行业从业人员不具备的权利，如注册权、自由转会权等。如果我们进一步分析就会发现，这些权利最终指向的就是运动员的参赛资格问题，因为这些权利是对运动员身份或地位的法律确认。

前文我们对于运动员进行了定义，可以知道，运动员是以是否有资格参加比赛来界定的。那么运动员参加比赛的目的是什么呢？利益。不管是职业运动员还是业余运动员，参加比赛的最根本的目的就是利益。利益有各种各样的形式，有的是为获取直接的经济利益，比如参加大奖赛获得奖金；有的是为了获得荣誉，比如"梦之队"的球星代表美国队参加奥运会；有的是为了增加知名度，比如有些参加马拉松的网红各种刺激眼球的装扮；有的是为了获得某些资格，比如高水平运动员测试需要的资格……但是，最终还是归结到经济利益上，因为参加比赛会获得诸多的衍生利益，比如运动员的商业赞助、广告代言、门票收入、电视转播权收益等；而学生运动员这类业余运动员通过参赛资格可以获得奖学金，也能借助这种资格带来的训练、比赛等条件帮助自己未来进入职业体育领域，成为体育明星获得高薪，成为一种隐性的利益。

这些衍生利益均基于对参赛资格利益的保护，并受到宪法（平等权、正当程序权利）、劳动法、合同法等积极的调整和保护。

乔一涓认为，"参赛资格与体育比赛相伴而来，并在不同的比赛有不同的要求和限制，同时在体育产业发展的不同时期被赋予的利益内容也不同；其次，参赛资格中的要求或限制是由体育组织根据体育比赛的特点和需要所设定的，也是体育组织对参赛运动员资格审查的依据；最后，运动员通过体育组织的资格审查后获得参赛资格，这才有可能在比赛中受益。因此，这些特点都在参赛资格制度中逐一体现"。[①]

任何一种正当合理的利益都由一定的利益主体所享有，只有确认利益人的

---

① 乔一涓："运动员参赛资格的法律保护研究"，武汉大学 2014 年博士学位论文。

主体地位，使其具有规则规制下的人格，他才能去行使权利、获得利益并受法律保护。如何获得合法的主体地位，就是我们要探讨的参赛资格问题。

"参赛资格并不是一个法律上的专有名词，只是具有法律意义上的'资格'在体育领域的适用。简而言之，参赛资格是指运动员参加体育比赛必须具有的资格。"[1] 而这在现实中就指向了注册权、转会权以及由此衍生的其他权利。《体育法》第 29 条规定："全国性的单项体育协会对本项目的运动员实行注册管理。经注册的运动员，可以根据国务院体育行政部门的规定，参加有关的体育竞赛和运动队之间的人员流动。"

"注册权是指运动员为了参加比赛，明确其代表单位，而与该单项协会认可的资格单位签订协议的权利。"[2] 注册是确认运动员资格的一种法定形式，是运动员参与训练和竞赛及进行交流的前提。未经注册的运动员不具备运动员的主体资格，不受法律保护。

"转会权实质是指运动员从一个注册单位（一般为职业俱乐部）到另一个注册单位流动的权利。"[3]《世界人权宣言》第 23 条规定，"人人有权自由选择职业"；《经济、社会、文化权利国际公约》第 6 条第 1 款规定，"人人有凭其自由选择和接受的工作来谋生的权利"；《中华人民共和国劳动法》第 3 条规定，"劳动者享有平等就业和选择职业的权利"。在世界各国，运动员都有自由转会的权利。运动员转会将形成三个法律关系，一是运动员与原俱乐部之间的关系；二是，运动员与新俱乐部之间的关系；三是原俱乐部与新俱乐部之间的关系。虽然我国有单项的协会章程规定运动员转会的具体规则，但是，目前我国体育行业没有统一的运动员转会的规则，我国体育人才流动尚未进入合法有序的轨道。因此，加快制定相关的规范性文件，是保障运动员转会权利实现的前提条件。[4]

伴随着参赛资格的获得，运动员又被赋予了以下权利：①行为权。即主体以作为或不作为的方式，主动地直接实现自己利益。②请求权。这是对利益相对人提出的义务要求，即运动员有权要求体育组织为或不为一定行为，防止参赛资格利益可能受到的侵害，以确保权利的实现。运动员获得参赛资格是由体育组织适用规则，作出参赛资格决定。在此过程中，运动员有权享有正当程序

① 乔一涓："运动员参赛资格的法律保护研究"，武汉大学 2014 年博士学位论文。

② 马宏俊："运动员权利的法律保障制度研究"，载《体育科学》2014 年第 1 期。

③ 徐海燕、杨颖辉："运动员转会制度的法律思考"，载《当代法学》2002 年第 11 期。

④ 马宏俊："运动员权利的法律保障制度研究"，载《体育科学》2014 年第 1 期。

权利，这也是体育组织应当履行的程序正义的义务。③获得救济权。即当运动员参赛资格利益受损时，有向体育组织寻求内部救济的权利。若对内部救济的结果不满，还可向体育仲裁院提起上诉。上述权利从动态规范的角度保证运动员行使权利，实现利益。与此相对应，运动员在获得这些权利的同时，承担的义务包括：认真训练、积极参加比赛并保证在比赛中遵守规则，尊重对手、尊重裁判，恪守职业道德。

第二节　教练员的权利与义务

一、教练员界定及分类

国家体育总局前副局长李富荣在为《教练员——中国体育腾飞的关键》作序时说："一名优秀的教练员可以培养出一批高水平的运动员，一批高水平的教练员可以保证运动项目的持续发展。"在总结训练局成功的四大法宝时，李富荣把教练的作用列在了第一位。相关研究也表明，优势项目之所以能够在竞技舞台上保持优势，与自身雄厚的教练基础有着密切联系。因此，"现代竞技体育的竞争，从一定意义上说是教练员水平的竞争"。在"人才成就未来"的大环境下，教练员作为体育领域最重要的人力资本之一，在体育发展中起着其他任何资源所无法替代的重要作用，一支高水平的教练员队伍是竞技体育系统得以正常运转的核心要素。因此，我们有必要将教练员这个群体予以明确界定。

（一）教练员概念梳理

什么是教练员？总结起来有这么几类概念：

1. 词典当中的普遍定义。《辞海》中对教练员的解释为："教练员是运动训练中直接负责培养和训练运动员的人员。教练员对运动员的思想、身体、技术等要全面负责，须具有专项运动的理论知识和较高的技术水平，掌握先进的教学和训练方法。"

2. 从职业的角度定义。2015年新颁布的《中华人民共和国职业分类大典》将教练员归为第二大类，属于专业技术人员类别，编号为2-11-01-01。教练员是一种职业，并被界定为"在体育运动训练和竞赛中，培养、训练和指导运动员的专业人员。主要工作任务：进行运动员综合素质、职业道德规范、体育竞技规则的教育培养；指导运动员进行技战术等专项训练，提高运动水平；制订训练计划和参赛方案；指导运动员进行比赛"。①

　　田麦久认为，"教练员是从事竞技运动训练工作，培养运动员并指导他们参加运动竞赛，争取优异成绩的专业人员"。②李智认为，"教练员的工作具有目的性、社会性、稳定性、规范性和群体性五个基本特征和特定的工作内容和工作性质，已满足作为一个职业的要求和条件"。③仇军等认为，"教练员的劳动过程是综合运用专业知识以及相关学科知识，训练、指导运动员创造优异运动成绩的过程"。④汪浩认为，教练员的工作"是一种复杂的体力和脑力相结合的劳动。教练员是训练过程的主要设计者，是训练活动的主要组织者，是训练管理工作的重要决策者"。⑤

　　3.体育行政机关的定义。笔者查阅了体育行政机关的相关法律、法规以及部门规章、制度、文件等，并未发现明确的定义。但是，从一些文件里我们依然可以找到对于教练员工作的描述。1994年，人事部（已撤销）、国家体委（现国家体育总局）联合发布的《人事部、国家体育运动委员会关于印发〈体育教练员职务等级标准〉和〈关于〈体育教练员职务等级标准〉若干问题的说明〉的通知》中附件一《体育教练员职务等级标准》（以下简称《标准》）第二章第4条规定："体育教练员的基本职责是完成训练教学任务，提高运动技术水平；全面关心运动员的成长，做好运动队的管理工作；参加规定的进修、学习。同时高等级教练员须承担对低等级教练员的业务指导、培训和辅导基层训练工作。"第五章第21条规定："按照干部管理权限，由行政领导根据教练员所在单位的编制定员和职务结构比例，在经审定具备教练员任职条件的教练员中按岗择优聘任。"⑥《标准》第三章专门规定了教练员的任职条件，第11条规定，"优秀运动队教练员任职条件：①三级教练。具有体育中专学历，从事训练教学工作1年以上，初步了解体育基础理论和专业知识，基本掌握训练教学的内容和

---

①　"国家体育总局《国家职业分类大典》颁布 细化体育行业职业分类"，载 http://www.sport.gov.cn/n16/n33193/n33223/n35664/n2348334/7048749.html，2020年8月20日访问。

②　田麦久主编：《运动训练学词解》，北京体育大学运动训练学教研室2002年版，第111页。

③　李智、王春明、王德新："建立我国教练员职业资格制度的可行性研究"，载《北京体育大学学报》2007年第4期。

④　仇军、平越、宋凯："教练职业特征散论"，载《中国体育科技》1997年Z1期

⑤　汪浩："我国优秀教练员应具备的基本素质的再审视——兼议我国教练员的选拔机制"，载《运动》2010年第5期。

⑥　《关于印发〈体育教练员职务等级标准〉和〈关于〈体育教练员职务等级标准〉若干问题的说明的通知》，载 http://www.sport.org.cn/search/system/bmgz/2018/1108/192022.html，2020年8月20日访问。

方法，能够完成训练教学任务……"①

这一文件对于教练员的基本职责、岗位设置以及任职条件予以明确规定。显然，从这一文件中对于教练员的内涵和工作内容的规定可以看出，体育行政主管部门也确认教练员的工作具有特定的劳动内容和劳动性质，满足作为一个职业的要求和条件。

教练员作为一项正规的职业出现在我国的职业体系中，是因为它具有职业的五个基本特征：其一，教练员职业具有稳定性。教练员作为一种教与练的社会活动存在已久，在我国西周时期，就出现了最早的以传授体育运动技能为专业的专职人员。现代社会中，随着奥林匹克运动的发展，教练员职业必将长期存在。其二，教练员职业具有群体性。在我国教练员已成为一个比较稳固的职业群体，目前我国体育系统共有各类专职教练员 25 323 人（2007 年）。其三，教练员职业具有目的性。从事教练员职业的人们都是以教练员职业活动来获取报酬的，教练员收入稳定。显然，我国现有的教练员已具备这一特征。其四，教练员职业具有社会性。教练员工作、生活在一定的社会环境中，教练员活动与运动员、体育行政管理人员、观众记者、经纪人等社会成员在社会中彼此相互关联、相互服务。其五，教练员职业具有规范性。教练员的职业活动必须遵守一定的职业道德规范以及国家、体育行业的相关法律法规。

（二）教练员的分类

1. 按照是否取得教练员执业资格划分。各国际组织及欧美国家中，执业资格是教练员任职的准入上岗证，是教练员水平能力的证明，取得执业注册资格必须经过统一的考试和认定，国家统一考试制度能够保证教练员的质量，这是各国的通用做法。目前来看，取得职业资格需要按级别经过包括培训、考核、实践操作等过程，级别不同，培训时间、培训内容、考核项目、实践操作等各不相同。②日本的教练员执业资格制度的实施由经过文部省委托的日本体育协会负责，并由考试委员会拟定试题和评分。加拿大等国家一般是由教练协会考核，政府认可。

我国目前有些项目（足球）采用了单项联合会的培训和准入标准。但大多数项目采取的是职后标准，按照我国于 1994 年颁布的《体育教练员职务等级

---

① 《关于印发〈体育教练员职务等级标准〉和〈关于〈体育教练员职务等级标准〉若干问题的说明的通知》，载 http://www.sport.org.cn/search/system/bmgz/2018/1108/192022.html，2020 年 8 月 20 日访问。

② 李荣："国际教练员职业资格培训与认证体系的特征及启示"，载《体育成人教育学刊》2019 年第 4 期。

标准》，规定了五个等级的岗位职责与任职条件，但该标准仅是对职后教练员的级别划分与岗位职责解释，即已经成为教练员后将某些标准作为升职的条件。

2. 根据级别来区分。1994 年，人事部（已撤销）和体育运动委员会（现国家体育总局）联合下发了《体育教练员职务等级标准》作为体委系统从事体育训练教学的教练员聘用和晋升专业技术职务的唯一适用文件。《标准》规定了教练员名称、等级、各级教练员的岗位职责、任职条件、审定权限、职务聘任和晋升等。《标准》中将体育教练员职务划分为三个等级五大类。职务名称分为三级教练、二级教练、一级教练、高级教练、国家级教练。其中三级、二级教练为初级职务，一级教练为中级职务，高级、国家级教练为高级职务。

3. 按所取得成绩划分。这个分类也是我国一个特色，类似于优秀运动员的划分。《国家队老运动员、老教练员关怀基金实施暂行办法》第 1 条规定："为体现国家对为体育事业做出过突出贡献的老运动员、老教练员的关怀，鼓励运动员、教练员不断攀登体育高峰，根据有关法律、法规，制定本办法。"第 2 条规定："本办法所称……老教练员是指现已办理离退休手续、在执教国家队期间连续培养 2 年以上的运动员取得过以下成绩之一的教练员：① 1978 年 12 月以前，取得过世界冠军、打破（超过）世界纪录（非奥运项目首次打破世界纪录）或首次珠峰登顶的；② 1978 年 12 月以前，为中国体育事业做出突出贡献且在国内外有较大影响的；③ 1979 年 1 月以后，取得过奥运会、奥运会项目世界锦标赛、奥运会项目世界杯、亚运会前 3 名，非奥运会项目的世界锦标赛、世界杯冠军的。"[1] 这一划分更类似于先进工作者评选或者是评优。

此外，从不同的角度还可以对教练员作出不同的分类，引发的法律规制也不同。比如，运动队教练员和体育运动学校教练员，国家队教练员和省市队教练员，主教练和助理教练员，等等。

（三）教练员的概念

在梳理了教练员的概念与分类后，教练员的概念其实还是比较明确的，因为我们梳理出的关于教练员的概念对于教练员的界定基本相同。

首先，教练员的工作范围是在体育运动训练和竞赛中；其次，工作内容是培养、训练和指导运动员；最后，其属性是有一定资质的专业人员。

所以，我们可以将教练员界定为：教练员是在体育运动训练和竞赛中，培养、训练和指导运动员的符合一定执业资质要求的专业人员。

---

① 《关于印发〈国家队老运动员、老教练员关怀基金实施暂行办法〉的通知》，载 http://www.sport. org.cn/search/system/ldrs/2018/1109/192143.html，2020 年 8 月 20 日访问。

二、教练员的权利和义务

国内对于教练员权利义务的研究相比运动员权利义务的研究是欠缺的，主要的研究角度也是从教练员和运动员之间的关系入手，探讨教练员的权利义务。

王迪认为，"教练员与运动员关系属于上下级关系、合作关系、非对抗性关系、长期人际关系和从属人际关系"。[①]

何珍文等认为，"教练员与运动员之间的关系属于'师生'关系。这种关系的特点是教练员处于管理者、教育者的地位，运动员处于被管理者、被教育者的地位。教练员与运动员都属于我国的公民，他们之间属于公民之间的关系。这种关系在社会主义国家中最主要的特点是平等，是一种同志式的关系。从这个角度上看，教练员与运动员之间应该相互尊重、相互理解、平等相处"。[②]

辛宏等认为，"教练员是运动训练的组织者，运动员是受训练的运动者，其关系是教育者和被教育者的关系，是平等的，不存在上下级的关系。新型教练员和运动员关系是师生间民主、平等和促进个性全面发展的师生关系"。[③]

根据前述我们对于教练员的定性，可知其与运动员是密不可分的。体育工作的特殊性，使得运动员的权利一定程度上表现了教练员的权利，教练员权利实现与运动员、运动成绩、竞赛规则、技术环境密不可分，教练员以对运动员进行选材、训练、竞赛、管理为劳动工作内容，制度环境影响下的教练员工作成效决定了教练员权利的利益要素的具体内容。所以，我们讨论教练员的权利义务离不开其与运动员的关系。

立法上到目前为止，并没有颁布有关教练员权利的专门法律法规，运动员权利散见于各法律法规和政策文件中，受到国家不同法律的调整，具有广泛的内容。

第一，与运动员一样，在体育法律关系中，教练员首先是中华人民共和国的公民，享有《宪法》所规定的公民享有的各项基本权利。当然，其所享有的各项基本权利只有在参与具体的社会活动时才能实现。

第二，《体育法》有几条关系到教练员具体权利、义务的条款。第33条规

---

① 王迪："我国优秀运动队教练员与运动员人际关系的研究——以水上运动项目为例"，武汉体育学院2006年硕士学位论文。

② 何珍文等："对我国教练员与运动员关系的理论思考"，载《哈尔滨体育学院学报》1998年第2期。

③ 辛宏、高圆媛："影响构建新型教练员和运动员关系因素的调查研究"，载《运动》2010年第11期。

定："体育竞赛实行公平竞争的原则。体育竞赛的组织者和运动员、教练员、裁判员应当遵守体育道德，不得弄虚作假、营私舞弊。在体育运动中严禁使用禁用的药物和方法。禁用药物检测机构应当对禁用的药物和方法进行严格检查。严禁任何组织和个人利用体育竞赛从事赌博活动。"

第三，有相当一部分教练员隶属于各级体育运动学校和各级各类学校，作为教师的组成部分自然享受教师的权利、承担教师的义务。直接条款包括《体育法》第 21 条规定："学校应当按照国家有关规定，配备合格的体育教师，保障体育教师享受与其工作特点有关的待遇。"《学校体育工作条例》第 19 条："各级教育行政部门和学校应当有计划地安排体育教师进修培训。对体育教师的职务聘任、工资待遇应当与其他任课教师同等对待。按照国家有关规定，有关部门应当妥善解决体育教师的工作服装和粮食定量。体育教师组织课间操（早操）、课外体育活动和课余训练、体育竞赛应当计算工作量。学校对妊娠、产后的女体育教师，应当按照《女职工劳动保护规定》给予相应的照顾。"

第四，其他一些政策法规对教练员权利义务的相关规定。《体育教练员岗位培训管理暂行办法》第 1 条规定："体育教练员（以下简称"教练员"）岗位培训是为教练员能力提升、职称晋升开展的专门培训，是教练员掌握现代竞技训练方法与手段、丰富竞技训练理论知识、更新执教理念、提高执教水平的重要措施。"除此之外，并没有发现其他对教练员的权利和义务的具体规定。可以看出，这些关于教练员权利的相关规定重合度较高。具体实施上，由于分散和层级较低，大部分政策法规的相关内容只有概念化或原则性的相关法律规定，缺乏可操作性和可量化的实施标准。

同样，在学术研究中对于教练员的权利义务的描述也不多见，所提及的也仅限于关于教练员业务能力提升方面的论述。我们在有限的资料中搜寻到相关方面的研究成果。

姜世波提出，"教练员的义务涉及制定合理的训练计划，有效监管、维护训练和比赛环境安全，提供正确的指导，准确及时地评估运动员训练和比赛状态，确保运动员获得规定的工伤保险，制定及时有效的意外事故处置方案，确保运动员获得规定的工伤保险等"。[①]

管涛认为，"教练员拥有宪法所规定涉及政治、经济、文化及社会等领域综合广泛的基本权利以及来源于民法、行政法、诉讼法、商法、刑法、劳动和

---

① 姜世波、彭蕴琪："教练员对运动员的注意义务探微"，载《南京体育学院学报（社会科学版）》2015 年第 6 期。

社会保障法、体育法等法律法规所赋予的具体权利。教练员作为一种有法律明确界定的社会职业，依法享有《中华人民共和国劳动法》规定的劳动者在劳动关系中的平等就业、选择职业、取得劳动报酬、获得劳动安全卫生保护、休息、职业培训、提请劳动争议处理等法律规定的各项权利"。①

巩庆波认为，"教练员作为竞技体育不可或缺的特殊劳动者，权利内容表现为组织管理队伍、自由制定训练计划、选择训练方法手段、制定比赛战术、安排参赛队员、指导训练竞赛、公平竞赛、评定队员表现、获得报酬、奖金分配、荣誉权、受教育权，包括训练理念、方法手段等方面的体育知识产权，与个人生活相关的人身权商品化效能、隐私权限制、名誉权保障等权利表现"。②

董小龙等认为，"教练员享有运动员选召、分配的提名权；训练、比赛的指挥权；获得进行训练、比赛所需的物资保障和劳动保护的权利；接受培训教育的权利；申请授予相应职务和职称的权利；成果得到承认、获得各种精神和物质奖励的权利；参与体育民主管理的权利"。③ "教练员有如下义务：按照岗位目标责任书（或聘用合同）完成训练单位下达的训练比赛任务；负责制定本队的教学训练规划、计划和比赛；钻研业务，及时了解和掌握本项目的技术战术发展趋势，竞赛规则的变化，进行科学研究，改革创新；关心、尊重运动员；主动配合队医做好医务监督和伤病防治工作；尊重对方、尊重裁判、尊重观众和经营管理者的义务；相互学习、相互帮助、团结协作的义务；自觉遵守国家法律、法规和国家体育总局各项规章制度，维护国家的形象、荣誉和利益。"④

综上，我们认为，教练员的权利构成应分为基本权利和特殊权利。基本权利，就是教练员作为中华人民共和国的公民，享有《宪法》所规定的公民享有的各项基本权利在体育领域的具体权利体现，包括：生存权、生命健康权、教育培训权、公平竞争权、获得劳动报酬权、人格权（包括人格尊严、人身自由以及姓名权、肖像权、名誉权、隐私权等）等权利及保障实体性权利实现的程序性权利。特殊权利，是指由于体育行业的特殊性，教练员还享有组织管理运动员的权利、训练及临场指挥的权利等。

与其相对应，教练员的义务就是遵守宪法和法律规定的基本义务、遵守国

---

① 管涛："权益保护视角下的我国职业体育法治建设研究"，陕西师范大学 2017 年硕士学位论文。
② 巩庆波："教练员权利表现特征与保障机制研究"，载《西安体育学院学报》2015 年第 6 期。
③ 董小龙、郭春玲：《体育法学》，法律出版社 2018 年版，第 184~185 页。
④ 董小龙、郭春玲：《体育法学》，法律出版社 2018 年版，第 185 页。

际体育组织规则的义务、履行同有关单位（或组织）签订的协议（合同）的义务、尊重训练比赛其他参与者的义务等。

第三节　裁判员的权利与义务

一、裁判员界定及分类

（一）裁判员概念梳理

什么是裁判员？总结起来有这么几类概念：

1. 普遍定义。辞海中，裁判是指："依竞赛规则，对竞赛成绩或竞赛中所发生的问题作公平的处置或评判。依竞赛规则处置竞赛中所发生的问题及评断胜负的人。法律上指审判机关依事实和法律，对当事人或诉讼关系人所作的决定。可分为判决及裁定。"裁判员则是指"依竞赛规则处置竞赛中所发生的问题及评断胜负的人。简称为'裁判'"。

可以看出，在体育竞赛中裁判在某些语境下是动词，而裁判员则是名词，虽然略有出入，但词典中在体育竞赛这一定语下的裁判员与裁判被视为一个概念。而裁判的法律含义则说明了体育天然就具有适合法律生长的土壤。体育的性质和特点决定了体育的发展必须建立在公平、公正、严格执行规则的基础下，而法律的主要特点恰好满足了体育发展的这些必要要素，所以，法律在体育领域的适用，不仅可以直接成为体育法律规则，也可以在法律适用冲突中发挥相应作用。裁判员的身份必须是独立、公正和无利益冲突的。

英语中与裁判员对应的有多个单词，"英语词典中，裁判员可以译作referee、umpire、judge、official。柯林斯词典中，referee 是指体育比赛中掌控比赛进行的人；umpire 是指体育比赛中控制比赛公平开展的人，他要保证规则的顺利执行以确保比赛公平；judge 是指根据既定的规定，按照一定的客观事实判定比赛或诉讼活动胜负的人或行为；official 统称由官方授权的保障比赛顺利进行的人"。[①]总结起来，应该还是与汉语词典中关于裁判员的界定基本相似。

2. 其他定义。关于裁判员的定义，尤其是法律意义上的定义，非常少见，目前有据可查的就是在 2015 年新颁布的《中华人民共和国职业分类大典》将裁判员归为第二大类，属于专业技术人员类别，编号为 2-11-01-02。其中将裁判员定义为："在体育运动竞赛中，依据竞赛规程、规则和裁判法，对竞赛过

---

① 张琪："裁判员执裁的正义性研究"，上海体育学院 2018 年博士学位论文。

程进行管理和结果进行成绩、胜负和名次裁定或评定的专业人员。主要工作任务：依据竞赛规程、规则，启动体育比赛；依据竞赛规程、规则，管理比赛过程；对违规者依照竞赛规则给予相应的判罚；依据竞赛规程、规则，评定比赛结果。"①

董小龙等认为，"裁判员是比赛的组织者和评判者，是各项竞赛规则的具体实践者和维护者，是一场比赛的最高执法者"。②

笔者查阅了体育行政机关的相关法律、法规以及部门规章、制度、文件等，并未发现明确的定义。但是，从一些文件里我们依然可以找到对于裁判员工作的描述。《体育竞赛裁判员管理办法》第2条规定："体育竞赛裁判员（以下简称裁判员）实行分级认证、分级注册、分级管理。"第3条规定："国家体育总局（以下简称体育总局）对在我国（不含香港、澳门特别行政区）正式开展的体育运动项目裁判员的管理工作进行监管。各级政府体育主管部门负责本地区相应等级裁判员的监督管理工作。"第6条规定："全国单项协会负责本项目我国国际级裁判员注册和日常管理工作，并对我国国际级裁判员在国内举办的体育竞赛中的执裁工作进行监管。国际单项体育组织对所属国际级裁判管理有其他规定的按其规定办理。"《体育法》第30条规定："国家实行运动员技术等级、裁判员技术等级和教练员专业技术职务等级制度。"第33条规定："体育竞赛实行公平竞争的原则。体育竞赛的组织者和运动员、教练员、裁判员应当遵守体育道德，不得弄虚作假、营私舞弊。在体育运动中严禁使用禁用的药物和方法。禁用药物检测机构应当对禁用的药物和方法进行严格检查。严禁任何组织和个人利用体育竞赛从事赌博活动。"

从办法和法律规定中我们可以看出裁判员的任职条件、职责等有明确的规定。也就是说，裁判员的工作具有法定性和特定的劳动内容。成为一名获得认可的裁判需通过培训、通过规则裁判法考试、临场执裁考核并经过注册。但作为一种职业来看，还有诸多不确定性。

我们需要在这里有一个相对明确的概念，即不管是高级别的或是低级别的，无论是国内还是国外，目前来看裁判基本都是业余的。他们都有本职工作，出于对体育运动的热爱，利用业余时间来从事裁判工作。比如目前CBA中很多裁判是来自高校等教学系统的教师。国外的裁判也大致如此，律师、教师、银

① "国家体育总局《国家职业分类大典》颁布 细化体育行业职业分类"，载 http://tyj.beijing.gov.cn/bjsports/gzdt84/tytj/1172774/index.html，2020 年 8 月 20 日访问。
② 董小龙、郭春玲：《体育法学》，法律出版社 2018 年版，第 185 页。

行职员等都可能成为裁判。目前为大众所知的拥有裁判员职业群体的只有美国职业篮球联赛中的裁判员，其他一些职业裁判散见于欧洲顶级足球联赛的个别顶级裁判。

从中国来说，虽然我们的职业分类将裁判员作为一项职业来看待，但是现实中，真正以此为职业的人是非常少数的。有据可查的是当年的金哨陆俊，其原为北京工业大学教师，后辞职，继土耳其的坎巴之后，成为当年世界上第二位全脱产的足球裁判。[①] 不过在陆俊上报给国际足联的个人简历上，他的职业到 2002 年还是体育教师。

即使包括陆俊这样所谓的职业裁判（应该称为专职裁判更合适），绝大多数裁判其实与体育行政主管部门或者单项协会没有隶属关系。那么，这里的职业概念就值得商榷了。

一般来说，所谓"职业"，就是个人所从事的作为其主要生活来源的工作。按照这个定义，几乎所有裁判都不能将裁判称为职业，因为裁判只是他们业余时间的兼职或是爱好。而一般所谓"兼职"，是指在不脱离本职工作的情况下，利用业余时间从事第二职业。这个定义与裁判的职业要求较为符合，裁判员每次执裁收取一定费用，补充自己所得，而并不需要脱离自己的本职工作。

所以这里的职业概念，我们觉得可以这样理解，裁判作为一个职业分类的概念存在，但是担任裁判的人可以不是职业裁判。

（二）裁判员的分类

1. 按照项目划分。《体育竞赛裁判员管理办法》第 4 条规定："全国单项体育协会（以下简称全国单项协会）、省、自治区、直辖市等各级地方单项体育协会（以下简称地方单项协会）负责本项目、本地区相应技术等级裁判员的资格认证、培训、考核、注册、选派、处罚等（以下简称技术等级认证）监督管理工作。"而且，由于各个项目不同的技术特点和规则，裁判员可以依据项目划分，如篮球裁判、足球裁判、田径裁判等。

2. 根据级别来区分。《体育竞赛裁判员管理办法》第 5 条规定："各体育运动项目裁判员的技术等级分为国家级、一级、二级、三级。获得国际单项体育组织有关裁判技术等级认证者，统称为国际级裁判员。"

3. 此外，从不同的角度还可以对裁判员作不同的分类，比如，依比赛中的职级，可分为裁判长、技术官员、执场裁判员；依场上的职责不同，可分为主

---

① 李翔："从'金哨'到'黑哨'著名足球裁判陆俊堕落史"，载《三联生活周刊》2010 年第 12 期。

裁和助理裁判；依场上位置不同可分为前导裁判和跟踪裁判；等等。

（三）裁判员的概念

在梳理了裁判员的概念与分类后，可以这样界定：裁判员是在体育运动训练和竞赛中，依竞赛规则处置竞赛中所发生的问题及评断胜负并符合一定执业资质要求的人员。

二、裁判员的权利和义务

国内对于裁判员权利义务的研究相比较运动员权利义务的研究是欠缺的。我们认为，裁判员虽然在目前并未形成职业群体，但是作为兼职工作的一种，裁判员在其兼职工作过程中依然享有相应的权利，承担相应的义务。

董小龙等认为："裁判员有如下权利：参加全国各级各类竞赛裁判工作；参加裁判员学习和培训；监督本级裁判组织执行各项裁判制度；接受体育竞赛主办单位支付的劳动报酬；对于本项目裁判队伍中的不良现象有检举权；对于本级裁判组织做出的技术处罚，有向上一级裁判主管部门申述的权利。"[1]"裁判员有如下义务：在竞赛过程中公平、公正、公开、准确执法的义务；钻研本项目规则和裁判法，熟悉本项目的运动技术，不断提高裁判业务水平；培训和指导下一级裁判员的义务；承担审批单位指派的裁判任务及担任下一级体育比赛裁判工作义务；配合裁判组织进行有关裁判员执法情况的调查的义务；解答有关咨询的义务。"[2]

《体育竞赛裁判员管理办法》第六章是裁判员权利和义务，其中第39条规定，"各级裁判员享有以下权利：①参加相应等级的体育竞赛裁判工作；②参加裁判员的学习和培训；③监督本级裁委会的工作开展；对于不良现象进行举报；④享受参加体育竞赛时的相关待遇；⑤对做出的有关处罚，有申诉的权利"。第40条规定，"各级裁判员应当承担下列义务：①自觉遵守有关纪律和规定，廉洁自律，公正、公平执法；②主动学习研究并熟练掌握运用本项目竞赛规则和裁判法；③主动参加培训，并服从安排指导培训其他裁判员；④主动承担并参加各类裁判工作，主动配合有关部门组织相关情况调查；⑤主动服从管理，并参加相应技术等级裁判员的注册"。

在探讨裁判员权利义务的时候，我们应该主要针对裁判员的特殊权利，即裁判员如何获得评定胜负、成绩和名次的权力。由于裁判员的兼职特性，其获

---

① 董小龙、郭春玲：《体育法学》，法律出版社 2018 年版，第 185~186 页。

② 董小龙、郭春玲：《体育法学》，法律出版社 2018 年版，第 186 页。

得此项权力必然来自于其他权利主体的授予。对于此种权力有以下几种说法。

张厚福提出，"裁判员手中的裁决权是法律和社会赋予的，行使的既不是个人的权力，也不是团体的权力，而是公共事务的权力。这种权力有时很大很重要，……执法不公造成的影响，不是仅限于某个人、某个家庭或某个团体，而会产生很大范围的社会影响，所以裁判员是个不具备公职身份，但负有公职职责的特殊岗位，应等同于国家机关公职人员看待"。① 我们可以称之为"等同公职说"。但是，这种说法其实有一个比较难以克服的缺陷，即裁判员是受各项目协会管理的，各项目协会的性质是社会团体，本身就不具有公职人员的属性，那么，接受其管理受其委托执裁比赛的裁判员何谈公职之说？

朱文英提出，"裁判是由赛事组织者或相关体育联合会聘用，裁判与赛事组委会、单项体育联合会签订合同，由组委会、单项体育联合会聘用担任比赛裁判，双方当事人之间合同的性质为雇佣合同"。② 我们可以称之为"雇佣合同说"。这种说法明确了裁判员与赛事主办者之间的合同关系。但是这个学说也有自己的弱点，即"雇员的行为意志受雇主约束是雇佣关系的必然要求，然而裁判员依据规则独立执法却是裁判员存在的前提"。③ 这一学说忽略了裁判员在执法时独立性、专业性和技术性的特殊要求，为"官哨"的出现设下了埋伏。

综合来看，裁判执裁权力的获得应该是一个相对复杂的法律关系，其基础是裁判与竞赛组织者的合同关系，但是又受到主管部门的规制和委托，这样一种复杂的法律关系使得裁判权利和义务具有特殊性。

综上我们认为，裁判员权利义务应作如下的界定。裁判员权利构成应分为基本权利和特殊权利。基本权利，就是裁判员作为中华人民共和国的公民，享有《宪法》所规定的公民享有的各项基本权利在体育领域的具体权利体现，包括：生存权、生命健康权、教育培训权、公平竞争权、获得劳动报酬权、人格权（包括人格尊严、人身自由以及姓名权、肖像权、名誉权、隐私权等）等权利及保障实体性权利实现的程序性权利。同时，裁判员通过特许和认可，在比赛情境中获得的区别于运动员、教练员、观众等其他参与主体的特殊权利，包括赛场上的自由裁量权、执裁的不容置疑、权益受损后的求偿权等。

与其相对应，裁判员的义务就是遵守宪法和法律规定的基本义务、遵守国

① 张厚福："我国竞技体育运动中处罚问题的研究"，载中国体育科学学会编：《第八届全国体育科学大会论文摘要汇编（二）》，中国体育科学学会 2007 年版。
② 朱文英："裁判法律责任初探"，载《北京体育大学学报》2009 年第 3 期。
③ 付朝琦："论裁判员的'执法'地位与法律责任"，载《体育学刊》2010 年第 2 期。

际体育组织规则的义务、履行同有关单位（或组织）签订的协议（合同）的义务、熟练掌握规则裁判法并能灵活运用的义务、遵守裁判员职业道德、配合调查的义务等。

【推荐阅读资料】

马宏俊："运动员权利的法律保障制度研究"，载《体育科学》2014 年第 1 期。

张厚福："对我国运动员几个主要权利的保护"，载《武汉体育学院学报》1999 年第 4 期。

韩新君等："对奥林匹克运动中运动员权利问题的研究"，载《体育科学》2007 年第 8 期。

黄世席："奥运会参赛运动员的法律权利和义务"，载《武汉体育学院学报》2008 年第 2 期。

姜世波、彭蕴琪："教练员对运动员的注意义务探微"，载《南京体育学院学报（社会科学版）》2015 年第 6 期。

钱侃侃："运动员权利保障机制研究"，武汉大学 2014 年博士学位论文。

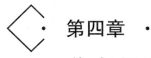

第四章

体育俱乐部的权利与义务

【引例】让·马克·博斯曼（Jean-Marc Bosman）是一名出生于1964年的比利时前职业足球运动员，球员时代司职中场。1988年他开始效力于比利时足球甲级联赛的列日俱乐部，1990年4月他的合同即将到期，列日俱乐部给出的续约薪资过低，博斯曼决定转会到其他俱乐部。在那个时代，即便合同到期，球员也无法获得自由身，仍需要原俱乐部同意才能转会。而俱乐部和博斯曼在协商转会事宜时分歧很大，博斯曼没能成功转会，列日俱乐部成功阻止了博斯曼投奔其他俱乐部。1990年11月，愤怒的博斯曼将列日俱乐部和比利时足协告上法庭。几经波折，历时5年之后，案子终于在1995年12月尘埃落定。欧盟法院作出了对博斯曼有利的裁决，裁决球员与俱乐部之间的最长合同期为5年，合同期最后2年不受保护，球员可以倾听任何俱乐部的报价，如果双方达成共识，买方支付违约金、转会费等费用后即可完成转会。合同只剩6个月这一时间段被称为合同结束阶段，球员可以接触任何感兴趣的俱乐部，如果双方达成共识决定转会，买方俱乐部不用支付转会费，形成自由转会。这就是著名的博斯曼裁决，对于职业足球俱乐部与球员之间的关系具有划时代的重要影响。自此以后，在球员和俱乐部的关系中，俱乐部不再拥有绝对的主导地位，球员及其经纪人的话语权空前提升。

【目标】了解体育行政机关、单项体育协会、体育俱乐部之间的关系，重点掌握职业体育俱乐部的相关法律问题，尤其是要重点掌握职业足球俱乐部的相关法律问题。

第一节 体育俱乐部概述

一、何为体育俱乐部

（一）体育俱乐部的含义和缘起

俱乐部（CLUB）是从事休闲、娱乐、玩耍活动的场所或特殊机构的称号，如有文艺表演、音乐、舞蹈、戏剧、游戏与娱乐、赌场、部分体育竞技等，其活动内容可谓包罗万象，百花齐放。其中，涉及具有体育性质的专门俱乐部，被称为体育俱乐部。

近现代体育俱乐部肇始于工业革命的发源地英国。随着第一家板球俱乐部的诞生，以及随后出现的高尔夫球俱乐部，在英国出现的这些体育俱乐部也辐射到了其他周边国家，直接影响到欧洲文化体育的发展壮大，各类从事体育活动的俱乐部蜂拥而起。

体育俱乐部在我国的发端，是清朝末年欧美文化传入的结果。当时身处中国的许多传教士在传教的同时，也传播了体育文化，其中就有以体育俱乐部的形式进行某些体育项目的活动。据记载，中国最早出现的体育俱乐部是1837年在广州由外侨成立的划船俱乐部。受到欧美体育文化的影响，各种形式的体育俱乐部在中国境内悄然兴起。当然，百余年来政局的跌宕起伏，经济和社会发展的多次停滞甚至倒退，也使得体育俱乐部这一现象未能发展得一帆风顺。国人视野中真正关注到体育俱乐部，主要是在20世纪90年代以来以足球为代表的个别体育项目领域之中。

（二）现今我国体育俱乐部的发展

当今我国的体育俱乐部，是以体育活动为主要内容进行开发、经营的组织，其在吸收资助、赞助的同时，普遍保持资金独立、自主经营，以组建和发展会员资源为其要务。作为一种社会性组织和体育活动场所，俱乐部通过体育设施、健身器材、设备以及具有专业理论和技能的教练员的辅导，向广大会员和普通群众提供休闲、娱乐、健身及观赏体育竞赛等服务。作为以经营为目标的体育组织，其管理则是市场化机制的模式，是一种体育服务产业实体。

体育俱乐部是体育运动爱好者一起集结、练习与训练、比赛、进行相关体育健身活动的专门场所，中老年、少儿、业余体育人员和专业、职业体育人员均有可能参与某种体育俱乐部。另外，体育俱乐部根据运动项目不同而分为各种各样的俱乐部，此外又可分为公民健身俱乐部和职业俱乐部，职业俱乐部的主要运作方式是给运动员提供比赛实战的机会，同时给球员提供一个稳定的训练场所和生活场地，例如我国目前较为成熟的各级别足球俱乐部和篮球俱乐部。

由于我国职业体育俱乐部发展起步较晚，受社会转型和体制的影响，当前职业体育俱乐部的发展中还存在一系列亟待解决的难点问题。比如：职业体育俱乐部与政府、协会的法律关系不明确，履行合同规定和球员转会还不够规范，其权利保障还需加强；职业俱乐部产权关系模糊，市场主体地位未确立，经营机制不完善，激励与约束制度不健全，法治体系建设滞后。因此，完善中国体育法治体系建设，以《体育法》修改为契机，促进体育俱乐部立法与政策制定，加强俱乐部内部管理与监督，依法规范俱乐部经营活动，使其自觉履行诚实守信原则等都具有现实意义。

二、体育俱乐部的主要类型

由于国家体制和制度不同，体育俱乐部的分类及存在的形式也有所区别，欧美等国将体育俱乐部分为业余和职业两种，而中国有盈利性和公益性体育俱乐部的存在，为社会各阶层人群体育活动需求提供服务。一般来说，体育俱乐部可分为以下几个主要类型：社区体育俱乐部、学校体育俱乐部、业余体育俱乐部与职业体育俱乐部。

（一）社区体育俱乐部

随着我国社会主义市场经济体制的建立与发展，城市的管理与有序发展是当前我国社会建设的重要内容之一，而社区体育发展则是城镇建设的重要内容之一。要壮大和建设好城市，更好地为人民大众服务，各社区的建设是城市规模、精神文明与物质文明建设的必经之路；人民大众的生活、安全保障、身心健康都是通过社区来实现的，如2020年初武汉新冠疫情防控和人民大众生活安全保障，各城市的各社区承担主要责任，为抗击疫情取得最后胜利做出了突出贡献。一个社区最重要的主体是居民，居民的生活保障是基础，居民的身心健康是社区的责任。因此，社区有义务为广大居民提供体育场地、设施、设备，组织体育活动，建立必要的体育健身组织和俱乐部，这样便形成了社区体育健身俱乐部，其性质是在街道办事处、地区居委会和社区组织的重视和支持下，所在社区的居民，根据自己的爱好、兴趣和健身需求，自愿组成或结成的以本社区内特定的体育场地、设施为依托的辖区内居民体育组织，专门组织开展体育活动。其群众性体育组织具有公益性，其基本特征是不以营利为目的。社区体育俱乐部活动是在居民自愿性与群众性的基础上进行的，实行会员制，社区体育俱乐部在广大会员自主经营和来自政府的扶持下发展。为了社区体育俱乐部的持续、健康有序发展，需要社区全体居民和社会的大力支持。

（二）学校体育俱乐部

发展学校体育俱乐部的意义在于学校要贯彻以健康第一为指导思想，以终身锻炼为目标，坚持以广大学生为主体，从学生兴趣出发，举行多样性体育活动，培养学生身心健康与道德素质，学会与人交往，学会尊重和爱护集体等良好道德品质。学校体育俱乐部是学校内的爱好体育或擅长体育活动的学生和学生会，以通过体育运动促进学生身体健康为目的而自愿组成的体育活动团体机构，其经费、体育场地及设施则由学校相关部门、团委、学生会或社会赞助等组织形式给予保障和支持，它们之间是一种服务与被服务的关系。学校体育俱乐部的活动形式包括组织学生学习体育知识、交流体育经验、开展自我需要的体育活动以及组建运动队训练与比赛等。同时，还聘请学校体育教师为辅导员，指导体育活动开展与提供安全保障，参与校外体育活动需经学校批准并制定活动规划。

（三）业余体育俱乐部

业余体育俱乐部是指为了满足广大人民群众的身体健康需求，以健身的形式开展各类民众喜欢的体育活动，而自愿组成的自治体育团体，属社会团体组织的一部分，有营利性、商业性和非营利性、非商业性、公益性。业余体育俱乐部存在的模式包括男女青少年、少儿俱乐部、男女老年人俱乐部。业余俱乐部在设置上可谓是种类繁多，对于不同人群的健身、休闲、娱乐需求起到了积极的推动和保障作用。业余体育俱乐部是社会上最为普及的基层体育组织，其社会职能即在于组织社会大众，利用业余时间参加俱乐部组织开展的体育活动。业余体育俱乐部最大的特点是业余性、普及性、自发性、自治性，能够充分利用各类社会力量，组织会员开展各种体育活动，是一种行之有效的社会体育的组织形式，在各国的体育发展过程中，其地位和作用突出，有效地促进了大众体育的普及与开展。

（四）职业体育俱乐部

职业体育俱乐部是指具有企业法人资格的、拥有职业运动员主体的俱乐部资本，并有资格参加全国和国际某些职业队联赛的职业体育俱乐部。从形式上来讲，职业体育俱乐部又是一个特殊的企业身份，依法依规对职业运动队的竞赛、训练以及产品项目经营、开发等进行规范性管理，以实现利益最大化为战略目标。职业体育俱乐部具有如下特点：其一，职业体育的商业性，运动员技能成为一种体育商品，通过竞赛表演给社会带来自身价值与利益，为广大消费者带来生活所需的特殊消费；其二，职业体育的娱乐性，职业体育中的竞技表演给广大消费者与观赏者带来了快乐、享受、服务，满足了人们对体育美的观赏追求；其三，职业体育的社会性，即通过体育商品极大地丰富了社会娱乐文化生活，培育了社会关系和优化了产业结构，促进了社会市场和体育竞技结构的发展；其四，职业体育的国际性，通过国际体育竞赛活动，借助电视传播、网络传播，职业体育推动了我国与其他国家的国际交往，对拓展和开发国际市场具有积极的推动作用；其五，有助于自身体育产业发展。职业体育俱乐部是体育产业的重要内容之一，对拉动体育产业全面快速发展具有不可替代的作用。

第二节　关涉体育俱乐部的各主体间法律关系

作为一门新兴学科，同时也是一门交叉学科，我国体育法尚处于起步阶段，其中涉及法律关系及其主体的讨论，仍有诸多空间。但是，体育俱乐部这一常见、重要的主体，已经引发学者们的广泛重视，并被视为体育事务中的重要主体。因而，分析与体育俱乐部相关涉的各主体之间的法律关系，就具有重要意义，也是在实践中实现体育法治的基础。可以说，对体育事务重要主体间法律关系的分析，也是体育法研究的理论基础之一。

一、体育行政机关与单项体育协会的法律关系

对于体育俱乐部在我国的发展及其法律定位问题，不可能孤立地去分析，而要追根溯源，从对其具有管理、服务职能的体育行政机关、单项体育协会身上去深入分析。而后二者之间的相互关系，则是非常现实的背景问题。

根据《中华人民共和国国务院组织法》与《体育法》等法律法规，国家体育总局和各地方体育局是我国法定的体育行政机关，是我国政府中具体负责体育事业的职能部门。根据《体育法》及相关的行政法规、部门规章和地方规章，体育行政机关应当是我国体育事业发展与体育工作展开的主要负责者。换言之，从宏观体育法治的角度出发，我国体育事业发展的最主要基点之一便在于体育行政机关；从微观的体育领域的具体国情来说，体育行政机关也是我国体育事业发展的主要支持因素。而作为体育社会团体的单项体育协会，也有来自《体育法》的授权，肩负推动我国体育事业发展的责任。因此，我国体育协会实际具有两层法律地位：一方面，其根据自身的章程进行活动，属于私法意义上的体育自治；另一方面，由于《体育法》在公共体育方面的授权，体育协会由此成为行政法意义上的行政主体，即法律法规授权的组织，例如《体育法》第39条规定，全国性的单项体育协会管理该项运动的普及与提高工作，代表中国参

加相应的国际单项体育组织。基于此，体育行政机关与单项体育协会之间不是相互隶属的纵向管理的法律关系，而是根据《体育法》及相关法律法规的授权，独立履行各自的法定职权；同时，根据《社会团体登记管理条例》和《关于全面推开行业协会商会与行政机关脱钩改革的实施意见》等，体育行政机关对于体育协会还具有保证其体育自治实现的法律义务。

另外，尽管我国体育改革已使一部分主要体育协会与体育行政机关脱钩，却仍旧有一些体育协会和与其相对应的体育行政机关具体负责部门重合，从而在实践中还存在体育协会实际隶属于体育行政机关的情况。并且，已经脱钩的协会与体育行政机关间的具体职权区别也十分模糊，导致两者间的法律关系也并不十分清楚。问题的关键在于体育行政机关与单项体育协会之间的权限划分，进一步而言，如果两者间的法定职权十分明晰，即使是已然实现脱钩的体育协会与体育行政机关的法律关系也将被充分明晰。因此，需要通过完善立法来进一步明确与具体化体育行政机关的法定职权，即通过对《体育法》的修改或者立法解释来进一步充分厘清、明晰与具体化体育行政机关的职权。在目前深化体育改革的背景下，以单项体育协会为代表的体育自治组织在与行政机关脱钩后，其职权必然产生新变化，因而需要进一步明确法律界限，以避免产生法律理解上的分歧。同时，法律解释相比法律修改更具效率利益，综合成本更低，更加符合当下改革不断深化的立法需求。

二、体育行政机关与俱乐部、运动员的法律关系

首先，体育行政机关与运动员之间的法律关系如下：其一，《体育法》直接规定了一些体育行政机关对于运动员管理的法律义务。例如，《体育法》第26条便直接规定了能够参加国际重大体育竞赛运动员和国家级运动队的组成与选拔标准。[①] 同时，《体育法》第27条还规定了一些培养运动员的具体法定要求，譬如爱国主义教育和相关职业道德的培养。[②] 由此，在体育行政机关的特定职能范围内，运动员具有行政相对人的地位，与体育行政机关共同构成行政法律关系。其二，我国专业运动员与体育行政机关存在行政法律关系。具体而言，我国运动员大致可以分为三类：职业运动员、专业运动员以及业余运动员。职业运动员即为其参与的体育项目已经实现职业化与市场化的正式注册运

---

① 《体育法》第26条规定："参加国内、国际重大体育竞赛的运动员和运动队，应当按照公平、择优的原则选拔和组建。具体办法由国务院体育行政部门规定。"

② 《体育法》第27条规定："培养运动员必须实行严格、科学、文明的训练和管理，对运动员进行爱国主义、集体主义和社会主义教育，以及道德和纪律教育。"

动员，并且通常已与职业俱乐部签署合同。而业余运动员则为尚未进行任何注册的运动员。而专业运动员则介于两者之间，尽管其已经正式注册，但是所参与的体育项目未实现职业化，其签署合同的对象是体育行政机关，尤其是各地方的体育行政机关。故而专业运动员参与竞技体育不是以个人利益为主的市场行为，而是为了国家或地方荣誉等公共利益，例如《体育法》第 24 条对运动员争取国家荣誉的相关规定。① 因此，专业运动员的实际地位类似于公务员，其参赛目的在于公共利益的实现，与体育行政机关应当构成一种行政法律关系。与之相类似，体育行政机关与俱乐部之间一般情形下不会产生直接的法律关系，但在特殊情形下会产生行政法律关系。例如，《体育法》便直接赋予各级体育行政机关对以体育活动为内容的各类市场经济活动的监督管理的权力。②

三、体育协会与俱乐部、运动员的法律关系

基于体育协会的双重属性，其与俱乐部、运动员间的法律关系也有两层。一方面，俱乐部与运动员作为体育协会的成员或间接成员，其各类活动受到体育协会章程的约束，属于私法自治领域，因而体育协会与俱乐部、运动员在其章程范围内的关系是体育自治，即为民事法律关系。例如，基于章程中的纪律规则，体育协会对俱乐部与运动员作出的处罚等。另一方面，体育协会作为法律法规授权的组织，俱乐部和运动员在其行政职权范围内与其构成行政法律关系。例如，我国运动员大都实行注册管理制度，具体便由体育协会负责。③ 同时，《体育法》也规定了我国各种体育竞赛的组织与分类，并明确各级各类体育竞赛由各级体育行政机关或体育协会进行具体管理。④ 另外，《体育法》第 39 条还直接规定："全国性的单项体育协会管理该项运动的普及与提高工作，代表中国参加相应的国际单项体育组织。"总之，在体育协会的行政职权范围内，体育协会与俱乐部、运动员构成行政法律关系；在其章程与体育自治的范围内，体育协会与俱乐部、运动员之间是一种民事法律关系。

---

① 《体育法》第 24 条规定："国家促进竞技体育发展，鼓励运动员提高体育运动技术水平，在体育竞赛中创造优异成绩，为国家争取荣誉。"

② 《体育法》第 43 条规定："县级以上各级人民政府体育行政部门对以健身、竞技等体育活动为内容的经营活动，应当按照国家有关规定加强管理和监督。"

③ 《体育法》第 29 条规定："全国性的单项体育协会对本项目的运动员实行注册管理……"

④ 《体育法》第 31 条规定："国家对体育竞赛实行分级分类管理。全国综合性运动会由国务院体育行政部门管理或者由国务院体育行政部门会同有关组织管理。全国单项体育竞赛由该项运动的全国性协会负责管理。地方综合性运动会和地方单项体育竞赛的管理办法由地方人民政府制定。"

四、运动员与俱乐部的法律关系

运动员与俱乐部之间的法律关系主要是一种聘用合同关系，运动员自愿加入俱乐部，利用自己的一技之长为俱乐部球队做贡献；而俱乐部根据需求和相关规定聘用运动员入队，双方根据《民法典》合同编的规定，签署有效合同，其合同约定了双方的职责、权利、义务；未经双方许可不得随意改变合同条款，必须无条件地履行。所以，双方是一种聘用合同关系，具有平等性、公平性、合理性和合法性。双方自签订工作合同就形成了一种劳务关系，运动员作为特殊的劳动者，既要服从管理又要履行职责，完成其劳动任务；而俱乐部既要履行管理职责又要履行服务义务，与运动员合作共同完成俱乐部目标。运动员对俱乐部违反合同约定和造成自身伤害的行为，则有权依据《中华人民共和国劳动法》维护自己的权益；运动员违反合同约定的行为，造成俱乐部损失的，俱乐部有权对该运动员行为进行处罚或解除工作合同的处理；如果涉及变更合同和解除劳动关系，应本着平等自愿、协商一致的原则，不得违反法律、行政法规的规定，保障运动员正当权益和维护俱乐部正当利益是双方共同的责任和愿望。

第三节　职业足球运动员与俱乐部的合同

足球是全世界最广为人知的体育运动项目之一，职业足球亦是职业体育的典型，职业足球运动员与俱乐部之间的工作合同关系也是职业体育中的代表。欧洲职业足球日臻完善，而反观国内，面对的是处于初始阶段的足球职业化改革。在法律制度层面上，对球员工作合同的专门规定处于空白阶段。由于球员与俱乐部之间的工作合同类似普通的劳动合同，故而常被视为劳动合同。球员与俱乐部之间出现纠纷，适用《中华人民共和国劳动法》《中华人民共和国劳动合同法》等法律时，会遇到案件事实与法律规定的情形存在差别的情况，这反映出球员与俱乐部之间的工作合同有明显的特殊性。目前，中国足球协会发布的相关规章制度要求规范球员工作合同。

一、球员工作合同的一般内容

中国足球协会发布的《中国足球协会职业俱乐部工作合同基本要求》（足球字〔2016〕86号）是球员与俱乐部签订工作合同时所依据的文件。其中第5条规定，合同的主要部分包含主体信息、合同期限、工作的内容和地点、工作的时间和休息休假、报酬、保险、工作条件、合同的延续或终止、违约责任和争议解决。同时该文件提供了俱乐部工作合同范本。2016 年 8 月，人力资源社会保障部、教育部、体育总局和中华全国总工会出台了《关于加强和改进职业足球俱乐部劳动保障管理的意见》（人社部发〔2016〕69 号），该意见第 1 条载明："……俱乐部应与球员等劳动者依法签订劳动合同，除劳动合同法要求的必备条款外，俱乐部与球员、教练员可以根据足球行业特点，依法约定其它条款……"总之，根据足球行业的特点，球员工作合同中存在诸多适应行业发展的条款，这也是为了保护球员的利益。

二、球员薪酬限额

与一般的劳动合同不同，球员与俱乐部签订的工作合同中的薪酬金额约定，除了双方达成合意之外，还需要符合中国足球协会关于最高薪酬的强制性规定，例如《中超俱乐部财务约定指标（2019—2021）》《中甲俱乐部财务约定指标（2019—2021）》和《中乙俱乐部财务约定指标（2019—2021）》。《中超俱乐部财务约定指标（2019—2021）》第 3 条规定，中超国内球员个人薪酬（不含奖金）最高不得超过税前 1000 万元人民币。参加 2019 年亚洲杯、2022 年卡塔尔世界杯预选赛的国家队球员在个人最高薪酬限额基础上上浮 20% 执行。这一做法的目的是降低俱乐部的成本，提高俱乐部的经营能力，做大职业联赛的市场规模。

三、球员人格标识与收益权

球员的人格标识主要是指由球员的姓名和肖像组成的人格标识特征。知名球员往往受到球迷甚至社会各界的关注，他们不仅对社会具有极大的影响力，而且其人格标识能够创造巨大的商业价值。姓名权、肖像权是公民本人的法律权利，球员可以利用这种权利来获取经济利益。球员工作合同中有一些合同条款专门规定了球员人格标识。但也存在一些球员与俱乐部，假借商业代言合同形式，规避中国足协关于薪酬限额的规定。依据中国足协发布的《关于进一步规范管理职业俱乐部与教练员、球员合同有关工作的通知》，"在基本薪酬合同的基础上，对于实际为支付薪酬，但通过无商业实质或明显高于市场价值的'代言合同''签字费合同'等形式偷逃、规避缴纳税款、诱导违约的"，应当认定为"阴阳合同"，并予以打击。

四、合同期限与解除

《中华人民共和国劳动合同法》作为保障劳动者权益的重要法律依据，对合同期限作出了规定，包括劳动者试用期和无固定期限合同，但这两项规定均无法直接适用于球员与俱乐部签订的合同。一方面，根据《中华人民共和国劳动合同法》的规定，劳动者的试用期最长是 6 个月，除非有正当理由，在试用期内用人单位不得与劳动者解除劳动合同。在职业足球领域，对于球员有试训期的要求，为期 1 个月，但严格来说试训期不等于试用期，因为只有在球员符合试训的要求以后，俱乐部才会与球员签订合同并为其注册。《中华人民共和国劳动合同法》中规定的最长 6 个月的试用期，在职业球员工资合同中无法适用，亦无实现的可能，职业球员的工作合同无法适用试用期的规定。另一方面，无固定期限劳动合同的规定也无法适用于职业球员工作合同。职业球员作为运动员的一类，对于其竞技水准要求较高，但球员的职业生涯巅峰期具有短暂性的特征，或许就几年，无固定期限劳动合同也无法适用于职业球员。再者，球员与俱乐部签订的合同也具有期限性，期满后球员可自由转会，如果直接适用无固定期限劳动合同，反而可能成为球员自主择业的障碍，而不是成为球员权利的保障。所以，无固定期限劳动合同的规定在足球职业球员的工作合同中没有适用的基础，反而是现在足协对球员与俱乐部之间的合同期限的规定，更有利于保障职业球员的权利。

在合同解除方面，职业球员与俱乐部之间也不同于一般劳动者与用人单位之间的关系。根据《中华人民共和国劳动合同法》的规定，一般劳动者只要提前 30 日通知用人单位，无需取得用人单位同意，即可无因单方解除劳动合同。此外，一般劳动者与用人单位均享有协商解除劳动合同，或基于正当理由解除合同的权利。但是，职业球员与俱乐部之间有所不同，据中国足协发布的《中国足球协会球员身份与转会管理规定》，职业球员不享有提前 30 日通知俱乐部即可单方任意解除工作合同的权利，双方只可基于协商一致或正当理由解除或终止合同。其中，职业球员可以俱乐部欠薪为由终止合同，并无需承担相关责任；还可以基于出场时间不足俱乐部每赛季正式比赛时间的 10% 而终止合同，并不会受到体育处罚，但可能需要对俱乐部承担一定的经济赔偿。

五、合同争议的管辖

对于球员与俱乐部合同的争议，我国法院并未明确排除《民法典》合同编、《中华人民共和国劳动合同法》的适用，在法院审理球员与俱乐部合同争议时，所援引的仍然是《民法典》合同编、《中华人民共和国劳动合同法》等相关法律，区别于足协等仲裁机构所援引的章程或者国际足联的相关规则，其审理的结果与仲裁结果也有较大出入。如果直接援引《中华人民共和国民法典》《中华人民共和国劳动合同法》来解决球员与俱乐部的争议，可能会出现损害球员或者俱乐部合法权益的情形。

而《体育法》第四章第 32 条规定，在竞技体育中发生纠纷的，应由体育仲裁机构负责调解、仲裁。①《国际足球联合会章程》《亚洲足球联合会章程》和《中国足球协会章程》均规定国家协会、俱乐部与俱乐部会员之间不得将与国际足联、国家协会、俱乐部以及俱乐部会员之间的争议诉诸法庭，而是应当提交足协仲裁机构仲裁。《中国足球协会章程（2019）》第 54 条规定："①除本章程和国际足联另有规定外，本会及本会管辖范围内的足球组织和足球从业人员不得将争议诉诸法院。有关争议应提交本会或国际足联的有关机构解决。②争议各方或争议事项属于本会管辖范围内的为国内争议，本会有管辖权。其他争议为国际争议，国际足联有管辖权。"

从司法实践来看，对于球员与俱乐部之间产生的劳动争议，部分由劳动仲裁委员会或者法院受理，但相当部分的劳动仲裁委员会和法院则不予受理。从性质上讲，鉴于足球领域的特殊性，球员与俱乐部之间的关系属于特殊的劳动关系，适用特殊优于一般的原则，双方之间的纠纷解决方式应优先适用行业规定和体育法规定，在此基础上，妥善适用劳动法律法规。而在适用司法程序解决球员与俱乐部合同争议时应遵循三个原则：①仲裁协议效力优先；②用尽足球行业内部救济手段；③体育技术性事项例外。

足球在我国一直受到群众的高度关注，足球的竞技水平不能让人民群众满意，是当前一个不争的事实。而足球竞技水平的提升，有赖于整体上足球相关治理体系的完善。球员与俱乐部合同的相关问题，就是其中的一个要点。球员与俱乐部合同的规范与完善，需要进一步依靠中国足球职业化水平的提高。在足球改革与发展的新时代，中国足球需要以法治化的方法去解决足球领域的诸多现实问题。只有中国足球的法治程度日益提高，相关规则体系日益完善，中国足球的水平才有望得到令人满意的提高。

第四节　球员注册与转会的相关问题

球王贝利曾言，足球运动是一个美丽的运动。②在当今时代，这项美丽的

---

① 《体育法》第 32 条：在竞技体育活动中发生纠纷，由体育仲裁机构负责调解、仲裁。体育仲裁机构的设立办法和仲裁范围由国务院另行规定。
② 参见颜强："足球是一项改造国民性运动"，载《齐鲁周刊》2018 年第 13 期。

运动是由一套复杂且精密的生态系统交织而成的，多项子系统相互协作，相互配合，共同构筑了足球运动良好的基础。现代足球运动是各个足球管理组织、协会、联盟、联合会，俱乐部、球员、教练员、经纪人、球迷、投资人、电视广播、各种媒体、商业品牌等多方主体共同组成的复杂系统，主体众多，利益盘根错节。

从系统运转的角度，现代足球的良好运转，是由球员身份系统、球员注册系统、球员转会系统、俱乐部准入系统、财政管理系统、赛事组织系统、裁判员系统、运动医疗系统、争议解决系统等核心系统组成。

球员的注册与转会系统是涉及主体最多、关涉利益最大的一个系统，它是现代足球运动良好运转的奠基石。如果没有良好的球员注册系统做支撑，足球人口的数量与质量就难以把握，足球运动的发展壮大就会受到相当程度的影响。球员转会系统未能良好运转，足球运动员的自由流动则难以实现，促进足球运动人才交换与信息交换的目的则难以实现，足球运动的高水平技艺就难以推陈出新。

因此，球员注册与转会制度，是把握现代足球运动内核的重要通道。在球员注册转会制度中，"注册"是权利的基础，好比"学生取得学籍"；"转会"是球员注册关系的变更，好比"转学""升学"。了解球员注册与转会制度的相关问题，将有助于我们更好地理解足球的理论与实践。

一、球员注册的基本概念

球员注册，简单而言，是球员为了参与有组织的足球活动，在足球行业主管机构登记于某个足球俱乐部或足球培训单位的行为。球员注册是现代足球运动管理的重要组成部分，它关系到足球运动的球员身份和参赛资格以及培训补偿与联合机制补偿的确定。开展球员注册认证活动，是一种维持球员身份（球籍）的手段，也是足球俱乐部与足球行业管理部门工作的重要环节。

随着信息科技的进步，球员注册系统也开始逐步电子化，这将有助于形成透明、可靠的电子数据信息形式，实现关于球员成长轨迹的清晰记录。做好球员注册工作的规范化、体系化、电子化对于完善球员大数据系统具有重大意义。

通常而言，足球协会经常处理的球员注册有以下几种类型：其一，首次注册，即足球运动员在此前从未在隶属于足球协会的俱乐部注册过，则该次注册为首次注册；其二，国内转会注册，即根据足球协会的球员转会与注册规则，足球运动员从原来注册的一家俱乐部转会至一家同样隶属于该足球协会的新足球俱乐部，并且新足球俱乐部随即完成了该足球运动员的注册，那么，这一过程便是国内转会注册；其三，国际转会注册，即球员从隶属于一个国家足球协会的足球俱乐部转会至隶属于另一个国家足球协会的足球俱乐部，新足球协会收到了转出该名球员的原足球协会的国际转会证明，并且完成对该名注册运动员的注册工作，那么，这一个过程可以称为国际转会注册。

球员注册的规范依据主要是《国际足联球员身份与转会规程》（FIFA RSTP）第 5 条（注册）和第 6 条（注册期）所包含的规范体系，而其各个成员国协会都有义务将这些规范体系移植到所在国的关于球员注册的规范体系之中，从而确保注册规范的全球统一性。

二、为什么要对球员进行注册？

球员注册除了确保球员信息的可靠性与完整性之外，其重要性还体现在以下几个方面：

第一，球员注册是球员取得有组织足球比赛参赛资格的必要条件。只有那些在足球协会注册的球员，才能够代表足球俱乐部参加该协会或联合会组织的足球比赛。球员的注册授予球员参赛资格，意味着，在足球协会管辖范围内，球员获得了参加由官方组织的足球比赛的通行证。只有完成了球员注册，该名球员才能够被俱乐部派上足球比赛赛场；如果球员未注册便被派上场，则球员与俱乐部均会受到相应的纪律处罚，其正当性基础便源自于球员注册构筑了有组织足球运动的完整性（integrity）与公平性。

第二，球员注册是足球协会对球员行使管辖权限的依据。从足球协会的视角观察，无论何种形式的注册，足球协会均可以在球员完成注册工作后，对球员行使行业范围内的管辖权，如确定球员的参赛资格，通过赛场内外的纪律与行为准则对违纪违规行为实施纪律处罚并确定执行措施，等等。如果球员不是注册球员，则足球协会无法行使上述管辖权限。

第三，球员注册是确保球员遵守足球行业规则的必然要求。从球员自身的视角观察，现代足球运动被称为有组织的足球运动（associate football），最为重要的一个前提是，从事这个运动项目的主体都以足球运动比赛规则（laws of the game）作为根本的规则。比赛规则规定了一个球队应该拥有的球员数量，比赛的长度、场地和球的大小，犯规的类型和性质，可能会受到裁判的处罚，越位规则以及其他可以用来定义足球运动的规则。球员完成注册，意味着球员同意按照足球比赛规则开展足球运动，并明确承诺会遵循既定的足球行业规则。换言之，球员不按照既定的行业规则行事，则可能面临被排除出足球共同体的局面，球员注册确定了球员的身份与共同体标识。

第四，球员注册是形成球员成长轨迹的主要依据。球员注册的核心功能是记录球员自注册以来所效力的足球俱乐部，能够充分体现球员逐步成长为一名职业球员的完整过程，对于总结足球人口成才规律和确定培训成本具有现实意义，对于计算足球行业内的培训补偿和联合机制补偿等费用也具有积极作用。

三、球员注册的规范依据

球员注册在国际足联和各个国家会员协会的规范体系中占有十分重要的地位。国际足联、各洲际联合会以及国家会员协会都有结合自身实际情况的关于球员注册的规则体系，这些规则体系是决定球员身份、影响球员参赛资格和权利的重要规范。《国际足联球员身份与转会规程》（FIFA RSTP）是球员注册转会制度的重要行业性法律文件，它的核心内容来源于自1995年"博斯曼"法案之后，国际足联、欧足联和欧盟之间达成的关于平衡"球员自由流动"与"保持合同稳定性"的重要协议。此协议授予国际足联广泛的自主权自行规定球员转会与球员合同的重要规则，是调整球员身份、注册、转会、争议解决的最为重要的国际行业规范。该规范自2001年正式生效以来，经过不断的修正与调整日趋完善，成为从事足球工作必须熟悉掌握的重要规则。

按照《国际足联球员身份与转会规程》（FIFA RSTP）的要求，成员国足球协会有义务将涉及球员身份与球员注册的规定，毫无保留地转化并植入到国内的行业规范之中。《中国足球协会球员身份与转会管理规定》第三章关于"球员注册"的规范条文，《中国足球协会注册管理规定（2016年版）》第六章"球员注册"的规范条文，共同构成了中国足协处理球员注册问题的规范基础。中国足协管辖范围内的球员、俱乐部以及相关足球从业主体，均必须按照上述规定来处理球员注册问题，上述注册规范是各个会员协会与足球俱乐部、球员开展注册工作的重要行事准则。

四、球员转会的概念与历史

（一）球员转会的概念

根据通常认识，转会是职业球员在原球队合同未到期的情况下，转至另一球队的过程。在规范意义上，球员转会主要是指将一名球员的注册资格（registration right）从一个足球俱乐部转移到另一个俱乐部。一般来说，球员只能在转会窗口期间（transfer window）根据足球管理机构制定的规则转会。通常情况下，为获取球员的注册权利支付某种形式的补偿，就是所谓的转会费。当球员从一个俱乐部转会到另一个俱乐部时，他们的旧合同被终止，他们与即将转入的俱乐部协商一份新合同。这与美国、加拿大和澳大利亚的体育运动不同，后者的球队基本上均交易现有的球员合同。然而，在某些情况下，转会可以以类似球员交易（exchange of players）的方式进行，因为球队可以提供另一名球员作为补偿的一部分。

（二）球员转会的萌芽阶段

足球转会是在 1885 年英格兰足球总会（以下简称"英足总"）（The Football Association）引入球员注册制度之后出现的一个重要概念。在此之前，球员可以同意为任何足球俱乐部踢一场或多场比赛。1885 年，英足总承认了职业球员（Professional Player）的地位，之后，英足总试图通过引入球员注册制度来控制职业球员。即使球员仍然和上赛季一样效力于同一家俱乐部，球员在每个新赛季都必须在一家俱乐部注册，一个球员只有在那个赛季注册后才被允许参加比赛。一旦球员在一家俱乐部注册，未经英足总与持有该球员注册权的俱乐部的允许，该球员不得在同一赛季在另一家俱乐部注册或效力。然而，即使球员的原俱乐部希望保留他们，球员仍然可以在每个赛季开始前自由加入其他俱乐部。

1888 年足球联赛成立后不久，它决定引入保留与转会制度（Retain and Transfer），该制度限制俱乐部从其他俱乐部吸引球员，从而防止俱乐部失去自己的优秀球员，防止联赛被少数富有的俱乐部控制。从 1893~1894 赛季开始，一旦球员在一家足球联赛俱乐部注册，他就不能在任何其他俱乐部注册，甚至在随后的赛季，未经他注册的俱乐部的许可，球员也不得注册于其他俱乐部。即使球员与持有其注册证的俱乐部的年度合同到期后仍未续签，该规定仍然适用。俱乐部没有义务使用这些球员，而且没有合同，球员也没有权利获得薪水。尽管如此，如果俱乐部拒绝公布他的注册信息，这名球员就不能为其他俱乐部效力。在足球联赛内，一些足球俱乐部很快开始要求并从其他俱乐部获得转会费，作为同意放弃转会球员注册权的对价。

（三）球员转会规则

在实践中，球员转会存在多种类型：

第一，球员转入与转出。从某一个俱乐部为视角观察，如果球员将从一个俱乐部转会到另一个俱乐部，则是球员转出类型的转会（release）；如果球员从其他俱乐部转会到某一个俱乐部，则是球员转入类型的转会（engage）。

第二，永久转会与租借转会。从转会的终局性考察，如果球员的注册关系永久性地转移到新俱乐部，那么该球员与原俱乐部的工作合同关系与注册关系终止，球员再也不能代表原俱乐部效力，只能代表新俱乐部效力，则这一形式的转会就可以被称为永久转会；如果球员的注册关系只是暂时性地转移到新俱乐部，一段时间后，球员注册关系还要回到原来的俱乐部，则这一形式的转会可以被称为租借转会。

第三，有偿转会与无偿转会。从是否涉及费用来考察，如果新旧俱乐部之间就球员注册关系的转移达成了转会费的协议，则这一转会被称为有偿转会；如果新旧俱乐部之间关于球员注册关系的转移未涉及转会费，则这一转会被称为无偿转会。

事实上，球员转会规则在近30年经历了巨大的变革，球员转会规则的历史经历了1995年"博斯曼"案裁决，2002年球员转会窗口的创设，2003年球员租借转会规则的完善，2006~2014年关于球员转会第三方所有权的争议与废止以及2020年禁止过桥转会等历史进程。这些转会规则的发展变化都是通过国际足联不断地修订《球员身份与转会规程》而实现的，也是国际足联不断推进"善治"的必然过程。

回顾球员转会规则的历史变迁，一方面能够让人们了解球员转会制度的过去与发展历程；另一方面，也能够保证球员转会制度在新的形势与条件下与时俱进。国际足联的球员身份与转会规则，塑造了两大基本核心原则——"保持合同稳定性"与"保障球员自由流动权"，这是理解球员转会制度的核心钥匙，所有围绕球员转会而产生的制度安排与设计，均以保障球员权利，更好地促进足球运动高水平发展为目标。

（四）我国球员转会制度的相关改革及完善

《中国足球改革总体方案》公布以来，我国球员转会市场可谓风起云涌，针对球员的天价薪酬与天价转会费都不断刷新了公众的视野。大量资金进入足球行业，考验着每个足球从业主体。具体到我国球员转会制度的相关改革与完善问题上，中国足协作为全国足球主管部门，做了不少相关的改革，并且也在不停地完善相关制度的漏洞，相关改革与完善可以具体从以下几个方面展开：

1. 出台相应的限制高价引援的行业规范，限制转会市场过热破坏行业稳定。中国足协在2017年5月24日公布了《关于限制高价引援的通知》，该通知确定的引援调节费被形象地比作中国足球行业的"奢侈税"。该行业规范主要目的是"限制职业足球俱乐部追求短期成绩、盲目攀比、高价引援、哄抬价格的行为"。

中国足协为了"维护职业足球联赛市场秩序，促进职业足球健康、稳定发展"，确定了最为重要的限制性措施，即"自2017年夏季注册转会期起，对处于亏损状态的俱乐部征收引援调节费用"。

中国足协职业联赛理事会执行局在 2017 年 6 月 20 日发布了《关于 2017 年夏季注册转会期收取引援调节费相关工作的实施意见》，该意见实质上是对上述中国足协《关于限制高价引援的通知》的细化规定。该意见确定了引援费用的合理区间是外籍球员不超过 4500 万元人民币 / 人，国内球员不超过 2000 万元人民币 / 人，并要求俱乐部开设青训专用银行账户，同时将资金使用状况纳入到俱乐部准入审查之中。对于引援费用超出的俱乐部，则按超出金额等额征收引援调节费（类似于"奢侈税"）。对于从国外关联俱乐部租借球员作为引援方式的，俱乐部租借费用如果低于出借方引入该球员的支出费用，则应当按原俱乐部实际支出费用作为基数核算是否超过引援费用区间，并确定是否应缴纳引援调节费。

2018 年 2 月 12 日，中国足协发布了一条关于上述行业规范的补充规定，内容简要如下：

第一，打击通过违约金方式逃避引援调节费的行为；具体的治理措施是对"采取支付球员与原俱乐部合同约定的违约金等方式，球员与原俱乐部解除合同，以自由身形式加盟国内新俱乐部的，以所约定违约金的费用为标准计算引援调节费用"。

第二，打击以过桥转会等形式规避引援调节费的行为；具体的措施包括"新俱乐部与其所引进球员的原所属俱乐部签订球员'租借变转会'等形式的合同，租借该球员后，正式办理转会手续的，以合同中约定的租借费、转会费总额计算引援调节费用"。

第三，对于其他规避行为通过兜底性条款予以打击；具体的原则是"中国足协将按照实质重于形式的原则对俱乐部提交的材料以及相关情况进行审查和调查"。

从这些行业规范来看，中国足协一直在为抑制过高的行业转会费用做各种不懈的努力，但还必须要加强与公安机关、税务部门的通力合作，打击阴阳合同、逃税漏税等违法行为，加大监管力度，使上述规定能够很好地落实。

2. 不断完善青少年球员转会相关的制度规范，提升监管保护水平。中国足协在 2018 年 1 月 31 日发布了《关于调整青少年球员转会与培训补偿标准管理制度的实施意见》，该实施意见施行快满 1 周年的时候，中国足协在 2019 年 1 月 15 日出台了《关于修订〈中国足协关于调整青少年球员转会与培训补偿标准管理制度的实施意见〉的通知》。这两份规范是对《球员身份与转会管理规定》和《注册管理规定》中涉及青少年球员转会与注册规范部分的重要细化与修订。这些补充主要从以下几个方面提升了对青少年转会工作的行业治理水平：

第一，加大了对未满16周岁青少年球员国内转会的管控力度。主要方式是对未成年球员可以在国内转会的例外规定的证明文件作出了修改，将"工作证明"要求改变为"社保凭证或个税缴纳证明"。这一措施的出台虽然提高了俱乐部办理转会手续的难度，但是实践中，地方会员协会在办理此类未成年球员的国内转会时，往往忽略了《球员身份与转会管理规定》第59条对于"球员的监护人因与足球无关的原因搬迁至新单位所在城市"的前提要求，往往对"与足球无关的原因"忽略了实质审查，且"社保凭证或个税缴纳证明"容易造假，形成漏洞。因此，要完善监管制度，采取早发现、早报告，及时处罚、及时公示的措施，形成良好的威慑效应。

第二，严厉打击利用涉外转会手段逃避培训约定的行为，杜绝"出国涮水"和"出口转内销"等规避行为，维护球员转会制度的稳定性与严肃性。

第三，加大对恶意逃避培训补偿行为的打击力度，杜绝"过桥转会"的规避行为。中国足协规定，"球员签订首份工作合同后24个月之内再次转会的，若新转入俱乐部所对应的培训补偿标准高于首次签订工作合同俱乐部的，则新转入俱乐部应按本俱乐部对应的培训补偿标准再次向该球员所有培训单位支付相应培训补偿"。中国足协设定了2年的转会过渡期来判断俱乐部是否存在规避培训补偿的行为，实际上比国际足联《球员身份与转会的规定》中相关标准要更严格。中国足协将来应进一步采取公开转会信息、设立培训补偿与联合机制补偿清算中心等方式来打击此类规避行为。

第四，加强对培训协议有效期内的未成年球员国内转会管理。实践中，很多青少年球员在与俱乐部或培训单位签订了培训协议之后，发现不满意培养单位的状况（往往是对教练员不满、对俱乐部管理方式不满等），通过直接毁约的方式从合同之中挣脱，是典型的违背契约精神的违约行为。因此，下一阶段，中国足协应在保护青少年球员权利的基础上，完善转会制度，加强球员与监护人的法律和心理教育，确保有约必守原则得到应有的尊重。

综上，我国球员注册与转会制度规范体系正在逐步完善，各类制约足球法治的体制与机制障碍也在逐步消除。从建设足球大国到建设足球强国的过程中，打牢我国足球青训根基是最为基础的工作。中国足协的制度规范体系在价值定位上，应当不断地引导足球行业内的利益主体将资源、资本等要素投入到青少年足球人才培养工作之中，保护未成年人球员的受教育权和足球教育权利，严格管控16周岁以下未成年人的转会。中国足协进一步做好做实中国足球行业规范制定者、执行监督者、违规处罚者的角色，不断完善我国的球员身份与转会、注册制度，最终将有助于我国足球健康势力的成长与壮大，实现足球大国与足球强国的终极目标。

【推荐阅读材料】

吴义华、周爱光："英格兰足球转会制度的发展和劳工证的作用"，载《体育学刊》2003 年第 10 期。

张恩利："英国职业足球运动员自由流动权利保障制度的演变及启示"，载《沈阳体育学院学报》2017 年第 2 期。

颜强："足球是一项改造国民性运动"，载《齐鲁周刊》2018 年第 13 期。

第五章 ·

其他体育参与者的权利与义务

【引例】在体育领域尤其是竞技体育中，除了运动员、教练员这样站在前台、直接运用体育专业技能成为体育活动中心的人以外，还有大量其他人员参与，这些人基于社会分工而不同程度地投身于体育事业中，才使得体育比赛成为一个越来越重要的产业，为社会提供丰富多彩的体育产品。以体育经纪人为例，其对体育赛事的推广、对运动员价值的开发，都具有显著的促进作用。美国著名的拳击经纪人唐·金，职业生涯中曾经在全球范围内成功推广了500多场拳王争霸赛，这其中不乏拳王阿里、弗雷泽、泰森等大名鼎鼎的拳击手。1974年10月30日，唐·金担保了阿里和福尔曼在扎伊尔名为"丛林战鼓"的著名对垒，这是历史上第一场通过电视直播的拳击比赛，两位拳手各分得500万美元出场费。1996年11月9日，他所推广的泰森与霍利菲尔德的WBA拳王争霸赛，创造了当时拳击比赛的最高毛利记录1415万美元，100多个国家对这场比赛进行了转播。《体育画报》于1994年评出的"40年间最有影响力的40位体育人物"中，唐·金榜上有名。2001年，唐·金曾与中国长城国际体育传播公司联手，欲在北京举办霍利菲尔德与鲁伊兹的WBA拳王争霸赛，可惜最终未能成功。中国拳击界人士有云，如果那次办赛成功，中国拳击运动将会向前迈进10年。体育经纪人对于竞技体育有如此大的影响力，也不免会发生相应法律纠纷。泰森于2003年起诉唐·金向其索赔1亿美元的案件，即成为当时的焦点事件，引发人们对体育经纪人权利和义务的思考。

【目标】通过本章学习，学生应掌握除运动员、教练员、裁判员外的其他体育参与者的类型，了解这些不同主体的主要权利和义务。

第一节　体育经纪人的权利与义务

一、体育经纪人概述

（一）体育经纪人的概念

体育经纪人，是指在体育市场中对运动员、组织、体育活动等进行中介服务、从中收取佣金的人员。对于一个成熟的体育产业来说，体育经纪人就像是必不可少的润滑剂，使得供需双方能够更容易达成一致，从而在合适的时间、合适的地域、以合适的方式促成体育法律关系的发生。

根据经纪活动的不同内容，体育经纪可以分为运动员经纪、体育组织经纪、体育赛事经纪等，其中又以运动员经纪最为人所熟知。在当今体坛，明星运动员的背后一般都有其体育经纪人，负责运动员的转会、无形资产开发、商业投资等事务。2014 年初，中国网球选手李娜获得澳大利亚网球公开赛女单冠军后，在获奖感言中幽默地表示"首先感谢我的经纪人，他让我变得更富有了"。此言不虚，体育经纪人通过对运动员商业利益的开发，可以使运动员在取得优秀运动成绩的同时，获得丰厚的回报，并能够心无旁骛地专注于竞技场内。

（二）国外体育经纪人的起源和发展

最早的体育经纪活动，可以追溯到古罗马奥古斯汀时期的"庞培"俱乐部，它介绍当时的运动员去参加体育比赛，这种广义上的中介行为可以被视为初始状态的体育经纪。[1] 但是体育经纪活动真正成为一种普遍的、持续的现象，则是与近现代职业体育的出现相伴而生的。19 世纪末期，西方国家出现了职业体育市场，职业运动员以其竞技表现作为商品，希望追求更高的收入，以及更适合展现其才能的机会，而俱乐部希望节省开支，获取更大的利润。在劳资双方的博弈中，谈判变得非常重要，真正的体育经纪也应运而生。20 世纪 20 年代，查尔斯·派利等美国体育经纪人的出现及其体育经纪活动的开展，是现代体育经纪史上的标志性事件，这一职业真正开始进入发展阶段。二战以后，尤其是自 20 世纪 60 年代后，立足于工业文明和市场经济的土壤之上，体育经纪行业

---

[1]　参见马铁："国际体育经纪人——体育经纪人纵横谈之一"，载《经纪人》2000 年第 1 期。

进入快速发展阶段。而 20 世纪 90 年代至今，体育经纪则进入全面发展阶段。[①]在这一阶段，体育经纪从曾经"散兵游勇"的状态走向了具备完善的组织机构、规范的治理体系的现代模式。

随着体育经纪业务范围的扩大，在不同业务领域，经纪人的称谓也有所不同。如在运动员转会经纪中，一般就称其为"经纪人"；在体育明星赞助经纪中，一般称为"代理人"或"委托人"；在赛事经纪中，一般称为"赛事推广商"；在进行居间、行纪等业务中，一般也称为"经纪人"。上述这些称谓，都可以统称为广义的"经纪人"。[②]在竞技体育市场高度发达、开放的当今时代，很多高水平赛事的组织者、赞助者、参加者、受众都具有国际性，因而体育经纪人的大量业务也是具有国际性的。

（三）我国体育经纪人的出现和现状

作为一个新兴行业，我国于 20 世纪 80 年代最早出现了体育经纪人的萌芽，90 年代初有了真正意义上的体育经纪人。经过 20 年的发展之后，2006 年 4 月，在原劳动和社会保障部正式向社会发布的第六批 14 个新职业中，体育经纪人赫然在列。2007 年 7 月，《体育经纪人国家职业标准》公开发布，对体育经纪人这一职业的活动范围、工作内容、能力要求和知识水平都作了明确规定，并按照从低到高的顺序，把体育经纪人分为三个等级：国家职业资格三级、国家职业资格二级、国家职业资格一级。总体而言，我国目前的体育经纪仍然处于初步发展阶段，真正意义上的体育经纪人也为数不多。我国体育事业的举国体制传统，使得运动员、教练员等体育相关主体的自由流动性较差，体育市场的开放程度不高，所以，体育经纪发展的土壤还比较瘠薄。近年来我国对体育产业的发展日益重视，体育市场有望逐步得到培育，假以时日，随着市场的兴旺，体育经纪也有望水涨船高，给予体育经纪人更多的用武之地。

二、体育经纪人的权利

作为体育活动中的中介主体，体育经纪人的权利值得受到重视。只有其权利得到充分的重视，获得合法开展业务的空间，才能通过专业的中介活动，帮助运动员等其他体育主体实现他们的权利。

---

① 参见肖淑红等："体育经纪人相关问题的研究现状综述及分析"，载《北京体育大学学报》2013 年第 3 期。

② 参见李亚慰、李建设："从历史演变看当代体育经纪人的角色与定位"，载《中国体育科技》2013 年第 6 期。

（一）获得佣金的权利

体育经纪人以体育经纪为其安身立命的职业，因此对其而言，最基本的权利便是通过其中介活动获得佣金。在职业体育较为发达的国家，体育经纪是个利润很高的行业。例如在美国，体育经纪人代理一名运动员签订一份雇佣合同，获得的酬金一般是合同金额的 3%~10%。[①] 在顶级球星动辄身价上亿的北美职业体育联盟，经纪人促成这样一份雇佣合同，就能从中获利数百万美元之巨。当然，这样的高额利益，也会带来体育经纪市场的激烈竞争，在众多的竞争者当中，能够脱颖而出的，只是少数明星经纪人。

（二）在合理范围内自由执业

体育经纪人的执业范围，有着两方面的含义，一方面是行业意义，另一方面是地域意义。就行业角度而言，经纪人在取得所经纪的单项体育组织的许可后，可以从事该项目的经纪业务。就地域角度而言，经纪人可在与其执业证照相适配的范围内自由执业。鉴于体育市场具有开放性、流动性的特征，这一范围不应被过度限缩。在我国，应当以国家单项运动协会为引领，让体育经纪人在全国范围内自由执业，而不应以省级行政区划来进行区隔，强令体育经纪人在各省分别注册。唯有如此，才能避免体育经纪领域的"地方保护主义"，避免不适当的市场分割。鉴于体育市场的国际性特征，已取得某项目国际体育单项组织的经纪人许可证的，在中国从事经纪人业务，不必再单独考核，只需审核备案即可。

（三）知悉真情的权利

在接受委托为当事人利益行事时，体育经纪人有知悉真实情况的权利。当事人的与业务有关的相关信息，体育经纪人有权询问。如果没有这一互信机制，经纪业务就失去了成功的基础。

（四）业务执行权

对于所承揽的经纪业务，体育经纪人享有业务执行权。非经其本人同意，经纪组织不得变更经纪业务执行人。如果委托人对体育经纪人隐瞒了与经纪业务有关的重要信息，或者提供了不实信息，或要求体育经纪人采取违法手段执行业务的，体育经纪人可以要求中止合同，或协商解除合同。[②]

---

① 参见肖永平、周青山："《美国统一运动员经纪人法》述评"，载《武汉体育学院学报》2010 年第 6 期。

② 参见马宏俊、黄涛："论我国体育经纪人的法律地位"，载《首都体育学院学报》2005 年第 1 期。

三、体育经纪人的义务

（一）持证经纪的义务

体育经纪人应当遵照所在国家、所营业的单项体育组织的规则，依法取得体育经纪人执业证照。这是对其所服务的运动员、教练员等雇主利益的必要保障，也是防止体育经纪市场陷入无序、混乱局面的必要举措。在世界范围内，以《美国统一运动员经纪人法》（Uniform Athlete Agents Act）等为代表的规则，能够促进各国对其体育经纪人的规范化管理。

我国目前还没有全国统一的专门性的体育经纪人管理制度，但已经有了经纪人资格考试。成为体育经纪人，需要先参加相关的培训，通过考试获得国家体育经纪人三级资格证书，然后再按照单项体育组织的相关要求成为该项目的体育经纪人。以足球项目为例，在取得国家体育经纪资格证书且依法取得工商营业证照之后，还需要参加中国足协组织的考试，合格者才能成为一名足球经纪人，持证之后如果2年内未从事足球经纪活动，其许可证会自动作废；要成为国际足联球员经纪人，则要参加国际足联的考试，符合《国际足联球员经纪人规则》的规定。

（二）忠实于委托人利益

体育经纪人在接受运动员、教练员等雇主的委托，作为其代理人从事业务时，应忠实于委托人利益，向委托人诚实告知执业相关信息，不得以欺骗、诱导等方式逐利，损害委托人的利益。现实当中，有的体育经纪人利用自己的专业优势地位，对运动员尤其是未成年运动员作出不切实际的许诺，甚至是虚假宣传，诱使运动员与其签约，已经超出了正常的商业推广的范畴。有的体育经纪人为了追求自身的佣金回报，怂恿运动员频繁转会，这种做法也是对运动员长远利益的损害。基于自身的职业道德，体育经纪人应当忠实于委托人利益，从委托人职业规划的高度去制订合理的经纪方案和策略。

（三）竞业限制的义务

在体育行业中，有的职业是与体育经纪人存在角色冲突的，因而不能担任体育经纪人。政府部门工作人员、国际体育组织工作人员、国内体育组织工作人员，都因承担着一定的管理职能，而不应作为体育经纪人。体育俱乐部等机构的工作人员，则因为利益相关，同样不应作为体育经纪人。反之，如果在先担任了体育经纪人，亦不能同时担任上述竞业岗位，除非其终止执业，放弃体育经纪人的身份。

（四）缴纳保证金的义务

为了规范体育经纪人的执业行为，监督其履行合同义务，单项体育组织往往采用保证金制度。常见的做法是，单项体育组织设定明确的保证金金额并指定银行，体育经纪人必须在该银行足额缴纳保证金之后，才可以获得经纪人许可证。在其执业期间，保证金不得撤回。如其经纪行为给他人造成损失，可使用其保证金用于赔偿。不足以赔偿的部分，经纪人另行支付。保证金因支付赔偿而出现不足额之后，经纪人许可证会被临时吊销，待其补缴至足额之后，再恢复正常。

（五）为当事人保密的义务

在执业过程中，体育经纪人会接触到当事人的大量信息。这些信息非经当事人同意，不应泄露。一般来说，这些信息包括当事人的商业秘密、成交机会、个人隐私以及其他有用信息。保密的期限，可以在合同中约定，根据当事人的要求，可以设定无时间期限的保密义务。

第二节 体育赛事观众的权利与义务

一、体育赛事观众的类型和价值

（一）体育赛事观众的类型

现代体育赛事的观众范围，较之于传统体育赛事有了明显的扩充。传统上，体育赛事的观众到现场观赛，亲身感受运动场的氛围，融合成比赛的一部分。随着电视的出现，体育运动的传播方式有了翻天覆地的变化。某种意义上，现代体育产业就是建立在电视传播的基础上的。互联网出现之后，网络媒体继电视之后也正在成为重要的新兴传播渠道。由此所致，当今的体育赛事观众，在整体上分为两大类型，一类是直接到现场观看比赛的观众，一类是通过电视、网络等媒体观看比赛的观众。

在现场观看比赛的观众又可以分为两类，来自举办地的观众，来自非举办地的观众。当参加比赛的一方运动队就来自举办地时，这个运动队常被称为主队，相应地，这种情况下举办地的观众可以称为主队观众或者说主队支持者。在对抗性较强的体育项目中，支持主队的观众与支持客队的观众之间的对峙，是场内对抗之外的另一道独特的风景线。

（二）体育赛事观众的价值

观众是体育赛事的受众，是体育赛事真正得以发扬光大的基础要素。和运动员、教练员、裁判员一样，观众也是体育赛事的利益相关者，是体育赛事不可或缺的主体。[①]对于体育赛事来说，观众具有不可代替的价值。

第一，观众的多寡决定着体育赛事的收入。现场观看比赛的观众，会为赛事带来门票收入，这在传统的体育赛事收入中占有很大比重。通过电视和媒体转播收看比赛的观众的多寡，则决定着赛事的电视转播权的价格，以及赛事广告的价格。2019年，德勤统计的数据显示，巴塞罗那俱乐部是全世界收入最高的足球俱乐部，而在其年度收入的8.4亿欧元中，转播收入占到35%，即三分之一。可见，观众收看转播对于赛事收入具有重大影响。

第二，观众的结构和数量，会影响赛事举办地的经济发展。体育赛事所吸引的到场观众，尤其是非举办地的观众的到场观赛，会带动举办地的旅游、百货、运输、娱乐文化等众多行业的繁荣。尤其是能够形成传统、定期举办的体育赛事，更能够吸引到众多的外地观众，对举办地达到"体育搭台经济唱戏"的效果。例如环青海湖国际公路自行车赛、ATP上海大师赛等知名赛事，就能达到此种效果。

第三，现场观众的参与程度，会直接影响比赛质量，与体育赛事的精彩程度呈正相关。比赛越精彩，就能够吸引越多的观众来到现场，而现场观众的热烈参与，也能够通过互动，对运动员的运动表现产生激励作用。在现代体育赛事中，多数球队的主场战绩会优于客场战绩，这与现场观众的影响直接相关。2020年3月，美国NBA篮球联赛受到新冠病毒影响停摆时，官方讨论空场的情况下恢复比赛，著名球星勒布朗·詹姆斯对此曾公开表示，如果没有观众的话，我也不会下场打球。管中窥豹，可见观众对于体育赛事的重要意义。

二、体育赛事观众的权利

（一）安全观赛的权利

体育比赛常常伴有激烈的对抗，这种对抗主要是场内运动员之间的对抗，但也不可避免地会蔓延到观众席甚至场外，因而对观众的人身、财产安全产生一定的风险。观众作为体育赛事的消费者，与办赛者之间构成消费者与经营者的合同关系。经营者应对观众的人身、财产安全提供必要的保障。1985年5月欧洲冠军杯决赛之夜，发生了著名的海塞尔惨案，年久失修的看台因球迷冲突而坍塌，数十名球迷罹难。1989年4月的一场英格兰足总杯半决赛中，更因组织混乱而造成数千名球迷互相踩踏，90多名球迷罹难，这就是著名的希尔斯堡

[①] 黄海燕、张林："体育赛事利益相关者分析"，载《体育科研》2008年第5期。

惨案。为保障观众安全观赛的权利，办赛者应恪尽安保职责，消除可能的安全隐患，合理维持观赛秩序。

（二）对体育赛事的知情权

观众的知情权同样是其作为消费者应有的一项基本权利。对于与所观看体育比赛有关的信息，观众有权获悉真实情况。一般来说，比赛的时间地点及其变更，门票所包含的比赛项目，比赛的出场阵容尤其是明星运动员的出场情况，等等，都是观众所关心的重要信息，应得到及时、真实的告知。比如，在网球比赛中，日间门票和夜场门票都是可以包含一定时段内的多场比赛的，并非只针对某一场比赛。对此，有的观众缺乏经验，看完一场比赛之后就退场了，对于这种常见情形，经营者就应通过门票设计进行合理的告知。当然，并非与比赛有关的所有信息都属知情权范围之内，比如在正常的篮球联赛中，某场比赛中主教练使用哪些球员，这是体育竞技层面的问题；但是，如果是商业性赛事，经营者以明星球员出场作为噱头进行推广而在比赛时没有兑现的，则构成对知情权的侵犯。

（三）公平交易的权利

体育赛事的观众，像其他消费者一样也享有公平交易的权利，经营者应向观众提供价格合理、真实可靠、符合诚信的赛事产品。可以说，体育赛事观众购买的是一种服务，其主要内容是体育竞赛活动的欣赏，这与那些有"剧本"可循的文艺作品相比，更多地具有结果的悬疑性、对抗的实时性。经营者在办赛的过程中，应充分考虑到上述因素，保障赛事的真实性，从而实现交易公平。如果观众所看到的比赛是与经营者在赛事推广时所作的描述明显不符的，或者是所谓的"假球"，或者存在其他有违"真实性"的情形，则应认为其公平交易权受到了侵害。

（四）人格尊严受尊重的权利

体育赛事中观众也像在其他场合一样，享有人格尊严不受侵犯的权利。赛事的举办者、运动员和其他体育从业人员都应尊重观众的人格、名誉，避免做出辱骂、嘲讽等不当行为。此外，赛场外处于不同阵营的观众之间，也应当互相尊重对方的人格和名誉，不采取极端的、不理性的行为。如果有人有挂出侮辱性的横幅、旗帜等损害其他观众的人格尊严的行为，赛事的举办者应采取措施，予以制止。

三、体育赛事观众的义务

（一）遵守票务规定的义务

体育赛事的票务制度，不但是办赛者获得经济收益的保障，也是对观众进行管理的主要手段。观众应当持合法购买的比赛门票进入比赛地，根据赛场的要求验票入场，不能持假票、废票入场。实施对号入座政策的比赛，观众应当对号入座。实施实名购票政策的比赛，观众应当用本人有效身份证件购票。严格、合理的票务制度，对于赛事秩序的维护来说，有着基础性的保障作用。

（二）不得携带危险物品入场

体育比赛是一种公共聚集的活动，因而产生了直接的公共安全需求。禁止携带危险物品入场，对赛场安全包括观众自身的安全都是非常重要的。实践中，有的观众是为了食用方便而私自携带，有的观众则是为了实施攻击性的行为而蓄意携带。1993 年 4 月的汉堡网球公开赛中，一名狂热崇拜网球名将格拉芙的德国男子，在赛场上用匕首刺伤了头号女单选手塞莱斯，震动世界体坛，如日中天的天才少女塞莱斯的职业生涯甚至整个人生就此彻底改变。除了携带这种刀具、棍棒、烟花爆竹等可以直接致害的危险物品外，携带有包装的食物同样也可能构成携带危险物品。为保障公共安全，观众应服从安检，违者不得入场。

（三）不得有干扰比赛的行为

体育赛事进行时，观众常因为情绪激动而实施一些干扰比赛的行为，这会直接或间接地干扰比赛秩序，因而需要控制。有的观众向赛场内投掷物品，如在足球比赛中球员罚角球时，向角球区投掷硬币击中球员；有的观众使用激光笔照射球员，干扰球员正常比赛，甚至有可能伤害球员眼睛；有的观众擅自或者强行进入比赛场地，有的是为了拥抱自己的偶像，有的则是裸奔吸引眼球，这些行为都会妨碍比赛的正常进行。

（四）不得有暴力行为

观众应当文明观赛，不应当实施任何暴力行为，包括对运动员、教练员、裁判员、其他观众的暴力行为。在场内，办赛者可根据需要采取隔离措施，将"敌对阵营"的观众隔离在不同的看台区域；在场外，也要积极防范，避免观众之间群殴、砸球队车辆等行为的发生。

（五）不得盗播体育赛事

盗播是指持权转播者之外的行为人非经许可转播体育赛事的行为。在当今体育赛事日益倚重电视等媒体进行传播的大环境下，赛事的传播权利的重要性也日益凸显。如果观众在观看比赛的同时，将比赛信息擅自传播给外界，很可能造成持权转播者的重大损失。所以，不论现场观众是出于牟利之动机，还是出于与他人无偿分享之动机，均不得客观上实施盗播之行为。当然，观众分享现场比赛信息的方式，会存在很大的差异，有的只是分享几张在现场所拍的照片，有的则是连续、流畅地向他人分享比赛视频。是否认定为侵权，应视现场观众的行为是否实质性侵害了持权转播者的合同利益而具体分析。

第三节 体育新闻工作者的权利与义务

一、体育新闻工作者概述

（一）体育新闻工作者的概念

体育新闻工作者，是将体育比赛和与体育有关的其他信息向社会进行传播的专业人员，包括体育记者、体育编辑、体育节目主持人和解说员等。现代社会中，体育越来越成为公众所关注的领域，成为人们在温饱无虞之后，寄托生活意义的重要领域。而除了自身从事体育锻炼、体育运动之外，对体育赛事和其他体育活动的欣赏和关注，同样是人们关注体育的重要方面。在世界六大通讯社中，体育消息的发稿量大约占全部发稿量的1/4，反映出在当今和平时代，对体育的关注是一个世界性的现象。正因为人们的普遍关注，也就是体育的大众性，使得体育事件具有了公共性，成为公众有权知悉的社会现象，体育新闻工作者即担负着将这一领域的消息资讯传播给大众的功能。

体育新闻工作者传播体育信息的权利，大体可分为两种，一种是基于合同的转播权，另一种则是基于对公共信息的报道权。前者只属于购买了转播权的机构的新闻工作者（主要是记者），而后者则因为不属于一种商业权利，而可以由任何新闻机构所享有。当然，非持权转播者的记者在报道体育新闻时，引用的赛事内容要有所限制，比如每日可以报道某赛事的时长、报道的形式、间隔播报的频次等。

随着现代体育新闻传播的深入发展，传播的内容上也日趋丰富。除了竞技体育新闻报道这一体育新闻的传统主项外，社会体育新闻、体育法制新闻、体育产业新闻、体育文化新闻等也成为重要的传播内容。

（二）体育新闻工作在我国的发展

中华人民共和国成立至今，我国的体育新闻事业大体经历了起步阶段、复苏阶段和快速发展阶段。从中华人民共和国成立到改革开放之前，属于起步阶段，当时的传播手段以广播和报纸刊物为主，种类和数量有限，主要集中在中央级媒体。20世纪70年代末～90年代初，属于复苏阶段，这一阶段随着国家体育事业的复苏，体育新闻传播也随之复苏，众多体育类报刊得以创办，高等院校开办体育新闻专业，体育赛事转播数量大大增加，体育传播进入毫无争议的电视时代，省级电视台也开始制作体育节目。20 世纪 90 年代初至今，属于快速发展阶段，在这一阶段，体育赛事资源大大增加，体育新闻报道中国际体育比赛的当量显著提高，越来越多的新媒体进入体育传播领域，传统纸媒受到巨大冲击，电视传播的主导地位也受到有力挑战，体育新闻逐步进入全面数字化的时代。

在体育新闻事业快速发展的同时，国家对体育新闻工作者的管理制度也有所完善，尤其是对虚假新闻、有偿新闻等现象的打击，对体育新闻工作者队伍的治理起到了一定作用。整体而言，我国的体育传播管理制度，也在走向开放、法治的道路。在这一过程中，大型运动会特别是 2008 年北京奥运会的举办起到了重要的推动作用。2008 年 10 月，新的《中华人民共和国外国常驻新闻机构和外国记者采访条例》开始实施，这一法规承接《北京奥运会及其筹备期间外国记者在华采访规定》的精神，基本延续了北京奥运对外国记者采访较过去更为开放的做法，将其主要原则和精神以长效法规的形式固定了下来。根据上述法规的明确规定，外国记者来华采访不再必须由中国国内单位接待并陪同，外国记者赴开放地区采访无须向地方外事部门申请，这些规定为外国新闻机构和外国记者在华采访提供了便利，使北京奥运新闻管理制度立法成果得以巩固和发展。[①]

二、体育新闻工作者的权利

（一）采访权

采访权是指记者在工作中享有的、在法律规定范围内不受限制地收集信息的权利。[②] 体育记者同样如此，在公开场合或特定场合，体育记者有自主采集、访问的权利，他人不得干预；对负有特定信息公开义务的主体，记者有向其索取信息的权利。采访权是一种社会公共权利，它与知情权有联系，但不等于知情权。公民对体育赛事所产生的公共信息享有知情权，而记者的采访权，则可以保障知情权得以实现。

（二）监督和批评权

体育记者客观报道体育领域里的各种现象，对于所了解的违反法律、违反规则、违反道德的行为，拥有监督和批评的权利。这是新闻的舆论监督功能在

---

① 参见于善旭："法治奥运在北京奥运会的实现及其深远影响"，载《首都体育学院学报》2016 年第 3 期。

② 参见刘斌："权力还是权利——采访权初论"，载《政法论坛》2005 年第 2 期。

体育领域的体现。2006 年 5 月，意大利《米兰体育报》将尤文图斯俱乐部总经理莫吉与意甲裁判指定员之间的电话通话内容公之于众，引发意甲"地震"，最终尤文图斯被罚降入乙级，莫吉被判刑，这就是著名的电话门事件。诚如普利策的名言所说，"倘若一个国家是一条航行在大海上的船，新闻记者就是穿透的瞭望者。他要在一望无际的海面上观察一切，审视海上的不测风云和浅滩暗礁，及时发出警告"。对于体育领域而言，体育记者就是负有这种功能、激浊扬清的观察者。

（三）人身保障权

体育记者由于直接面对采访对象，且为了新闻真实性而经常会提出一些尖锐、犀利的问题，有时会造成与采访对象之间的对立。采访对象的素质良莠不齐，个别情况下会出现殴打记者、限制记者人身自由等侵权行为。这些行为直接侵害记者的人身权，也间接妨碍了记者执行职务，属于民事违法行为，严重的还会构成犯罪。

（四）新闻作品的发表权

记者对于自己采写的体育新闻作品拥有发表权，即向社会首次发布的权利。所采写的稿件，是否发表，何时发表，何地发表，以何种方式发表，都是体育记者基于其著作权主体身份而应当享有的具体权利。在当今互联网迅速发展的时代，体育记者发表自己作品的方式越来越多样化，不论是传统的纸媒刊发，还是电台播报、电视播放、网络平台发布，都属于作品的发表。

三、体育新闻工作者的义务

（一）忠于事实，抵制虚假新闻

真实是新闻的生命，对于体育新闻来说同样如此。但是值得注意的是，在当今的商业时代，随着纸媒的式微和网络媒体的兴起，许多体育媒体为了吸引关注，放松了对新闻采编工作的要求。尤其是在赛事较少因而新闻较少的时段，为了维持平台的关注度，不惜炮制一些子虚乌有的虚假新闻或注水新闻。这些做法，显然有违新闻工作者的基本义务。还有的新闻记者，虽然采写的新闻正文基本符合事实，但却在标题中使用"春秋笔法"，以所谓的"标题党"招徕关注。这些做法的蔓延，一方面对读者的信息摄取带来了困扰，另一方面也会最终损害新闻平台的公信力。对此，可以采取定期对传媒进行"污染指数"打分的做法，通过外界的监督，督促体育传媒及其从业人员抵制虚假新闻。

（二）客观报道的义务

体育记者及其所属媒体平台，应当保持事实报道者的客观立场，在采编和发表新闻时，尊重事实真相，尊重受众的知情权，要对受众关注较多的重要赛事信息进行全面客观的播报，而不能在利益诱导下丧失或偏离客观立场。如果某电视台购买了哪个联赛的转播权，就只在新闻节目中播出有关该联赛的新闻，而一旦下一年度未购买该联赛的转播权，对该赛事就连图文新闻都不予编发，这种行为就将新闻报道和商业转播合同混为一谈，背弃了新闻工作者的传播义务。

作为个体的体育记者，在工作当中不免会与某些球队、球员建立起亲密关系，这种关系虽然可能方便了采访，但也有可能影响记者的公正立场。作为体育新闻工作者，应当把握好这种关系，不以私害公，用个人感情替代客观立场。在报道存在冲突双方的新闻时，注意兼听则明，避免只采用一方的陈述。

（三）抵制有偿新闻

实践中有的新闻工作者收受被报道对象的财物，为其"捉刀"，采写出有利于被报道对象的新闻，即所谓有偿新闻。这种做法显然是违背新闻伦理的。无论是被报道对象主动以财物诱导新闻工作者，还是新闻工作者主动索取财物，只要二者之间存在超出合理额度的利益输送关系，都构成有偿新闻。此外，被采访对象在发生了负面事件的情况下，常常会试图用"封口费"来换取新闻工作者放弃报道，这种消极的有偿新闻行为，同样也应受到抵制。

（四）尊重被报道对象的隐私及其他合法权利

新闻工作者在履行职责的过程中，常常会知悉被报道对象的许多个人信息。其中有的纯粹属于个人隐私，在本人不愿意披露的情况下，不应向公众披露。当然，根据被报道对象是否是公众人物、是什么程度的公众人物的区别，对其个人信息的保护程度也有所差别，这是满足公众知情权的要求。新闻工作者应当在新闻采写过程中，根据具体情况作出职业判断。

（五）尊重和保护知识产权，抵制抄袭、剽窃

新闻工作者对于同行所发布的新闻作品，不应抄袭、剽窃、直接摘转，这是对后者知识产权的侵害。这种行为如果泛滥开来，会大大挫伤原作者的采写热情。鉴于孤立、单次的抄袭或剽窃行为如果诉诸司法会产生较大维权成本，有必要通过行业协会监督、"污染指数"打分等方式，让读者、原作者可以在法院诉讼之外，增加打击侵权者的手段，在体育领域树立尊重知识产权的风气。

【推荐阅读资料】

肖永平、周青山："《美国统一运动员经纪人法》述评"，载《武汉体育学院

学报》2010 年第 6 期。

马宏俊、黄涛："论我国体育经纪人的法律地位"，载《首都体育学院学报》2005 年第 1 期。

李亚慰、李建设："从历史演变看当代体育经纪人的角色与定位"，载《中国体育科技》2013 年第 6 期。

黄海燕、张林："体育赛事利益相关者分析"，载《体育科研》2008 年第 5 期。

于善旭："法治奥运在北京奥运会的实现及其深远影响"，载《首都体育学院学报》2016 年第 3 期。

刘斌："权力还是权利——采访权初论"，载《政法论坛》2005 年第 2 期。

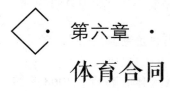

·第六章·

体育合同

【引例】2015 年 NBA 传奇球星阿伦·艾弗森的中国之行吸引了大批球迷的持续关注。然而由于艾弗森与其总代理——天津启迪文化传播有限公司（以下简称"天津公司"）就"艾弗森中国行"达成的合同内容，与天津公司与"中国行"各地赞助公司签订的合同内容存在争议，艾弗森并没有如赛事主办方、承办方等宣传的那样上场参加比赛。艾弗森开启他的中国行之前，先与天津公司签订了代理合同，约定由天津公司负责"艾弗森中国行"商业推广等事宜。之后，天津公司又与哈尔滨、西安等地的赞助商签订了合同。因为前后合同就艾弗森是否上场参赛的约定不一致，致使各方发生纠纷，并引发了现场球迷的强烈不满。最后各方不得不诉诸法律手段解决纠纷。

【目标】通过本章学习，学生应掌握体育领域中平等主体间常见合同类型的性质、特点与基本权利义务关系，熟练运用《民法典》合同编、体育法理论知识分析和解决体育合同实践中出现的法律问题。

第一节　体育赞助合同

一、体育赞助概述

现代意义上的体育赞助源于 19 世纪中叶的美国，在 20 世纪上半叶以前，体育赞助还不是一个普遍的现象，仅有一个雏形。正式的、大规模的赞助则始于 20 世纪 60 年代的英国。[①] 在我国它则是改革开放后的产物，20 世纪 80 年代初有了体育赞助的萌芽，其最早只是球类项目国家队接受境外企业的服装赞

---

① 刘文董、张林："赞助、体育赞助的性质"，载《天津体育学院学报》2004 年第 1 期。

助等。进入 90 年代特别是我国足球职业化后，体育赞助在我国则有了快速的发展。[①] 为规范体育赞助行为，国家体育主管部门先后发布了一些规范性文件。如原国家体委在 1992 年颁布了《关于国家体委各直属企事业单位、单项体育协会通过体育广告、社会赞助所得的资金、物品管理暂行规定》，对体育赞助的含义、赞助收入的管理等进行了初步界定。此后，原国家体委又制定了《运动员使用运动营养补品管理暂行办法》（1993 年）、《社会捐赠（赞助）运动员、教练员奖金、奖品管理暂行办法》（1996 年）等文件，对涉及运动员、教练员的赞助行为进行了专门调整。尽管如此，由于以上规定更多倾向于将体育赞助理解为发展体育事业的筹资手段，而忽视了对提供资金、实物的赞助方合法权益的保护，故难以平衡体育赞助各方利益关系，提高体育赞助效益。

二、体育赞助合同的性质

（一）体育赞助的定义

赞助一词的英文为 Sponsorship，意思是"帮助、支持"。进入 20 世纪 80 年代后，国际上多把赞助视为以谋求商业回报为目的的营销手段或投资手段。[②] 如 Sleight（1989）认为，"赞助是一种商业关系，通过它赞助者可获得某些形式的权利和合作关系的回报"。[③] Meenaghan（1991）认为，"赞助是一种对某项活动的以金钱或其他形式的投资，以进入与该项活动相关的可开发的潜在市场为回报"。[④] 他同时指出，企业向慈善事业或因灾难性事件而提供捐助，或者向一些组织、个人捐赠产品，以及不图回报的资助并不能算作是真正意义上的赞助。[⑤] 以上观点明确了赞助的有偿性，符合赞助发展实际，但过于强调赞助方的单方目的，不利于对受赞助方利益的保护。我国知名学者蔡俊五认为，"赞助是一种由企业（赞助商）与公益事业单位（被赞助者）之间以支持和回报的等价交换为中心的平等合作、共同得益的营销沟通手段"。[⑥] 该定义的一个重要意义是明确指出了赞助的互惠互利性质，体现了对赞助双方利益的尊重和平等保

① 胡利军："我国体育赞助的现状分析"，载《体育科学》1999 年第 6 期。

② 刘文董、张林："赞助、体育赞助的性质"，载《天津体育学院学报》2004 年第 1 期。

③ Ronald E.McCarrille，"The Effectiveness of Selected Promotions on Spectators Assessments of a Nonprofit Sport Event sponsor"，*Journal of Sport Management*，12（1998）.

④ Des Thwaites, Andrew Carruthess，"Practical Application of Sponsorship Theory: Evidence From English Club Rugby"，*Journal of Sport Management*，12（1998）.

⑤ Meenaghan John A，"Commercial sponsorship"，*European Journal of Marketing*，7（1983）.

⑥ 蔡俊五、赵长杰：《体育赞助——双赢之策》，人民体育出版社 2001 年版，第 11 页。

护，比较准确地定位了赞助的基本法律性质。

体育赞助是赞助的一种形式，占据赞助产业的主导地位，目前没有统一的定义。可根据赞助的一般定义并结合体育特殊性全面理解体育赞助行为。首先，体育赞助是双方行为而非单方行为，体育赞助的行为主体包括赞助方和受赞助方。其次，体育赞助是以体育活动及其相关内容为对象的行为。由于作为被赞助对象的体育活动普遍承载了健康、竞争、公平、真实等人文精神，因此，体育赞助不能因其商业性而突破体育本身的基本价值和核心利益。最后，体育赞助是赞助双方平等、自愿的市场交易行为。企业提供资金、实物、服务等有形或无形财产支持体育活动的开展，从事体育活动的社会组织或自然人则回报以与体育活动有关的标识权、冠名权等无形财产，双方互利合作，等价有偿，平等交易。

综上，本书将体育赞助定义为：体育赞助是企业与从事体育活动的社会组织或自然人之间以体育活动及其相关内容为对象的市场交易行为，前者向后者提供资金、实物、服务等有形或无形财产支持体育活动的开展，后者则向前者回报以与体育活动有关的标识权、冠名权等无形财产。

（二）体育赞助合同的双务有偿性

体育赞助行为应属于民事法律行为中的双务有偿法律行为，而区别于赠与行为和捐赠行为。所谓双务，是指赞助当事人双方互负对待给付义务，即一方愿意负担履行义务，旨在使他人因此负有对待给付的义务，一方所享有的权利，即为对方所负有的义务；[①] 所谓有偿行为，是指赞助一方通过履行规定的义务而给对方某种利益，对方要得到该利益必须为此支付相应代价。赠与则是赠与人将自己的财产无偿给予受赠人，受赠人表示接受赠与的法律行为。无偿给予财产是赠与的主要法律性质。赠与可以附义务，但该义务并不能作为接受赠与的对价而存在。至于捐赠，根据我国《中华人民共和国公益事业捐赠法》《中华人民共和国慈善法》等规定，它实际上属于自愿、无偿赠与财产的活动。赠与和捐赠本质上都是单务、无偿法律行为，而体育赞助属于双务有偿法律行为。双务有偿行为是典型的市场交易行为，其法律形式是双务有偿合同。

（三）体育赞助合同的限制性

体育赞助合同是市场交易行为，具有商业性。赞助者实施赞助行为的主要目的在于提高企业或产品知名度、美誉度，获得商业利润。但同时，由于赞助者以体育活动合作者的身份出现，应遵守体育人文精神所界定的基本底线。国

---

① 王利明：《合同法研究》（第一卷），中国人民大学出版社 2002 年版，第 109 页。

际上越来越多的国家限制和禁止烟草公司体育赞助就是一个典型例证，如美国、南非等都立法禁止烟草赞助，欧盟《电视无边界指令》禁止电视烟草赞助。2005 年 7 月 31 日生效的欧盟《关于协调成员国有关烟草产品广告和赞助的法律、条例和行政章程规定的指令》第 5 条明确规定，禁止烟草产品赞助几个成员国举行或涉及的，或者有其他跨国界效果的事件或活动；禁止在上述赞助事件或活动中，直接或间接地推广烟草产品的免费派发。① 印度尼西亚立法委员会也进行立法，禁止烟草公司以赞助的名义，对各类大型的体育及娱乐活动进行赞助。② 我国政府早在 2005 年就同世界卫生组织签署了《烟草控制框架公约》。按照该公约要求，2011 年开始，我国将全面禁止烟草广告和赞助活动。2019 年，国家体育总局在其《关于进一步规范商业开发活动的意见》中也再次强调，"不得从事与运动员、教练员身份不符、破坏运动员、教练员公众形象、有损体育精神和违背体育道德的商业活动。严禁运动员、教练员为烟草、烈性酒类产品及其生产、销售企业进行宣传和推广等活动，严控运动员、教练员为医药保健类产品及其生产、销售企业进行宣传和推广等活动"。

三、体育赞助合同法律关系

（一）体育赞助合同当事人

体育赞助合同的当事人包括体育赞助中的赞助方和被赞助方。

赞助方具有广泛性，一般是支持体育事业发展并谋求商业回报的企业法人或非法人企业，非营利组织在特定情况下也可以成为赞助方，如为体育赛事提供法律服务赞助的律师事务所等；被赞助方是综合性或单项体育协会、体育赛事举办者、体育俱乐部以及运动队、运动员等从事体育活动的社会组织或自然人。

（二）体育赞助合同标的

体育赞助合同的标的是体育赞助合同权利义务指向的对象。主要有：①冠名权，如赛事的总冠名权、单项赛事冠名权、体育场馆冠名权、团队冠名权、运动队和俱乐部冠名权、志愿者冠名权等；②各种称号使用权，如常年、主要、独家赞助商、合作伙伴、赛事指定产品商、赛事装备商、赛事供应商等；③会徽、标志、吉祥物、运动项目及体育明星形象使用权；④各类广告权；⑤公关活动

---

① 汪传才："体育赞助的法律规制"，载《西北师大学报（社会科学版）》2007 年第 3 期。

② "印度尼西亚立法禁止烟草公司赞助娱乐及体育活动"，载 http://www.etmoc.com/world/Newslist?Id=4928，2020 年 8 月 18 日访问。

权；⑥媒体曝光、宣传权；⑦产品的赛场专卖权；⑧礼遇权。①

（三）体育赞助合同双的权利义务

体育赞助合同约定的双方权利义务内容一般都很详尽，概括其要点有：①赞助方在合同有效期和约定的范围内有权行使合同明确列举的赞助权利，如在广告宣传中使用赞助标志、在比赛场馆处获得赞助商身份识别等；②赞助方有义务保证其行使赞助权利的行为符合相关法律规定，并不侵害第三方利益；③赞助方在行使赞助权利时有义务维护被赞助方的名誉、荣誉和形象；④赞助方有保密义务，不得以任何形式向任何第三方披露因赞助合同签订与履行获悉的赞助保密信息；⑤被赞助方有权获得授予赞助权利的对价，包括现金以及实物、服务等非现金等价物；⑥被赞助方有义务保证其授予的赞助权利无瑕疵且拥有完整的产权，如是独家授予，还应保证授予权利在约定范围内的排他性。

四、体育赞助合同的法律适用

（一）体育赞助合同的法律适用依据

我国目前还没有专门调整体育赞助合同的法律法规。同时，体育赞助合同在《民法典》合同编中也没有直接可供援引的具体条款。理论上对体育赞助的法律性质也存在不同认识，存在"买卖合同说""广告合同说""知识产权许可合同说""赠与说"等多种观点。②

我们认为，所谓赞助合同并非《民法典》合同编中的典型合同，仅仅是无名合同。但这并不意味着我国没有调整体育赞助合同的法律依据。我国现行《民法典》合同编基本采纳民商合一的体例，规定"平等主体的自然人、法人、其他组织之间设立、变更、终止民事权利义务关系的协议"，除去"婚姻、收养、监护等有关身份关系的协议"，均为《民法典》合同编所调整。《民法典》合同编适用范围的广泛性和有关赞助的专门立法的空白决定了体育赞助合同应该受到我国《民法典》合同编的统一规范。

除上述调整范围条款外，体育赞助的合同法适用依据还有《民法典》合同编通则和典型合同的有关规定：一是《民法典》第467条规定"本法或者其他法律没有明文规定的合同，适用本编通则的规定，并可以参照适用本编或者其他法律最相类似的规定"；二是分则"买卖合同"章第646条规定"法律对其他有偿合同有规定的，依照其规定；没有规定的，参照适用买卖合同的有关规定"。

---

① 邓春林："体育赞助合同的若干法律问题探析"，载《山东体育学院学报》2004年第4期。

② 参见袁绍义："论体育赞助合同的法律适用"，载《法商研究》2013年第2期。

一般认为，《民法典》合同编通则的规定，是从一般意义上作出的，而典型合同的规定，则为确定性规范，是对通则内容的具体化规定、补充性规定或排斥性规定。因此，在法律适用时，应当首先考虑典型合同的规定，只有典型合同无专门规定时，方能适用通则的相关规定。《民法典》第646条之规定，是专门针对有偿合同类无名合同的不同于其他无名合同的补充性规定，体育赞助作为有偿行为，依此规定，是应该参照买卖合同规定的；只有买卖合同没有规定的内容，才"适用本法总则的规定"。这是由《民法典》合同编通则和典型合同的关系所决定的体育赞助合同法律适用的逻辑顺序。所以，在体育赞助合同的法律适用问题上，买卖合同中的哪些规定应该参照是首先要理解和明确的环节。

（二）买卖合同规定对体育赞助合同的参照适用

对包括体育赞助在内的其他有偿合同对买卖合同的参照适用问题的讨论，主要集中在瑕疵担保和危险负担两大方面。对此，有学者认为，"买卖合同中，表征有偿契约之规定者，主要为瑕疵担保责任，所谓准用买卖规定，主要亦指准用瑕疵担保责任之相关规定而言"。[①] 有学者则认为，"其准用买卖之规定，主要在于瑕疵担保及危险负担之规定"。[②] 可见，学理上，在其他有偿合同对买卖合同的参照适用问题上意见并不统一。至少，对于买卖合同危险负担规则是否准用于其他有偿合同，是存在争议的。

这里的所谓瑕疵担保，包括物的瑕疵担保和权利瑕疵担保，是指有偿合同中的债务人对其所提供的给付应担保其权利完整和物的质量合格；否则，承担瑕疵担保责任。由于我国《民法典》合同编确立了严格责任为主的归责原则，瑕疵担保责任与违约责任的区别已无必要。瑕疵问题属于违约行为类型，应该依《民法典》合同编规定承担一般违约责任。体育赞助合同接受《民法典》合同编的统一调整，应该坚持严格责任的归责原则，适用《民法典》合同编有关违约责任的一般规定。例如，某俱乐部将其独家冠名权让渡给某赞助商，此后，又许可其他企业使用其冠名权，该俱乐部就未尽到对赞助商的权利瑕疵担保义务，应承担相应的违约责任。

这里的危险负担，指买卖合同的标的物在合同生效后因为不可归责于当事人双方的事由而发生毁损、灭失时，该损失由哪方当事人承担。我国《民法典》

---

① 邱聪智：《债法各论》，台北自办发行1994年版，第74页。转引自姚欢庆、陈亚飞："买卖合同若干法律问题研究"，载《浙江社会科学》2002年第6期。

② 林诚二：《民法债编各论》（上），中国人民大学出版社2007年版，第27页。

合同编在买卖合同危险负担制度设计上采用的是"交付主义"，即标的物的风险由占有人负担，以标的物实际占有的转移作为风险转移的标志，而不论标的物的所有权在何时转移。我们认为，体育赞助合同在风险负担问题上，不能简单参照买卖合同的规定。理由有二：

第一，买卖合同与其他无名有偿合同存在一定程度上的性质区别。买卖合同为典型的有偿合同，同时也属于转移财产所有权类合同；而有偿合同并非仅此一类，还应包括转移财产使用权类合同、提供服务并完成一定工作任务类合同等类型。而后两类有偿合同中的"交付"与转移财产所有权类合同中的"交付"本就不具有同一功能，不存在"交付"后就转移风险的问题。体育赞助合同不一定都为转移财产所有权类合同，如企业向体育赛事举办者提供后勤服务、该体育组织回报以体育标识权的合同就不涉及所有权移转问题。因此，虽为有偿行为，却不能不作区分地简单参照买卖合同关于危险负担的规定，否则，有失公平。

第二，体育赞助合同具有商业性和公益性相结合的特点。赞助双方交易过程中不仅要考虑交易客体的经济价值，还要尊重体育活动所承载的人文精神。而买卖合同中的危险负担制度本质上是经济风险的担负法则，非此即彼。对于危险负担，大陆法系的传统观点大都认为主要是价金风险问题，即标的物毁损、灭失时，对方是否需要支付价金的问题。在体育赞助问题上，无论是赞助者提供的有体物还是被赞助者提供的无形财产权的意外毁损、灭失，都应该考虑合作方在推动体育活动开展方面的社会价值，强调公平原则在确定危险分担责任中的作用。

（三）《民法典》合同编通则一般规定对体育赞助合同的适用

《民法典》合同编通则内容系统规定了包括无名合同在内的合同订立、合同效力、合同履行以及合同变更和转让、合同权利义务终止、违约责任的一般规则，严密而周详，对体育赞助合同具有适用效力。在赞助双方发生争议时，可依照其适用。如甲公司与赛事主办方乙签订体育赞助合同，约定甲为乙举办的赛事赞助人民币 10 万元，乙则在比赛中为甲提供 3 块广告牌进行宣传。比赛开始后，甲没有按约定给付资金，并与乙交涉，要求乙先行保留赛场中的广告牌，资金问题可在赛后解决。本案中，甲乙之间的赞助合同属于双务合同，根据我国《民法典》第 525 条关于双务合同同时履行抗辩权的一般规定，"当事人互负债务，没有先后履行顺序的，应当同时履行。一方在对方履行之前有权拒绝其履行要求"。因此，在甲没有按时提供资金的情况下，乙有权撤换比赛中为甲提供的广告牌。

第二节　体育赛会志愿服务合同

体育赛会志愿服务合同是赛会志愿者与赛事组委会或志愿服务组织之间基于体育赛事志愿服务工作签订的明确双方权利义务关系的协议，是保障体育赛事特别是大型体育赛事正常运行的重要合同类型。

一、体育赛会志愿者的定义

我国首个规范体育赛会志愿者及其行为的规范性文件是 2007 年成都市通过的《成都市大型赛会志愿者服务项目管理暂行办法》。该办法规定，"本办法所称的志愿者是指由志愿者组织招募并为大型赛会提供志愿服务的自然人"。办法还规定，"大型赛会志愿服务志愿者包括前期志愿者和会务志愿者。前期志愿者参与赛会组织管理工作，会务志愿者参与赛会期间的志愿服务工作"。

在我国体育赛事实践中，也多次提出赛会志愿者概念。典型的如 2005 年北京奥组委对外公开的正式工作文件《北京奥运会志愿者行动计划》，其将奥运会赛会志愿者界定为"由北京奥组委直接或者委托招募，需要制作奥运会身份证件，奥运会期间承担相应岗位职责，在奥组委指定的时间和岗位工作，接受北京奥组委管理，义务为北京奥运会服务的人员"。[1] 又如 2008 年 3 月《第 24 届世界大学生冬季运动会前期志愿者和赛会志愿者通用政策》规定，"前期志愿者和赛会志愿者是指由大冬会组委会组织招募，接受大冬会组委会管理，承担相应岗位职责，在大冬会组委会志愿者工作部指定的时间和岗位工作，义务为大冬会服务的人员"；"前期志愿者主要是协助大冬会组委会各工作部从事大冬会的筹备工作、举办测试赛等工作"；"赛会志愿者主要在大冬会举办期间，为各项赛事、活动和赛会运行进行志愿服务。服务领域主要包括礼宾接待、语言翻译、交通服务、安全保卫、医疗卫生、观众服务、沟通联络、竞赛组织支持、场馆运行支持、新闻运行支持和文化活动组织支持，及其他大冬会组委会指定的领域"。[2]

以上文件表明，体育赛会志愿者具有服务内容的专门性（体育赛事期间在

① "北京奥运会志愿者行动计划 赛会志愿者项目"，载 http://2008.sohu.com/20060809/n244708913.shtml，2020 年 8 月 18 日访问。

② 闫成栋："大型体育赛事赛会志愿者的地位及其相关法律责任"，载《天津体育学院学报》2008年第 6 期。

指定的岗位提供志愿服务）和服务方式的组织性（由志愿者组织或体育赛事组委会招募并受其管理）两个基本特征。这两个基本特征再加上自愿性、无偿性、公益性这三个志愿者的一般性质，构成体育赛会志愿者的基本属性。由此，本书给体育赛会志愿者所下的定义是：由志愿者组织或体育赛事组委会招募并接受其管理，不以物质报酬为目的，利用自己的时间、知识、技能、体力，自愿在体育赛事期间承担相应岗位职责的自然人。

二、体育赛会志愿服务合同的法律性质

我国志愿服务立法经历了由地方分散立法到中央统一立法的过程。2017 年 8 月，国务院颁布了《志愿服务条例》，就志愿者、志愿服务组织、志愿服务活动等内容进行了统一规范，为保障我国志愿服务有效开展提供了基本遵循。但无论是地方立法还是中央立法，均未对志愿服务合同的法律性质进行明确界定。山东、宁波、杭州、抚顺、南京、深圳、宁夏、湖北等省市将志愿者、志愿者组织与志愿服务接受者的关系确定为"服务与被服务关系"；《北京市志愿服务促进条例》规定志愿者组织与志愿者之间、志愿者组织与接受志愿服务的组织或者个人之间，应当就志愿服务的主要内容协商一致，并规定了应当签订书面志愿服务协议的若干情形，从而将志愿者与志愿者组织、志愿者组织与志愿服务接受者之间的关系确定为合同关系。[1] 这种宽泛的规定，不能阐释志愿者与志愿服务组织之间具体法律关系的性质，难以为双方权利义务关系和法律责任承担提供直接的法律依据。分析体育赛会志愿服务合同的法律性质还需依赖《民法典》合同编的一般规定。

赛会志愿者在进行志愿服务过程中，要和志愿服务组织、体育赛事组委会以及参赛运动员、官员、媒体记者、赞助商、观众等服务对象之间发生不同内容的法律关系。其中，由于赛会志愿者是因志愿服务组织或体育赛事组委会招募而获得志愿者身份，并且其志愿服务行为的进一步开展也是在志愿服务组织或体育赛事组委会指定的岗位上并在其管理下进行的，因此我们认为，赛会志愿者和志愿服务组织或体育赛事组委会之间的法律关系属基本法律关系，决定和影响着赛会志愿者的基本法律地位。

我国赛会志愿者招募从招募过程角度可分为定向招募和社会招募；从招募结果角度可分为直接招募和间接招募。定向招募强调有目的地面向特定的行业、组织招募所需要的志愿者；社会招募则直接面向社会发布志愿者需求信息，人

---

① 田思源："北京奥运会与我国志愿者立法"，载《法学论坛》2007 年第 4 期。

参加。直接招募是指由体育赛事组委会通过定向招募或社会招募的方式招募志愿者，从而在组委会与赛会志愿者之间发生相应权利义务关系，如 2008 年北京奥运会赛会志愿者的招募情况；间接招募则是由志愿者承接赛会志愿服务项目后再根据对志愿者的需求数量、条件等，通过社会招募或定向招募等方式招募志愿者，从而在志愿服务组织与赛会志愿者之间形成相应的权利义务关系，典型者如 2007 年《成都市大型赛会志愿者服务项目管理暂行办法》所确定的赛会志愿者招募情况。

根据《民法典》合同编的相关规定，无论是直接招募还是间接招募，赛会志愿者均与相应的招募组织（直接招募中的赛事组委会或间接招募中的志愿服务组织）形成了委托合同关系。赛会志愿者由此成为赛事组委会或志愿服务组织的受托人。

《民法典》第 919 条规定，"委托合同是委托人和受托人约定，由受托人处理委托人事务的合同"。该定义表明，委托合同的标的为受托人处理委托事务的行为，这是典型的提供劳务类合同。并且，根据该定义，受托人处理委托人事务的行为并不限于法律行为，也可以是各种事实行为。由此，我们认为，各种为他人处理事务的合同，包括志愿服务合同，只要没有特别法的专门规定，均须适用《民法典》合同编中的关于"委托合同"的一般规定。

赛会志愿者提供的志愿服务行为，"主要涉及礼宾接待、语言翻译、交通运输、安全保卫、医疗卫生、观众指引、物品分发、沟通联络、竞赛组织支持、场馆运行支持、新闻运行支持、文化活动组织支持等领域"，此为事实行为，不属于法律行为；既非法律行为，也就排除了赛会组委会或志愿服务组织与赛会志愿者之间为代理关系的可能。而组委会或志愿服务组织将这些事实行为授予赛会志愿者实施，这就构成受托人（赛会志愿者）处理委托人（组委会或志愿者组织）事务的特定关系。同时，该志愿服务行为的付出并无工资报酬等对价，是无偿的，这又排除了劳动关系、雇佣关系的可能。我国《民法典》合同编中的委托合同既可以是有偿性的，也可以无偿性的，所委托之事项，可以是一项或者数项，也可以是概括委托受托人处理一切事务，具有广泛适用性和极大包容性，是规范、调整这个问题的一般法。附带说明一点，组委会或志愿服务组织与赛会志愿者之间有无书面合同并非判断其是否构成委托关系的依据。根据我国《民法典》第 469 条第 1 款之规定，"当事人订立合同，可以采用书面形式、口头形式或者其他形式"，并且，只有"法律、行政法规规定"或者"当事人约定"采用书面形式的，才应当采用书面形式。当然，对赛事服务这样的重要委托事项，我们提倡以书面形式明确下来。事实上，国内举办的许多赛事也是这样处理的。

因此，将赛会志愿者与赛事组委会或志愿服务组织的关系定性为委托关系是符合其志愿服务行为特点和《民法典》合同编相关规定的。赛会志愿者的基本法律地位是赛事组委会或志愿服务组织的受托人。

三、体育赛会志愿服务合同的主要内容

《志愿服务条例》第14条规定，志愿者、志愿服务组织、志愿服务对象可以根据需要签订协议，明确当事人的权利和义务，约定志愿服务的内容、方式、时间、地点、工作条件和安全保障措施等。该条例与《民法典》合同编有关委托合同的相关规定，共同确定了体育赛会志愿服务合同的主要内容：

（一）赛事组委会或志愿服务组织的权利义务

第一，赛事组委会或志愿服务组织有权安排、管理体育赛会志愿者从事与其岗位职责相符合的工作，对不履行法定和约定义务的赛会志愿者，有权批评教育甚至取消其赛会志愿者资格。

第二，赛事组委会或志愿服务组织有义务为体育赛会志愿者提供志愿服务所必需的工作保障，包括工作证件、工作装备以及工作期间的餐饮和公共交通便利。安排志愿者参与可能发生人身危险的志愿服务活动前，还应当为志愿者购买相应的人身意外伤害保险。

第三，志愿服务组织有义务如实记录体育赛会志愿者个人基本信息、志愿服务情况、培训情况、表彰奖励情况、评价情况等信息。志愿者需要志愿服务记录证明的，志愿服务组织应当依据志愿服务记录无偿、如实出具。

（二）体育赛会志愿者的权利义务

第一，体育赛会志愿者有知情权。有权向赛事组委会或志愿服务组织了解与志愿服务相关的背景知识、政策法规、规章制度等信息。

第二，体育赛会志愿者有表达权。有权表达志愿从事工作岗位的意愿，提出志愿工作的意见和建议。

第三，体育赛会志愿者有退出权。体育赛会志愿者在不影响所承诺工作正常进行的情况下可以申请退出志愿服务。

第四，体育赛会志愿者在志愿服务期间，应遵守赛事组委会和志愿服务组织的规章制度，服从工作岗位安排和管理，并接受必要的培训。

第五，体育赛会志愿者有保密义务，对在志愿服务期间获悉的有关体育赛事的保密信息，非经权利人允许不得擅自利用或者以任何形式向任何第三方披露。

赛会志愿服务合同主体之间的法律责任

赛会志愿者与赛事组委会或志愿服务组织之间的委托合同关系，双方同法上的权利义务和责任。这里所谓的合同责任，"指追究各种合同关承担的民事法律后果，包括变更和解除合同的民事责任、无效合同的民事任、违反合同的民事责任、合同担保的民事责任、合同代理的民事责任等"。① 体育赛会志愿服务中的合同责任主要表现在以下方面：

（一）赛会志愿者对赛事组委会或志愿服务组织可能承担的合同责任

1. 赛会志愿者未按赛事组委会或志愿服务组织指示处理委托事务所承担的违约责任根据《民法典》合同编有关规定，赛会志愿者应当按照赛事组委会或志愿服务组织的指示亲自处理志愿服务事务。需要变更指示的，应当经赛事组委会或志愿服务组织同意。这里的指示，可以是命令性的，也可以是指导性的。对命令性的指示赛会志愿者一般必须服从，否则即为违约；对指导性的指示则以更有利于赛事组委会或志愿服务组织为原则允许赛会志愿者拥有一定程度的自由裁量权。体育赛会志愿者按照岗位需求情况一般分为专业志愿者和非专业志愿者两类。前者主要从事专业性强、技术技能要求高的志愿服务工作，因此一般接受的是命令性指示，对该指示，即便专业志愿者的变更意见可能会更有利于赛事组委会或志愿服务组织，也不得为之；后者由于其专业性不强，在岗位上有一定的个性化服务空间，一般应接受的是指导性指示。同时，两类志愿者都被安排给适当的固定工作岗位、分配给相应的工作任务，职责分工是明确的，因此，二者都属于委托合同中的特别委托，如未按赛事组委会或志愿服务组织相应的指示提供服务，属违约行为，由此给赛事组委会或志愿服务组织造成损害的，应该按实际损失赔偿。

当然，如因情况紧急，赛会志愿者难以和赛事组委会或志愿服务组织取得联系的，可以为妥善处理委托事务而变更指示，这是受托人依委托人指示处理事务的例外。同时，赛会志愿者应于变更后及时报告，否则，因怠于报告而给赛事组委会或志愿服务组织造成损害的，亦应负赔偿责任。

2. 赛会志愿者未尽报告义务所承担的违约责任。《民法典》第924条规定："受托人应当按照委托人的要求，报告委托事务的处理情况。委托合同终止时，受托人应当报告委托事务的结果。"此规定构成了赛会志愿者对赛事组委会或志愿服务组织履行报告义务的法律依据，包括两层含义：一是赛会志愿者在提供志愿服务过程中的报告义务，该义务的详细内容是以赛事组委会或志愿服务

---

① 王利明：《合同法研究》（第一卷），中国人民大学出版社2002年版，第7页。

组织的明确要求或双方的事前约定为前提的，没有要求或约定，除临~~~~
变更指示等原因外，赛会志愿者不负该义务；二是赛会志愿~~~~
结束后的报告义务，该义务不以赛事组委会或志愿服务组织的要求或双方~~~~
为前提，属法定义务。赛会志愿者违背上述约定或法定报告义务，给赛事组委
会或志愿服务组织造成损害的，应承担相应的赔偿责任。

3. 赛会志愿者未尽财产转交义务所承担的合同责任。这里的财产转交义务，是指赛会志愿者提供志愿服务取得的财产，应当转交给赛事组委会或志愿服务组织。赛会志愿者的服务范围包括礼宾接待、物品分发等，在这些行为过程中，其取得的财产包括两类：一是本属于赛事组委会或志愿服务组织而作为其受托人的赛会志愿者间接占有的物质利益，该财产应该返还转交赛事组委会或志愿服务组织当无疑问；二是赛会志愿者在服务期间受赠取得的财产，该财产的取得一般是服务对象出于对志愿者服务行为的肯定而对其赠与的礼品，该受赠财产是否应该转交赛事组委会或志愿服务组织是值得探讨的问题。我们认为，其一，当发生受赠行为，从诚实信用原则出发，赛会志愿者应该履行及时报告义务，无论事前有无要求或约定；其二，要判断受赠行为与志愿者提供的公益服务行为之间是否存在利益冲突，如存在，赠品应该退还或由赛事组委会或志愿服务组织统一处理，以免赠与行为被滥用，破坏志愿服务的无偿性、公益性。至于利益冲突的界定，应该在有关志愿服务的专门立法中明确，这是调整交易关系的《民法典》合同编不能解决的问题。在目前立法空缺的情况下，可以暂由赛事组委会或志愿服务组织在合同条款等相关文件中释明，这样，赛会志愿者受赠不报或索赠等将承担违约责任。

4. 赛会志愿者擅自终止志愿服务所承担的违约责任。委托合同以当事人互信为前提，基于此原因，当事人一方认为对方不再可信，均有权随时解除合同。但《民法典》合同编同时也规定了双方的诚信义务，强调"因解除合同给对方造成损失的，除不可归责于该当事人的事由以外，应当赔偿损失"。依此规定，赛会志愿者作为赛事组委会或志愿服务组织的受托人应该忠于职守，不应以无偿就无约束为由临场退缩或不辞而别，否则应该承担相应的违约责任。当然，赛事组委会或志愿服务组织也应对等地履行义务，其行使任意解除权辞退、更换赛会志愿者的行为如无正当事由也要承担相应的违约责任。

值得注意的是，赛会志愿者对赛事组委会或志愿服务组织可能承担的上述四类赔偿责任，均应属过错责任。赛会志愿者具有无偿性、公益性的特点，根据《民法典》合同编中有关无偿性委托合同的规定，其只有因故意或者重大过失给委托人赛事组委会或志愿服务组织造成损失的，才承担损害赔偿责任。这

意味着，在处理赛会志愿者与赛事组委会或志愿服务组织的内部关系时，我国现行法律规定中是存在志愿者"轻微过失免责"条文的，这有利于体育志愿者服务社会理念的践行。

（二）赛事组委会或志愿服务组织对赛会志愿者可能承担的合同责任

赛事组委会或志愿服务组织对赛会志愿者的合同责任主要体现在两个方面：一是无正当事由行使任意解除权辞退、更换赛会志愿者所产生的违约责任；二是对赛会志愿者在志愿服务中非因自己过错所造成损失的赔偿责任。第一种责任我们在前文已经提及，不再赘述；这里主要谈第二种责任。

《民法典》第930条规定，"受托人处理委托事务时，因不可归责于自己的事由受到损失的，可以向委托人请求赔偿损失"。这表明，无论有无过错，也无论有无其他事由，只要赛会志愿者因志愿服务受到损失且其无过错，赛事组委会或志愿服务组织一概负赔偿责任。其法定免责事由仅有赛会志愿者系因自己过错而受损害一项。该责任之承担，是比严格责任还严格的无过错责任，包括两个层面：一是赛事组委会或志愿服务组织应对自己行为负责，因自己行为致使赛会志愿者受到损失，应该赔偿；二是赛事组委会或志愿服务组织应该对他人行为负责，因他人行为致使正在提供志愿服务的赛会志愿者受到损失，赛会志愿者选择向赛事组委会或志愿服务组织索赔，赛事组委会或志愿服务组织也无权拒绝。如此严苛之规定，其立法理由无非是认为委托人是委托合同的受益人，利益与风险同在，其既从中受益，也应负担委托事务处理中的各种风险。这提示赛事组委会或志愿服务组织应该根据具体情况为赛会志愿者提供相应的人身意外伤害保险。

第三节　体育经纪合同

一、体育经纪合同的概念

体育事业的繁荣兴旺，往往会带来大量的体育经纪现象，从而体育经纪人就获得了独特的价值，为体育市场领域提供专业的服务。[①] 其服务内容，主要包括体育赛事、体育组织的品牌包装、经营策划、无形资产开发以及运动员转会、参赛等。根据不同标准，体育经纪人也可划分为不同类型。如按组织形式

---

① 关于体育经纪人的概念及其权利义务问题，详见第五章第一节。本章侧重于从合同的角度，来分析体育经纪的相关问题。

可分为个体经纪人、个人独资经纪企业、合伙经纪企业、经纪公司等；按活动方式可分为居间经纪人、行纪经纪人、代理经纪人等；按服务内容可分为运动员经纪人、体育比赛经纪人、体育组织经纪人等。

体育经纪合同，是体育经纪人与接受其服务的运动员、体育组织等民事主体之间就体育资源交易媒介服务而订立的明确双方权利义务关系的协议。由于服务内容不同，合同中约定的事项也有区别，但通常包括服务事项、服务期限、委托权限、佣金数额、权利义务、合同的变更与解除、违约责任、争议的解决方式等条款。需要说明的是，体育经纪实践中，体育经纪人不仅为运动员、体育组织等提供交易媒介服务，往往还从事运动员包装、赛事宣传推广等增值服务。本章节介绍交易媒介服务的相关法律问题。

二、体育经纪合同的性质

经纪人承办经纪业务，一般与当事人签订居间、行纪、委托等类型的合同。在《民法典》合同编中，有这些合同类型的专门规定。《民法典》第919条规定，"委托合同是委托人和受托人约定，由受托人处理委托人事务的合同"。第951条规定，"行纪合同是行纪人以自己的名义为委托人从事贸易活动，委托人支付报酬的合同"。第961条规定"中介合同是中介人向委托人报告订立合同的机会或者提供订立合同的媒介服务，委托人支付报酬的合同"。体育经纪合同是具有体育内容的经纪合同，应该适用《民法典》合同编相关规定予以调整。

从以上法律规定分析，我国体育经纪合同因业务性质与当事人意思表示内容的不同，可采用委托合同、行纪合同、中介合同等典型合同的具体形式。实践中，由于体育经纪业务的复杂性，相关合同条款往往兼有以上典型合同内容，表现为混合合同形式，应结合具体合同内容，依据《民法典》合同编相应规定处理。其中，委托合同规定了体育经纪人与运动员、体育组织等受托人之间的基础法律关系，在当事人没有明确约定时，可以作为处理体育经纪人和委托人权利义务关系的依据。

三、体育经纪合同的特点

按照我国《民法典》合同编相关规定并结合体育经纪合同的特殊性，体育经纪合同的特点主要有：

第一，体育经纪合同属于双务合同。以合同双方当事人是否互负给付义务为标准，可以将合同分为双务合同和单务合同。双务合同是双方当事人互负对待给付义务的合同；单务合同是仅有一方当事人负有给付义务的合同。体育经纪合同中，体育经纪人为运动员、体育组织等委托人提供促成交易的媒介服务，委托人则向体育经纪人支付相应的佣金。双方存在对待给付关系，体育经纪合同属于双务合同。根据这个特点，体育经纪合同当事人在合同履行过程中为保护自身合法权益，在符合法定条件时，可以相互主张同时履行抗辩权、后履行抗辩权和不安抗辩权。

第二，体育经纪合同属于有偿合同。以合同当事人取得利益是否需要支付对价为标准可以将合同分为有偿合同和无偿合同。有偿合同，是指合同当事人在为对方履行某项义务时，有权要求对方为自己承担相应的义务；无偿合同，是指当事人一方为了对方的利益，履行某项义务时，并不要求对方承担对等的义务。体育经纪合同是平等的体育市场主体间进行商事交易的法律形式，体育经纪人为从运动员、体育组织等委托人处获得佣金就必须向委托人提供媒介服务。同样道理，委托人为从体育经纪人处得到便捷交易的服务就必须向体育经纪人支付佣金。可见，体育经纪合同属于有偿合同。此特征对于确定体育经纪人和委托人权利义务范围以及责任承担有实际意义。

第三，体育经纪合同属于诺成合同。以合同成立是否须交付标的物或完成其他给付为标准，合同可以分为诺成合同和实践合同。诺成合同，是指合同当事人各方意思表示一致即成立的合同；实践合同，是指除当事人意思表示一致以外，还需要以交付标的物或完成其他给付作为要件成立的合同。体育经纪合同中，体育经纪人和运动员、体育组织就与经纪事项有关的合同条款达成一致，体育经纪合同即宣告成立。因此，体育经纪合同属于诺成合同。这一特点，对判断体育经纪合同成立地点，明确当事人权利义务发生时间具有法律意义。

第四，体育经纪合同属于不要式合同。以合同的成立是否必须采取法律规定的形式为标准，合同可分为要式合同和不要式合同。要式合同是指必须履行一定形式才能成立的合同；不要式合同的成立则不需要任何形式。我国《民法典》合同编明确了合同自由原则，形式自由也是合同自由原则的题中应有之义。除非法律、行政法规规定或当事人约定必须书面，当事人均可灵活选择口头形式或其他形式。而我国现行法律法规，并未要求体育经纪合同必须采取书面形式。所以，体育经纪合同应属不要式合同。只要有证据能证明具备了合同构成的实质要件，就应当认为在当事人之间存在体育经纪合同关系。基于这一特点，人们在缔结体育经纪合同的过程中，需要注意谨慎行为。当然，考虑到体育经纪内容的复杂性，当事人还是要尽可能采用书面形式，明确相互间的权利义务，这也是实务中的通行做法。

四、体育经纪合同的解除

合同解除是指在合同有效成立以后，当解除条件具备时，因当事人一方或双方的意思表示而使合同权利义务终止的行为。实践中，体育经纪合同的解除主要有约定解除、法定解除和任意解除三种情况。

（一）约定解除

我国《民法典》第562条规定，"当事人协商一致，可以解除合同。当事人可以约定一方解除合同的事由。解除合同的事由发生时，解除权人可以解除合同"。这又包括两种情况：一是体育经纪人和运动员、体育组织等委托人双方协商，就合同解除达成一致。二是体育经纪当事人在缔结合同时约定了合同解除的条件，在条件具备时，约定的有解除权的一方可以通过行使解除权单方面解除合同。

（二）法定解除

我国《民法典》第563条规定了合同的法定解除，根据该规定，存在以下几种法定解除体育经纪合同的情形：①因不可抗力致使不能实现合同目的。不可抗力是指不能预见、不能避免并不能克服的客观情况。如突然发生的新型冠状病毒疫情，致使体育赛事不能如期举办。这种情况下，赛事主办方可以依法解除相关的体育经纪合同。②在履行期限届满之前，当事人一方明确表示或者以自己的行为表明不履行主要债务。如运动员明确表明自己将不参加约定的赛事推广活动，体育经纪人可以依法解除合同。③当事人一方迟延履行主要债务，经催告后在合理期限内仍未履行。如体育组织没有按时支付佣金，经催告后在合理时间内仍不支付，体育经纪人可以依法解除合同。④当事人一方迟延履行债务或者有其他违约行为致使不能实现合同目的。这里的关键是违约行为导致体育经纪合同签订时双方追求的目的落空。在这种情况下，再继续履行原合同已经没有意义，因此，允许守约方依法解除合同。如运动员因服用兴奋剂遭禁赛处罚，已经不能在体育经纪合同期内参加任何比赛，体育经纪人即可以解除合同。

（三）任意解除

我国《民法典》第933条规定，"委托人或者受托人可以随时解除委托合同。因解除合同造成对方损失的，除不可归责于该当事人的事由以外，无偿委托合同的解除方应当赔偿因解除时间不当造成的直接损失，有偿委托合同的解除方应当赔偿对方的直接损失和合同履行后可以获得的利益"。可见，法律赋予了委托合同当事人随时解除合同的权利。该规定对体育经纪合同同样适用。

委托合同具有特定人提供劳务的性质，建立在双方当事人相互信任的基础之上，如果这种信任关系丧失，强制履行不仅没有意义，还容易侵犯被强制方的人身利益，因此，委托合同虽然明确约定有履行期限，但该期限本身不具有强制力。

【推荐阅读资料】

李建星："体育赞助合同冲突的法律规制路径"，载《北京体育大学学报》2019 年第 11 期。

袁绍义："论体育赞助行为的法律适用"，载《法商研究》2013 年第 2 期。

胡永南、吴斗雷、胡惕："我国体育赛事合同特点与法律适用研究"，载《北京体育大学学报》2011 年第 4 期。

白莉莉、冯晓露、乔凤杰："中美体育经纪行业比较——兼论中国体育经纪行业制度优化"，载《体育学刊》2017 年第 5 期。

第七章

体育侵权

【引例】2013 年 8 月 17 日，原告袁某及其同学在上海某公园篮球场遇到一同前来打篮球的严某等人，经协商双方自行组队进行三对三的非正规篮球比赛。在比赛中，袁某跳起投篮，被告严某为断球拦截，其手不慎拍到袁某右眼而致后者右眼受伤。事发后，严某及其母亲一同陪袁某就医。根据司法鉴定机构的鉴定意见，该伤势未构成伤残程度。

上海市长宁区人民法院初审认为，"篮球是一项对抗性较强的竞技体育活动，原告与被告严某作为已满 13 周岁的限制民事行为能力人，都应认识到在篮球比赛中所固有的运动参与风险，对于原告损害结果的发生被告严某事前无法预知，同时在比赛中也无法采取相应的措施防范。事后，被告严某也陪同原告前往医院就诊，故被告严某没有过错，这一起伤害事故是意外伤害事件"。最后，法院根据《中华人民共和国民法典》侵权责任编第 1186 条的损失分担条款，判决双方各承担一半的损失支出。[①]

在二审中，上海市第一中级人民法院维持了一审的判决结果。但二审法院说理态度迥异："意外伤害是指意志以外的原因导致身体受到的伤害，而本案之伤害则是在非正规篮球比赛中不慎所致，应属于过失侵权。"二审的观点是，伤害发生于业余非正规篮球比赛中，涉案双方均为具有限制民事行为能力的未成年人，对于篮球运动本身的风险因素应有一定认识，如发生过失伤害，加害方固然应承担过失侵权责任，而受害方基于其甘冒风险的行为，本身也应承担一定的责任，此属于共同过失之情形。由此，双方各承担 50% 的责任。[②]

请思考：体育运动中人身伤害的过失是如何认定的？体育运动参与者的甘

---

① 上海市长宁区人民法院（2014）长少民初字第 18 号民事判决书。

② 上海市第一中级人民法院（2014）沪一中少民终字第 29 号民事判决书。

冒风险行为，是否应认定为过失？

【目标】通过案例分析、法条释义和比较法考察，掌握体育侵权的界定与归责原则、体育侵权的免责事由、体育侵权的类型以及损害赔偿和体育保险制度的构建等问题。

第一节　体育侵权的界定与归责原则

一、体育侵权的界定

（一）比较法上体育侵权的界定

体育侵权已经成为体育法学界和侵权法学界日益关注的问题。然而，就体育侵权的界定本身，学术界尚无权威说法——既无公认的体育侵权定义，也未体系化形成体育侵权的法教义。在我国侵权法的立法和学理讨论上，对医疗侵权、环境侵权这些特殊领域侵权问题的讨论已经非常普遍，但体育侵权的体系化和教义化建构则尚未肇端。[①] 对比同为大陆法系的意大利，虽然其民法典并未专门就体育侵权作出规定，但已经有学者专门基于判例整理，在侵权法的体系书中构建了体育侵权的法教义体系，包括总论、运动员责任、其他主体（医疗、体育组织）责任和损害赔偿四个部分。[②]

从体育法的角度看，由于侵权法是体育法的重要组成部分，体育法学界对体育侵权的讨论更多。但是，对于体育侵权的内涵与外延，国内外学者看法亦不相同。有的倾向于从权利的不同内容出发界定体育侵权的范围，比如中国有代表性的体育法体系书认为，体育侵权的范围十分广泛，包括体育活动中对人身权的侵犯、对体育有形财产权（如体育设施、场地等）的侵犯、对体育无形财产权（如体育商标、专利、专用标志权）的侵犯、对体育组织自主权（如体育俱乐部的经营自主权）的侵犯、对非体育组织的自主权（如新闻媒体的采访权）的侵犯等。[③] 显然，这是一个较为广泛的界定。比前者范围稍小的界定出现在一些英国学者的体育法著作中，同样是基于侵权内容展开的分类，包括人身伤害的侵权、经济上的侵权（涉及竞争或转会问题）以及其他类型的侵权

---

① 唐先锋等著《特殊领域侵权行为专题研究》（法律出版社 2008 年版）中专门论述有体育侵权。

② Cfr. Paolo Cendon, Il diritto private nella giurisprudenza, la responsabilità civile, responsabilità extracontrattuale, X, Torino：UTET, 1998, pp. 305–389.

③ 参见董小龙、郭春玲主编：《体育法学》，法律出版社 2013 年版，第 349~350 页。

（比如对体育明星的诽谤侵权），对于最后一种类型，学者们通常认为其只是偶然发生的，并不具有体育实践的固有特征。[①]

欧陆国家的体育法体系书一般不单独讨论体育侵权问题，而是在"民事责任"项下，基于从侵权主体角度展开的类型化梳理，统一讨论体育领域的合同责任和侵权责任问题。意大利学者的讨论框架包括运动参与人责任、赛事组织者责任、体育设施管理人责任、裁判员责任、体育医生责任和教练责任。[②]法国学者主要讨论运动参与人责任（分对其他运动参与人和对非运动参与人责任两类）和组织者责任（分组织者对运动员的责任和组织者对观众的责任两类）两大问题。[③]德国学者基于案例搭建的讨论框架包括体育组织责任、赛事组织者责任、运动员责任和观众责任。[④]这种划分对于我们思考体育侵权的范围有借鉴意义。

美国和日本虽然分属英美法系和大陆法系，但体育法学者建立的体育侵权法教义体系却有类似之处，框架也较为清晰。前者内容包括：运动参与人责任；教练和教师责任；管理者、学校和体育组织责任；免责事由；设施所有人和占有人责任；医疗责任；体育官员和裁判员责任；装备缺陷引发的责任；责任保险；责任的放弃与豁免。[⑤]后者涉及运动参与人的侵权责任；教练和教师责任；体育设施管理人责任；免责事由；损害和与有过失；保险制度；其他与体育有关的侵权行为。[⑥]可以发现，这些学者都未把中国和英国学者主张的涉及经济权利的部分纳入体育侵权的范围。

（二）中国民法典编纂背景下体育侵权的界定

就中国法而言，体育侵权的界定显然应当基于民法典编纂背景，并在参照体育法通常之教义学框架后予以合理考量。在大陆法系国家的民法典中，由于体育侵权并不是特殊侵权行为种类之一，其解释一般要从民法典有关侵权行为

---

① 参见［英］米歇尔·贝洛夫、蒂姆·克尔、玛丽·德米特里：《体育法》，郭树理译，武汉大学出版社 2008 年版，第 36 页。

② Cfr. Lucio Colantuoni, *Diritto Sportivo*, Torino: G. Giappichelli Editore, 2009, pp. 330–357.

③ Cf Frédéric Buy, Jean-Michel Marmayou, Didier Poracchia, Fabrice Rizzo, Droit du Sport, Issy-les-Moulineaux: LGDJ, 2018, 5e édition, pp. 561–578.

④ See Klaus Vieweg, Andreas Krause, "Germany", in Hendrickx Frank ed., *International Encyclopaedia of Laws: Sports Law*, Alphen aan den Rijn, NL: Kluwer Law International, 2013, pp.91–96.

⑤ See Glenn M.Wong, *Essentials of Sports Law*, Senta Barbara: Praeger, 2010, 4th ed., pp. 105–155.

⑥ See Takuya Yamazaki, *Sports Law in Japan*, Alphen aan den Rijn, NL: Kluwer Law International, 2018, 2nd ed., pp. 41–47.

的一般条款展开。就如《意大利民法典》第 2043 条规定，"任何有故意或过失的行为，对于他人造成违法的损害时，使为其行为的人负赔偿其损害的义务"。意大利学者的解释论因此认为，"体育民事责任指的就是体育活动造成损害事实并可归于第 2043 条及以下处理的情形"。①《民法典》则在第 1165 条第 1 款规定了侵权行为的一般条款："行为人因过错侵害他人民事权益造成损害的，应当承担侵权责任。"这意味着，中国法背景下对体育侵权的界定，需要考虑以下三个问题：

第一，不包括《宪法》或《体育法》意义上的"体育权"或"健康权"侵权。《宪法》第 21 条第 2 款规定："国家发展体育事业，开展群众性的体育活动，增强人民体质。"这为中国公民享有体育参与权或健康权设定了国家义务。《体育法》及其下位行政法规《全民健身条例》明确宣示："公民有依法参加全民健身活动的权利。"体育也是教育活动之一种，受到《中华人民共和国教育法》和《学校体育工作条例》的保护。有研究以中学生体育权为例，认为体育侵权包括了对《宪法》《体育法》《中华人民共和国教育法》上公民体育权利的侵害，②不值赞同。宪法上之权利为原理性权利，义务人为公权力机关，不存在民事主体侵害这些基本权利的问题。③侵权法只能对这些基本权利派生出的具体权利基于私法开展保护。

第二，区分权利和利益的保护。《民法典》第 1165 条第 1 款中的"权益"包含了权利和利益。从人身权的角度，包括了基于《民法典》第 110 条的生命权、身体权、健康权在体育活动中的伤害侵权，职业体育参与者（运动员、教练员、裁判员等）的姓名权、肖像权、名誉权、荣誉权、隐私权侵权，体育领域法人或其他组织的名称权、名誉权、荣誉权侵权和基于第 111 条的职业体育参与者个人信息权侵权。从财产权的角度，有基于第 113 条的侵害物权、基于第 118 条的侵害债权、基于第 123 条的侵害知识产权和基于第 125 条的侵害社员权等行为。利益又有如运动员死亡后的人格利益、类似体育赛事转播权这种尚未上升为法定权利的财产利益、纯粹经济损失等。解释上一般认为，对权利的保护应在坚持民事法律明确规定的形式主义前提下进行，对利益的保

---

① Cfr. Giuseppe Liotta, Laura Santoro, Lezioni di Diritto Sportivo, Milano: A. Giuffre, 2009, pp.191–207.

② 参见梁恒："关于侵害中学生体育权利行为的研究"，湖南师范大学 2002 年硕士学位论文。

③ 参见张翔："基本权利的体系思维"，载《清华法学》2012 年第 4 期。

护则应进行目的性限缩。[①] 但毫无疑问，它们都构成了最广义的体育侵权的保护范围。

第三，应在狭义视野下界定体育侵权的讨论框架。体育侵权之所以有单独讨论的必要，在于它在侵权法适用上有区别于一般侵权行为的特殊性。上述相关权利与利益的保护，大部分通过运用一般侵权行为规则即可予解决。在体育法上有讨论价值的诸如奥林匹克标志侵权、体育赛事转播权侵权等，在体育法教义框架下一般又会单列"体育知识产权"部分讨论。事实上，"体育"一词虽素有争议，但本质上是一种身体活动。[②] 侵权法上对其予以特殊考量之处主要在于参与人的易受伤害性，"该风险导致可以预见的身体伤害"，[③] 由此在法秩序评价上被视为一种危险活动，带来国家对公民身体权的保护（过错责任）和个人意志自由（自甘风险抗辩）的利益平衡问题。[④] 所以，体育法学界有观点认为，体育侵权应该狭义认定，主要讨论侵害运动参与人的身体和健康权保护问题。[⑤] 也正是在这个意义上，《民法典》第1176条第1款规定的就是运动参与人之间的人身伤害及其免责问题。

按照这样的思路，并参照比较法经验，中国法下对于体育侵权的界定应当限缩于体育伤害导致的生命权、身体权、健康权侵权，也即非财产性的体育人身伤害侵权。体育侵权不同于一般侵权行为的特殊性表现为：时间上，多发于体育运动过程中，具有突发性和瞬时性，由此带来违法性认定上的特殊考量；空间上，多发于固定场所，特别是体育锻炼、体育课、体育训练、体育比赛的特定场所，由此带来安全保障义务认定上的特殊考量；主体上，多发于运动参与人、体育设施管理者、体育活动组织者，还可能发生教练员、裁判员和医疗人员的侵权，亦带来相关主体有责性的特殊考量。[⑥]

---

① 参见方新军："利益保护的解释论问题——《侵权责任法》第6条第1款的规范漏洞及其填补方法"，载《华东政法大学学报》2013年第6期。

② ［意］约勒·法略莉："在游戏表演与身体活动之间：古代罗马的体育与法"，赵毅译，载《体育与科学》2017年第6期。

③ ［英］米歇尔·贝洛夫、蒂姆·克尔、玛丽·德米特里：《体育法》，郭树理译，武汉大学出版社2008年版，第120页。

④ Cfr.Massimo Franzoni, L'illecito, Milano: A. Giuffre, 2010, pp. 190ss, 419ss, 1208ss.

⑤ See András Nemes, *Sports Law in Hungary*, Alphen aan den Rijn, NL: Kluwer Law International, 2018, 2nd ed.,p.173.

⑥ 参见马宏俊："体育侵权中的民事法律责任研究"，载《体育科学》2005年第6期。

二、体育侵权的归责原则

（一）过错责任原则

由于《民法典》并未对体育人身伤害侵权的归责原则进行特别规定，故体育侵权归责主要适用过错责任原则。过错责任原则意味着，除非法律另有规定，任何人仅在故意或过失侵害他人权益时，才应承担体育侵权损害赔偿责任。[①]过错责任是体育归责的核心原则，它源于古老的斯多葛哲学理念：凡是符合自然理性的都是正确的，违背自然理性的行为则应受到处罚。[②]对自然理性的违反对应着行为人在主观上的过错，因此，有过错者应当根据过错大小向受害方承担责任，无过错则无需承担责任。

按照立法机关的解释，过错原则的构成条件包括：[③]其一，行为人实施了作为或不作为。前者即运动参与人的积极加害行为，后者主要表现为体育设施管理者、体育活动组织者等未尽安全保障义务导致的不作为侵权。其二，行为人存在故意或过失。体育侵权中的故意有如暴力殴打，[④]但故意认定之困难在于，"在紧张的体育竞赛中，我们仍然很难区分运动员的何种违规行为，是具有主观上的侵犯故意的"。[⑤]过失意味着体育活动参与者未尽应尽的注意义务。整体而言，过失侵权在体育侵权中扮演着最重要的角色。[⑥]其三，受害人的民事权益受到损害。体育侵权在此处之特殊性表现为，伤病可能本身就是体育活动之必然后果，故损害认定需要辅助以专业标准，以区别于一般的侵权损害认定。[⑦]其四，行为人的行为与受害人的损害之间有因果关系。因果关系在体育侵权认定中呈现复杂性，尤其在于伤病为非表面且具潜伏性之内伤时，赛事活

[①] 参见程啸：《侵权责任法》，法律出版社 2015 年版，第 90 页。

[②] 参见李钧："论过错原则下的体育损害责任"，载《体育科学》2015 年第 1 期。

[③] 参见全国人大常委会法制工作委员会民法室编：《中华人民共和国侵权责任法条文说明、立法理由及相关规定》，北京大学出版社 2010 年版，第 20~23 页。

[④] 参见马宏俊："体育侵权中的民事法律责任研究"，载《体育科学》2005 年第 6 期。

[⑤] 范兆城："国际体育赛场暴力侵权纠纷的民事解决方式研究"，福州大学 2010 年硕士学位论文。

[⑥] 澳大利亚体育法著作对体育侵权范围的界定较为狭窄，论述重点主要聚焦于体育活动中人身性的过失侵权。See David Thorpe, Antonio Buti, Chris Davies, Paul Jonson, *Sports Law*, South Melbourne: Oxford University Press, 2017, 3rd ed., pp. 221–330.

[⑦] 范兆城："国际体育赛场暴力侵权纠纷的民事解决方式研究"，福州大学 2010 年硕士学位论文。

动的穿插进行也会对直接因果关系的认定产生困难。①

（二）过错推定原则

《民法典》第 1165 条第 2 款规定："依照法律规定推定行为人有过错，其不能证明自己没有过错的，应当承担侵权责任。"一般认为，"过错推定责任只是过错责任的特殊形态，而非独立的归责原则"。② 过错推定虽然包含在过错责任归责原则中，但与一般过错责任有较大不同，"基本上都由法律明确规定在什么情况下适用过错推定"。③ 就体育侵权而言，涉及过错推定责任之处主要在于教育机构侵权责任和物件损害责任。④ 根据《民法典》第 1199 条的规定，如果无民事行为能力人在幼儿园、学校或者其他教育机构因参加体育课或其他体育活动受到人身损害，前列教育机构应承担侵权责任，除非他们能够证明已经尽到教育、管理职责。又根据《民法典》第 1253 条的规定，涉及体育场馆、公共体育设施发生脱落、坠落造成他人损害时，所有人、管理人或者使用人不能证明自己没有过错的，应当承担侵权责任。

还有研究者认为，过错推定原则还可在竞技比赛混乱中难以辨别、证明行为人过错时适用。⑤ 这一论断在立法论上可继续讨论。

（三）无过错责任原则

《民法典》第 1166 条规定："行为人造成他人民事权益损害，不论行为人有无过错，法律规定应当承担侵权责任的，依照其规定。"法律让行为人承担无过错责任，是因为有的社会活动充满不同寻常的危险，即使采取所有预防意外的措施，也不可能避免这种危险，故行为人需对这种风险产生的后果负责。⑥

---

① 例如在 Hackbart v. Cincinnati Bengals, Inc. and Charles Clark 一案中，原告 Hackbart 在橄榄球比赛过程中受到被告 Clark 的袭击，但这个情况在比赛当时都未引起双方及教练，乃至裁判官员的重视，直到数周后，原告因身体疼痛无法参加比赛而丢掉职业球员资格，并进行身体检查时才发现，因被告的袭击行为导致了原告脖颈受到损害。See Hackbart v. Cincinnati Bengals, Inc. and Charles Clark, 601 F.2d 516; 444 U.S. 931 [1979]. 转引自范兆城："国际体育赛场暴力侵权纠纷的民事解决方式研究"，福州大学 2010 年硕士学位论文。

② 参见程啸：《侵权责任法》，法律出版社 2015 年版，第 96 页。

③ 参见全国人大常委会法制工作委员会民法室编：《中华人民共和国侵权责任法条文说明、立法理由及相关规定》，北京大学出版社 2010 年版，第 24 页。

④ 参见谭小勇、向会英、姜熙："学校体育伤害事故责任制度研究"，载《天津体育学院学报》2011 年第 6 期。

⑤ 参见徐翔："竞技体育伤害侵权责任构成要件及适用"，载《体育科研》2017 年第 2 期。

⑥ 参见全国人大常委会法制工作委员会民法室编：《中华人民共和国侵权责任法条文说明、立法理由及相关规定》，北京大学出版社 2010 年版，第 27 页。

从立法论的角度，中国学术界就体育侵权是否能适用无过错责任的讨论非常少，理由是，该归责原则的适用将大大降低体育运动的激烈程度，丧失体育的趣味。[①] 有学者已经试图论证将竞技体育视为"高度危险"并适用无过错责任的可能，尽管最后的结论仍然是否定的。[②] 就此思路可资对比的是，《意大利民法典》第 2050 条规定："在进行危险活动时给他人造成的任何损害，根据危险的性质或运用手段的特征，行为人要承担赔偿责任，但是行为人能证明已采取所有适当措施以避免损害的除外。"滑雪、摩托车、拳击、足球等体育活动皆在司法适用中被纳入危险活动范畴。[③] 在解释上，对该条有轻微过错责任说、过错推定说、客观责任说之分，客观责任说受到最高法院有力支持。按照该说，该条但书被视为免责事由，而非反证行为人没有过错。[④] 这意味着，只要体育危险活动的义务方能够举证证明自己的行为已经尽到了最大可能的适当性，就可以免责，而该适当性的判断控制在法官手中。[⑤]

运动参与人的雇主亦可能构成对运动参与人的伤害侵权，此时按照《民法典》第 1191 条 "用人单位的工作人员因执行工作任务造成他人损害的，由用人单位承担侵权责任" 的规定，适用无过错责任归责原则。

（四）公平责任原则

在《民法典》出台之前，司法实践中有运用公平责任作为体育伤害归责原则的做法。按照《中华人民共和国民法通则》第 132 条规定的公平责任原则和与之一脉相承的《中华人民共和国侵权责任法》第 24 条规定的损失分担规则，即使行为人对损害的发生没有过错，也被强制要求对受害人进行适当补偿。[⑥] 相关案例显示，学生在学校体育课上受伤，学校即使无过错，也需分担受害者

---

① 参见孟想："论体育伤害事故侵权责任归责原则"，黑龙江大学 2019 年硕士学位论文。

② 参见杨云飞："论竞技体育过程中运动员人身侵权责任"，浙江工商大学 2012 年硕士学位论文。

③ 参见赵毅："以民法为中心的体育法——对意大利体育法教学与研究的初步观察"，载《体育与科学》2014 年第 5 期。

④ 参见陈汉："意大利法中的危险责任及对我国立法的借鉴意义——兼评《侵权法草案》第二稿第九章"，载费安玲执行主编：《罗马法、中国法与民法法典化（文选）——从古代罗马法、中华法系到现代法：历史与现实的对话》，中国政法大学出版社 2011 年版，第 326~335 页。

⑤ 参见李一娴："论意大利侵权法中危险活动责任的归责原则与应用"，载费安玲执行主编：《罗马法、中国法与民法法典化（文选）——从古代罗马法、中华法系到现代法：历史与现实的对话》，中国政法大学出版社 2011 年版，第 336~344 页。

⑥ 参见赵毅："从公平责任到损失分担之嬗变——近年我国法院裁判体育伤害案件的最新立场"，载《体育学刊》2014 年第 1 期。

一定的损失。① 显然，这会导致法院不加审慎地认定加害人是否具有过失，而仅是出于方便、人情或其他因素的考量就向公平责任逃避，最终导致侵权法传统上的过错责任和无过错责任原则在预防损害功能上的弱化。② 公平责任会让运动场上的参赛者们手足受缚，背负较大的心理压力，以致不敢或不愿充分发挥竞技潜力去拼搏、对抗赢取比赛，抹杀竞赛的魅力、阻碍体育运动的发展。③ 这一规则适用于学校体育领域的弊端体现于，学校为了逃避责任，只能通过压缩体育课实践进行规避。④《民法典》编纂时对学术界反思公平责任适用的呼声有所回应，第 1186 条规定，"受害人和行为人对损害的发生都没有过错的，依照法律的规定由双方分担损失"。依此，公平责任归责只能通过"法律"明确规定而得，体育侵权中法官就此则不再有裁量空间。

第二节　体育侵权的免责事由

一、自甘风险

我国《民法典》第 1176 条规定，自愿参加文体活动受到伤害，除非其他参加者对损害发生有故意或重大过失，否则受害人应自承风险。这是大陆法系民法典中少有的将自甘风险规则纳入体育侵权免责事由的立法例。自甘风险主要起源于英美法的规则，是在判例中逐渐生成的。在英美法中，严格区别故意侵权和过失侵权的免责事由。同意（consent）是故意侵权中的免责事由之一，自甘风险（assumption of risk）则适用于过失侵权之免责。⑤ 在 1929 年的 Murphy v. Steeplechase 案中，一个从马上摔下的参赛者导致原告受伤，法官指出，只要此类运动项目存在的某些内在风险是明显的和必然的，参加此类运动项目的当事人就应当承认该风险的存在。⑥ 的确，在体育和娱乐领域，一些

---

① 参见江苏省邳州市人民法院（2014）邳民初字第 4787 号民事判决书；上海市长宁区人民法院（2012）长少民初字第 40 号民事判决书。
② 参见程啸：《侵权责任法》，法律出版社 2015 年版，第 106 页。
③ 参见柯伟才："公平责任之反思——以羽毛球运动员之间的意外伤害案件为例"，载《武汉体育学院学报》2017 年第 6 期。
④ 刘可："学校为何怕开体育课"，载《北京日报》2014 年 4 月 8 日，第 3 版。
⑤ 参见李响编著：《侵权法原理及案例研究》，中国政法大学出版社 2004 年版，第 107、427 页。
⑥ 参见刘雪芹、黄世席："美国户外运动侵权的法律风险和免责问题研究——兼谈对中国的借鉴"，载《天津体育学院学报》2009 年第 3 期。

项目本身存在着固有风险，即使参加者穷尽其注意义务，仍然不可避免，源于此风险的损害后果就应当由受害人自己承担。所以，在《民法典》通过之前，学界就已承认，"在伤害各方均无过错的情况下造成的体育伤害，适用自甘风险"。① 我国司法实践亦很早就承认，足球运动中出现的正当危险后果是被允许的，参与者有可能成为危险后果的实际承担者，而正当危险的制造者不应该为此付出代价。②

二、受害人同意

尽管《民法典》并未明文规定，但受害人同意也是体育侵权中广被引用的免责事由。王泽鉴教授即认为，"参与运动或游戏者，默示在他人于不违反运动或嬉戏规则下，愿意忍受此种运动或游戏通常所生之损害，此即判例学说所谓之'默示承诺阻却违法'"。③ 然而，正如学者提到的那样，"无论在罗马法还是在现代法中，作为阻却不法事由的自甘冒险和受害人的同意，两者界限模糊而难以区分"。④ 一般认为，受害人同意适用于故意侵权，受害人只有针对他人故意的侵权行为才可能予以同意，而过失行为往往是难以预料的，受害人不可能"同意"。⑤ 在体育侵权中，亦应严格秉持受害人同意和自甘冒险在故意侵权和过失侵权中所扮演的不同角色。在对抗性体育运动中，由于"故意"伤害对手为规则所允许，甚至是比赛的主要看点，运动员之参赛行为又表明其对可预见的身体损害予以默示同意，此时在可预见的身体伤害范围内，如足球比赛中常见的因被对方踢倒而导致的软组织挫伤，侵权人可以受害人同意作为免责理由。但正如学者提到的那样，进入拳击场就意味着同意被打，⑥ 但是，如果这种同意的内容是折断四肢，则属违背公序良俗，不发生阻却违法的效力。⑦

---

① 参见韩勇："体育伤害自甘风险抗辩的若干问题研究"，载《体育学刊》2010 年第 9 期。

② 参见杨立新："学生踢球致伤应否承担侵权责任"，载杨立新主编：《侵权司法对策》（第 3 辑），吉林人民出版社 2003 年版。

③ 参见王泽鉴：《民法学说与判例研究》（第一册），北京大学出版社 2009 年版，第 171 页。

④ 参见黄文煌：《阿奎流斯法——大陆法系侵权法的罗马法基础》，中国政法大学出版社 2015 年版，第 169 页。

⑤ 参见程啸："论侵权行为法中受害人的同意"，载《中国人民大学学报》2004 年第 4 期。

⑥ 参见 [德] 克雷斯蒂安·冯·巴尔：《欧洲比较侵权行为法》（下卷），焦美华译，法律出版社 2001 年版，第 345 ~ 346 页。

⑦ 参见王泽鉴：《侵权行为》，北京大学出版社 2016 年版，第 280 页。

在美国法上，同意意味着对某种行为发生或权益侵犯之实际认可。[1] 一般而言，同意也是格斗等故意侵害项目的抗辩事由。早期，美国法院判例倾向于把格斗比赛中的一些行为皆拟制为原告事先同意的。[2] 其后法院和学理立场不断收紧：有的将同意范围限于比赛规则明示的内容和格斗比赛之固有习惯；[3] 另有观点将同意限于对方行为之可预见性；[4] 还有将同意要件与比赛本身的必要性和固有性联系起来。[5]

三、意外事件

在学理上，有学者主张意外事件亦为体育侵权之免责事由。[6] 的确，体育运动中经常发生意外事件。在 People v. Fitzsimmons 案中，被告人与受害人均为业余拳击手，在一场巡回表演赛中，受害人意外死亡，被告人辩称被害人是由于自身固有疾病发作而导致死亡。陪审团最终认定不能排除被告人击打以外的原因导致被害人死亡，因此宣告被告人无罪。[7] 在"江某诉沈某、某小学生命权、健康权、身体权纠纷案"中，法院认定，原、被告对原告的鞋带松懈以及被告沈某踩到原告的鞋带都无法预见，故原告摔伤是意外事件，原、被告各方对本次意外事件均无过错。[8] 还有些案件中，我国法院认为，运动中合理冲撞导致的人身伤害亦为"意外"。[9]

侵权法理论上，意外事件之构成，需要具备不可预见性和独立于人的行为的外部性。[10] 把运动冲撞导致的人身伤害归于意外事件并不准确。在《民法典》

---

[1] 参见美国法律研究会编：《侵权法重述第二版：条文部分》，许传玺、石宏、和育东译，法律出版社 2012 年版，第 10A 节。

[2] See McAdams v. Windham, 94 So. 742（Ala. 1922）；Hart v. Geysel, 294 P. 570（Wash. 1930）. 转引自董晗："格斗比赛中的人身伤害侵权研究"，上海师范大学 2018 年硕士学位论文。

[3] See Andrew J. Turro, "Tort Liability in Professional Sports", *ALB. L. REV.*, 44（1980），696–697. 转引自董晗："格斗比赛中的人身伤害侵权研究"，上海师范大学 2018 年硕士学位论文。

[4] See Note, "Consent in Criminal Law: Violence in Sports", *MICH. L. REV.*, 75（1979），148–169. 转引自董晗："格斗比赛中的人身伤害侵权研究"，上海师范大学 2018 年硕士学位论文。

[5] See Turcotte v. Fell, 502 N. E. 2d 964（N. Y. 1986）. 转引自董晗："格斗比赛中的人身伤害侵权研究"，上海师范大学 2018 年硕士学位论文。

[6] 参见郑佳宁："竞技体育侵权行为的法律构成"，载《体育学刊》2015 年第 4 期。

[7] See People v. Fitzsimmons.11 N.Y.Crim.R. 391，69 N.Y.St.Rep. 191，34 N.Y.S. 1102. 转引自范兆城："国际体育赛场暴力侵权纠纷的民事解决方式研究"，福州大学 2010 年硕士学位论文。

[8] 参见上海市长宁区人民法院（2012）长少民初字第 40 号民事判决书。

[9] 参见上海市宝山区人民法院（2011）宝少民初字第 113 号民事判决书。

[10] 参见王利明：《侵权责任法研究》（上卷），中国人民大学出版社 2010 年版，第 444 ～ 445 页。

上明确规定了不可抗力与意外事件的法国，通说认为两者是同义词，旨在解决可归责性问题（不可抗力表明没有过错）或者因果关系问题（损害的真实原因是不可抗力事件，而不是被告的过错）。[1] 这样看来，上列突发疾病死亡案和鞋带松懈案可以透过《民法典》第 180 条的不可抗力条款成立免责事由。当然，中国法上通过不可抗力吸收意外事件并未形成共识，那么在相关情形发生时亦可不列免责事由，径直以因果关系不构成或无过错认定侵权行为不成立即可。

四、其他免责事由

除自甘风险和受害人同意外，体育侵权领域还有其他抗辩事由亦值得讨论：

（一）正当业务行为

此项事由在刑法上讨论较多，指虽然没有法律、法规的直接规定，但在社会生活上被认为是正当的业务上的行为，职业性的体育活动即被视为正当业务行为，"正当"阻却了违法性。[2] 民法上就此问题讨论极少，由于其法理仅在职业运动下讨论有意义，故对体育侵权免责事由教义学之发展是否有意义，颇为存疑。

（二）可容许之危险

我国台湾地区学说和实务有此主张，指行为人需遵守危险事业之归责，并在实施危险行为时尽其应尽之注意，对于可视为被容许之危险则可阻却该行为之违法性。具有危险性之体育事业适用于此之法理在于，其为社会生活不可或缺，且定有完整规则以降低危险性。[3] 就我国大陆地区法律而言，该理论不具独立价值，实可融入自甘风险免责事由的解释中。

第三节　体育侵权的类型

一、运动参与人责任

按照《民法典》第 1176 条的规定，运动参与人的侵权是最主要的侵权类型。而且，由于自甘风险免责事由之存在，仅在运动员对损害发生有故意或重大过失时承担责任。又根据《民法典》第 1173 条的规定，受害人对同一损害

---

[1] 参见李世刚：《法国合同法改革——三部草案的比较研究》，法律出版社 2014 年版，第 208~211 页。

[2] 参见张明楷：《刑法学》，法律出版社 2016 年版，第 236 页。

[3] 参见吴志正："运动参与者于运动中对他人人身侵害之民事责任"，载《台大法学论丛》2013 年第 1 期。

之发生或扩大有过错时，按照与有过失规则处理，侵权责任可予减轻。

就同场竞技参与人之侵权责任，由罗马法上沿袭而来之处理模式为，运动员既然参加比赛，就意味着他甘愿承受此等风险，要做好受伤甚至死亡的准备，"如果拳击手或摔跤手在比赛中因对方的合理一击而致死亡，后者不会承担任何刑事的或民事的责任"。① 整体而言，只要是在运动规则范围内的活动，皆不具有违法性。按照《埃塞俄比亚民法典》第 2068 条的规定，只有对运动规则的重大违反，才可能承担侵权责任。

英美法的经验对认定故意和重大过失有一定参考意义。故意侵权包括攻击和殴打，典型案件是 Tomjanovich 案。NBA 湖人队队员 Kermit Washington 在比赛中击打了原告 Tomjanovich 的头部，造成后者严重受伤，陪审团判处被告应对殴打行为负责。② 在加拿大冰球赛场上的 Agar 案中，被害人用球杆勾住正在运球的加害人以阻止他的行动，并击打到了加害人的脖子背部，加害人停下并用球杆击打被害人面部，导致被害人失去知觉、鼻子破裂、右眼受伤。法院因被害人刺激加害人在先，判决加害人赔偿的费用降低了 1/3。③

就重大过失之认定，Bourque v. Duplechin 案的法官曾提到："运动参与人自甘明显且能被预料之风险，但并不自甘其他参与人出人意料或违背体育精神之重大过失。"④ Nabozny v. Barnhill 案显示，高中业余球队的前锋冲向抱着球的守门员，踢到后者头的左侧，造成脑与颅骨永久性伤害。所有见证这一过程的证人都同意被告有足够时间避免与原告冲撞。法院指出，有组织的体育竞赛对于青少年的教育价值就是使其能够自律和自我控制，而运动员漠视其他参与人的安全，构成重大过失。⑤ 相当一些案件显示，法院认为竞技运动中的受伤应适用重大过失而非一般过失标准，前者可以在"竞技的激烈"与"合理的控

---

① See David Ibbetson, "Athletics in Ancient Law", *Legal Information Management*, 12.2(2012), 98–101.

② Tomjanvich v. California Sports, Inc. (1979) U.S. Dist. LEXIS 9282 (S.D. Tex. 1979). 转引自韩勇："同场竞技运动员间伤害的侵权责任"，载《体育学刊》2013 年第 1 期。

③ Agar v. Canning (1965), 54 W.W.R.302 (Man. Q.B.), aff'd. (1966), 55 W.W.R. 384 (Man. C.A.). 转引自韩勇："同场竞技运动员间伤害的侵权责任"，载《体育学刊》2013 年第 1 期。

④ Bourque v. Duplechin 331 So. 2d 40 (La. Ct. App. 1976). 转引自韩勇："同场竞技运动员间伤害的侵权责任"，载《体育学刊》2013 年第 1 期。

⑤ Nabozny v. Barnhill, 45 U. MO. K.C.L. REV. 119 (1976). 转引自韩勇："同场竞技运动员间伤害的侵权责任"，载《体育学刊》2013 年第 1 期。

制"之间获得平衡。[1] 体育侵权重大过失标准逐渐发展起来：当运动员虽无伤害对手的故意，但知道一个行为存在危害而仍然实施，那么他就构成忽视风险或放任风险的重大过失情形。[2] 需要注意的是，竞技项目千差万别、规则各异、玩法不同，需要区分项目不同考虑重大过失标准。在拳击等搏击类项目，故意伤害对手是项目不可缺少的组成部分，重大过失标准就不可适用。而在高尔夫、保龄球、网球等项目，运动参与人不会预期对手被伤害，重大过失的适用将使侵权判断标准过高。故该标准可能更适合激烈的同场对抗性项目，如橄榄球、冰球等，而非所有项目。[3]

二、体育活动组织者责任

（一）体育活动组织者对运动参与者的责任

体育活动组织者的侵权在侵权法上，属于安全保障义务的范畴。故《民法典》第 1176 条第 2 款规定，"活动组织者的责任适用本法第 1198 条至 1201 条的规定"。然而，该款专门规定"活动组织者的责任"，需考虑规范本身的目的。在 1176 条的整体架构下，体育活动组织者的责任认定需在尊重体育活动之特殊性下予以谨慎考量。

按照国家体育总局《体育赛事活动管理办法》第 5 条所指，"本办法所称主办方是指发起举办体育赛事活动的组织或个人；承办方是指具体负责筹备、实施体育赛事活动的组织或个人；协办方是指提供一定业务指导或者物质及人力支持、协助举办体育赛事活动的组织或个人"。在体育人身伤害事件发生后被告为主办方还是承办方常产生争议。在"袁文杰、宾川县文化体育广播电视局违反安全保障义务责任纠纷案"中，法院指出，"虽然该赛事的主办单位是宾川县水果行业协会，但具体承办单位是宾川县文化体育广播电视局，整个赛事的组织者、实施者均为宾川县文化体育广播电视局，因此宾川县文化体育广播电视局是本案的适格被告"。[4]

---

[1] Ross v. Clouser 637 S.W.2d 11 (Mo. 1982). 转引自韩勇："同场竞技运动员间伤害的侵权责任"，载《体育学刊》2013 年第 1 期。

[2] Linda S. Calvert Hanson and Craig Dernis, "Revisiting Excessive Violence in the Professional Sports Arena: Changes in the Past Twenty Years?", *Seton Hall Journal of Sport Law*, 6（1996），147. 转引自范兆城："国际体育赛场暴力侵权纠纷的民事解决方式研究"，福州大学 2010 年硕士学位论文。

[3] 参见韩勇："同场竞技运动员间伤害的侵权责任"，载《体育学刊》2013 年第 1 期。

[4] 云南省宾川县人民法院（2018）云 2924 民初 1081 号民事判决书。

运动项目的管理规范、操作规程在认定体育活动组织者责任上意义重大。在"南京滑翔伞致死案"中，法院认定，"根据《滑翔伞运动管理办法》，持有A级证书的人可以在不高于100米的山坡上飞行，但本案双方确认事发的起飞地与降落地高度落差超过了100米，按照规定，在没有教练陪同的情形下石星明不能单独飞行。吴大江召集活动，石星明报名参加，吴大江应清晰地认识到，对于刚取得A级飞行执照不久的石星明而言，以其飞行能力与飞行资质，若无教练陪同指导，是不能在事故发生地飞行的，超过100米的飞行高度、降落地点附近的高压线均会对石星明的飞行安全构成威胁，增加石星明飞行的危险性。……故应认定吴大江对于石星明死亡后果的发生存在一定过错"。[①] 同时，也需考虑体育运动本身的风险性，正确认定体育活动组织者安全保障义务与运动伤害的因果关系。在"厦门马拉松替跑猝死案"中，法院即认定，"尽管李晓华违规转让参赛资格，文广体育公司在报名、领取参赛包、检录以及参赛过程中存在疏漏，使得吴志钢作为替跑者通过检录参加并完成比赛，但二者的违规和疏漏行为与吴志钢因过量运动猝死这一后果之间缺乏法律意义上的可归责因素。在此前提下，一审法院认定李晓华、文广体育公司的违规和疏漏行为与吴志钢的死亡后果之间不存在法律上的因果关系"。[②]

还需注意的是，不同运动项目风险性不同，项目活动组织者的注意义务也应有异。在美国，保险公司一般会根据风险将运动项目分为四级：普通级为健美操、排球、足球、篮球、网球、田径、高尔夫、板球、棒球、水球等；第二级包括高山滑雪、划艇、橄榄球、游泳、潜水、体操等；第三级有摔跤、拳击、武术、空手道、蹦极、攀岩、赛马、漂流等；第四级为跳伞、滑翔伞等。[③] 显然，级别越高，活动组织者的安全保障义务要求也更高。

（二）体育活动组织者对观众的责任

就观众受伤问题，哪怕伤害直接由运动员引起（比如棒球比赛中观众被球击伤），运动员一般也不承担责任，而仍考量的是体育活动组织者的安全保障义务问题。

就我国台湾地区的裁判经验而言，"板桥地方法院"2006年诉字第1016号判决显示，赛事组织方未尽防止观众被界外球击上看台受伤之"相当之注意"，

---

① 江苏省南京市中级人民法院（2017）苏01民终9300号民事判决书。
② 福建省厦门市中级人民法院（2017）闽02民终5260号民事判决书。
③ 参见卜君："论《全民健身条例》对我国公民健康权的保障"，中国政法大学2010年硕士学位论文。

应负赔偿责任。但对其他被告，包括台北县新庄体育场和参赛双方队伍统一棒球公司及兴农职棒公司，前者非职棒活动从业者且无设施设置或保管欠缺情形，后两者则因无相关安全维护义务，皆无须负损害赔偿责任。学理上对该判决的批评认为，此种相当注意义务要求过于严苛，将迫使看台架设极高之护网，妨碍球迷的现场观赛乐趣，故此种危险是否得因相当注意而避免，值得怀疑；另体育场馆既然未架设相当高度之护网架设却又被认定无防护义务，亦值商榷。①

就美国法而言，司法实践支持观众意外受伤提起诉求的情况不多。一方面，基于自甘风险原则，观众一般在观赛时会明确知道物体飞离赛场造成伤害的潜在可能性（但这种可能性不包括观众席的坍塌）；另一方面，活动组织者之注意义务标准虽然要高于一般理性人的标准，但仍然是一种有限义务，如果仅存在给原告造成损害的轻微可能性时，不足以构成注意义务之违反。在赛车偏离跑道撞上观众、曲棍球击中观众、马球或赛马的马匹撞倒观众、铁饼砸到观众等案件中，赛事组织者都得以免责。②

三、体育设施管理者责任

体育设施的范围非常广泛，既包括了公共体育设施，也包括了商业性运营的体育场馆和健身场所。总体而言，适用《民法典》第1198条规定的安全保障义务。

（一）公共体育设施管理者责任

《体育法》《中华人民共和国公共文化服务保障法》《全民健身条例》和《公共文化体育设施条例》皆规定了国家建设公共体育设施以保障公民健身权利的义务。有时，这些设施还处于免费开放（《全民健身条例》第12条）。公共体育设施管理者责任的承担者为"公共文化体育设施管理单位"，按照《公共文化体育设施条例》第2条第2款的规定，"指负责公共文化体育设施的维护，为公众开展文化体育活动提供服务的社会公共文化体育机构"。我国法院在判例中则进一步明确，公益性体育场所的建设者、管理者对其建设、管理范围内的体育器材负有安全保障义务，违反安全保障义务应该承担侵权责任。因此，作为健身器材建设者的万安县住房和城乡建设局与作为管理者的万安县环境卫生管理所皆被判侵权责任成立。③

---

① 参见邵庆平："棒球比赛中观众遭飞球击伤的责任探讨"，载《月旦法学杂志》2007年第11期。

② 参见钱侃侃："论体育比赛观众伤害事故的侵权责任——以贝尼杰诉底特律老虎公司案为例"，载《凯里学院学报》2011年第1期。

③ 参见江西省万安县人民法院（2016）赣0828民初1144号民事判决书。

公共体育设施管理者的安全保障义务，按照《公共文化体育设施条例》的要求，包括：其一，设计上的实用、安全、科学、美观和配备无障碍措施义务（第 12 条）。在"张海荣、万安县住房和城乡建设局公共场所管理人责任纠纷案"中，法院即根据该条认定，"万安县住房和城乡建设局设计建设的单杠沙坑不符合安全要求，未履行法定义务，对张海荣的损害存在过错"。① 其二，"在醒目位置标明设施的使用方法和注意事项"义务（第 19 条）。其三，"建立、健全安全管理制度，依法配备安全保护设施、人员，保证公共文化体育设施的完好"义务（第 25 条第 1 款）。按照一些学者的解读，这些"安全管理制度"包括聘请专人管理场地、提供健身指导服务、公开器材设施的适用方法及动作要领、及时关闭有故障和安全隐患的器材以及完善安全救助机制等。② 在"张海荣、万安县住房和城乡建设局公共场所管理人责任纠纷案"中，法院即认定，"根据本案实际情况，事发健身器材无损坏、有警示说明牌等，万安县环境卫生管理所已尽到一定的管理之责，但其对存在的安全隐患未及时发现整改"，而被判定承担 10% 的侵权责任。③ 其四，对于专业性强、技术要求高的体育项目，"符合国家规定的安全服务技术要求"义务（第 25 条第 2 款）。这些技术要求一般是通过相关国家标准或行业标准设定的。在"陈丽华、江山等与宜都市住房和城乡建设局等侵权责任纠纷案"中，法院认定，"二被告作为出事地点的体育器材的管理维护单位，没有按照《室外健身器材的安全通用要求（中华人民共和国国家标准）GB19272-2011》的规定，在单杠下面采取填埋沙层、木屑等软化地面的措施，具有过错责任，且该过错与江书映的死亡有直接的因果关系，因此应当承担赔偿原告损失的民事责任"。④

（二）商业性体育场所管理者责任

在我国法上，商业性体育场所管理者责任因运动项目是否为高危项目而有区别。国家体育总局将游泳、高山滑雪、自由式滑雪、单板滑雪、潜水和攀岩列为第一批高危险性体育项目目录。根据《经营高危险性体育项目许可管理办法》，经营高危项目的商业性体育场所需要就此承担严格的安全保障义务，包括：其一，经营者应当将许可证、安全生产岗位责任制、安全操作规程、体育设施、设备、器材的使用说明及安全检查等制度、社会体育指导人

---

① 江西省吉安市中级人民法院（2017）赣 08 民终 865 号民事判决书。
② 参见卢莎莎："体育场地侵权责任研究"，载《河北体育学院学报》2018 年第 6 期。
③ 参见江西省万安县人民法院（2016）赣 0828 民初 1144 号民事判决书。
④ 湖北省宜都市人民法院（2018）鄂 0581 民初 82 号民事判决书。

员和救助人员名录及照片张贴于经营场所的醒目位置（第 20 条）。其二，经营者应当就高危险性体育项目可能危及消费者安全的事项和对参与者年龄、身体、技术的特殊要求，在经营场所中做出真实说明和明确警示，并采取措施防止危害发生（第 21 条）。其三，经营者应当按照相关规定做好体育设施、设备、器材的维护保养及定期检测，保证其能够安全、正常使用（第 22 条）。其四，经营者应当保证经营期间具有不低于规定数量的社会体育指导人员和救助人员。社会体育指导人员和救助人员应当持证上岗，并佩戴能标明其身份的醒目标识（第 23 条）。

就非高危项目的商业性体育场所的管理者和健身场所而言，亦需根据《民法典》第 1198 条的规定，承担安全保障义务。在司法实践中，一些健身场所经常因为违反以下义务而被判处侵权责任成立：①作为健身机构有义务对其会员进行指导，以避免会员操作不当造成的人身伤害；①②健身房作为为健身会员提供健身等配套服务的综合性营业场所，应当配备与其健身场所相适应的人员、设施；②③作为专业的健身场所，应当对健身过程中出现的意外事件尽到必要、合理的提醒告知与安全管理义务。③

四、教育机构责任

因为体育是教育的重要内容之一，所以在教育机构（包括幼儿园、学校和其他教育机构）中发生的体育侵权纠纷亦不鲜见，且教育机构需根据《民法典》第 1199 条和第 1200 条承担特别的安全保障义务和归责原则。按照《民法典》第 1199 条的规定，教育机构对无民事行为能力人在体育活动中的伤害承担的是过错推定责任，需要证明自身尽到了教育、管理职责；第 1200 条亦规定学校对限制民事行为能力人在体育活动中的伤害未尽到教育、管理职责时，应承担侵权责任。

对司法实践的梳理显示，学校的教育、管理职责可以分为以下四个方面的内容：其一，学校之安全教育义务，包括对体育活动场所的安全教育、使用运动器械的安全教育和体育活动本身的安全教育。其二，学校之组织管理义务，包括对体育活动进行合理组织、提供符合安全要求的场所和设施、消除不安全隐患、采取适当的预防和保护措施，维护活动现场的秩序防止混乱等。其三，

---

① 浙江省衢州市柯城区人民法院（2018）浙 0802 民初 2993 号民事判决书；舟山市普陀区人民法院（2016）浙 0903 民初 121 号民事判决书。

② 辽宁省抚顺市东洲区人民法院（2017）辽 0403 民初 1453 号民事判决书。

③ 杭州经济技术开发区人民法院（2017）浙 0191 民初 458 号民事判决书。

学校之指导保护义务，包括对学生进行运动技术及规则的指导教育，学生活动中随时关注学生动态，采取及时有效的安全防护及保护措施。其四，学校之事后通知救助义务，包括采取紧急的救助措施，及时将学生送往医院，及时通知学生家长等。[①]

学校可根据《全民健身条例》第28条向公众开放，由此也会带来相应的安全保障义务问题。此时学校并无教育、管理职责，只需按照《民法典》第1198条承担一般的安全保障义务。

五、其他特殊主体责任

（一）教练员责任

在英美法上，教练员被视为一种专业职业，所以教练员责任是一种具有特定技能的专业责任。教练员被要求对其所指导的运动员承担避免后者发生伤害的合理注意义务。如果教练员的指导被法院认为低于客观标准，无法针对可预见的风险开展活动，就将承担侵权责任。[②]对于未成年运动员，教练员还被要求负有与父母相当的注意义务。[③]

就我国而言，教练员主要指根据《体育教练员职务等级标准》在体育系统从事体育训练教学的人员，分为三级教练、二级教练、一级教练、高级教练、国家级教练。上述标准要求教练员依不同级别需要基本掌握、掌握或掌握先进的运动员训练方法，或可成为教练员注意义务之考量指标。但是，这些教练员一般都受雇于雇主，所以应根据《民法典》第1191条进行责任认定。

商业健身会所教练对顾客亦有告知健身注意事项、风险、保护隐私等义务，[④]违者可能发生健身会所与顾客之间的违约责任和侵权责任竞合问题。教练员独自承担责任只能是在个人私教之场合。

（二）裁判员责任

裁判员执裁不当亦可引发侵权责任。裁判员注意义务之来源在于依其职业

---

① 参见赵毅、周金荟："学校在体育课伤害中负有何种安全保障义务"，载《中国学校体育》2016年第3期。

② See Neil Partington, "Legal liability of coaches: a UK perspective", *Int Sports Law J,* 14 (2014), 232–241.

③ See Glenn M.Wong, *Essentials of Sports Law,* Senta Barbara: Praeger, 2010, 4th ed., p. 110.

④ 参见罗嘉司、屈晓宇："论我国私人健身教练行业法律规制的构建"，载《沈阳体育学院学报》2009年第3期。

动参与人之"特殊关系"，并由此承担了信义义务。[1] 显然，这是一种标准更高的专业人士注意义务。但是，英美判例法表明，由于运动赛事风险之存在，裁判员一般仅在故意和重大过失情形承担责任。在 Vowles v. ...s 案中，裁判擅自允许一名侧翼前锋替补受伤的前卫继续橄榄球比赛，并轻率地让参赛者选择无争议司克兰，导致其中一名参赛者不完全四肢瘫痪，最终法院认定裁判对参赛者的安全漠不关心，违反了最基本的安全注意义务，重大过失成立。[2] 按照学者的归纳，裁判员的注意义务主要包括两个方面的内容：①对运动装备、场地设施等进行全面的赛前检查，以确保比赛安全；②保证运动员、教练和观众在其职权范围内遵守所有的安全规则与制度。[3]

就我国法而言，除非在一些非正式比赛中裁判员可能独立承担侵权责任外，裁判员由于一般为赛事组织者聘任，故应后者为其承担替代责任。但在美国，裁判一般独立参与体育赛事，赛事组织者对其控制有限，就无雇主或替代责任的适用空间，除非雇主就裁判员之雇佣、监督等存在过失。[4]

（三）医疗人员责任

赛事组织者也对参赛者和观众负有提供医疗救助的义务。我国《体育赛事活动管理办法》第 15 条就规定，体育赛事活动的主办方和承办方应当根据需要，落实医疗保障工作。医疗人员包括医生、护士、医疗培训人员和紧急医疗技术人员。在美国法上，医疗人员被视为专业人士，承担高于一般理性人的专家注意义务，认定标准通常包括医疗服务的提供质量和反应速度。整体而言，即使医疗人员从属于学校、体育场馆或者由其他监管方受聘而来，美国法仍认定其独立的责任而非由其雇主承担责任。但如果能证明雇主对医疗人员能够发挥控制和指导作用，一些判例亦显示雇主责任成立。[5] 就中国法而言，由于医生不能非法行医，故此处主要将在雇主责任框架下进行。

（四）雇主责任

《民法典》第 1191 条第 1 款规定，用人单位的工作人员因执行工作任务

---

[1] 参见纪志敏、贾文彤、杨维："英美判例中的体育比赛裁判员过失侵权问题研究"，载《首都体育学院学报》2010 年第 4 期。

[2] 2003 1WLR 1607（CA）.

[3] 参见张洪振、赵立立、姜世波："裁判员过失致人人身损害之民事责任探讨"，载《体育与科学》2016 年第 2 期。

[4] 参见张洪振、赵立立、姜世波："裁判员过失致人人身损害之民事责任探讨"，载《体育与科学》2016 年第 2 期。

[5] See Glenn M.Wong, *Essentials of Sports Law*, Senta Barbara: Praeger, 2010, 4th ed., p. 138.

造成他人损害的，由用人单位承担侵权责任。用人单位承担侵权责任后，
向有故意或者重大过失的工作人员追偿。体育领域雇主责任之认定有助于体育
暴力和侵权行为之遏制。从比较法经验看，体育领域雇主责任适用的情形主要
包括：其一，俱乐部明知运动员有暴力倾向仍予以雇用，应对运动员在比赛中
实施的侵权行为承担责任。在 1997 年的 McCord v. Cornforth and Swansea City
Football Club 案中，英国高等法院首次判定足球俱乐部应对其雇用球员的过失
承担替代责任。其二，俱乐部应对其默示教练员渲染暴力情绪并指示运动员
实施伤害对方运动员的战术而承担责任。在澳大利亚的 Canterbury Bankstown
Rugby League Football Club Ltd. v. Rogers 和 Bugden v. Rogers 案中，因为主教
练在赛前刺激运动员情绪并导致对方运动员在比赛中被过激行为伤害，橄榄球
俱乐部被判为其所雇用的运动员承担替代责任。其三，雇主应为其体育教师或
教练员利用职权侵害体育参与者的行为负责，这特别表现为学校体育和社会体
育中可能发生的一些性骚扰和性侵害行为。①

【推荐阅读资料】

张翔："基本权利的体系思维"，载《清华法学》2012 年第 4 期。

方新军："利益保护的解释论问题——《侵权责任法》第 6 条第 1 款的规范
漏洞及其填补方法"，载《华东政法大学学报》2013 年第 6 期。

［意］约勒·法略莉："在游戏表演与身体活动之间：古代罗马的体育与法"，
赵毅译，载《体育与科学》2017 年第 6 期。

马宏俊："体育侵权中的民事法律责任研究"，载《体育科学》2005 年第
6 期。

李钧："论过错原则下的体育损害责任"，载《体育科学》2015 年第 1 期。

谭小勇、向会英、姜熙："学校体育伤害事故责任制度研究"，载《天津体
育学院学报》2011 年第 6 期。

---

① 参见张鹏、戚俊娣："体育领域雇主替代责任适用研究"，载《体育科学》2016 年第 8 期。

第八章

体育知识产权

【引例】随着体育产业的不断发展以及人类生活技术的创新，体育知识产权逐步成为体育产业发展中不容忽视的问题。体育知识产权作为体育产业中的一项重要资产，在今后产业发展中将会扮演越来越重要的角色。随着网络直播技术的兴起，体育相关活动及赛事节目的法律保护问题逐步凸显，而实践中不同法院在法律适用上却几经反复，缺乏统一标准。2008年北京奥运会的"圣火耀珠峰"直播节目就曾经被广州市中级人民法院在判决中认定为构成著作权法上的作品，而在后来的"新浪诉凤凰网中超联赛案"中却出现了反复，该案中原告提出体育赛事节目的制作包含了制作者对镜头剪辑、选择和编排的结果，源于赛事又高于赛事，应当认定为构成作品，一审法院支持了原告的观点，成为我国体育赛事著作权第一案，但随后，二审法院却推翻了该判决，认为体育赛事节目的制作不具有足够的独创性，不构成作品。体育赛事节目的作品性质认定，一时成为业内备受关注的法律问题。同一时期，"乔丹"商标案和姓名权侵权案也备受公众关注。在21世纪的今天，体育知识产权已经越来越深入到人们生活中间，在实践中引发出的相关法律争议，亟需深入探索和研究。

【目标】通过本章的学习，了解体育知识产权的基本概念、类型以及特征，了解体育赛事转播权，认识我国目前对体育赛事知识产权的保护现状以及思考未来发展的方向。

第一节 体育知识产权概述

一、知识产权的概念

知识产权一词来源于英文"Intellectual Property"，在我国台湾地区被称为

"智慧财产权"，知识产权可以分为工业产权和著作权，工业产权主要与满足物质需求有关，包括专利权、商标权、商业秘密、集成电路布图等，例如机械设备，虽然并不美观，但能提高人类生产力。而著作权则主要与满足人类精神需求有关，包括著作权和邻接权，例如文学作品、电影作品等往往具备艺术的美感，能够提高人类的文化水平和精神层次，而如科学模型作品等往往蕴含科学原理，说明事物原理或者结构，用于向人类传授科学知识，满足人类对科技的求知欲。

二、体育知识产权的概念

在我国立法体系中并没有单独的"体育知识产权"的概念，在理论研究或司法实践中也未对体育知识产权形成统一的认识。目前理论研究中对体育知识产权的定义大致可以分为两类：从狭义角度来看，体育知识产权是指体育领域的知识产权，包括体育著作权、商标权、专利权和技术秘密等；从广义角度来看，体育知识产权除了一般知识产权的内容之外，还包括体育赛事转播权、冠名权、体育数据等其他与知识产权相关的体育领域无形资产的权益。

三、体育知识产权的特征

体育知识产权具备与其他知识产权相同的基本特征，但同时，基于体育产业特殊的背景以及运作方式，体育知识产权又有不同于其他知识产权的特征。

（一）无形性

知识产权具有无形性，也称为非物质性，是与其他财产权利区别的一个重要特征。知识产权作为人类的智力劳动成果，本质上是一种信息，与汽车、房屋等有形物相比，知识产权无需依附有形载体而存在。有形载体的灭失或转移并不会产生知识产权的灭失或转移的效果。例如，一件印有耐克商标的衣服毁损，并不会导致耐克这一商标专有权的灭失。

（二）排他性

知识产权的排他性，也可称为专有性，是指未经权利人许可或法律法规明确规定，任何人不得实施专有权利所控制的行为，权利人对其知识产权享有垄断性质的专有权。知识产权属于绝对权（对世权），一经法律确认即对任何人均具有约束力，只有在法律明确规定，如法定许可、合理使用等情形下，才可以进行使用。

（三）地域性

知识产权的地域性是指依据一国的法律取得的知识产权的效力仅限于该国境内。除非依据国际条约或双边、多边协议等规定，否则其他国家的知识产权在我国不能受到保护，同理我国的知识产权在他国也不能当然地受到保护。这是因为知识产权与物权、债权等权利有所不同，是纯粹的政治产物，每个国家的社会环境不同，对知识产权的保护力度也有所区别，决定了知识产权必然是具有地域性的。

（四）时间性

知识产权制度本质是权利人利益与社会公共利益互相平衡的产物，通过赋予权利人一定时间的垄断性专有权保护，来换取社会公众得以使用该知识产权来提高物质和精神文明的利益。因此，知识产权具有时间限制，保护期满后就不再受到保护，该知识产权即成为社会公共财富。例如，著作权的保护期为作者有生之年加 50 年，发明专利的保护期为 20 年，实用新型和外观设计保护期为 10 年。普通商标的保护期为 10 年，期满前可以申请续展。根据《特殊标志管理条例》，体育标志等特殊标志的有效期为 4 年，期满前 3 个月可以申请续展。根据《奥林匹克标志保护条例》，奥林匹克标志有效期为 10 年，期满前 12 个月可以申请续展。有一个例外是奥林匹克标志的保护，根据《奥利匹克宪章》规定，奥林匹克标志权的保护长期延续无需续权。

（五）"公权化"管理

知识产权是典型的私权，但与一般知识产权权利人自由使用、自由管理不同，在中国现阶段，体育知识产权往往由管理组织统一实施和规范，具有一定的"公权"色彩。例如，《北京 2022 年冬奥会和冬残奥会组织委员会关于特殊标志的公告》规定"未经北京冬奥组委许可，任何单位或者个人均不得擅自使用"，又如《中国足球协会章程》规定，中国足协是其管辖的各项赛事、活动所产生的所有权利的最初所有者。中国篮球协会曾发布《注册俱乐部及球队名称和标识管理办法》，规定各俱乐部及球队的标识在正式使用前应报经中国篮协审批。又如，2018 年 9 月，国家体育总局发布《中国国家队联合市场开发方案》的通知，拟将"中国国家队"称号在一定范围内的商业开发权统一收回，并直接参与相关商务合同的签订。这些都是行政权力干预知识产权私权的体现，使得体育知识在实际使用和管理中呈现"公权"特征。

第二节　体育著作权及邻接权

一、体育著作权

（一）体育著作权的基本概念

体育著作权是指在体育领域中对与科学艺术领域有关的具有独创性的作品

享有的专有权利，常见的体育著作权客体包括体育摄影作品、体育著作、电影、吉祥物这类美术作品等。

根据《中华人民共和国著作权法》（以下简称《著作权法》）的规定，著作权法保护的是智力劳动成果，体育竞技活动中展示的动作虽然有的时候具有一定的运动和力量的美感，例如运动员扣篮的动作、健身动作、体操运动员的高难度空翻跳等，但这些美感无法与运动技巧分离，赋予这种动作以专有权可能会阻碍公众的行动自由，因此体育竞技活动本身是无法受到著作权法保护的。但是有的体育竞技项目，例如花样滑冰，这类运动通常伴随着精心设计的一套优美动作，可以与运动技巧互相分离成为独立的舞蹈作品受到保护。

（二）体育赛事与体育赛事节目概念辨析

在体育著作权相关的众多客体中，最具商业价值也最具争议的客体是体育赛事节目。在讨论体育著作权及邻接权时，各方容易将体育赛事与体育赛事节目混为一谈，实际上二者的性质以及带来的法律问题完全不同。体育赛事本身由于其不可复制性、随机性、对抗性等特征，不属于著作权法保护的客体。但体育赛事节目又称体育赛事直播画面，是经过摄像机摄制而成的赛事视频，与视频中正在进行的体育赛事本身是两个概念。体育赛事节目在摄制、镜头剪辑、特效制作、慢动作制作以及增加解说等过程中进行了创作，故根据其独创性的高低可能构成著作权作品或录像制品，从而获得《著作权法》的保护。

（三）体育赛事节目的保护现状及问题

目前司法实践中对体育赛事节目的法律定性不明确，导致体育赛事节目，尤其是体育赛事直播节目的保护在我国立法环境下仍然存在困境，在司法实践中也出现了不同路径的保护方式。

1. 以"录像制品"进行保护。 在"央视国际诉暴风集团'2014 巴西世界杯'片段集锦点播案"中，法院认为拍摄者对比赛进程的控制、拍摄内容的选择以及机位摄制、镜头选择、编导等方面能按意志做出的选择和表达非常有限，尚不足以达到著作权法规定的以类似摄制电影的方法创作的作品的高度，但符合著作权法关于录像制品的规定，应当认定为录像制品。[①]

我国受德国等大陆法系国家的影响区分了著作权和邻接权，将一部分独创性尚未达到著作权保护的作品以邻接权予以保护。但在保护范围和保护标准上仍然存在诸多不合理的地方。例如，德国规定了"活动图像"，类似于我国的

---

① （2015）石民（知）初字第 752 号；（2015）京知民终字第 1055 号；央视国际诉暴风集团"2014 巴西足球杯"。

录像制品，但"活动图像"与电影作品一样，都享有放映权、广播权等权利。①而我国著作权法中，录像制品的权利却不包含广播权，无法控制非法转播行为，即便是对电视台转播的情形也无法规制，对网络实时转播更是束手无策。

录像制品顾名思义是一件"制品"，这就要求录像的内容必须完全固定形成复制件，但是体育赛事最值钱的却恰恰是赛事直播形式的经济价值，直播是一种边制作边播放的方式，所以直播完成之前，整场比赛并未形成一个完整的复制件，如果将体育赛事节目作为录像制品保护，那么对直播阶段的维权就无法可依了，只能寻求反不正当竞争法等方式进行保护。理性地看，相同的比赛节目仅仅因为播放的方式不同却要用不同的法律调整，无疑是不合理的。

2. 以广播组织权进行保护。有学者认为，我国对广播组织权的保护条件类似于英国的"广播"作品的规定，对体育赛事现场直播等实时播送的内容适用"广播"作品的保护，与录音、影片并列为单独的作品，而这一规定正是考虑到实时直播的内容可能被认为尚未固定在物质载体上，而"广播"作品受版权的保护不以"固定"为条件。②从这一角度来看，体育赛事直播节目即便被认定为尚未固定，通过广播组织者对载有节目内容的广播信号主张权利的方式也可以获得保护。"新浪诉凤凰网中超联赛直播案"的二审法院认可这一观点，认为体育赛事公用信号属于广播组织权的客体，在体育赛事节目不构成作品时，可以通过邻接权中的广播组织权进行救济。③

第一，根据《著作权法》第 47 条的规定，我国广播组织权的主体是广播电台、电视台，同时根据正在缔结中的《广播组织条约》的定义，"广播组织"需要满足三个条件：①法人；②对播送的内容提出动议并负有责任；③对播送内容进行组合及安排时间。④而体育赛事直播画面的制作者除了电视台之外，还有专业第三方公司，如体奥动力、OBS、BOB，并不直接对公众播送内容，而仅提供赛事信号制作服务并负责把信号提供给持权转播商使用，若该第三方将制作的赛事信号许可给广播电台或电视台，那么广播电台或电视台是否属于

---

① 参见［德］雷炳德:《著作权法》，张恩民译，法律出版社 2005 年版，第 154、205、530 页;《德国著作权法》第 94 条。

② 参见王迁:"广播组织权的客体——兼析'以信号为基础的方法'"，载《法学研究》2017 年第 1 期。

③ （2015）京知民终字第 1818 号判决书。

④ WIPO, Doc. SCCR/14/2, Draft Basic Proposal for the WIPO Treaty on the Protection of Broadcasting Organizations, Article 2, https://www.wipo.int/edocs/mdocs/copyright/en/sccr_14/sccr_14_2.pdf, 2020 年 8 月 20 日访问。.

对播送的内容提出动议之人就存在疑问。若转播权的许可的对象是网络组织，如 Facebook 入场转播美国职棒大联盟比赛，就目前立法空缺的情况下，该种"网播组织（webcasting）"是否可以享有与广播电台、电视台相同的权利也存在较大争议。①

第二，广播组织权的"转播权"是否包含互联网，目前无论是理论界还是司法实践中都持否定态度。《北京市高级人民法院侵害著作权案件审理指南（2018）》对广播组织的转播权明确规定不能控制通过互联网进行的转播。《世界知识产权组织保护广播组织条约》中对是否将网络转播纳入广播组织转播权的范围也一直存在争议。②甚至有法院明确表示未将网络转播纳入广播组织权范围内不是立法缺陷，而是利益平衡的考量。③因此，在现有立法环境下，短期内将网络转播行为纳入广播组织权范围进行保护的概率较低，面对已经产生迫切保护需求的体育赛事节目，应当寻求其他方式进行保护。

第三，广播组织信号的保护理论仅仅在直播阶段有意义，无法解决赛事结束后就完整体育赛事节目进行重播或点播进行保护等问题。同时，随着技术的进步，如今体育赛事的转播已然不是原始较单一的转播方式，其付出的成本也不仅仅是放置摄像机和传输无线信号，而是包含了更多镜头语言的应用、背景资料与现场进程有机结合、预判技术和转播艺术的结合等创作工作，邻接权的保护力度显然已经不能满足市场的需求。

3. 以不正当竞争法进行保护。在"央视国际网络有限公司诉华夏城视网络电视股份有限公司关于 2014 巴西世界杯比赛直播案"中，法院也认为体育赛事节目尚未达到著作权作品要求的创造性的高度，不属于作品而应属于受邻接权保护的录像制品，但涉案行为是网络直播行为，录像制品权利人不享有广播权，因此通过不正当竞争法进行规制。④

由于现阶段我国对体育赛事节目的保护尚未出台相关立法或规章，为了最大程度获得保护，权利人在起诉维权时除了主张著作权侵权，还会主张不正当竞争。在体育赛事节目如何保护的问题尚存在巨大争议的情况下，权利人实际还是通过反不正当竞争法获得保护，但这一"曲线救国"的方式并不能从本质上解决体育赛事节目的保护问题。

---

① 参见王迁、徐晓颖："网播组织的邻接权保护"，载《中国版权》2016 年第 6 期。

② 参见王迁：《著作权法》，中国人民大学出版社 2015 年版，第 294 页。

③ （2011）嘉南知初字第 24 号判决书；（2012）浙嘉知终字第 7 号判决书。

④ （2015）深福法知民初字第 174 号民事判决书。

反不正当竞争法经常作为知识产权纠纷中的兜底保护，但反不正当竞争法与著作权法的职能本身就是不同的，二者不能互相替代。反不正当竞争法的功能是维护市场公平竞争，维护的是赛事转播授权这一行为在行业市场竞争中的良好秩序，反不正当竞争法一般不会赋予当事人以积极的权利，而是通过对违反诚实信用原则或其他公认的商业道德的行为的禁止来体现，是一种消极的权益保护。而著作权法作为专门的权利保护法，对权利的获得、行使和救济等进行了全面的规范，赋予当事人对知识产权进行直接、积极和细致的保护。二者的出发点和价值取向不同，无法互相替代，而是相互配合、相互补充的关系。[①]

　　体育赛事节目已经是体育产业中比较成熟的一种商品，产生的纠纷也逐年增多，以反不正当竞争法进行兜底保护容易导致案件长期依靠法官的自由裁量来实现利益平衡，造成经济权益一直处于极大的不确定性之中，使体育产业没有有名权利支撑其最关键的赛事直播经济价值，无法从本质上解决体育赛事节目的保护问题，对其长远的发展极为不利。

　　4. 以著作权进行保护。在"新浪诉凤凰网中超联赛直播侵权案"中，一审法院认为：体育赛事转播的制作程序，不仅仅包括对赛事的录制，还包括回看的播放，比赛及球员的特写，场内与场外、球员与观众、全场与局部的画面，以及配有的全场点评和解说。而上述画面的形成，是编导通过对多台设备拍摄的多个镜头的选择、编排的结果。而这个过程，不同的机位设置、不同的画面取舍、编排、剪切等多种手段，会导致不同的最终画面，无疑是一种创作性劳动，且该创作性从不同的选择、不同的制作会产生不同的画面效果，恰恰反映了其独创性，构成作品，对赛事节目进行网络直播的行为侵犯了"应当由著作权人享有的其他权利"。[②]

　　在 2020 年判决的"央视国际诉聚力公司世界杯赛事直播侵权案"以及"聚力公司诉新感易搜公司西甲赛事直播侵权案"中，法院在认可赛事节目制作满足独创性要件构成作品的基础上，进一步将赛事节目明确为属于著作权法意义上的类电影作品加以保护。[③]

　　笔者比较认可体育赛事节目构成作品并通过著作权法对其进行保护的观点。从体育经济的运作规律来看，市场中已经形成了在著作权法的体系下对体育赛事节目的分销、授权和流转等商业交易习惯，在现有法律制度体系中，也

---

① 参见王先林：《竞争法学》，中国人民大学出版社 2009 年版，第 49 页。

② "新浪诉凤凰网中超联赛直播侵权案"，（2014）朝民（知）初字第 40334 号。

③ （2017）沪 0115 民初 88829 号；（2019）沪 0115 民初 44265 号。

只有著作权法能为赛事节目提供最完善的保护，也是最符合体育文化经济发展需求的制度。

（四）体育赛事直播节目"固定"要件的思考

1. 作品的可版权性不以"固定"为要件。在"新浪诉凤凰网中超联赛直播侵权案"中，北京知识产权法院认为，根据《伯尔尼公约》及我国《著作权法》的规定，我国将"固定"作为电影作品的构成要件之一，涉案赛事直播画面尚未被稳定地固定在有形载体上，也就是没有"摄制在一定介质上"，因此，公用信号上承载的画面并不满足电影作品中的固定要求。[①]但实际上，我国著作权法并未将"固定"作为作品构成的要件之一，电影作品也不例外。

根据《中华人民共和国著作权法实施条例》的规定，作品是指"文学、艺术和科学领域内具有独创性并能以某种有形形式复制的智力成果"，其中，"以某种有形形式复制"经常被误等同为作品的"固定要件"，但实际上，可以复制不代表已经形成复制件，根据规定，一个作品只要可以被复制或再现加以传播，就已经符合作品的保护条件，而不需要已经固定在某一载体上。对于体育赛事节目而言，直播的是体育赛事视频，而非体育赛事本身，赛事视频显然是可复制的。因此，体育赛事直播节目本身获得著作权法的保护并不需要讨论是否满足"固定"要件，所谓"固定"的真实含义应该是"以某种有形形式复制"或"能够被客观感知的外在表达"[②]。

2. "摄制在一定介质上"不等同于"固定要件"。新浪诉凤凰网一案中二审法院之所以认为我国电影作品定义中规定了"摄制在一定介质上"，就是电影作品的"固定要件"，实际上是混淆了电影作品"摄制在一定介质上"和"固定要件"的含义。

"摄制在一定介质上"是一种制作方式的描述，若将其解读为电影作品的"固定要件"无疑与著作权法对作品的定义互相矛盾。我们在认定电影作品时也并未强调其必须要先固定。假设拍摄电影的方式不是事先录制，而是直接现场表演、现场拍摄、剪辑并进行电影直播，那么公众所看到的视频与录制后播出的电影并无实质区别，但仅仅因为其属于直播，就认定不满足"固定要件"而不构成电影作品，这显然是极不合理的。

德国著作权法区分了"电影作品"和"电视作品"，并将直播类节目以"电

---

① "新浪诉凤凰网中超联赛直播侵权案"，（2015）京知民终字第 1818 号判决书；"央视国际诉暴风集团巴西世界杯案"，（2015）京知民终字第 1055 号判决书，均持此观点。

② 参见王迁：《著作权法》，中国人民大学出版社 2015 年版，第 18 页。

视作品"进行保护，上述假设案例在德国就可以毫无争议地以"电视作品"获得保护。并且即便是针对直播节目，德国著作权法也并未将"固定"作为保护要件，并认为尽管现场直播与电影相比保存的时间很短，但技术上所需的时间对于其是否构成作品并不具有意义，只要制作过程中体现了独创性，就可作为电视作品受保护。[①] 同时，即便特别强调"固定"要求的《美国版权法》也承认其符合"固定"的要求。[②] 并特地在《美国众议院报告》中明确表明："假定直播的内容可以按照电影作品或录音作品的方式进行版权保护，那么直播的内容应该被认定为固定的。如果其录制与传播同时进行，那么该作品应获得法定保护。"[③]

因此，即便要讨论是否"固定"的问题，直播也符合所谓的"固定要件"。此外，也有学者指出，《伯尔尼公约》中规定"以类似摄制电影方法表现的作品"这一措辞，就是为了使那些电影之外的直播电视节目也可以纳入电影作品的范畴进行保护。[④] 笔者认为不无道理，同时，在《著作权法修正案（二次审议稿）》中，原本的"电影作品"修改为"电影作品、电视剧作品及其他视听作品"，并将"摄制在一定介质上"这一要求删除，替换为"能够借助技术设备被感知的作品"，是符合现实要求和逻辑的。

3. 直播技术决定了体育赛事直播画面的制作已经"固定"。"现场直播"，在行业内又称为"实况转播"，是一种以采拍、选择、切换、剪辑和播出同步进行的方式开展的电视节目形式。这种方式尽管在拍摄画面的同时就同步向观众播出，但在拍摄与播出之间，也同样要做技术处理，包括加字幕解说等，也就是说所谓的现场直播的节目，其实也经过了编辑制作后才播出，只不过这一编辑制作工作不是"后期制作"而是采编播同步进行。[⑤] 从技术层面来看，在体育赛事节目制作过程中，普遍使用 EVS 系统存储各路摄像机拍摄的内容，供导播进行切换、慢动作编辑、多层次画面特技组合等，之后，将选择好的画面也

---

① 参见［德］雷炳德：《著作权法》，张恩民译，法律出版社 2005 年版，第 156~157 页。

② 参见万勇："功能主义解释论视野下的'电影作品'——兼评凤凰网案二审判决"，载《现代法学》2018 年第 5 期。

③ 美国众议院报告 [H.R Rep. No. 94–1476，94th Cong.，2d Sess. 52–539（1976），reprinted in 1976 U. S. C. C. A. N.5659，5665–66]，转引自［美］朱莉·E. 科恩等：《全球信息经济下的美国版权法》（上册），王迁等译，商务印书馆 2016 年版，第 82 页。

④ 参见张伟君："从固定要求看我国《著作权法》对体育赛事直播画面的保护"，载《中国发明与专利》2019 年第 4 期。

⑤ 参见黎炯宗：《电视现场实况转播》，中国广播电视出版社 2012 年版，第 1 页。

就是即将直播的画面通过微波发射设备输出信号，在此同时，输出的信号也会送到录像机，实现对节目不间断的录制，并能进行各种现场编辑。例如，慢动作的制作就是将录制的内容通过慢动作控制盒进行重放。从上述过程可以看到，体育赛事直播画面在制作完成的时候就同时进行了固定，只是针对整场赛事而言，无法固定尚未发生的比赛，但这并不影响已经制作完成的部分已经完成了固定。

公用信号承载的画面是可固定的，在其转变成为信号之前或同时，实际上已经完成了"固定"的环节。从另一角度考虑，信号本身即是内容的介质，如科学家可接收到上千万光年远的恒星发出的无线电信号所证明的那样，该无线电信号至少在宇宙中存续了上千万年方才到达地球，比目前任何记录介质都长寿，比人类文明的历史都悠久。因此，即便从技术层面上来讲，体育赛事直播节目也符合电影作品的"固定"要求，在新浪诉凤凰网一案中，法院在未深入了解和分析技术的情况下，仅仅凭借"现场直播过程中采用的是随摄随播的方式"这一直观感受就认为涉案赛事不满足固定要件，未免过于草率，也不具有说服力。笔者比较认可在"央视国际诉聚力公司诉世界杯赛事直播侵权案"中法院的观点：节目进行过程中，一旦出现犯规、进球，导播通常立即插播回放镜头，回放镜头足以充分说明赛事节目在摄制同时即实现了固定。[1]

（五）体育赛事节目"独创性"要件的辨析

根据 2018 年 4 月发布的《北京市高级人民法院侵害著作权案件审理指南》规定：体育赛事节目视频符合以类似摄制电影的方法创作的作品构成要件的，受著作权法保护。这一规定实际上已经认可了体育赛事节目可以作为类电作品进行保护，对于体育赛事节目属于何种作品这一争论也有了基本定论。针对体育赛事节目直播阶段和后续重播的整个赛事视频而言，主要争议的点在于所拍摄的体育赛事节目中的创作是否达到了著作权作品的保护标准。

1. 我国独创性标准。我国著作权法的立法结构参考了大陆法系国家的立法，区分著作权和邻接权，理论上而言，仅在独创性达到一定高度的作品才能受到著作权的保护，但实际上我国独创性的标准在实践中仍然受英美法影响较大，例如，对图片的著作权独创性标准就更接近英美法系，采取更低的标准，但对于影像类的作品，我国又区分了电影作品和录像制品，因此可以看出我国在独创性的标准上仍然是不协调的。[2]

---

① （2017）沪 0115 民初 88829 号判决书。

② 参见王迁：《著作权法》，中国人民大学出版社 2015 年版，第 105 页。

"独创性"是一个法律概念而不是艺术概念，[①]美学上的"独创"往往包含了对艺术价值的判断，而这种判断超越了法律的能力，法律上的独创性标准不应当包含艺术水平的高低判断。[②]艺术价值的判断极具主观性，而法律的标准则应当尽量客观，作品只需要符合很低的创作性就应当认为符合作品保护标准，而这种"很低的创作性"转化到法律判断标准上就是在创作的过程中，是否能够体现一定的选择、安排、设计和组合，满足这些条件，即便创作出来的作品丑陋不堪、不具有艺术价值，也应当被认定为具有独创性。

就体育赛事节目而言，当今的制作水平和要求和原始的监控探头式拍摄相比已经有了质的提升，一场赛事的拍摄需要动用几百台摄像机和上千人的团队制作，[③]观众想看到的已经不仅仅是完整的赛事进程信息，更希望看到一场鲜活的、有血有肉的体育赛事。这种创作过程就好比制作一个人的纪录片，除了把真实信息传达出来，还要融入更多创作来将故事更加生动和有层次地表达出来，对被拍摄的人而言这是真实的生活，但对观众而言这就是一个人的故事。体育赛事的拍摄制作正是这样的表达，除了告知体育赛事的进程之外，更要在拍摄中突出运动之美感、诉诸运动员和现场观众的情感，体现体育的精神，表达出关于运动和情感的带有故事色彩的体育赛事节目，这种创作毫无疑问是具有独创性，且达到著作权保护标准的。

2. 体育赛事节目制作具有类似电影作品创作的方式。电影作品之所以被认为具有独创性并非仅仅是演员的表演本身（戏剧作品）或是剧本（文字作品）具有独创性，而是体现在导演将人物表演、自然景色、音乐等多种元素通过特写、慢动作、长短镜头等镜头语言结合画面剪辑形成新的表达，在多种元素中，导演有无数种选择的可能性拍摄出不同的作品，所以镜头语言的应用才是电影作品的独创性所在。在体育赛事节目中，运动员的表演、观众的表演、背景的介绍以及现场的声音同样作为元素，经摄影师的拍摄和选择最终形成我们所看到的赛事视频，在创作方式和独创性表达空间上二者是高度近似的。

（1）体育赛事节目制作中的导播方案与电影作品中的剧本类似。电影作品中的剧本和体育赛事节目中的导播方案在拍摄中都起到指导拍摄的作用。在赛事拍摄前，导播对赛事中的球员资料、评论员评论、比赛历史资料、可能发生

---

① 参见卢海君："论作品的原创性"，载《法制与社会发展》2010 年第 2 期。

② 参见李琛：《知识产权法关键词》，法律出版社 2006 年版，第 26~27 页。

③ 例如，北京奥运会体育赛事播放使用了 900 台摄像机、5300 人的规模，伦敦奥运会则有 1000台摄像机、5900 人。

的突发事件的应对、祝贺词、采访、动画演示、镜头切换、慢镜头的计划和集锦制作等均会进行精心准备，并在直播时根据实际情况有机融入直播视频中。这与电影作品根据剧本设定的场景进行拍摄创作的方式是一致的。尽管剧本已经对场景要素进行了明确的规定，但导演对镜头的运用和剪辑仍然具有独创性，同理，体育赛事的导播方案尽管指导赛事节目的制作，但并不影响摄影师在拍摄和画面剪辑中的创作。

（2）对人物关系和场景安排的故事性表达与电影作品类似。镜头语言是视频的一种主要表达方式，这一点在体育赛事节目和电影作品上都有充分的体现。例如，运用蒙太奇手法通过对镜头的组合向观众传达除比赛事实之外的运动员情绪和赛事的趣味。如果仅仅是为了传达赛事进程，那么镜头完全可以只关注比赛，但实际上，在直播画面中导播还会根据比赛的情况、运动员和观众的情绪以及细节对镜头进行组合切换，突出故事性和戏剧性。又如，通过镜头语言制造比赛的悬念，比赛的未知是事实，但如何将这种"未知"带来的紧张和悬念表达出来，需要镜头语言的运用和背景介绍、解说的配合。再如，对慢动作镜头的运用也与电影作品一致，慢动作的回放除了部分镜头是为了让观众更清楚地看到赛事进程之外，更多地是表现运动员情绪、强调赛事故事化的重要手段。① 这些镜头语言的运用无不包含了导播对体育赛事节目的创作。

在新浪诉凤凰网一案中，二审法院认为故事性来源于赛事本身就具有故事性，而非直播团队的创作，且直播类节目相较于非直播类节目具有更小的个性化选择空间，同时为了符合观众的需求也使得创作空间更小。笔者对这一观点难以认可。最简单的例子就是纪录片的拍摄，纪录片所记录的事实本身就具有故事性，但拍摄者通过对故事点的抓取配合镜头的剪辑，创作了一种讲故事的表达方式。不同摄制团队对赛事中发生的故事点选取和方式也会有所不同，而这正是创作空间所在，创作团队个性化的体现。符合观众的需求并不影响直播具有足够的创作空间，"好看"的比赛依赖于有效地使用"好看"的手段。且直播性质也不影响其具有独创性，不能因为其完成创作的时间较短就认为不具有足够的创作空间。

（3）对图像、声音和表演的组合与电影作品创作类似。电影作品中常常出现通过音乐渲染感情的表达，使故事情感更加鲜明。在体育赛事节目中也存在相同的应用。例如，赛事拍摄现场通常会配备数名调音师，收集现场各个环节

---

① 参见程志明、任金州主编：《跃升与质变——体育赛事电视共用信号制作专论》，北京师范大学出版集团 2011 年版，第 21、38 页。

的声音，观众在视频中听到的声音未必是现场真实的情况，而是调音师根据导播的总体要求，为了配合赛事节目的情感表达而制作的更加夸张、更具冲击力的混合音效。

因此，体育赛事节目的制作实际上与电影制作的方式如出一辙，但由于电影中演员的表演本身就具有较高的艺术性，而体育赛事节目的主要内容是不受保护的赛事本身，极其容易忽视体育赛事拍摄者在镜头上的运用及创作而否认其可版权性。如上文所述，著作权对作品的独创性要求不应当是艺术价值的判断，只要在创作过程中，创作者具有一定的选择、安排、设计就应当认为符合作品的独创性，分析体育赛事节目是否具有独创性，与体育赛事本身无关，而与拍摄者在拍摄赛事过程中，是否有创作选择空间，是否进行了一系列选择、安排、设计有关。

3. 完整反映赛事与创作赛事节目不冲突。

（1）符合观众的预期与表达的多样化不冲突。持反对意见的一个主要观点通常认为赛事节目需要满足观众的预期决定了制作的个性化程度是有限的。[1]有的法院也认为这种摄影师对镜头内容的预判不能体现直播团队的个性化选择。[2] 笔者认为，观看视频的观众与在现场的观众看到的赛事是不同的，现场的观众可以自主地选择其关注的重点和其认为精彩的部分，与赛事的发生是同步进行的，而观看视频的观众所看到的是按照直播团队的审美创作后的画面。在看到直播画面之前，观众并不知道他想看到什么样的画面，或者说只有模糊的预期，例如想看进球和传球的画面，但具体是什么样的画面观众无法预期，而摄影师的和导播考虑的不仅仅是要拍到体现这些要素的画面，还要通过构图、角度、剪辑等镜头语言把赛事拍得精彩刺激。否则仅用一个上帝视角的镜头也能将这些要素拍摄进去，观众所期待的只是赛事的具体进展，但如何表现这些进展毫无疑问是直播团队的创作。

事实上在所有的艺术创造中，从不存在一个从旁指挥的观众，观众之所以觉得画面符合预期且感觉流畅，那是因为拍摄团队主动创作符合艺术创作水准高度的结果，创作者不会也无法为了讨好观众而决定创作过程，实际上创作者只有坚持创作理念才能创作出美妙的作品，观众才是被动接受的那一方，比赛中某些固定要素比如进球等拍摄，并不影响如何去拍以及直播整体创作的高度。

---

① 参见王迁："论体育赛事现场直播画面的著作权保护——兼评'凤凰网赛事转播案'"，载《法律科学》2016 年第 1 期。

② （2015）京知民终字第 1818 号判决书。

除此之外，完整地反映比赛的进程只是体育赛事拍摄的目的之一，为了吸引更多的观众，直播团队需要增加比赛的趣味性和紧张性，选择除了反映比赛进程之外的其他镜头并配合解说，比如适时选择一些观众的镜头表达紧张、惊讶、开心等情绪，以丰富整个赛事的情感和精神，而这一部分并不是观众在看到视频之前就能预期的。例如，足球比赛全场 90 分钟，可能只会进 1~2 个球，除了进球这样精彩时刻的拍摄可能每个导播都做得差不多之外，如何将漫长的赛事通过拍摄中的镜头选择和即兴创作将体育赛事表达得更生动精彩是体育赛事节目中的创作空间所在。

（2）固定机位不代表固定表达。反对者的另一观点是，赛事拍摄过程中，对赛场机位的设置通常是固定且规律的，若球落入某一机位的位置，该机位的摄影师通常要跟着球拍摄，对进球内容要拍摄进球全过程和慢镜头，技术性规范使得表达有局限性。

实际上固定机位的目的是囊括赛场的每个角度，确保有足够多的视频素材供导播进行选择，这恰恰体现了选择的空间和创作的多样性。例如，在"央视国际诉 PPTV '2016 欧洲足球锦标赛'案"中提到"每座球场均有 46 个机位，上述镜头几乎无死角的布置与球场的各个方位……为现场直播创作人员提供了源源不断的素材"。[①] 同理如摄影作品的创作，即便是有限的位置和场景，不同的摄影师也可以有无数种创作的选择，即便仅仅是针对进球的拍摄，不同的摄影师也可以通过画面构图角度、突出人物或是球、远镜头或是特写镜头、慢放的角度等产生无数种选择，摄影师和导播对画面的选择正是其表达的独创性所在。

其次，赛场中相同位置通常会有多个机位的摄影师同时进行不同角度拍摄，这些画面无法同时呈现，而导播选取哪一个画面作为直播视频内容，是根据其想表达的故事、精彩程度和美感程度来决定的。同时，在直播过程中随机插入的访谈、中场休息、运动员介绍以及背景介绍也都需要有机地结合现场比赛的进程和临场发生的事件，根据导播想传达的故事性和趣味性选择性地插入。这一系列的选择最终呈现出精彩的体育赛事节目与现场赛事相比，包含了很多除体育赛事事实之外的独创性的表达。

综上，从目前行业情况来看，体育赛事节目与普通节目制作相比，无论是制作内容还是技术要求，其标准都远远高于普通节目的录制。在早些年录制技

---

① 参见（2017）沪 0115 民初 88829 号判决书；央视国际诉 PPTV "2016 欧洲足球锦标赛"赛事节目。

术较落后，机位设置及录制选择较单一的情形下，体育赛事节目可能尚难以达到独创性的高度，但根据现在的制作水平和标准，即便在我国独创性标准高于英美法的环境下，体育赛事节目也符合作品的保护标准。

二、体育邻接权

（一）领接权的概念

邻接权，又称与著作权相关的权利。我国属于大陆法系国家，根据作品"独创性"的高低将作品分为著作权和邻接权两个体系对作品提供不同力度的保护，一些独创性不够高的作品通过邻接权来进行保护。与体育相关的邻接权主要包括录音录像制作者、出版者、表演者。

（二）表演者权

表演者权是邻接权的一种，体育运动员是否构成表演者近年来在理论研究中讨论颇多。根据我国现行《著作权法》以及《中华人民共和国著作权法实施条例》规定，表演者必须是表演著作权法意义上"作品"的主体，而运动员所表演的体育赛事本身是不受著作权保护的，因此从这一层面上来看，我国目前对体育运动员尚无法适用表演者权提供相关保护。

1. 其他国家对竞技运动员作为表演者保护的情况。《罗马公约》第9条规定"任何缔约国均可根据国内法律和规章，将本公约提供的保护扩大到不表演文学或艺术作品的艺人"，允许缔约国对"表演者"定义作出扩大解释。[1] 巴西则直接将表演者的范围扩展到体育表演和比赛项目中的运动员和运动员组织。[2] 日本著作权法对表演者的规定包括对非著作物表演但却具有公开娱乐性质的公开行为的人，如杂要演员、马戏演员、体育运动员、魔术表演者等。西方一些国家著作权法上的"表演者"已由传统的"对文学、艺术作品进行表演的人"扩大到对非作品进行表演的人，如杂要演员、马戏演员、体育运动员、魔术表演者等。[3] 可见，将运动员纳入表演者的范围进行保护在国际上并不罕见，在长期的实施中也证明了这一规定是符合社会利益发展需求的。

2. 我国表演者权未来的发展。随着体育经济的发展，单纯的体育竞技已经不能满足公众，衍生出的体育竞技表演赛越来越热门，例如公众熟知的"NBA

---

① 参见《罗马公约》第9条：任何缔约国均可根据国内法律和规章，将本公约提供的保护扩大到不表演文学或艺术作品的艺人。

② 吴汉东主编：《知识产权法》，法律出版社2014年版，第41、80页。

③ 吴汉东、曹新明、刘剑文：《西方诸国著作权制度研究》，中国政法大学出版社1998年版，第153、172页。

全明星表演赛""拳击表演赛"以及电子竞技领域的表演赛等。2018 年 12 月 21 日，国务院办公厅发布实施了《国务院办公厅关于加快发展体育竞赛表演产业的指导意见》(以下简称《意见》)，其中提到体育竞赛表演产业表现为体育竞赛表演组织者为满足消费者运动竞技观赏需要，向市场提供各类运动竞技表演产品而开展的一系列经济活动。与普通的竞技不同，这类表演赛更加注重对技术、战术进行演示或示范，有时还会设计一定的戏剧冲突，增加赛事的精彩程度。

2014 年发布的《中华人民共和国著作权法（第三次修订送审稿）》曾经对表演者进行了重新定义，将表演者的范围扩大到包括表演民间文学艺术表达的自然人。[①] 随着体育表演产业的发展，未来体育运动员有可能会作为表演者被纳入邻接权的体系进行保护。

第三节　体育标识

一、体育标识的概念

体育标识并非一个现有的法律概念，而是随着体育经济发展逐渐形成的一种商业概念，与普通的商业标识相比，体育标识不仅包含了体育领域相关的商品或服务商标，还包括体育组织或机构的名称、标志、徽章、吉祥物以及体育域名、体育赛事的口号、主题词、旗帜、会歌等，从体育经济商业化发展来看还包含运动员个人或集体元素，如姓名、代号、图片等。

有的标识具有多重权利，例如北京奥运会的吉祥物"福娃"，因设计复杂具有一定的独创性，除了可以申请为注册商标或特殊标志，还可以作为著作权作品进行保护；又如"乔丹"，是知名体育明星的姓名，又是体育用品的商品商标。其在不同的法律关系中发挥不同的法律作用。

二、体育标识的特征

（一）特殊保护

除了可以通过《中华人民共和国商标法》(以下简称《商标法》)、《中华人民共和国反不正当竞争法》对体育标识进行保护之外，国家为推动体育社会公

---

① 参见《中华人民共和国著作权法（修订草案送审稿）》第 33 条：本法所称的表演者，是指以朗诵、演唱、演奏以及其他方式表演文学艺术作品或者民间文学艺术表达的自然人。

益活动的发展，针对体育活动中使用的标识专门制定了《特殊标志管理条例》以及《奥林匹克标志保护条例》对其进行保护。除此之外，在每年大型体育赛事举办前，国家往往还会出台专门的行政规章对相关体育标志的使用和保护进行规定。体育标识的保护与普通商业标识相比有诸多特殊之处：

1. 标识显著性要求特殊。我国商标法主要是针对商业市场的标识制定的规范，对标识的选择具有严格的限制，一些与国家政权或组织相关的标识是禁止作为商标注册的。同时《商标法》采用分类保护的模式，商标的显著性要求与所申请的商品或服务类别有关，对于一些仅有本商品通用名称、图形、型号的；直接表示商品质量、功能、用途、重量、数量及其他特点的；以及商品自身形状或使商品获得价值的形状，这些标识被认为缺乏显著性，不得作为商标注册。但《特殊标志管理条例》中对显著性的要求就远远低于《商标法》，仅限制了一些不利于国家形象、公序良俗、民族团结等标志的注册，不存在行业的限制，只要便于识别即可以作为特殊标志申请登记保护。

2. 权利取得方式特殊。我国与标识相关的法律均采取登记注册取得制度，权利人要获得体育标识的专有权需要向相关部门进行申请。体育活动的组织和举办通常具有短期性，大部分活动从策划至举办往往不足 1 年的时间，而依据《商标法》对标识申请注册的受理和审核期较长，且审核通过之后还要等待 3 个月的异议期，如有驳回、异议还需要等待更长的时间，使得权利长期处于不稳定的状态，不利于体育标识的保护。为弥补这一短板，《特殊标志管理条例》规定：申请文件齐备无误的，自收到申请之日起 15 日内发给受理通知书，发出通知书之日起 2 个月内，在特殊标志登记簿上登记，发给特殊标志登记证书，且没有异议程序直接获得授权，极大地缩短了权利的取得时间，方便权利人尽早获得确定的标识专有权并开展相关体育活动。

3. 保护期限特殊。知识产权具有时间性，体育标识的保护通常也具有一定的期限。根据《商标法》获得保护的注册商标有效期为 10 年，期满前 12 个月可以申请续展；根据《特殊标志管理条例》规定，特殊标志的有效期为 4 年，期满前 3 个月可以申请延期；根据《奥林匹克标志保护条例》规定，奥林匹克标志有效期为 10 年，期满前 12 个月可以申请续期。根据《奥利匹克宪章》规定，奥林匹克标志权的保护长期延续无需续权。

（二）"公权化"管理

受社会环境以及体育产业的发展程度影响，与其他国家相比，我国的民间体育组织并不发达，各单项体育活动组织都是由政府主导运作的，同时一些大型的体育赛事活动中，赛事的形象、参赛队伍的组织都代表着国家，这就决定了体育标识一定程度上必然会有行政权力参与管理。例如中国篮球协会曾发布《注册俱乐部及球队名称和标识管理办法》，规定各俱乐部及球队的标识在正式使用前应报经中国篮协审批。2018 年 9 月，国家体育总局发布《中国国家队联合市场开发方案》的通知，拟将"中国国家队"称号在一定范围内的商业开发权统一收回，并直接参与相关商务合同的签订。

（三）具有一定的公益性

体育活动是我国精神文明建设的重要组成部分，国家专门设立了《体育法》保障社会体育活动，例如学校必须开设体育课，城市规划必须包含公共体育设施建设等，在国家提倡"全民运动"的今天，体育活动本身具有一定的公益属性，体育标识的使用也具备了一定的公益性。例如，根据《特殊标志管理条例》，特殊标志所有人使用或许可他人使用特殊标志所募集的资金，必须用于特殊标志所服务的社会公益事业，并接受国务院财政部门、审计部门的监督。2018 年 9 月国家体育总局发布《中国国家队联合市场开发方案》通知，拟将"中国国家队"称号进行联合开发，目的就是为备战奥运及促进体育事业发展筹措资金。①

三、体育标识的保护及思考

尽管我国通过多部法律法规对体育标识提供了不同层面的保护，但体育标识的特殊性，使得在现有制度中对体育标识的保护仍然存在各种问题。

（一）商标分类保护制度对体育标识保护的影响

1. 体育标识赞助与商标权的冲突。体育赛事的商业赞助是体育经济中的重要产业，也是体育赛事组织者的主要收入来源之一。企业通过向赛事组织者支付一定的赞助费，换取在赛事活动中的冠名权益和标识的使用权。冠名的企业来自各行各业，所持有的商标通常集中在与自身行业相关的类别，并非所有的企业都会注册 41 类（体育赛事组织）商标，此时，如果有第三人在 41 类赛事组织服务中持有与赞助商相同的商标，赞助商在体育赛事活动中的赞助行为是否会构成商标侵权？

在"深圳平安文化公司诉平安保险公司、中超联赛公司侵害商标权纠纷案"中，深圳平安文化公司享有"平安"注册商标，核准服务范围为 41 类"组织体育活动竞赛"，平安保险公司取得 2014 年 ~2017 年中超联赛独家冠名权，平

---

① "体育总局重磅改革势在必行 国家队商业利益将收回"，载 https://sports.qq.com/a/20180914/051053.htm，2020 年 9 月 23 日访问。

安文化公司认为平安保险公司及中超公司在网站、球票中使用"平安"的行为构成商标侵权。但最终法院认为，平安保险公司在中超联赛中使用"平安"文字属于对其企业字号进行使用并实现冠名权益的行为，不属于 41 类商标意义上的使用，不构成商标侵权。[①]

实际上，在体育赛事赞助活动中，赞助商的名称通常会与赛事名称同时出现，赞助商的赞助行为是一种广告宣传行为，其在体育赛事活动中的使用不发挥识别赛事来源的作用，赛事活动对赞助商品牌发挥的是一种添附商誉的作用而非商标法意义上的服务来源的识别。

2. 商标抢注、"搭便车"现象严重。我国商标实行分类保护制度，在不同类别可以注册与其他类别相同的标识，商标的注册申请具有一定的成本，很少有赛事组织者会在赛事活动开始前对标识进行全类注册，这就使得市场上出现了大量的商标抢注现象，这些企业在抢注商标后，以使用自有商标为名，堂而皇之地"搭便车"，严重损害了赞助商的利益。尤其是一些知名的俱乐部名称、球队名称、运动员姓名等，例如 NBA 曾经就"湖人"商标在国内展开了长达 6 年的维权，在商标局网站中检索"中超"，也能够发现大量的"中超"商标。

对此类抢注行为，权利人通常只能通过不正当竞争或其他权利进行维权，维权时间长且成本极高，对体育经济的发展极为不利。尽管根据《特殊标志管理条例》，申请特殊标志的限制比普通商标少，且申请周期更短，理论上可以加强体育标识的保护。但特殊标志存在保护期短，收益必须用于公益等限制，且一些民间社团、俱乐部以及球队等标志也不属于《特殊标志管理条例》适用的标志范围，对体育标识的保护还是需要从商标法层面上进行改进，建议可以在商标授权阶段，加强对体育赛事标识的特殊保护。

（二）"3 年不使用撤销"制度对体育标识保护的影响

根据《商标法》第 49 条规定，无正当理由 3 年未使用的，任何单位或个人可以向商标局申请撤销注册商标。为了加强体育标识的保护，赛事组织者有时会在多个类别中申请体育标识注册商标，例如，为了充分发挥"中国国家队 / TEAM CHINA"称谓的集合效应，中华全国体育总会将"TEAM CHINA"商标在几乎全部类别中都申请了注册商标。如前所述，体育赛事组织对赞助商授权使用标识的行为，并非是识别相关商品或服务来源的作用，而是对赞助商品

---

① （2016）粤 03 民终 15570 号。

牌的一种商誉添附。例如，"TEAM CHINA"的首个合作商为怡宝饮料公司，①怡宝饮料公司在其生产的饮料标签中标注"TEAM CHINA"，对于熟知中国国家队称号的公众来说，这种标注显然不会产生该饮料来源于"TEAM CHINA"的效果。这种商誉添附性质的授权能否视为该体育标识在相关类别上的商标性使用还有待商榷。此外，一些冷门类别可能一直没有寻找到赞助商进行授权，或者赛事举办的周期间隔较长等因素，都会导致一些体育标识在 3 年内没有进行使用而面临被"撤三"的风险。

第四节　体育专利权

体育专利是体育领域的发明创造成果，不仅反映体育创新水平与能力，同时也是衡量一个国家体育科技创新程度的关键指标。②在全球化的国际背景之下，体育全球化与知识产权管理一体化已然成为国际体育事业的重要发展趋势，体育专利更加凸显其重要价值。其原因主要在于，体育专利的流通一方面推进体育产品资源在国际市场流通，另一方面也促进运动人员国际流动与交流。总体看来，体育专利的研发与应用大大提升了世界体育科技创新能力、繁荣了世界体育文化事业。

一、体育专利的概念

结合《中华人民共和国专利法》（以下简称《专利法》）的规定，体育专利可以按照种类与创新程度划分为发明专利、实用新型专利、外观设计专利三类。其中，"发明专利"（Patent for Invention）是指对体育器材、仪器、设备等体育领域内的产品、方法或其改进所提出的新的技术方案；"实用新型专利"（National Utility Model Patent）是指对体育产品的形状、构造或其结合所提出的适用于体育活动及应用中各种实用的技术方案；"外观设计专利"（Appearance Design）是指对体育产品的形状、图案或二者结合以及形状、图案、色彩三者结合所做出的富有美感并且适用于体育范畴工业应用上的新设计。

---

① "'TEAM CHINA'全新亮相 中国国家队合作计划正式启动"，载 http://sports.people.com.cn/GB/n1/2019/1128/c202403-31479925.html，2019 年 11 月 28 日访问。

② 汪毅、何秋鸿："我国体育专利的发展态势与区域分布研究"，载《北京体育大学学报》2017 年第 10 期。

二、体育专利的种类

体育专利常见于体育服装、体育设备、体育器材、体育仪器、体育场馆设施及设计等方面的创新成果。例如，很多发明创造致力于通过改进体育装备及器材而有效提高体育竞技的能力与优势；大量运动健身器材的专利如跑步机、力量训练器、瘦身仪等产品不断创新并投入市场以响应全民健身热潮；应用于体育竞技比赛中的激光测距离、调动计时等各种高科技的设施及建设；及体育服饰中跑鞋的超轻量控制、鞋底的 TPU 助力桥、合适的鞋底结构设计等技术研发。[①]

三、我国体育专利的现状

近几年我国体育专利的申请量呈现不断上升的趋势，这不仅体现我国知识产权保护意识的提升，也说明我国体育产业创新能力的总体情况较好。但总体上存在创新质量偏低的问题，一方面表现为存在大量失效专利；另一方面则表现为多数专利属于实用新型或外观设计，而发明专利只占少量比重。当"质"无法与"量"相互匹配时，必然会造成体育产业专利研发资源浪费与创新效率低下，因此，我国体育产业未来的发展要更注重技术的创新，以及加强科技成果的转化活动。

第五节 体育赛事转播权

一、体育赛事转播权的概念

目前我国法律对体育赛事运营过程中的相关权利及权利主体并没有明确规定，体育赛事转播权并不是一个法律术语，而是新闻媒体和体育行业长期使用约定俗称的用语。有学者总结认为体育赛事转播权就是体育组织将体育竞赛通过电台、电视台或网络等媒体向公众传播并据此获得报酬的权利。[②] 有法院总结此种所谓的"转播权"通过体育赛事的组织章程或相关协议约定产生，通常理解为体育赛事组织者授权媒体组织播送或播放体育赛事以获取经济收益的权利。[③]

---

① 张玉超："我国体育知识产权的基本法律问题研究"，载《中国体育科技》2014 年第 2 期。

② 马法超："体育赛事转播权法律性质研究"，载《体育科学》2008 年第 1 期。

③ （2013）沪一中民五（知）终字第 59 号民事判决书。

　　笔者认为，转播权通常包含了允许进入比赛现场，在现场布置摄像机位、子弹时间拍摄系统、高科技摄像系统进行拍摄和采访，设置演播室、安排比赛解说员和嘉宾主持进行解说，利用从比赛现场获取的以影像和声音为基本的信息源，通过镜头的切换与组接，经过实时剪辑和编辑、制作等直播手段，综合运用慢动作、飞猫特效等画面切换、合成的镜头语言，制作加工成比赛的公用信号（又称直播信号）内容，向持权转播商传输信号或向公众转播、传播赛事信息的权利。

　　需要强调的是，体育赛事转播权的说法起源于媒体行业，"现场直播"在媒体行业内又称为"实况转播"，是一种以采拍、选择、切换、剪辑和播出同步进行的方式开展的电视节目形式，[①] 因此，人们习惯将对体育赛事进行直播的行为称为体育赛事转播。这与著作权法体系中提及的"转播权"尽管在文字表述上相同，但含义却有所不同，无论是"广播权"还是"广播组织权"中的"转播权"，都是指对于播出内容进行再次转播的权利，更接近字面意思上的"转播"。体育赛转播权中的转播实际包含了"直播"和"转播"两个行为，目前存在争议的主要是"直播权"。

二、转播权的法律性质

（一）体育赛事转播权不是著作权

　　体育赛事转播权与著作权是互相独立的法律概念，二者是在体育赛事从开始举办到拍摄制作成体育赛事节目的过程中先后产生的两种权利。体育赛事转播权对应的客体是体育赛事本身，是基于赛事组织者对赛事的成本投入、人力物力付出及政治社会风险的承担，所应当享有收益的权利，其中收益中占最高比例的是赛事转播权授权收益，控制他人对体育赛事进行拍摄、向公众传播的行为。而体育赛事节目的著作权对应的客体是拍摄完成后的赛事节目，基于拍摄体育赛事节目的转播商的创作行为而产生的如著作权等权利，控制他人对赛事节目进行传播的行为。体育赛事节目的制作、播放常以体育赛事"转播权"的行使为前提，但体育赛事节目和体育赛事两者产生的权利性质并不相同。在"体奥动力诉土豆网案"中，法院也明确指出体奥动力获得的转播权属于一项商业权利，并不是著作权中的一项专有权利。[②] 并且体育赛事转播权的权利主体一般是赛事组织者，而著作权的权利主体通常是赛事节目的创作者。

---

① 参见黎炯宗：《电视现场实况转播》，中国广播电视出版社 2012 年版，第 1 页。

② （2013）沪一中民五（知）终字第 59 号民事判决书。

（二）体育赛事转播权不是广播组织权

实践中，行使转播权的主体和广播组织有时会重叠，例如电视台，在很长一段时间内，我国体育赛事的拍摄制作都是由央视完成，在央视播出，央视既是体育赛事转播权的被授权人，又是广播组织者。但体育赛事转播权并不等同于广播组织权，体育赛事转播权无法通过广播组织权进行保护。

广播组织权是邻接权的一种，保护的客体是广播组织播出的信号，而体育赛事转播权保护的客体是体育赛事本身。从权利主体来看，根据企业权利说，赛事转播权的本质是保护赛事组织者对赛事投入获得回报的权利，因此体育赛事转播权的主体一般是赛事组织者，而《著作权法》规定的广播组织权的主体必须是广播组织者，因此广播组织权无法实现赛事转播权的保护利益。

另外，广播组织者拥有的权项有限，只有《著作权法》（2010 修正）第 45 条第 1 款规定："广播电台、电视台有权禁止未经其许可的下列行为：①将其播放的广播、电视转播；②将其播放的广播、电视录制在音像载体上以及复制音像载体。"这两个权利，无法满足体育经济对于无形资产商品多样化和分割授权的需要，也无法规制赛事转播权最主要的"授权他人拍摄制作体育赛事节目"的行为。

同时，《著作权法》对广播组织权提供的是一种禁止权模式而非专有权模式，不利于商业环境的交易习惯，有学者认为只能禁止他人使用，但是能否授权他人使用存疑。

三、体育赛事转播权的权利来源

如上所述，体育赛事转播权目前并不是一项法定权利。权利人无法依据一项明确的法定权利阻止其他媒体或个人对赛事进行拍摄和直播，只能依赖于对转播权属于一种"商业性财产权利"的理论进行解释和保护。尽管在实践中体育赛事组织者往往会与转播商签署合同，将其对体育赛事拍摄和传播的权利独家授权给转播商，但这一授权的权利基础何在，往往成为司法实践中的争议焦点之一。

关于体育赛事组织者对赛事享有某种权利的依据，在各国中都没有详细的规定，即便在明确规定体育赛事组织者享有"转播权"的法国，在立法上也并未明确权利的基础，在理论研究中主要由如下三种观点支持其正当性：

（1）"赛场准入说"认为，场地所有人或占有人有禁止他人未经许可进入自己领地的权利，转播商需要先获得场地所有人或占有人的许可才能进行转播。

（2）"娱乐服务提供说"认为，无论是观众还是媒体，进入赛场时都享受了比赛带来的娱乐，现场观众需要付费观看，转播商也应当付费拍摄。

（3）"企业权利说"认为，举办赛事是一项经济活动，赛事组织者在承办、组织赛事时，投入了巨大的人力、物力、财力和行政资源，从而背负经济和社会效益上的巨大风险，第三人不得做出可能减损作为企业的比赛组织者的企业收益（如出售电视和互联网转播权的收益）的行为，否则有违公平、诚实信用原则，这是一种必须得到法律保护的企业权利。[①]

笔者比较赞同"企业权利说"，组织体育赛事作为体育强国建设的重要组成部分，确实具有一定的公益性，但部分专业体育赛事的组织，同时也是一种经营行为，体育赛事组织者需要通过吸引更多的观众、对转播权的授权来获取利润，收回组织赛事所投入的成本，在这一理论基础上就能合理解释体育赛事组织者享有转播权的正当性。

四、体育赛事转播权的司法保护现状和发展

（一）转播权的保护现状

由于转播权立法的缺失，转播商在面对盗播等侵权行为时，在现有法律框架下寻求保护变得困难重重，在实践中也探寻了不同的保护路径。

1. 通过物权法进行保护。在"体奥动力诉土豆网亚足联赛事转播案"中，体奥动力享有亚足联授权的转播权等商业权利。原告主张其享有的转播权是一种物权性质的财产权，被告上传的赛事视频是原告享有权利的动产。我国《民法典》物权编规定，物权的种类和内容由法律规定。原告主张其受到侵害的独家播放权系物权属性的权利，但我国法律并未对赛事组织者的权利作出规定。法院认为，对体育赛事享有权利不必然对体育赛事节目亦享有权利，体奥动力获得的体育赛事转播权不能及于或控制赛事节目传播的行为。体奥动力主张其享有的独家播放权属于物权属性的权利，但根据物权法定原则，物权的种类必须由法律明确约定。[②]

2. 通过著作权法保护。由于立法对体育赛事转播权规定的缺失，转播商也尝试通过对体育赛事节目著作权的保护来实现其转播权利益的保护。

有的法院直接依据赛事章程的内容认定体育赛事节目的权利归属于体育赛事组织者。如 2008 年北京奥运会第一案"'德巴女足'直播侵权案"中，法院就依据《奥林匹克宪章》和中国政府与国际奥委会签署的协议认定国际奥委会

---

① 参见裴洋：《反垄断法视野下的体育产业》，武汉大学出版社 2009 年版，第 193~194、197 页。
② （2013）沪一中民五（知）终字第 59 号。

将其享有的体育赛事转播权独家授予中央电视台，该转播权包含信息网络传播权。[①] 在"央视国际诉暴风集团'2014 年巴西世界杯'案"中，法院认为，依据国际足联出具的《媒体确认函》，国际足联将"2014 年巴西世界杯"赛事包括制作电视节目在内的录像制作者权等权利授予央视及央视国际公司。[②] 这实际上将转播权和著作权的概念进行了混同。

各赛事组织的章程的效力仅及于各个会员，根据我国《体育法》规定，由各单项体育协会代表国家参与国际事务，也就是说各赛事组织的章程约束的是参加该组织的各个协会，具有相对性。而著作权一旦产生，任何人都要在法律规定范围内遵守，具有对世性，属于绝对权。具有相对性的章程显然无法创设一个对世性的著作权，必须由立法来规定。但从实践来看，体育赛事组织者为了保障自身权益，在制定赛事章程时，赛事组织者会明确规定赛事所产生的包括赛事节目著作权在内的所有权利均归属于赛事组织者，而赛事组织者在与转播商签署的合同中通常会引用章程的条款，使得章程中关于著作权归属的规定成为合约的一部分。因此，尽管转播商基于拍摄行为能够天然享有赛事节目的著作权，但该权利通常在与赛事组织者签订合同时就约定该著作权归属于赛事组织者。赛事组织者对网络侵权者所主张的权利依据实际上是与转播商约定归属而取得的。

如上文分析，对体育赛事享有的转播权和对体育赛事节目享有的著作权是两种不同性质且互相独立的权利，二者是体育赛事举办播出过程中先后产生的权利，互不冲突和重叠，但在实践中二者通常会交织在一起授权。因为著作权具有可转让性，体育赛事组织者通过合同授权转播商对体育赛事进行拍摄制作，并约定转播商所拍摄制作的体育赛事节目的著作权归属于体育赛事组织者，再由赛事组织者反过来授权给转播商独占使用，即"授权（转播权）+ 转让（著作权）+ 再授权（著作权）"的模式。但因为签订协议时，体育赛事节目的著作权实际上还未产生，此时转播商与赛事组织者约定转让的仅仅是"预期的版权"的归属。[③]

在体育赛事转播商比较单一的情况下，基本能够通过赛事节目著作权的保护实现转播权利益的保护，但随着体育赛事的"制播分离"以及专业转播商主体的多样化，除央视等电视台之外，还产生了一批如体奥动力、OBS、BOB 等

---

① （2010）穗中法民三初字第 196 号。

② （2015）京知民终字第 1055 号。

③ 裴洋:《反垄断法视野下的体育产业》，武汉大学出版社 2009 年版，第 200 页。

专业转播商参与转播权的授权市场竞争，仅依靠赛事节目的著作权保护无法很好地规制前端的转播权侵权行为。其次，我国著作权法对于体育赛事节目是否构成著作权法保护的客体仍然存在较大的争议，司法实践中甚至出现了相反的判决。基于我国特殊的"录像制品"制度，体育赛事节目是否构成作品又直接影响了最具经济价值的体育赛事直播画面能否受到保护的问题。体育赛事转播权作为体育赛事组织最重要的收入，不能将对该权利的保护寄托在一个没有正名的权益或存在巨大争议的权利之上。

3. 通过不正当竞争进行保护。在"'火猫 TV'诉'斗鱼'网络游戏直播案"中，法院认为，转播权具有强烈的商业属性，承载着原告可以由此获得的商誉以及一定的经济利益，该种利益属于我国侵权责任法保护的一种财产性民事利益，可以根据不正当竞争法予以保护。[①]体育赛事组织者在组织体育活动的过程中进行了大量的投入，有权通过转播权的授权获取经济利益，在转播权尚未在立法中明确规定的情况下，通过反不正当竞争法进行保护不失为一种办法。但转播权授权已经是体育产业中比较成熟的产品，体育经济市场长期的运作中对转播权已经形成了一定的商业习惯和秩序，对于一项市场中基本确定的权益，一直以"应当受保护的利益"这样一个模糊的概念进行消极保护，难以发挥法律的指示作用。

（二）在我国立法中增设体育赛事转播权的必要性

1. 新媒体技术的更迭使得自力救济变弱，需要借助公权力保护赛事转播权。随着 5G 网络的普及、全民直播的浪潮以及短视频技术等新媒体技术的发展和多样化，已经出现个人现场转播体育赛事的情形，未来可能会发展网红直播体育赛事、短视频直播体育赛事等多种赛事传播方式，体育赛事组织者对赛事权利的实然控制已经逐渐减弱，以往通过对赛事的准入权控制拍摄行为的保护路径越显疲态，如果不通过法律赋予赛事组织者一个绝对的对世性的权利，明确约定体育赛事的相关权利归属于赛事组织者，将造成赛事组织者企业利益的不稳定和竞争的不公平。

2. 体育经济的健康运营需要司法赋予"确定性"的权利。从目前世界体育经济的现状而言，大到奥运会，小到业余比赛，大家都是通过以赛事转播权为基础衍生的知识产权体系为其相互之间的权利归属、权利受让、利益链条进行服务。在体育经济的运行中，赛事组织者作为所有权利的集中者，通过这一授权体系，层层向下授权，最终形成了完美的商业授权链条，使得体育经济能健

---

① （2015）沪知民终字第 641 号；（2015）浦民三（知）初字第 191 号。

康有序地运作。立法对赛事转播权的缺失使得这一整个授权链条建立在未正名的"利益"之上，不利于体育经济运作的稳定性发展。

【推荐阅读资料】

王迁："广播组织权的客体——兼析'以信号为基础的方法'"，载《法学研究》2017 年第 1 期。

王迁、徐晓颖："网播组织的邻接权保护"，载《中国版权》2016 年第 6 期。

万勇："功能主义解释论视野下的'电影作品'——兼评凤凰网案二审判决"，载《现代法学》2018 年第 5 期。

张伟君："从固定要求看我国《著作权法》对体育赛事直播画面的保护"，载《中国发明与专利》2019 年第 4 期。

卢海君："论作品的原创性"，载《法制与社会发展》2010 年第 2 期。

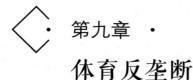

第九章

体育反垄断

【引例】欧洲冠军联赛是欧洲足联组织的欧洲最高水平的俱乐部比赛，每年由其下属的成员协会的顶级联赛冠军和部分足球强国中联赛成绩靠前的俱乐部参加。冠军联赛是欧洲最受欢迎的电视节目之一，其每年在转播权上的收入几乎占到了冠军联赛整个收入的80%。

对于决赛阶段所有比赛的转播权，欧洲足联在其每一个成员所在国只与一家电视台签订独家协议，期限一般在4年以上。欧洲足联对与其签订协议的电视台规定了最低限度的转播义务：由于冠军联赛的比赛是在每周的周二和周三进行，因此较强国的转播商必须在免费频道或付费频道上直播周二的比赛，在免费频道上直播周三的比赛，两晚的比赛集锦都得在免费频道播出；对于较弱国来说，如果其本国俱乐部在周二或周三晚有比赛，则该场比赛必须在免费频道直播。一旦转播商履行了上述义务，它就可以自主开发剩余的权利，无论是在免费频道还是在付费频道。

1999年2月，欧洲足联向欧盟委员会提出了关于其出售欧洲冠军联赛转播权的豁免或"否定违法证明"申请。欧洲足联提出的主要理由有：[①]

第一，本案的相关产品市场为体育比赛中的商业权利，欧洲足联的集中出售行为并未显著地限制竞争。

第二，冠军联赛是由欧洲足联创立的独特品牌，只有集体出售转播权才有利于维护这个品牌；反之，若不得集体出售，无论对于俱乐部、电视台、赞助商还是消费者来说，都会使市场缺乏独特的产品。

第三，通过集中出售转播权，进而集中分配收益，有利于维持大俱乐部和小俱乐部之间的财力和水平的平衡，这样才能保证整个职业足球体系的正

---

① OJ, 1999, C 99/24.

常运转。

第四，欧洲足联的集中出售方案使得冠军联赛主要在免费频道上播出，观众可以看到更多高水平俱乐部的比赛。

请思考以下问题：

1. 本案的相关产品市场是什么？

2. 由足球行业组织集中出售比赛的转播权对于足球运动来说是必须的么？集中出售和由各俱乐部各自出售自己比赛的转播权，各有何利弊？

3. 独家转播权协议对于转播机构和球迷的利益有哪些影响？

【目标】了解体育反垄断争议的根源和主要类型，掌握运用反垄断法分析职业体育联盟和协会的有关规则与措施的基本步骤、方法，加深对反垄断法分析框架内的体育特殊性的理解。

作为法律、经济和体育相交叉的极为错综复杂的地带，体育产业中的反垄断法争议显得尤为引人关注。19世纪晚期以来，随着职业体育赛事的出现，传统上被视为身体教育和娱乐方式的体育活动开始展现出其巨大的经济上的潜力，并逐渐引起了作为"经济宪法"的反垄断法的关注。时至今日，职业体育赛事已被公认为体育产业最核心的组成部分，利用反垄断法对其进行调整在很多国家已是司空见惯的事情。可以说，体育反垄断争议是体育产业化趋势最为明显的体现。

第一节　体育反垄断概述

一、反垄断法调整体育产业的基础

普遍的观点认为，职业体育发展过程中面临的最大问题就是竞争平衡（competition balance）的缺乏。所谓"竞争平衡"，指的是职业体育比赛中各参赛队伍在实力上旗鼓相当。之所以竞争平衡为职业体育界所看重，是因为整个体育产业运转所围绕的核心——体育比赛的魅力就在于比赛双方的实力相当，从而保证比赛结果充满了不确定性。如果比赛双方实力相差悬殊，比赛毫无悬念，甚至某支球队老是输球，而另一支球队却永远是冠军，那么久而久之球迷们就会感到厌倦，从而导致比赛上座率和电视收视率下降、电视转播合同贬值、赞助商撤资等连锁反应，最终影响整个职业体育联盟的利润，甚至危及体育赛事的存亡。

运动场上竞争平衡的缺乏往往是俱乐部经济上不平衡的直接后果。球队在地方性收入上的巨大差异主要是由于球队位于不同的城市。大城市人口众多、经济发达、受到的关注度也更高，因此如果能把球队主场设在这些城市，将给投资人带来丰厚的回报，同时也更能吸引优秀的球员加盟，进而提高球队的竞技水平。而那些小城市由于市场容量有限，因此球队获取收入的机会和手段也相应少得多，对优秀运动员的吸引力也较小，从而影响了球队竞技水平的提高。以欧洲职业足球运动为例，竞争平衡的缺失不仅出现在一国少数富有的大俱乐部同那些财力有限的小俱乐部之间，甚至在来自欧洲五大足球联赛（意大利、西班牙、英格兰、德国、法国）的豪门俱乐部同欧洲其他足球联赛中最强的俱乐部之间也存在着明显的贫富差距。经济实力上的巨大差距也导致两类俱乐部之间的关系发生着变化。一个显著的趋势是小俱乐部日益失去竞争力，逐渐在事实上沦为给大俱乐部培养优秀球员的基地；而大俱乐部则不再注重自己投资进行青少年运动员的培养，更乐意从小俱乐部引进优秀球员。

为了维持竞争平衡并扫除对其实现利润最大化目标的障碍，职业体育联盟和协会制定了各种规则和措施来协调、统一其成员的行动。但是从反垄断法的视角来看，隶属于职业体育联盟和协会的各体育俱乐部都是独立的市场主体，相互之间本存在着激烈的市场竞争，上述规制和措施无疑限制甚至消除了它们之间的正常竞争，当然是应该被禁止的。正是这些在其他产业中难得一见的现象引起了反垄断法上的争论。

二、反垄断法调整体育产业的主要领域

体育反垄断问题出现在职业体育赛事运行的各个阶段，限制竞争行为的表现形式也是多种多样的。根据不同的标准，可以将这些问题做不同的分类：比如横向限制竞争行为（包括对球队数量的限制、地域的限制等）和纵向限制竞争行为（包括联盟同转播机构签订独家转播协议等）；不同职业体育联盟间发生的反垄断纠纷（主要是联盟间的竞争）和职业体育联盟内部发生的反垄断纠纷（包括俱乐部迁移、赛事准入、球员流动等）。根据这些争议焦点的相对独立性与重要性，可以将它们归纳为以下几种：

（一）不同职业体育联盟与协会之间相互竞争

为了同竞争对手争夺参赛俱乐部、运动员、观众和媒体关注度，职业体育联盟和协会纷纷采取各种措施以维持自己的地位并削弱对方的势力。在这场斗争中，处于相对弱势一方的职业体育联盟与协会纷纷以反垄断法为武器，攻击强势的一方滥用市场垄断地位。

（二）赛事准入制度

赛事准入制度关系到谁有资格参与职业联赛的基本运营这一体育产业运行的前提问题，因此至关重要。赛事准入既涉及投资人参与控制俱乐部的权利，也涉及俱乐部参加职业联赛的资格，被拒之门外的当事人常会提起反垄断之诉，指控有关准入制度不合法。

（三）俱乐部迁移制度

俱乐部通常都会将某一个特定的城市作为其运营中心来开展常规活动，这个城市即成为该俱乐部的主场。每个赛季，俱乐部在主场以主队的身份进行大量的比赛，主场城市的市政当局和球迷也给予俱乐部以最大的支持。每一家俱乐部有且仅有一个主场，这是欧美职业体育联赛普遍采用的制度。但作为企业或服务提供商的俱乐部，却时常出于某种考虑，通常是经济利益上的考虑，而期望能迁往另一个城市。对于俱乐部的迁移要求，职业体育联盟往往采取某些措施予以限制甚至禁止，由此产生了反垄断法上的争议。

（四）对运动员流动进行限制

为了避免俱乐部以高薪吸引优秀运动员加盟从而导致运营成本提高，同时也是为了保持俱乐部间的竞争平衡，职业体育联盟和协会通常会制定各种规则，不允许运动员像其他行业的从业者一样根据自己的意志选择雇主。历史上，诸如选秀制度、自由球员补偿制度、工资帽、奢侈税、转会费等，都曾被运动员以违反反垄断法为由告上法庭。

（五）职业体育联盟和协会及所属俱乐部出售比赛转播权

职业体育比赛的高收视率对于赛事的经营者和转播机构来说具有同样的重要性，共同的利益驱动使职业体育联盟和协会、体育俱乐部和转播机构得以联合起来，而他们之间的纽带就是体育比赛的转播权买卖协议。在实践中，这类协议常常表现为职业体育联盟和协会作为卖方集中出售其组织的比赛的转播权，而买方则是极少数传媒巨头，同时协议还是独家的、排他性的。从形式上看，这类协议具有明显的反竞争性，因此常常招致反垄断法上的质疑。

（六）其他方面的反垄断纠纷

实践中，职业体育联盟或协会制定的其他行业规章，如反兴奋剂规则、运动员经纪人制度甚至争议解决规则都曾引起反垄断争议，诉诸司法机关。

三、体育反垄断的基础性问题

（一）体育产业相关市场的界定

1. 相关产品市场。由于职业体育运动同普通的产业存在很大差别，因此将反垄断法的产品市场界定原则适用于体育产业就需要特别注意以下特殊之处：

（1）产品的非功能性特征。体育产业提供的产品通常都不具功利性，而是一种娱乐休闲的方式。当需要对某一特定体育产品的相关市场设定边界的时候，这一特征就带来了问题，即如果要对一项限制性措施所带来的反竞争效果进行评估，不仅要确定当体育产品提供方提高产品价格时消费者可获得的替代产品，还要考虑当消费者面对价格上涨和缺乏可替代产品的局面时放弃购买体育产品的可能性。和一般产品或服务的消费者选择替代产品相比，体育产品的消费者可能更多地是运用其拒绝购买的能力。比如，某个厂家生产的汽油的价格上涨可能会直接导致消费者转而购买另一厂家生产的汽油，而足球比赛门票价格上涨的后果却可能是球迷不再观看比赛，而非转而观看篮球比赛。这样，市场界定的通常方法，即可替代性标准和交叉弹性标准就很难在体育产业中适用，因为消费者最终根本就没有完成购买行为。

（2）消费者选择的高度主观性。确定一种产品是否是另一种产品的可替代品通常是件困难的工作，而这一困难在体育产业中就表现得更为显著。这是因为体育消费者的偏好具有高度主观性，有时甚至是纯粹受到感情因素的支配，从而难以对其做纯粹客观理性的分析。比如，某种名牌汽油的价格上涨了 5 美分，那么我们可以比较准确地计算出有多少消费者会转而购买其他不知名品牌的汽油；但如果是一支球队的赛季套票价格上涨 100％ 的话，这样的数据统计就很难执行了：球迷们有的可能会继续购买套票，有的可能取消套票预订并把这笔钱节省下来或者转而购买其他物质产品，还有的可能把本来用于购买套票的钱用于其他的娱乐休闲活动。①面对体育产品的价格变化，消费者的反映可能是多种多样的，这使得对消费者偏好进行衡量并对能够满足这种偏好的可替代产品进行概括变得尤其困难。

消费者选择的高度主观性还为体育产品的市场界定带来了两个值得考虑的因素，即"品牌忠诚"（brand loyalty）和"单一产品"（single product）。在很多产业中，相比于具有同样性能与质量的其他产品，标注著名品牌的产品都可以调高其定价，而消费者也往往乐意接受该定价。不过，在普通产业中品牌忠诚赋予产品的市场力量一般是比较有限的，著名品牌的产品不可能在大幅度提高其价格的同时又不使其消费者流失到其他品牌的产品上。而在体育产业中，

---

① Seal James L., "Market Definition in Antitrust Litigation in the Sports and Entertainment Industries", *Antitrust Law Journal*, 61 (1993), 741.

品牌忠诚却显得特别突出：球队套票价格的上涨可能使一部分球迷从买票进球场看球改为坐在家里看电视转播，但一般不可能使他们转而支持别的球队。在这种情况下，该球队的比赛就有可能成为单一产品，因为这一产品没有其他产品可以替代。

（3）产品运输方式的重要影响。在大多数普通产业中，产品的运输方式通常不会在实质上影响消费者对该产品的偏好程度，但体育产品的不同运输方式所产生的影响有时却大到使得看起来是同一件产品的东西却在实质上分处不同市场。比如对于同一场足球比赛，球迷们既可以在球场的观众席里现场观看，也可以坐在家里收看电视上的现场直播，还可以在赛后第二天观看比赛录像或精彩片断集锦。乍看起来，产品都是同一场球赛，但这几种收看比赛的方式给观众所带来的生理和心理体验却是截然不同、无法相互替代的。

2．相关地域市场。比起相关产品市场，体育产业中的地域市场的确定比较容易，比如《谢尔曼法》下的地域市场一般就是美国国内。值得注意的是，由全球性的或欧洲的体育行业组织制定的规则，其效力范围是全球的或全欧洲的，毫无疑问会影响欧盟成员国间的贸易，其地域市场应包括整个欧洲经济区。而即使是某一欧盟成员国国内体育行业组织制定的规则，其地域市场也并非一定局限在该国境内。比如在欧洲职业足球市场一体化的背景下，一国足协制定的转会规则同样很有可能对其他国家的球员流动造成影响。另外，鉴于足球运动在欧洲的受欢迎程度，甚至某些足球强国的国内顶级联赛也会引起欧洲其他国家，特别是那些本国足球水平较低国家的球迷的关注。因此至少对这些足球强国的联赛来说，其相关地域市场也应界定为整个欧洲经济区。

（二）体育反垄断的基本分析方法

美国法院在长期的司法实践中发展出了"本身违法规则"与"合理分析规则"这两种反垄断法的基本分析方法。近年来，"合理分析规则"已逐渐占据主导地位。这样的发展变化同样反映在对体育产业进行反垄断法分析的过程中。早期曾有法院倾向于将职业体育联盟制定的有关限制措施认定为自身违法行为，[①] 但后来法院已在实践中达成了较为普遍的共识，即在运用反垄断法对职业体育联盟的有关限制措施进行分析时，一般应适用"合理分析规则"。[②] 其原因在于：首先，体育产业同其他产业相比，具有相当的复杂性和特殊性，不适合

---

① Mackey v. N.F.L., 407 F. Supp.1000 (D.Minn.1975).

② Smith v. Pro Football, 593 F.2d 1173 (D.C.Cir.1978)；McNeil v. N.F.L, 790 F.Supp.871 (D.Minn.1992).

适用"本身违法规则";其次,美国的司法机构对于审理涉及职业体育联盟的案件,尚缺乏经验,因此应根据"合理分析规则"进行分析与裁判。具体而言,法院应主要考虑以下几个因素:其一,有关制度的促进竞争的效果和反竞争的效果;其二,为达到目的是否可采用其他方法作为替代;其三,促进竞争的效果同反竞争的效果之间的对比。①

　　欧盟处理同体育有关的案件时间不长,但通过欧洲法院和欧盟委员会的实践,如今正逐步形成一套操作性很强的方法论体系,适用于裁判体育产业中的有关规则是否违反了欧盟《反垄断法》。在"博斯曼案"②后相当长的一段时间里,欧盟委员会从体育产业有关规则或措施的性质入手,将它们分成了三类:第一类是"纯体育规则"(purely sporting rules),不在反垄断法的管辖范围之内;第二类是由体育而产生的经济活动中的限制性行为,原则上应被反垄断法所禁止;第三类是虽然限制了竞争,但属有可能取得豁免的行为。③这一分类实际上使所谓"纯体育规则"免受反垄断法的审查,由体育而产生的经济活动中的限制性行为则类似于"本身违法",仅有第三类行为适用"合理分析规则"。欧盟委员会将这种分类规则作为各下属部门在处理有关体育的反垄断法问题时依循的指南,同时也希望以此引导体育界改革各自的规章制度。但在 2006 年的"麦卡—麦迪纳案"中,欧洲法院否定了欧洲初审法院关于"纯体育规则"的界定,认为某条规则是所谓"纯体育规则"这一事实本身并不足以让采取该规则的体育行业组织免受欧盟反垄断法的约束。换句话说,无论有关的规则或措施具有何种属性,都必须接受欧盟反垄断法的个案审查。继而,欧洲法院抛开了欧盟委员会的三分法,依循一套新的方法论对"麦卡—麦迪纳案"进行了裁判。总结欧洲法院在该案中的理论思路,在判断某项体育规则或措施是否违反了欧盟反垄断法时,应按照以下步骤考查《欧共体条约》第 81 条和第 82 条的有关因素:④

　　1. 步骤一:制定有关规则的体育行业组织是企业还是企业联合组织?

　　(1)当体育行业组织独立从事竞技活动时,它就是一个企业。

　　(2)如果体育行业组织的成员从事经济活动,它就是一个企业协会。在这

①　McNeil, 1992 WL 315292.

②　Case C-415/93 Union royale belge des sociétés de football association ASBL v. Jean-Marc Bosman.

③　Commission of the European Communities, The Helsinki report on sport, COM (1999) 644 final.

④　Commission of the European Communities, The EU and Sport: Background and Context, SEC (2007) 935.

种情况下，问题就是体育行业组织的成员（通常是俱乐部／运动队或运动员）所从事的体育运动在多大程度上可以被看作是一项经济活动以及上述成员在多大程度上从事了经济活动。在不存在经济活动的情况下，《欧共体条约》第81条和第82条不适用。

2. 步骤二：有关规则是否在《欧共体条约》第81条第1款的意义上限制了竞争或是构成了《欧共体条约》第82条下的滥用优势地位？对这一问题的回答取决于以下因素：

（1）采取有关规则或该规则产生效果的总体环境，以及该规则所要实现的目的。

（2）有关规则造成的限制是否是为了达到上述目的所必须的，从而构成一条内在规则（inherent rule）。

（3）有关规则根据其所要达到的目标来说是否是成比例的。

3. 步骤三：成员国间的贸易是否受到了影响？

4. 步骤四：有关规则是否满足《欧共体条约》第81条第3款规定的条件？

显然，在欧洲法院的方法论，没有哪一类体育规则或措施天然地违反或不违反欧盟反垄断法的规定，它们都必须接受以上四个步骤的严格审查。这和美国法院适用的"合理分析规则"有着异曲同工之处。

（三）体育产业中的反垄断法适用除外

适用除外（exception）是指特定经济领域不适用反垄断法，除外于反垄断法的适用范围，那么这一领域的行为不受反垄断法调整，即使它表面上符合垄断行为的构成要件。[1] 一国之所以采取适用除外制度，其目的在于协调产业政策与竞争政策之间的关系，通过法律路径落实国家产业政策，致力于统一大市场的构建和国家经济安全的维护，以实现社会整体利益的最大化。[2] 适用除外有时容易同豁免（exemption）发生混淆，后者是指对于违反反垄断法的行为，由于其符合反垄断法自身规定的免责条件，因而反垄断法对其不予禁止。可见，适用除外与豁免之间的实质区别在于，对于适用除外情形，不适用反垄断法；而豁免则是适用反垄断法的结果。[3] 必须指出的是，在美国反垄断法中并没有所谓的适用除外，而只有豁免的概念。[4] 不过美国反垄断法中的豁免概念却同

---

① 许光耀：《欧共体竞争法通论》，武汉大学出版社2006年版，第164页。

② 吴宏伟、金善明："论反垄断法适用除外制度的价值目标"，载《政治与法律》2008年第3期。

③ 许光耀：《欧共体竞争法通论》，武汉大学出版社2006年版，第164页。

④ 黄勇："中国《反垄断法》中的豁免与适用除外"，载《华东政法大学学报》2008年第2期。

前述豁免概念根本不同，它只是适用除外制度在美国反垄断法上的一种表述而已。从各国的法律实践来看，适用除外涉及的产业领域主要包括银行、保险、农业、知识产权、对外贸易等产业，有的国家和地区通过反垄断法之外的其他立法对此作出规定，如欧盟；有的国家则直接在反垄断法中进行规定，如德国；还有的国家则兼采单行立法和法院判例的方法确立适用除外的范围，如美国。

随着体育产业的发展，该领域能否获得适用除外的庇护无论在美国还是在欧洲都引起了不小的争论。

1. 美国的"棒球豁免"制度。美国联邦最高法院通过"联邦棒球俱乐部案"[①] "图尔森案"[②] 和"弗拉德案"[③] 等三次重要判决，确立了美国职业棒球大联盟（Major League Baseball，以下简称"MLB"）不受反垄断法管辖的特殊地位。这一美国体育产业中独一无二的反垄断法适用除外现象，就是"棒球豁免"。

不过，对于"棒球豁免"的范围到底有多大，即究竟是所有有关职业棒球的事项都享受"棒球豁免"，还是只有其中某一部分能受到"棒球豁免"的庇护而其余部分仍受反垄断法的管辖，美国联邦最高法院从未在判决中予以明确，下级法院在司法实践中对"棒球豁免"所作的解释也宽窄不一。但在"棒球豁免"之外，最高法院却不断拒绝对其他的体育项目适用反垄断法适用除外制度。因此，目前在棒球以外的其他体育运动领域，只能依靠"非成文法劳动豁免"（non-statutory labor exemption）和《体育转播法》（Sports Broadcasting Act）分别在运动员流动制度和比赛电视转播权转让等少数方面享受反垄断法适用除外的待遇。随着1998年《柯特·弗拉德法》（Curt Flood Act）的出台，美国国会明确限定了"棒球豁免"的适用范围，从此MLB至少在运动员流动制度方面也要接受反垄断法的审查。

2. 欧盟不承认体育产业的适用除外。自"博斯曼案"后，欧洲体育界开始通过各种渠道鼓吹体育的特殊性，试图游说欧盟给予体育产业以适用除外的地位——最直接的方法就是在欧盟的基础条约中加入一个明确将体育排除在欧盟法律管辖范围之外的条款。不过，于2009年12月1日生效的《里斯本条约》虽然承认了体育的特殊性，但并没有给予体育以适用除外的待遇。[④] 因此，职业体育联盟或协会制定的各类规制仍然会受到欧盟《反垄断法》的审查。

---

① Federal Baseball Club v. National League, 259 U.S.200（1922）.

② Toolson v. New York Yankees Inc., 346 U.S.356（1953）.

③ Flood v. Kuhan, 407 U.S. 269–82（1972）.

④ Commission of the European Communities, White Paper on Sport, COM (2007) 391 final.

欧盟各个成员国的态度也基本一致，即体育总体上来说不能借助适用除外制度而脱离反垄断法的监管。稍有差异的是德国，其1998年修订的《反对限制竞争法》第31条规定，该法有关卡特尔协议的规定不适用于体育协会集中转让其依章程举行的体育比赛电视转播权的行为。不过，在欧盟的压力下，德国在2005年第七次修订《反对限制竞争法》时，已将上述第31条的规定完全删去了。

第二节 反垄断与职业体育联盟

职业体育联盟和协会是现代职业体育赛事组织运行的基本形式，也是各类体育规章制度的制定者和实施者，实践中往往以被告的身份出现在体育反垄断诉讼中。因此，确定职业体育联盟与协会在反垄断法下的地位对于裁处各类反垄断法纠纷来说是至关重要的。

一、美国体育组织的反垄断法情况

《谢尔曼法》第1条规定，"……所有限制州际或对外商业贸易，以托拉斯或其他形式组成联合，签订合同或秘密协议的，都属于违法行为……"，可见该条规制的对象是"联合，签订合同或秘密协议"等集体行为。因此，要对职业体育联盟制定的各种内部制度进行反垄断法分析，前提条件是该联盟是复数实体。单一实体（single entity）是无法完成上述集体行为的，如果体育联盟被认定为是单一实体，则无论其实施的有关制度有多大的反竞争性，都不会受到《谢尔曼法》第1条的约束。长期以来，围绕着职业体育联盟的性质与地位，美国的学术界产生了激烈的争论，不同法院的审判实践也不一致。

（一）理论上的争论

有不少学者认为职业体育联盟是单一实体，[1] 其理由主要有以下几点：[2] 其

[1] 持这一观点的学者论述可参见以下著述：Lee Goldman, "Sports Antitrust, and the Single Entity Theory", *Tulane Law Review*, 63 (1989), 751; Myron C. Grauer, "Recognition of the National Football League as a Single Entity Under Section One of the Sherman Act: Implications of the Consumer Welfare Model", *Michigan Law Review*, 82 (1983), 1; Gary R. Roberts, "The Single Entity Status of Sports Leagues Under Section 1 of the Sherman Act: An Alternative View", *Tulane Law Review*, 60 (1986), 562; Joshua P. Jones, "A Congressional Swing and Miss: the Curt Flood Act, Player Control, and the National Pastime", *Georgia Law Review*, 33 (1999), 639.

[2] Michael S. Jacobs, "Professional Sports Leagues, Antitrust, and the Single-Entity Theory: A Defense of the Status Quo", *Indiana Law Journal*, 67 (1991), 29.

一，职业体育联盟是一项特殊产业，在其成员间同时存在着独特而又是必须的竞争与合作，这在其他合伙（partnership）或联营（joint venture）中是不存在的。这一观点的支持者认为，为了保持各球队在赛场上的竞争平衡，体育联盟必须最大限度地减少赛场外的竞争，联盟中的球队必须在很多事宜上进行合作，比如制定统一的比赛规则、安排每个赛季的具体比赛日程、提供内部争议解决机制及运动员分配制度等。正是由于这些合作的存在，职业体育联盟得以同其他单独经济实体的联合区别开来，而应被看作是单一实体。其二，最高法院已经确立了有关《谢尔曼法》第 1 条不适用于单一实体的行为的原则。最高法院在 "柯帕维尔德案" 中提出，完全隶属于同一经济主体的各个分支机构之间不可能实施《谢尔曼法》第 1 条所禁止的 "联合，签订合同或秘密协议" 等行为，因为它们不构成适用该条所必须的不同经济主体。①

还有学者认为职业体育联盟有时候是单一实体，有时候是复数实体的集合，其所依据的标准是其行为属于纯联盟内部性质的还是涉及联盟外部关系的。实际上，即使是坚决认为职业体育联盟是单一实体的学者中，也有不少人承认，"单一实体说" 并不适用于联盟的成员球队所实施的所有行为。对于他们来说，在某些场合将职业体育联盟看作单一实体，而在其他场合将其界定为复数实体是合适而且必要的。② 这是因为，除了在球场内进行竞争，各支球队相互间在吸引优秀球员、争取观众支持等方面进行场外竞争也是不争的事实。

（二）法院的实践

近几十年来的美国法院审判实践在该问题上也出现很大的分歧。有些法院认定，职业体育联盟的合作特征占主导地位，因此应被看作单一实体，其各个成员球队不可能通过合谋实施违反《谢尔曼法》第 1 条的行为。③ 还有一些法院却将更多的关注集中于职业体育联盟中各球队在经济上的竞争，并得出了各球队都应被视为《谢尔曼法》下的独立主体的结论。④ 地区法院和联邦法院在这一问题上的混乱状况主要是由于未能将职业体育联盟的合作性与竞争性这两

---

① Copperweld Corporation v. Independence Tube Corporation, 467 U. S. 752（1984）.

② Michael S. Jacobs, "Professional Sports Leagues, Antitrust, and the Single-Entity Theory: A Defense of the Status Quo", *Indiana Law Journal*, 67 (1991), 29.

③ North Am. Soccer League v. N.L.R.B., 613 F.2d 1379, 1381–84 (5th Cir. 1980); San Francisco Seals v. NHL, 379 F. Supp. 966, 967–70 (C.D. Cal 1974).

④ Los Angeles Mem'l Coliseum Comm'n v. NFL, 726 F.2d 1381, 1387–90 (9th Cir. 1984); North Am. Soccer League v. NFL, 670 F.2d 1249, 1257–58 (2d Cir.1981).

方面特征有机地协调好。[1] 此外，这种混乱状况同样反映在最高法院前后不一致的态度上。在 1984 年的"NCAA 诉俄克拉荷马大学案"中，最高法院发现，美国大学体育协会（National Collegiate Athletic Association，以下简称"NCAA"）的成员大学在电视转播收益、球迷和运动员方面互相竞争，因此 NCAA 对电视转播的限制构成了竞争者之间通过协议来限制产量的行为，有违反《谢尔曼法》第 1 条的嫌疑。[2] 然而最高法院在"布朗诉职业橄榄球案"中又表示，美国国家橄榄球联盟（National Football League，以下简称"NFL"）的成员"更像是一个参与议价的雇主"，因为"组成职业体育联盟的各个俱乐部并非完全独立的经济竞争者，为了生存，它们依赖于一定程度的合作"，这似乎又暗示它更倾向于采纳单一实体的理论。[3] 不过在 2010 年的"美国针诉 NFL 案"中，最高法院明确拒绝了 NFL 是单一实体的抗辩，承认 NFL 属于联营性质，其联合行为满足《谢尔曼法》第 1 条的适用条件。[4] 在最高法院看来，"尽管 NFL 的球队具有共同的利益，比如提升 NFL 的品牌，它们仍然是单独的、利润最大化的实体，它们在球队商标的许可方面的利益并不必然是整齐划一的。在 NFL 品牌上的共同利益部分地统一了母公司的经济利益，但各球队显然仍具有不同的、相互矛盾的利益"。[5] 尽管如此，最高法院在"美国针诉 NFL 案"中的结论是否适用于北美所有的职业体育联盟的问题仍然存在争论。

（三）职业体育联盟是联营

事实上，无论是单一实体说还是复数实体说或者两者的折中，这些观点的支持者都看到或承认职业体育联盟所具有的既合作又竞争的双面特性，只是要么过于强调其中一方面而忽视了另一方面，要么又试图调和这两面特征而最终陷入了泥潭。其实，职业体育联盟最合理的定位应是"联营"，这既符合实际情况，又能够将职业体育联盟的既合作又竞争的特性加以合理协调。

联营是一种独特的企业结构，有其自己的反垄断分析方法。联营的独特属性就在于它融合了竞争与合作。联营的成员为了完成某种特定目的而进行合

① Thomas A. Jr. Piraino, "A Proposal for the Antitrust Regulation of Professional Sports", *Boston University Law Review*, 79 (1999), 899.

② NCAA v. Board of Regents of the University of Oklahoma, 468 U. S. 85 (1984).

③ Brown v. Pro Football, 116 S. Ct. 593 (1995).

④ American Needle Inc v. NFL 130 S Ct 2201, 2213 (2010).

⑤ American Needle Inc v. NFL 130 S Ct 2201, 2213 (2010).

作，但这种在联营事项上的合作并不妨碍它们相互之间在其他方面开展竞争。[①]
成员间部分的结合是将联营同其他类型的竞争者之间的合作安排区别开来的关键，这一特征可以通过对联营、卡特尔与合并三者进行比较清晰地反映出来。在卡特尔中，竞争者仅仅是协调它们的行动，但不会以提高价格或限制产量为目的而采取资源合并的行为。而在联营中，其成员将各自的资源进行结合，以达到特定的效率目标，比如对某一新产品的生产或销售。联营所带来的效率同合并的结果比较类似，通过合作，联营中的各个成员通常能生产出它们仅依靠单独力量所无法生产出的产品。但与合并不同的是，联营并不包含各成员方在经营上的完全结合，联营的每个成员都将继续独立存在，并在联营范围之外同其他成员竞争。

职业体育联盟具备了联营的所有相关特征：

1. 为了保证有关体育竞赛的有效开展，职业体育联盟通过要求投资人放弃一部分自治权，从而将其成员的经营进行了一定程度的结合。在赛程、运动员资格和比赛方式等问题上，如果没有统一的联盟规则，职业体育竞赛根本无法开展。此外，职业体育联盟最重要的使命之一就是采取各种措施来维持各支参赛队伍的竞争平衡，使得每支队伍都有动力和机会来争取比赛的胜利。如果没有这些措施，体育迷们的利益就将受到减损，整个职业体育联盟也将受到负面影响。[②]正因为此，各参赛队伍在赛场外并不以其他行业里的公司、企业所采取的方式进行竞争。正如审理"布朗诉职业橄榄球案"的法官所评论的，"没有哪支 NFL 的球队愿意看到其他球队被逐出这个产业，无论是在球场上还是在财务室里，因为如果联盟垮了，没有一支球队能活下来"。[③]

2. 虽然职业体育联盟的成员通过共同努力分享利益，但这种共性并不能阻碍它们各自追求个体成功。职业联盟里的每支球队都分别由不同的投资人所有和经营：[④]它们各自独立进行核算，保留各自的利润，独立做出诸如球票定价、

① Thomas A. Jr. Piraino, "Beyond Per Se, Rule of Reason or Merger Analysis: A New Antitrust Standard for Joint Ventures", *Minnesota Law Review*, 76 (1991), 1.

② Joseph P. Bauer, "Antitrust and Sports: Must Competition on the Field Displace Competition in the Marketplace", *Tennessee Law Review*, 60 (1993), 263. 有研究表明，争夺冠军的球队间实力越接近，比赛观众的上座率就越高；Stephen F. Ross, "Monopoly Sports Leagues", *Minnesota Law Review*, 73 (1988), 643.

③ Smith v. Pro Football, 593 F.2d 1173, 1179（D. C. Cir. 1978）.

④ 以 NFL 为例，其成员球队有的是公司性质的、有的是合伙性质的、有的是独资的，但在法律上它们都是各自独立的。

运动员的引进与工资、球场租赁条款等财政和投资方面的决定并自担风险，而只有少数来源的收入（比如来自全国性电视转播合同的收入）是由各支球队分享的。甚至从理论上说，职业体育联盟里的成员还可以自主决定退出当前的联盟而加入其他联盟或者自己组建新的联盟。事实上，目前的四大联盟中，相当数量的球队以前就曾经是其他联盟的成员。除了比赛场上，每支队伍还在经济方面进行着激烈的相互竞争。毫无疑问，处于同一地区的球队之间在球迷、当地电视转播收入和广告等方面进行着竞争，甚至采纳了单一实体说的法院也承认这一地区性竞争的存在。[①]而在不同地区的球队之间同样存在着竞争，比如对新的主场城市的争夺。

有些学者提出，正是由于职业体育联盟存在着这样一种内在需要，即需通过在赛场外实施具体而持续的合作来保持赛场上的长期竞争平衡，使得它同其他产业中的联营显著区别开来，因为在后者中，一个公司的蒸蒸日上是建立在其竞争对手的衰落基础之上的。[②]从表面看来，上述观点是不错的。但问题在于这种区别所揭示的仅仅是体育联盟所生产产品的特殊性，而并不能否定其结构上同其他产业联营的同质性。为了制造和销售其产品，包括职业体育联盟在内的所有的联营都在一定程度上进行合作。区别只在于职业体育联盟的产品是一个赛季乃至多个赛季的对抗与竞争，这种对抗与竞争将产生球迷忠诚、电视观众集聚和商业赞助等现象，并在许多年里维持这种状况。然而如果一支球队总是实力超群的话，即使是最自然的对抗和最热情的球迷兴趣也会逐渐衰退。因此为了使产品对消费者的吸引力长久存在，球队就必须建立和实施某种机制以促进产品质量的保持与改进——这和其他产业里联营所做的没有什么不同，只不过职业体育联盟中产品质量提高的标志就是赛场上的竞争平衡。[③]

二、欧洲体育组织的反垄断法情况

（一）国内体育运动协会和职业体育联盟

欧盟委员会认为，国内体育运动协会既可以构成企业，也可以构成企业联

---

① Seattle Totems Hockey Club v. NHL, 783 F.2d 1347, 1350 (9th Cir.1986); Mid-South Grizzlies v. NFL, 720 F.2d 772, 787 (5th Cir.1983); San Francisco Seals v. NHL, 379 F. Supp. 966, 970（C. D. Ca1974）

② Gary R. Roberts, "The Single Entity Status of Sports Leagues Under Section 1 of the Sherman Act: An Alternative View", *Tulane Law Review*, 60 (1986), 562.

③ Michael S. Jacobs, "Professional Sports Leagues, Antitrust, and the Single-Entity Theory: A Defense of the Status Quo", *Indiana Law Journal*, 67 (1991), 29.

合。当它们自己独立从事诸如赛事的商业开发活动时就构成企业，[①]而当它们是以俱乐部、运动队或运动员的集合形式从事商业活动时则构成企业联合。不过，随着近年来欧洲职业体育联赛的商业化运作的趋势逐渐加强，这一问题已显现出其复杂性。

各国的体育运动协会都是由从事该项目的各家俱乐部组成。以足球为例，并不真正从事经济活动的业余或平民俱乐部可能比职业俱乐部更多地决定本国足协的意愿和行动。各国足协普遍盛行民主投票和选举制度，大多数选票可能被业余或者平民俱乐部所控制，并且足协的执行机构主席和董事会通常都是这类大多数的发言人。换句话说，国家足协的管理人员通常代表其本国所有的俱乐部，但是其成员却主要来自业余或平民俱乐部。因此，把国家足球协会看作是企业联合组织就不大合适了。[②]尽管如此，从目前情况看，仍有不少足球协会在事实上保持着对俱乐部的影响力与控制力，因此它们制定的规则和做出的决定仍有理由被看作是企业间的协议。欧洲初审法院也指出，一个国家体育协会由业余俱乐部和职业俱乐部共同组成的这一事实本身对将其定性为企业联合来说并不重要。[③]

近年来各国职业足球俱乐部的代表们不满其在足协中的地位，因此在足协之外组建了完全由职业俱乐部构成的职业足球联盟。这类联盟显然更有理由被看作是企业联合组织，其制定的规则和做出的决定也相应地应被视为《欧共体条约》第 81 条第 1 款下的企业间的协议。

尽管多数时候国内体育联盟 / 协会被认定为企业联合，但在某些特定领域，如体育赛事的创设与组织上，它们应被界定为企业，有时甚至是具有市场支配地位的企业，从而可以在《欧共体条约》第 82 条下对其行为进行分析。

（二）欧洲的体育运动联合会

欧盟对于欧洲层面上的体育联合会（如国际足联、欧洲足联和国际奥委会）的性质认定同前述国内体育协会类似，即当它们自己从事商业开发活动时构成企业，反之则构成企业联合或企业联合的联合。[④]

值得注意的是，一方面各国的职业足球联盟并非是欧洲足联的成员，另一

---

① Commission decision of 27 October 1992, Case 33384 and 33387 Distribution of package tours during the 1990 World Cup, OJ 1992 L326/31.

② Arbitration CAS 98/200, AEK Athens and SK Slavia Prague v. UEFA.

③ Case T–193/02, Laurent Piau v. Commission of the European Communities [2005] ECR 11–209.

④ Commission decision of 23 July 2003, Case 37398 Joint selling of the commercial rights of the UEFA Champions League, OJ 2003 L 291/25.

方面欧洲足联尽管规定了欧洲俱乐部比赛的规则，譬如参赛条件、取消俱乐部或者球员的参赛资格、球员转会规则等，但是欧洲足联只能被认为是凌驾于俱乐部之上的管理者而不是俱乐部的贸易联合会，[①]因此欧洲足联及其制定的规则和做出的决定在欧盟《反垄断法》下的地位也就存有疑问。尽管如此，实践中欧洲足联并未否认自己是企业协会的联合会，欧盟委员会和国际体育仲裁院（Court of Arbitration for Sports，以下简称"CAS"）都为了适用反垄断法而将欧洲足联看作是一个"俱乐部企业"的联合会，其有关俱乐部比赛的决定和规则就是彼此竞争的俱乐部相互合作的一种表现，可以适用《欧共体条约》第81条第1款。[②]

可见，现代职业体育联盟和协会在反垄断法的视角下可以具有不同属性，当它和其他的同类职业体育联盟和协会展开市场竞争时，其身份是一个单独的市场主体；当它制定并实施各类规章制度约束其治下的各俱乐部的行为时，又应被视为多个市场主体的联合。无论是何属性，职业体育联盟和协会的行为都可能处于反垄断法的监管之下，不过在实践中，它们更多是以后一种身份出现的。职业体育发展到今天，很多项目在特定法域内都只存在一个职业体育联盟或协会，所有参与该项目的俱乐部、运动员和利益相关方都要受其规章制度的约束。因此不难理解，当这些主体在对有关规章制度不满时通常都会对职业体育联盟和协会提起反垄断之诉。

三、中国体育组织的反垄断法情况

我国《反垄断法》第16条规定，行业协会不得组织本行业的经营者从事本章禁止的垄断行为。据此，包括体育行业组织在内的行业协会的行为也应接受反垄断法的规制，这是毫无疑问的。但行业协会在从事具体的限制竞争行为时的主体地位问题在实践中一直不甚明确。在我国法院审理的第一起涉及体育行业的垄断纠纷案"广东粤超体育发展股份有限公司诉广东省足球协会等垄断纠纷案"中，最高人民法院认定广东省足协既可以作为《反垄断法》第12条第1款所称的经营者，也可以构成《反垄断法》第32条下的具有管理公共事务职能的组织，从而进行行政垄断行为。[③]随着我国职业体育改革的深入，新组建的职业体育联盟在反垄断法下的主体地位问题也值得关注。

① Arbitration CAS 98/200, AEK Athens and SK Slavia Prague v. UEFA.

② Arbitration CAS 98/200, AEK Athens and SK Slavia Prague v. UEFA.

③ "广东粤超体育发展股份有限公司诉广东省足球协会等垄断纠纷案"，最高人民法院民事判决书（2015）民申字第2313号。

第三节　反垄断与赛事准入制度

"市场准入"一词来源于英文"market access"或"market entry"，英文中该词的产生是在二次世界大战后的关税与贸易谈判过程中，发达国家为了实现全球的贸易自由化、打破各国贸易壁垒，要求各国开放本国市场而使用的一个词语。学界一般认为，所谓市场准入制度，是有关国家和政府准许公民和法人进入市场，从事商品生产经营活动的条件和程序规则的各种制度和规范的总称。[①] 不过，在丰富多彩的社会经济实践活动中，大量的准入制度并非是由国家和政府制定的，而是由自由结社产生的行业组织制定并执行的。职业体育赛事的准入制度就是职业体育联盟和协会制定的，规定体育俱乐部应具备何种条件或资质才能获准参加职业联赛的制度。此外，也有职业体育联盟对成员俱乐部的投资人的资格做出一些禁止性规定，若违反这些规定，将不得成为俱乐部的股东。需要说明的是，西方国家职业体育联赛通常使用"license"或"licensing"一词，中文直译应为"许可"，但在我国职业体育界似已约定俗成译为"准入"。

一、对投资人的准入限制

美国的实践表明，职业体育联盟制定统一适用于其成员的投资人准入规则是必要的，这将有助于作为整体的联盟开展经营。因此有关投资人准入的规则应该被视为是有助于实现体育联盟的合法利益的"附属限制"（ancillary restrains），接受合理分析规则的检验。[②] 那些为联盟整体正常运转和保障球迷利益而对投资人资格做出的某些限制，只要不对竞争造成显著的负面影响，都是可以接受的。这些限制可以包括但不限于以下几种：其一，为了保持比赛的

[①] 李昌麒主编：《经济法学》，中国政法大学出版社 2002 年版，第 149 页。

[②] "附属限制"学说起源于 1898 年的"阿迪斯通管道"。审理该案的法官塔夫特（Taft）认为，如果一项贸易限制"从属于合同所要达到的合理目的，并且在完成这一目的的过程中，该限制仅限于对当事方的必要保护"，那么该项贸易限制应被允许。塔夫特法官的这一理论得到了美国最高法院的肯定。United States v. Addyston Pipe & Steel Co., 175 U.S.211, 20 S.Ct.96, 44 L.Ed.136 (1889), modifying and aff'g 85 F. 271 (6th Cir.1898). 根据"附属限制"方法，法院应考查限制制度与合同所要达到的目标之间的关系：如果某种限制与合同所要达到的目标具有合理联系，那么它就应被认为是"附属的"，需要对其合法性做进一步的考查。而进一步考查所采取的方法实际上同前述合理分析规则采取的方法相似，即对附属限制的积极作用同其潜在的反竞争效果进行平衡测试。因此现在一般也认为附属限制是合理分析规则所包含的情形之一。参见孔祥俊：《反垄断法原理》，中国法制出版社 2001 年版，第 391 页。

真实性和比赛结果的不可预测性，联盟禁止那些和赌博集团有牵连的投资人进入联盟；其二，联盟还可以制定规则禁止投资人在联盟的两支以上的球队中拥有股份，这同样是为了保证所有球队都依靠自己的实力比赛，以维护比赛的真实性和纯洁性；其三，由于职业球队的经营是一个成本高昂、技术复杂的工作，因此必须由具备一定经济实力和商业经验的投资人控制职业球队，联盟可以为此对投资人设置经济和资历上的基本要求。

（一）禁止媒体和俱乐部之间的合并

反垄断法上的合并控制制度中的合并主要有三种情况：[①]一是狭义的合并，即民法或公司法意义上的合并，这既可以是两个或多个企业并入一个现有企业，也可以是它们结合形成一个新企业；二是通过收购（acquisition）股份获取对其他企业的控制，即收购企业与被收购企业（目标企业）在不改变各自的法律主体资格的前提下，通过改变股权的方式取得对被收购企业的实际控制，成为事实上（而不是法律上）的同一主体；三是两个或者两个以上的企业在保留各自独立法律人格的前提下，通过协议、联营等方式形成控制与被控制的关系。

媒体和职业体育俱乐部的合并可以采取上述所有方式，比如媒体和足球俱乐部之间的合并（狭义上的合并）、媒体对足球俱乐部的直接或间接收购、足球俱乐部对媒体的收购、建立结构上集中的合营。在当今体育和媒体密不可分的关系下，对于媒体来说，控制一个体育组织特别是足球俱乐部，是具有极大吸引力的。通过收购，媒体可以保证从结构上获得某些体育比赛的电视转播权，可以通过影响体育比赛的组织从而使其自己出售的产品（电视节目）更加具有吸引力，可以获得长期的赞助设备，可以更好地控制节目费用，等等。[②]而对于足球俱乐部来说，与财大气粗的媒体合并将意味着获得更强大的经济后盾，进而提高在球场上的竞争力。

在欧洲各大足球联赛中，已有多家俱乐部处于媒体的控制之下，不过无论是意大利还是法国的竞争机构都没有对这一状况予以关注。而在英国，媒体集团 BSkyB 同曼联俱乐部之间的合并则遭到了竞争当局的禁止。这是欧盟成员国的竞争机构第一次禁止媒体与职业足球俱乐部合并。在竞争当局看来，足球俱乐部和媒体的合并总会对媒体间的竞争造成相当大的限制。不仅如此，合并还

---

① 孔祥俊：《反垄断法原理》，中国法制出版社 2001 年版，第 592~593 页。

② The Netherlands' Ministry of Health, Welfare and Sport, Sports Directorate, "The Balance between the Game and the Money", in Andrew Caiger & Simon Gardiner eds., *Professional Sport in the European Union: Regulation and Re-Regulation*, Hague: TMC Asser Press, 2000, p.331.

会给职业足球的组织带来负面影响。首先，合并将会进一步加深英超联赛中的竞争不平衡。其次，BSkyB 可以通过曼联对英超联赛的组织施加影响力，这将可能损害足球运动的长远利益。可以想象，赛程表的制定结果将是在比赛转播的黄金时段里，曼联要比其他俱乐部更多地出现在电视屏幕上。此外，合并还将对新闻报道的客观性产生威胁。出于偏袒其自己拥有的俱乐部的目的，媒体可能会做出歪曲的报道，甚至有可能以忽视其他俱乐部为代价而使得有关本方俱乐部的新闻占据垄断地位。

可见，尽管对俱乐部投资入股本身并不违法，但是一旦涉及电视转播权，就产生了利益冲突。当一家媒体在同一项转播权市场上既是卖方又是买方，恐怕很难有公平可言。

（二）禁止俱乐部间的关联所有权

近年来，职业体育界里俱乐部关联所有权的现象比较普遍。

第一，不少投资人控股了不同运动项目的球队，比如作为 NFL 的亚特兰大猎鹰队的老板亚瑟·布兰克（Arthur M. Blank），同时还控制了美国职业足球大联盟（Major League Soccer，以下简称"MLS"）的亚特兰大联队；洛杉矶公羊队的老板斯坦·克伦克（Stan Kroenke）同时还是美国职业篮球联赛（National Basketball Association，以下简称"NBA"）的丹佛掘金队和国家冰球联盟（National Hockey League，以下简称"NHL"）的科罗拉多雪崩队的老板，甚至还拥有英超的阿森纳俱乐部。

第二，实力雄厚的财团纷纷以收购或入股的形式控制同一运动项目中两家以上的俱乐部，并且使这些俱乐部成为合作伙伴或使其他较低层次的俱乐部成为较强俱乐部的后备球员培训基地。这些关联关系就和其他产业中的关联关系一样，通常不会引起法律上的争议。但如果具有关联关系的俱乐部参加的是同一赛事，情况就不一样了。在"ENIC 案"中，两个具有关联关系的足球俱乐部分别从希腊和捷克的联赛中出线，获得了参加欧洲联盟杯比赛的资格，但欧洲足联随后通过了决议，规定"如果出现两个或多个俱乐部拥有同一控制者的情况，只有一个俱乐部有资格参加欧洲足联的俱乐部比赛"。尽管其中一家俱乐部认为欧洲足联的规定限制了企业间的竞争和在欧盟的投资，因而违反了欧盟《反垄断法》，但此后 CAS 和欧盟委员会都认定欧洲足联的规定是合法的。①

从反垄断法的角度看，由于体育所具有的特殊性，对体育俱乐部的投资与对其他产业或者娱乐业的投资并不是可以互相替代的，因此这类禁止俱乐部间

---

① Arbitration CAS 98/200, AEK Athens and SK Slavia Prague v. UEFA. O.J.1999, C363/2.

的关联所有权的规则所处的产品市场不应太宽泛，比较合理的市场界定应该是某一特定水平层次的俱乐部的所有者权益市场。而这类规则所要实现的目的并不是限制竞争，而是为了阻止同一投资人拥有的数个俱乐部参加同一项赛事所带来的利益冲突以及确保比赛结果的真实性不受到影响。

为了评估这类规则产生的效果，可以假设如果没有这类规则的话可能出现的情况：同一投资者拥有数个俱乐部的现象可能还会增加，其结果是俱乐部市场上的投资者数量会明显减少，俱乐部的所有权被控制在越来越少的人手里。这样一来，这些俱乐部投资者所拥有的权益的市场就会出现供不应求的特点，最终可能会在损害消费者权益的情况下导致价格的上涨（譬如提高门票价格或电视转播费）。因此，这类规则的实际效果就是对高水平俱乐部的投资兼并施加一些限制，增加有关市场上的从业企业的数量，并且这也有助于鼓励对俱乐部的投资。可见，这类规则具有维持俱乐部投资人及俱乐部之间的竞争的效果而非限制有关市场的效果，同时它对消费者也不会产生任何实质性的影响。

第三，这类规则禁止的只是同一投资人所控制的数个俱乐部参加同一赛事的情形，并非禁止同一投资人拥有数个俱乐部这种情况，也没有禁止这几个俱乐部参加同一职业体育联盟或协会管辖的不同赛事，因此不能说这类规则是不成比例的或不合理的。

总之，禁止俱乐部间的关联所有权规则的主要目的在于防止出现可能会影响比赛结果的真实性与不确定性的利益冲突，因此可以说构成了一条"内在规则"。只要该规则是成比例的，且很难找到切实可行的、限制竞争性更小的替代方法，就不应认为其构成了对反垄断法的违反。

中国体育开始职业化改革以来也出现了俱乐部关联所有权的现象，如著名的"实德系"。[①] 现在无论是中国足协还是中国篮协，都对俱乐部的关联所有权做了禁止性规定。如《中国足球协会章程》（2017年版）第19条第3款规定"禁止关联关系。同一自然人或法人（包括公司股东及其下属子公司）不得同时控制两个以上的俱乐部或足球组织"。此外，《中国足球协会职业俱乐部准入规程》（2018年版）第15条要求"申请准入的俱乐部必须签署本俱乐部与其他中超、中甲、中乙职业俱乐部之间不存在关联关系的声明"。值得注意的是，中国足协的上述规定表明，其对俱乐部关联所有权的禁止是概括性的，不仅适用于同一赛事之内的俱乐部，也适用于不同赛事中的俱乐部。

---

① 有关"实德系"现象的介绍与分析可参见裴洋：《反垄断法视野下的体育产业》，武汉大学出版社 2009 年版，第 328~329 页。

二、对俱乐部的准入限制

（一）限制职业体育联盟中的俱乐部数量

通常来说，直接或间接限制一个体育联盟内的俱乐部总数缺乏任何合法的效率目标，反而可能被看作是对竞争的赤裸裸的束缚，从而被认定为违法。这种限制构成了限制产量的典型，并且被描述成"卡特尔的鲜明特征"。[①]当然，如果职业体育联盟中的球队数量已经饱和的话，对新球队的加入给予一定的限制将是职业体育联盟维持其产品的质量所必不可少的，因此应被认为是合法的。毕竟，任何一个职业体育联盟都可能达到一个规模极限，超过了这一极限，联盟将无法有效运行：如果联盟中球队过多将导致难以合理安排赛程，球迷可能会发现无法观看所有比赛，而高水平球员的储备数量也无法满足众多球队的要求，最终的结果将是产品的质量，即比赛的水平显著下降，失去对球迷的吸引力。

尽管如此，美国的职业体育联盟仍采用了较为隐晦的方式来对联盟内的球队数量进行限制，这就是新球队的准入规则。四大联盟不约而同地规定，只有得到联盟内所有球队的特定多数票支持，新球队才能加入联盟，而究竟依据何种标准来判定是否批准新球队的申请则缺乏客观、明晰的规定。职业体育联盟中的各支球队在各个层面都存在着竞争，新球队的加入将加剧这种竞争，也给市场上既存的球队带来了压力；既存的球队联合起来拒绝潜在的竞争者进入市场，可以制造出一种球队资源稀缺的假象，从而维持甚至提高自身价格，赚取高额利润。如今四大联盟的球队市值越来越高，球票价格直线上涨，各个城市也争相筹集资金建造新球场以满足球队的要求，这些从根本上说都是职业体育联盟蓄意控制球队数量造成的负面影响。而且，根据四大联盟的扩张规则的要求，即使新球队的加入申请得到了批准，它们也必须向联盟缴纳一笔不菲的加盟费，而这笔费用将在已加入联盟的成员球队之间平均分配。可见，职业体育联盟通过对新球队的加入予以严格控制，达到了限制球队间竞争、赚取暴利的目的，因此这种行为违反《谢尔曼法》第1条。

事实上，美国联邦最高法院的判例表明，根据"关键设施理论"（essential facilities doctrine），职业体育联盟有义务采取更为开放的准入政策。所谓关键

[①] Chi. Prof'l Sports Ltd. P'ship v. NBA, 961 F.2d 667, 672 (7th Cir. 1992): "the merits of the case turn on the characterization of the NBA. Is a sports league a single entity? In that event its decision about telecasting are effectively unreviewable." (citing Copperweld Corp. v. Independence Tube Corp., 467 U.S. 752, 758 (1984)).

设施，是指"设施或者基础设施在从事经营过程中对到达客户或者成为有能力的竞争者是关键的，这些设施不能通过一些合理的方法进行复制"。[①]

而在球队的准入问题上，"关键设施理论"也应得到适用。成为职业体育联盟的一员是一支职业球队正常进行比赛和经营的基本前提条件，而这一基本条件已经被在各个运动项目上的职业联盟所垄断；由于四大联盟经过长期发展而建立起了包括球迷群体、电视转播、商业赞助等在内的庞大经营体系，竞争者无法获得足够的资源来建立新的联盟同四大联盟抗衡；职业体育联盟拒绝了申请者的加入请求，后者没有其他办法参与竞争；职业体育联盟允许申请者加入联盟是切实可行的；事实表明职业联盟尚有很大的扩展空间，因此没有合理的理由拒绝符合基本条件的申请者加入联盟；申请者如果加入职业体育联盟将向其缴纳高额的准入费用。可见，根据"关键设施理论"，职业联盟应该允许符合基本条件的新球队加入联盟。

对于职业体育联盟来说，切实可行的或许是在球队准入问题上废止单纯的压倒多数投票规则，取而代之以诸如所在城市的人口、经济实力、球队业主的从业资历等透明、客观、非歧视的标准来对新球队的加入申请予以审查，这样才能保证职业体育联盟的健康发展。

（二）为俱乐部设定治理结构上的标准

近二十年来，体育赛事的职业化发展到了一个新的阶段，职业联赛普遍脱离体育行业协会而独立开展，职业俱乐部普遍公司化运营，甚至一些俱乐部成为上市公司。在这一背景下，一些体育俱乐部因长期片面追求竞技成绩而忽视经营，加上全球经济不景气，导致自身经营难以为继以致破产。与此同时，越来越多的国家职业体育联赛开始改革，关注的重点从场上竞技水平的提高延伸到场外经营管理水平的改善和整个联盟的良善治理与行业的健康发展。同一时期，美国四大职业体育联盟开始向欧洲扩张，其完全产业化的模式对欧洲传统的职业体育联赛运营思维也产生了很大冲击。无论孰优孰劣，近年来一个不争的事实是欧洲体育模式正表现出强烈的"美国化"倾向。这其中最有代表性和影响力的是欧洲足联于2003~2004赛季开始推行的俱乐部准入制度。该制度从财务标准、治理结构、基础设施建设、青少年球员培训、法律制度等多个方面对参加欧洲赛事的俱乐部提出了具体要求，试图借此使欧洲的职业足球俱乐部走上规范化经营的发展道路，从而保持欧洲足球产业的健康运转。尽管这一标

---

① Notice on the Application of Competition Rules to Access Agreements in the Telecommunications Sector, [1988] OJ C265/2, 45.

准的适用对象仅仅是有资格参加欧洲赛事的少数俱乐部，但由于欧洲足联组织的赛事是欧洲最高水平的足球赛事，同时也是最赚钱的赛事，因此这一准入制度得到了全欧各俱乐部的高度重视。在欧洲足联的影响下，欧洲各国国内的职业足球联赛也纷纷制定并实施了自己的准入制度。

如今的职业体育联赛准入制度已不仅仅是作为一道行业"门槛"而存在，它的重要性更在于其已成为体育组织通过自我治理来解决其面对的一系列问题的有益尝试。因此，欧盟委员会对欧洲足联及其成员制定的准入制度都表达了肯定与支持。① 但另一方面，对俱乐部事无巨细的审查的确在实质上干预了俱乐部的内部治理，从反垄断法理论上说则可能构成了"封锁市场"，从而有可能违反欧盟《反垄断法》。但是，这一审查体制所期望达到的是一系列重要的体育目标，如提高俱乐部的治理水平、维持青少年球员培训的最低要求、保证俱乐部具备足够的经营水平、确保俱乐部为观众和媒体提供设施完善与安全的体育场、维护国际比赛的延续性、促进全欧洲的俱乐部按同一标准运营等。为实现上述目标而制定的规则均可能被认为是出于体育竞赛的内在需要，从而构成"内在规则"。即使不构成"内在规则"，治理结构上的准入标准也有可能因其目标合法，且带来的益处超过了其限制竞争性，从而取得反垄断豁免。因此欧盟委员会认为，鉴于现实中存在着大量形式不同的准入标准，因此不可能仅依据表面就将它们通通认定为合法或非法，正确的做法是对每种准入标准逐个从实质上进行分析，以判断其是否违反了欧盟反垄断法。

（三）为俱乐部设定财务上的标准

财务标准本来就是现代职业体育联赛准入制度多个标准中的一个，但鉴于近十年来足球俱乐部盈利能力羸弱，欠薪欠税、资不抵债的情况比较普遍，这一标准的重要性与关注度与日俱增，被业界认为其权重已超过了其他标准。为了逐步解决这一关系到职业足球联赛前途的重要问题，欧洲足联于 2009 年正式通过了"财政公平法案"（Financial Fair Play），其主旨在于严格要求俱乐部依照经营状况来支配支出，遏制俱乐部非理性地投资球员的做法，保证俱乐部的健康发展和维护职业联赛竞争平衡。欧洲足联将"财政公平法案"作为其准入制度的一部分，并重新制定了《俱乐部准入与财政公平条例》（Club Licensing and Financial Fair Play Regulations），从 2013~2014 赛季正式开始推行。

---

① Commission of the European Communities, White Paper on Sport, COM (2007)391 final. Joint Statement by vice-president Joaquín Almunia and president Michel Platini, http://ec.europa.eu/competition/sectors/sports/joint_statement_en.pdf, Accessed 20 Mar. 2020.

"财政公平法案"的实体核心内容主要包括对俱乐部的两项要求：一是无逾期应付账款（no overdue payables），即已获得参加欧洲足联赛事资格的俱乐部必须证明它们在该赛季对本俱乐部的球员、其他俱乐部、社会部门和税收当局没有逾期未付的款项；二是收支平衡（break-even），即参加欧洲足联赛事的俱乐部必须达到收支平衡，防止债务积累，特别是俱乐部投资人直接给球队的注资不被计入俱乐部的财政收入。欧洲足联将对这些俱乐部最近3年的财务状况进行分析，以决定它们是否达标从而获得参赛资格。在欧洲足联看来，财政公平政策实施短短几年来已经取得了显著的效果，参加欧洲足联赛事的俱乐部的累计损失和净债务额在收入中的占比都大幅下降，初步扭转了之前财政状况恶化的趋势。

　　"财政公平法案"对俱乐部、球员和经纪人的发展产生了巨大的影响。由于俱乐部在经营中最大的开销实际上就是球员的薪酬，甚至有些俱乐部为此在负债经营，因此收支平衡规定就成为所有俱乐部在引进球员时不得不慎重考虑的重要因素，在一定程度上降低了俱乐部的引援投入、抑制了球员的流动。自收支平衡规定实施以来，已有多家俱乐部因违反该规定而受到欧洲足联的处罚。围绕收支平衡规定的质疑之声不断，不仅有俱乐部将欧洲足联诉至 CAS，还有其他利益相关方在欧洲法院和国内民事法庭提起诉讼，它们都指称收支平衡规定违反了欧盟《反垄断法》。

　　尽管在上述这些案件中欧洲足联暂时经受住了挑战，但有分析表明，收支平衡规定的反垄断法律风险始终存在。

　　1. 收支平衡规定限制了竞争。首先，收支平衡规定要求俱乐部"挣多少，花多少"，这意味着只有少数欧洲豪门俱乐部能继续以最高价格引进最优秀的球员，实际上变相维持了这些俱乐部的垄断地位，阻碍了新的竞争者加入市场。其次，囿于收支平衡规定的威慑作用，俱乐部的引援投入减少，引进球员的动力也受到遏制，球员会发现市场上能够为其提供比目前更高的工资的俱乐部也急剧减少。可见，收支平衡规定的反竞争性是非常明显的。

　　2. 收支平衡规定不构成"内在规则"。对企业注资的来源进行限制是否构成一个合法目的，值得商榷。从商业实践来看，企业融资或者借入资本都是再正常不过的资金投入方式，在不少行业里蔚然成风，为何单单在足球领域就应该受到限制呢？迄今这仍然缺乏科学合理的解释。既然控制俱乐部的债务水平是否是一个合法目标本身都是值得怀疑的，为此制定的收支平衡规定能否构成"内在规则"自然要打上一个问号。

　　3. 收支平衡规定难以取得豁免。为了满足收支平衡的要求，俱乐部只能采用两种途径：或是减少工资性支出，或是提高财政收入。俱乐部减少工资性支出的后果是无法引进高水平的球员，其生产的产品即足球比赛的质量因此下降，从而导致购买产品的消费者，也就是球迷的福利受到减损。提高财政收入的方式仅限于俱乐部自我"造血"，但既然投资人向俱乐部注资的行为被严格限制，对于俱乐部来说具有现实可行性的途径恐怕只有提高比赛门票价格了。可是，在产品质量并没有显著改善的情况下提高产品价格，必然的结果同样是损害球迷的利益。凭此一点，收支平衡规定就难以取得豁免。

在足球改革的大背景下，《中国足球协会 2020 行动计划》明确提出"完善和调整职业俱乐部准入标准和程序，促进俱乐部健康发展，使其成为承担更多社会责任的主体；制定职业俱乐部财务公平规则，明确俱乐部收支平衡标准，规范财务行为"。中国足协近年来出台的其他一系列规范性文件，如《中国足球协会职业俱乐部准入规程（2018 年版）》《中超俱乐部财务约定指标（2019—2021）》《中国足球协会关于规范管理职业俱乐部的通知》《关于限制高价引援的通知》等在借鉴欧洲足联财政公平政策的基础上，都规定了具体的俱乐部财务规范，它们一起构成了目前中超联赛财务公平规则的主体内容，当然同时也存在着反垄断法上的风险。例如，"引援调节费"制度具有阻碍比赛质量的提高、减损中超联赛的品牌形象与整体价值、降低俱乐部的预期收入、不利于中超联赛竞争平衡的建立等反竞争效果，具有明显的固定价格的特征，涉嫌违反《反垄断法》第 13 条的规定，应代之以其他反竞争效果更小的措施。《中超俱乐部财务约定指标（2019—2021）》中那些限制竞争性较为间接的限额指标更容易通过《反垄断法》的审查，而直接对国内球员个人的最高薪酬进行限制的规定则显然构成了固定价格的行为，应被禁止。①

【推荐阅读资料】

裴洋：《反垄断法视野下的体育产业》，武汉大学出版社 2009 年版。

裴洋："欧足联财政公平政策的合法性问题研究——兼评中国足协'引援调节费'制度"，载《法学评论》2018 年第 5 期。

焦海涛："行业协会的反垄断法主体地位——基于中国体育反垄断第一案的分析"，载《法学》2016 年第 7 期。

［英］斯蒂芬·维泽瑞尔："'请公平竞争'：欧共体法在体育领域适用的

---

① 裴洋："欧足联财政公平政策的合法性问题研究——兼评中国足协'引援调节费'制度"，载《法学评论》2018 年第 5 期。

最新发展"，裴洋译，载梁慧星主编:《民商法论丛》(第 35 卷)，法律出版社 2006 年版。

Thomas A. Piraino, Jr., "A Proposal for the Antitrust Regulation of Professional Sports", *Boston University Law Review*, 79 (1999).

Stuart Banner, *The Baseball Trust: A History of Baseball's Antitrust Exemption*, New York: Oxford University Press,t 2013.

第十章 ·
政府兴办的体育事业

【引例】2012 年 7 月 5 日，天津足球标志性体育场，甲 A 联赛时代天津队主场，已经有 86 岁"高龄"的天津民园体育场被正式拆除。2018 年 6 月 3 日，曾为亚洲第一的室内足球场——沈阳绿岛体育中心，因地处郊区使用率不高被爆破拆除，该中心建设当初投入约 8 亿元，使用寿命却只有 8 年多。2019 年 7 月 7 日，哈尔滨市人民体育场启动全面拆除，该体育场又称"八区体育场"，承载着哈尔滨这座城市的体育记忆，是哈尔滨市人民体育梦想的发源地，历史可溯源到 1930 年。现体育场建于 1970 年，2002 年因质量和安全问题，体育场停止接待赛事。根据《公共文化体育设施条例》27 第 3 款规定："经批准拆除公共文化体育设施或者改变其功能、用途的，应当依照国家有关法律、行政法规的规定择地重建。重新建设的公共文化体育设施，应当符合规划要求，一般不得小于原有规模。迁建工作应当坚持先建设后拆除或者建设拆除同时进行的原则。迁建所需费用由造成迁建的单位承担。"为什么要对体育场馆的拆除做这么严格的规定，上述场馆拆除时达到这一法规要求了吗？如果没有执行该规定，有什么纠偏措施和途径？政府和体育场地设施供给之间是一组怎样的关系？

【目标】通过本章学习，学生应掌握政府兴办哪些体育事业，承担哪些责任，法律如何调整竞技体育、社会体育和青少年体育活动。

第一节　体育事业的法律规制

一、体育事业的概念

在现代社会中，体育作为一种社会现象，其内容丰富、形式多样，不能把体育活动理解为单纯的身体活动，它是一项促进身体和心理共同发展的活动，不仅在促进身体发育、增强人民体质和提高健康水平方面，也在国家经济建设和人的全面发展中发挥着越来越重要的作用。体育是文化的一种形态，是借助各种身体练习来改造人自身的活动。[①] 除了健康促进，体育在教育培训、消遣娱乐、公民意识塑造、社会融合、分享价值观、推动社会可持续发展等方面发挥着重要的社会作用。正因为如此，体育作为一项社会事业在近代以来受到各国政府的普遍重视，社会主义国家直接由政府举办体育事业，资本主义国家虽然不直接办体育，但是也通过财政、金融、税收等政策杠杆直接或间接支持社会办体育。[②]

体育事业，英文翻译为"Physical Culture"或者"Physical Culture and Sport"，而不译为"sports business"。体育事业是人类社会事业的一部分，我国体育事业是全民的事业，是社会主义事业的重要组成部分。[③] 体育事业作为文化事业的重要内容，是国家形象和国家利益的表征。[④] 江泽民同志在第八届全运会期间接见群众体育先进代表时，发表重要讲话指出"体育事业是群众的事业，广泛开展群众参与的体育活动，是我们体育工作的重点。同时要努力发展竞技体育，这不仅可以为国争光，还可以为群众体育活动的发展起引导、示范作用"。[⑤]

中华人民共和国成立以来，在党中央、国务院的坚强领导下，在全国各族人民的大力支持下，我国体育事业从小到大、从弱到强，取得了举世瞩目的伟大成就，走出了一条中国特色社会主义体育发展道路。群众体育，蓬勃发展。竞技体育，成绩辉煌。青少年体育，生机勃勃。体育领域各项事业全面推进。体育文化不断繁荣，中华体育精神、奥林匹克精神等深入人心，体育文化对民族、国家、社会、个人的重要作用得到越来越广泛的认同。体育法治日益完善，以1995年《中华人民共和国体育法》颁布实施为标志，[⑥] 随着《奥林匹克标志保护条例》《公共文化体育设施条例》《反兴奋剂条例》《全民健身条例》以及一批部门规章和规范性文件的先后出台，中国体育发展步入法治化轨道，体育

---

① 参见姚颂平主编：《体育运动概论》，高等教育出版社 2011 年版，第 4~11 页。

② 参见《欧盟委员会体育白皮书》，陈华荣译，载肖金明、黄世席主编：《体育法评论（第一卷）》，山东大学出版社 2008 年版，第 300~320 页。

③ 参见邓宗琦等："试论中国体育事业指标体系"，载《体育科学》1988 年第 4 期。

④ 林祖明："体育产业与体育事业关系论析"，载《北京体育大学学报》2002 年第 6 期。

⑤ 江泽民："体育事业是群众的事业"，载《体育文史》1998 年 第 1 期。

⑥ 参见《中国体育百科全书》编委会编著：《中国体育百科全书》，人民体育出版社 2001 年版，第 1~8 页。

领域规范化制度化水平不断提升，我国体育事业进入了依法治体的新阶段。①

二、政府发展体育事业的责任

国家和政府的使命就是提升国民的福祉，中国、菲律宾、柬埔寨、苏丹、肯尼亚等国的宪法都已将体育事业视为一项福利。在其他一些国家，宪法要求政府通过支持和发展体育，确保公民的健康；另外一些国家的宪法通过规定促进文化、教育或者娱乐的发展，刺激和促进体育的发展。葡萄牙宪法要求地方政府在所有相关政策领域中促进体育的发展。②从各国宪法体育条款和各国体育法的规定来看，我们可以频繁看到各国促进、刺激、鼓励和支持体育发展的明确规定，从政府责任的角度看，大致包括如下几个方面。

（一）提供法律保障的责任

意大利宪法和巴拿马宪法明确规定立法者要对体育领域制定法律。体育领域制定单行法，一方面参与者可以有序地开展和促进体育，另一方面，政府在体育领域的行为也取得了法律依据，依法行政的原则可以得到更好的实现。通过法律的制度性安排，体育本质功能可以得到进一步发挥，体育组织在体育领域的权利和权力得以确立，体育和外部之间的关系也能得到规范，体育中的兴奋剂、种族主义、暴力事件、腐败、洗钱等也可以得到有效的遏制。

（二）提供政策支持的责任

政策是指国家政权机关、政党组织和其他社会政治集团为了实现自己所代表的阶级、阶层的利益与意志，以权威形式标准化地规定在一定的历史时期内，应该达到的奋斗目标、遵循的行动原则、完成的明确任务、实行的工作方式、采取的一般步骤和具体措施。政策是政府输出的一个环节，是社会关系和社会资源的再分配。③体育政策是党和国家配置体育资源、指导体育发展的总体策略和思路。政策在政府决策中具有重要的地位，提升体育的政策能见度，能够更加综合地利用其他社会事业领域的优势来发展体育。政策比法律更加灵活，利用政策发展体育，使得体育能够获得及时地支持和刺激。政策对资源的调配和社会关系的调整更加多元，这就要求政府在政策领域给予体育特殊的地位，有利于体育地位的提升和可持续发展。比如尼加拉瓜宪法规定，国家将通过有

---

① "体育事业发展概况"，载中国政府网：http://www.gov.cn/guoqing/2012-04/19/content_2584193.htm，2020 年 9 月 5 日访问。

② Janwillem Soek, "Sport in National Sports Acts and Constitutions: Definition, Ratio Legis and Objectives", Hugge: *The International Sports Law Journal*, 2006, 3–4: 34.

③ 参见花菊香：《社会政策与法规》，社会科学文献出版社 2002 年版，第 3~7 页。

组织和大规模的推广体育教育和促使人们参与体育活动以促进尼加拉瓜的整体发展，为此国家将制定特别计划和方案。

（三）提供行政管理的责任

体育与其他社会事业一样，存在着诸多公共管理领域的议题：体育场地设施的规划与建设、运动员等级制度的考核与认定、体育特种职业的国家资格等尤其涉及政府的行政管理议题。政府承担管理体育的职责，使得体育事务能与其他各项社会事业一起得到政府公开、公平、公正的对待和高效率的解决。在宪法中规定政府在体育方面的行政管理职责一般是与其他社会事业一并规定的。比如，朝鲜宪法就规定内阁组织开展工业、农业、建设、运输、邮电、商业、贸易、国土管理、城市管理、教育、科学、文化、保健、体育教育和体育、劳动管理、环境保护、旅游及其他方面的工作。要注意的是这种行政管理职责不一定是中央政府才享有的，比如中国宪法既规定了国务院领导和管理教育、科技、文化、卫生、体育和计划生育工作，又规定了县级以上地方各级人民政府依照法律规定的权限，管理本行政区域内的经济、教育、科学、文化、卫生、体育事业、城乡建设事业和财政、民政、公安、民族事务、司法行政、监察、计划生育等行政工作，发布决定和命令，任免、培训、考核和奖惩行政工作人员。还规定民族自治地方的自治机关自主地管理本地方的教育、科学、文化、卫生、体育事业，保护和整理民族的文化遗产，发展和繁荣民族文化。

（四）提供财政支持的责任

体育事业的财政制度是在一定时期内，政府为发展本国、本地区的体育事业，对其所需要的财力进行筹集、分配、管理和监督等一系列有秩序的活动所作出的规定。[①] 如果不能解决好经费拮据、设施不足、人员短缺等困难，体育不可能得到全面、可持续的发展。在国外，往往是国会特别拨款计划、慈善基金支持、职业体育俱乐部反哺业余俱乐部等方式，促进职业体育和业余体育、体育产业和体育事业共同发展。比如希腊宪法就规定国家应依法资助任何类型体育俱乐部的协会。政府履行财政方面的责任可以是直接的经济支持也可以是间接的税收豁免，直接的经济支持动用的是纳税人的税收，间接的税收豁免，可以起到鼓励和刺激的作用，两者各有优势。这方面乌拉圭宪法和危地马拉宪法都给予明确规定。

（五）直接支持、兴办体育的责任

各国在体育教育、体育训练和高水平竞技运动、青少年体育等方面，常常

---

① 李丽、杨小龙："论我国体育事业财政制度的变迁"，载《体育文化导刊》2012 年第 11 期。

直接规定政府具有支持、兴办体育的责任。比如阿尔巴尼亚《宪法》第59条规定，国家在宪法权力内，为了发挥个人的原创力，有权力也有责任发展体育和娱乐活动。波兰《宪法》第68条规定，人人享有健康保护的权利。公共当局应支持体育事业的发展，尤其是在儿童和青年人中。俄罗斯《体育法》第2条规定，体育训练属于国家利益，应有政府支持。

（六）提供其他公共服务的责任

国家在发展体育方面除了承担上述责任外，还需要提供更加多样的公共服务。比如：提供场地设施的责任，提供安全保卫的责任，提供交通便利条件的责任，提供适宜环境条件的责任，提供包括健身指导在内的必要技术支持的责任等等。其中公共体育设备设施是公共体育产品中群众直接享用和受益的部分，是社会公共体育产品的最基本、主要的部分，也是体育工作贯彻以人为本思想的重要内容。[1]相关的法律依据比如加纳宪法、斯威士兰王国宪法法案、西班牙宪法都规定国家应确保在国内提供足够的体育设施，吉尔吉斯斯坦宪法、罗马尼亚宪法、伊拉克宪法、摩尔多瓦宪法都规定国家为体育事业和体育发展创造条件，朝鲜宪法规定根据国情和现代体育技术发展趋势发展体育技术。虽然，政府承担的这些体育义务和责任很难在司法上得到执行，但是，宪法的明确规定，也给予政府执政正当性的压力，这方面政府应当也会充分考虑。[2]

三、我国体育事业的法律规制现状

我国体育事业的法律规制体系，从整体上看，以《中华人民共和国宪法》为龙头，以《中华人民共和国体育法》《中华人民共和国公共文化服务保障法》为核心，以《全民健身条例》《公共文化体育设施条例》《反兴奋剂条例》《奥林匹克标志保护条例》《彩票管理条例》和《学校体育工作条例》为主干，以地方性体育法规和政府规章为支持，以中央政策和部门规范性文件为保障的体育法规体系已经初步形成。以保障实施全民健身国家战略为中心的法规体系为例，我们可以大致勾勒如下。

---

① 闵健等："社会公共体育产品的界定与转变政府职能的研究"，载《体育科学》2005年第11期。

② 参见陈华荣、王家宏：《体育的宪法保障——全球成文宪法体育条款的比较研究》，北京体育大学出版社2014年版，第154~157页。

表 10.1　全民健身国家战略的法律法规依据一览表 [①]

序号	种类	名称	备注
1	宪法及宪法性法律	《中华人民共和国宪法》	第 21、46、89、107、119 条
2		《中华人民共和国地方各级人民代表大会和地方各级人民政府组织法》	第 59、61 条
3		《中华人民共和国民族区域自治法》	第 41、42 条
4	法律	《中华人民共和国体育法》	第 2 条、第 2、3、4、5 章等
5		《中华人民共和国公共文化服务保障法》	为全民健身提供全面保障
6		《中华人民共和国基本医疗卫生与健康促进法》	第 75 条
		《中华人民共和国教育法》	第 45、51 条
7		《中华人民共和国义务教育法》	第 3、14、34、37 条
8	行政法规	《全民健身条例》	为全民健身提供全面保障
9		《公共文化体育设施条例》	体育设施建设、管理
10		《学校体育工作条例》	体育教学场地、经费、活动等
11		《国家体育锻炼标准施行办法》	总局已报请国务院废止此文
12		《彩票管理条例》	第 33、35 条
13	地方性法规（省级，以山西为例）	《山西省全民健身促进条例》	全民健身地方专门立法
14		《山西省体育设施条例》	
15		《山西省体育经营活动管理条例》	
16	部门规章（仅列举国家体育总局发布的）	《健身气功管理办法》	
17		《社会体育指导员管理办法》	
18		《举办体育活动安全保卫工作规定》	
19		《经营高危险性体育项目许可管理办法》	
20		《体育类民办非企业单位登记审查与管理暂行办法》	
21	政府规章（省级，以山西为例）	《山西省体育竞赛监督管理办法》	

注：根据法律位阶排列、地方性法规和政府规章以山西省为例。

[①]　参见陈华荣："实施全民健身国家战略的政策法规体系研究"，载《体育科学》2017 年第 4 期。

"窥一斑而知全豹"，从全民健身国家战略的法治保障情况可以看出，我国体育事业的法治保障尽管有了一定的制度基础和法规依据，却还远不能适应现代体育、社会发展的快速步伐。体育是社会的事业、人类的事业，在体育人文关怀不足、条块分割的行政权力孤立配置体育资源、融合发展体育的协同机制缺位的情况下，体育事业的法治保障仍然任重道远。在提升体育治理能力和治理体系的现代化的进程中，需要不断地为体育法治鼓与呼。

第二节　竞技体育

一、竞技体育的规则之治

竞技体育是在全面发展身体，最大限度地挖掘和发挥人在体力、心理、智力等方面潜力的基础上，以提高运动技术水平和创造优异运动成绩为目的的训练和竞赛活动。[①]竞技体育的独立性发展、价值观转型是现代体育快速发展的重要条件。运动训练原则和方法的革新、竞技团体的产生、专用场馆和器材的出现、运动项目的发展、体育规则的系统化，对体育事业乃至社会发展影响深远。[②]对竞技体育的规制，不仅需要依靠国家法律和政府行政手段，更需要借助体育行业的自治规则。

（一）竞技体育与规则发展

"无规矩不成方圆"，竞技体育的产生与发展无不依赖体育规则的制定、实施与更新。竞技体育与一般性身体活动的重要区别也是基于其是在一定的规则要求下，经过系统训练而进行的更高水平的身体活动。从竞技体育的发展史来看，体育规则对竞技体育的影响是不可忽视的。

以篮球运动为例，詹姆士博士制定的第一部有 13 条的篮球规则是现代篮球运动开展的必要条件，它保证了篮球运动在公平、对等的条件下进行。伊顿公学的足球规则禁止侵犯对手身体，而拉格比公学的足球规则百无禁忌，随着两大公学的大量学生进入牛津大学和剑桥大学学习、生活。球场规则带来的矛盾逐渐凸显。规则不同，自然无法一起游戏。于是，不同公学背景的人经过协定，大致明确一个基本的规则：只用脚踢球的游戏，即为足球运动；允许手脚并用，脚踢手抱球均合法的则是橄榄球运动——以此为核心内容即形成了对现

---

① 国家体育总局普法办公室编：《体育法规知识读本》，中国法制出版社 2003 年版，第 153 页。

② 参见颜绍泸主编：《竞技体育史》，人民体育出版社 2006 年版，第 2~32 页。

代足球影响深远的《剑桥规则》。以上两个关于篮球和足球运动规则的例子充分说明了规则对于竞技体育发展的重要性。

　　体育规则对于竞技体育的开展提出了基本的规范要求。随着现代体育的蓬勃发展，竞技体育和职业体育人群逐渐形成，各种复杂的社会关系和现象在体育领域纷纷涌现，如运动员培训与转会、体育暴力、体育商业开发、服用兴奋剂、运动员参赛资格等问题。原有的"体育规则仅仅约束场上行为"的理念早已被突破。国际奥委会及各国际单项体育联合会制定实施大量管理性体育规则，以覆盖传统的技术性规则所不曾涉足的领域。

　　如果说，早期的技术规则仅是约束运动员场上活动的行为规范，那么晚近的管理性体育规则已确定成为调整体育领域各种社会关系的行为规范。体育规则不再是名义上的"Laws of the Game"，而是真正事实意义上各项体育运动开展的"法律性"文件，如《奥林匹克宪章》《国际足联运动员身份及转会规则》等。

　　（二）体育规则与体育社会关系

　　体育规则既然涉及体育领域的管理事务，那么就必然涉足各种与体育相关的社会关系，如何界定这些社会关系，如何有效地调整这些社会关系，则需要我们进一步去认识。

　　社会关系是人与人之间的关系，有两人以上的地方就有社会关系，现代体育这样一个庞大的领域当然不缺各种社会关系。体育当其不再仅仅是游戏的那一刻起，就注定了它要覆盖和产生各种社会关系。当然，这种社会关系也不能毫无边界，不能任何与体育相关联的社会关系都被认定为体育社会关系。我们认为体育社会关系是指在体育运动中发生的，反映体育特殊性的特定行为关系。比如，运动员之间、参赛队之间的竞赛关系，教练员与运动员之间的运动辅助关系，体育组织与运动员之间的行业管理关系，等等。

　　这些关系不能仅仅靠道德、亲情去维系，还需要一些具体的、明确的社会规范去指导、调整、规范，甚至是制裁。体育规则对社会的辐射影响也逐渐显现，比如我们经常听到"站在同一起跑线""不能既当运动员又当裁判员"等。

　　（三）体育规则与体育法

　　体育规则是一种调整体育社会关系的行为规范，法律是调整在一定社会关系中的人们的权利义务关系的行为规范，体育法是调整人们在体育社会关系中权利义务关系的行为规范。从以上几个相关概念可以看出，同是行为规范和社会规范的体育规则与体育法律存在诸多共性之处。能否调整体育社会关系中的权利义务关系，成为一般体育规则与体育法律的重要分野。

传统的技术性体育规则不涉及主体的权利义务关系，因此，与法律规范一般不发生交集。但是，管理性体育规则，则会直接或间接地影响当事人的利益，发生一定的权利义务关系。另外，早期的技术性规则不涉及争议问题和争议解决，甚至早期的各运动项目竞赛规则根本不提裁判员。原因很简单，当时的比赛根本没有裁判员。场上出现的任何问题都由双方的队长通过协商来解决，而且运动员对所有的决定都会本着体育精神，诚实公正地面对。比赛中不会有解决不了的争议。当体育比赛的竞争性不断增强，体育赛事背后的利益愈显重要，赛事争议以及围绕体育规则产生的各种争端需要规则去面对与解决。再者，随着程序正义理念在现代社会的普及和体育领域的应用，体育规则本身的正当性、程序性和人本性问题也逐渐凸显。

显然，规则调整范围扩大化、规则解决争议的地位逐步提升和程序正义理念的引入等，使得体育规则与体育法的隔阂逐步消去。当前，国际体育法研究已经较普遍地承认，将一些调整运动员权利义务关系的管理性体育规则作为法律适用的依据和渊源。尤其是软法理念的勃兴更是推动了体育规则法律化的进程。可以想见，在竞技体育国际化、职业化和商业化的大趋势下，体育规则在竞技体育领域的利益分配、关系调整、争端解决等方面将发挥不可替代的作用。正是从这个角度来说，体育规则的法律地位将逐步得到一定程度的认可，而体育特殊性则是体育规则成就其法律地位的重要依据。不得不指出的是，近年来，亚瑟尔所的齐克曼先生，威廉姆特大学的纳夫齐格先生等国际体育法学者在逐渐关注体育法与体育技术规则之间的密切关系，国内周爱光教授借鉴日本体育法学者千叶正士的观点提出体育固有法的认识，将体育规则、体育社团的规章和体育价值观作为体育固有法的内容，使它们与体育国家法一同调整体育社会关系。这些新的体育法学研究动向值得我们进一步关注。

（四）发展趋势

未来的体育发展将走向何方，有各种各样的预测，体育的商业化、职业化、国际化、现代化等观点在学界不断被提及，但是需要注意的是，未来体育的组织化将进一步增强。从体育的定义看，似乎更多的人注重体育在规则要求下有目的、有意识的身体活动，至于是否有组织性则较少关注。随着社会的发展，个体在现代社会中的活动能力和活动范围受到越来越多的来自方方面面的限制。体育俱乐部制和体育协会制等有组织性的体育活动在国外的开展更为普遍。虽然有组织性的身体活动和自发性的身体活动均可以归入体育的范畴，但是有组织性的身体活动在场地、设施、设备、方法、管理等方面都较自发性的体育活动更加可行。有组织就有规则，并且体育团体的这种规则将进一步整合体育领域的特殊性和社会团体的一般要求。未来体育的发展，无论是全民健身还是竞技体育、无论是体育事业还是体育产业，无论是精英体育还是草根体育，对体育组织的依赖、对体育规则的依赖将更加紧密。

二、运动训练

（一）运动训练的管理体制与要求

运动训练的主要任务是通过身体训练和技战术训练，增强运动员的体质，不断提高身体训练水平，掌握专项运动知识、技术和战术，培育顽强拼搏、为国争光的精神。[①] 我国长期以来实行的是在"三级训练网体制"的基础上，围绕奥运争光计划，贯彻执行"三从一大"训练原则，探索各项目制胜规律，合理安排奥运会参赛周期，全面实施奥运科技攻关行动计划，建立科学训练和健康服务体系，以奥运备战和国家队为中心开展运动训练工作。现代体育的发展对传统的运动训练理论和训练网络提出了很多挑战和修正，我们必须及时把握竞技体育的发展规律，从政策法规和管理体制上保障运动训练的顺利开展。

《体育强国建设纲要》要求：构建科学合理的训练体系。加强优秀运动队复合型训练团队建设，构建符合科学发展要求的训练体系。统筹国际国内体育科技资源，构建跨学科、跨地域、跨行业、跨部门的体育科技协同创新平台，加强科研攻关、科技服务和医疗保障工作。加大对训练基地科研、医疗、文化教育等支持，把若干现有基地建设成为世界一流的"训、科、医、教、服"一体化训练基地。

（二）运动队的组建

运动队是培养优秀运动人才，攀登竞技体育高峰的重要组织形式。高水平运动队的科学组建与管理是出人才、出成绩，实施奥运争光计划的基本保证。《中共中央、国务院关于进一步加强和改进新时期体育工作的意见》对加强高水平运动队建设提出了具体要求。《2011—2020年奥运争光计划纲要》提出：完善适合我国竞技体育发展需要的国家队管理体制，保持并适度扩大国家队集训规模，建立健全国家队竞争机制和激励机制，确保高水平竞技人才的数量和质量。调动地方积极性，加大对竞技体育和奥运战略的投入，稳定各级优秀运动队规模，利用区域优势为国家培养人才。

（三）业余体育训练的组织管理

业余体育训练在培养竞技体育后备人才和社会体育技术骨干方面发挥重要

---

① 参见张厚福：《体育法理》，人民体育出版社2001年版，第140~145页。

作用。我国开展业余体育训练的传统形式主要是各级各类业余体校。根据业余体校的形式和任务不同，大致划分为初级、中级和高级三个训练层次。初级训练层次为基层业余体校和传统项目学校训练网点。

随着社会主义市场经济的逐步深化和体育职业化的引入，原"三级训练网体制"的塔基——少年儿童体校面临断崖式滑坡，全国大部分少年儿童体校面临生存危机，或者已经停止办学。根据《少年儿童体育学校管理办法》第3条规定，少体校的主要任务是为国家和社会培养、输送具有良好思想品德、文化素质和体育特长的优秀体育后备人才。少体校人才培养和训练效果出现问题，直接影响高水平优秀运动队的选拔和训练工作。

（四）重要保障措施

《体育法》第25条规定：国家鼓励、支持开展业余体育训练，培养优秀的体育后备人才。相关政策法规要求：各级体育部门应从人力、物力、财力等方面支持业余体育训练的发展，各省区市用于青少年儿童业余体育训练的经费，不能少于体育事业费的三分之一；各类体育场地应为青少年儿童业余训练创造条件。

三、体育竞赛

（一）体育竞赛管理

举办体育赛事遵循"谁主办谁负责"的原则，实行分级分类管理。国家体育总局（以下简称"体育总局"）负责对在我国举办的全国性体育赛事进行监管。全国单项体育协会（以下简称"全国单项协会"）负责本项目全国性体育赛事的具体监管。各省（区、市）政府体育主管部门或地方单项体育协会（以下简称"地方单项协会"）以及全国行业体育协会负责对本地区、本行业的相关体育赛事的具体监管。全国性体育赛事包括：

（1）体育总局主办的全国综合性运动会，包括全国运动会、全国冬季运动会、全国青年运动会。

（2）全国单项协会主办的全国性单项体育赛事，包括但不限于《全国性单项体育协会竞技体育重要赛事名录》（以下简称《赛事名录》）内所列举的竞赛。

（3）全国单项协会主办的涉及国家安全、政治、军事外交等方面的特殊项目赛事：即健身气功和航空项目的全国性和跨省、区、市的体育赛事。

（4）全国性行业体育协会主办的相关体育赛事。

地方性体育赛事是地方政府体育主管部门或地方单项协会主办的综合性或单项体育赛事。地方综合性运动会和地方单项体育竞赛的管理办法由地方人民政府制定。

　　申办由体育总局主办的全国运动会、全国冬季运动会和全国青年运动会，由申办地省、自治区、直辖市人民政府按照现行的审批程序执行，报国务院批准举办。

　　全国单项协会主办的《赛事名录》内所列举的体育赛事，由主办单位自行确定承办单位和举办地点。全国单项协会举办的特殊运动项目体育竞赛按照现行程序办理相关手续。

　　商业性、群众性体育赛事取消审批，合法的主体（包括全国单项协会）均可依法组织和举办，自行确定或协商确定举办地点。

　　取消体育竞赛全国纪录审批制度，全国纪录不再由国务院体育行政部门确认。

　　（二）运动员注册管理

　　全国性的单项体育协会对本项目的运动员实行注册管理。经注册的运动员，可以根据国务院体育行政部门的规定，参加有关的体育竞赛和运动队之间的人员流动。《全国运动员注册与交流管理办法（试行）》规范运动员注册与交流事务。

　　运动员参加国家体育总局主办的全国综合性运动会和全国单项比赛，应代表具有注册资格的单位（以下简称为"单位"）进行注册。

　　各省、自治区、直辖市、新疆生产建设兵团、解放军、行业体协及经过国家体育总局、全国性单项体育协会或运动项目管理中心批准认可的参加全国成年、青年和少年比赛的单位是具有注册资格的单位（香港和澳门特别行政区除外）。

　　运动员本人或其法定监护人应与拟代表的注册单位签订代表资格协议。运动员与注册单位签订的代表资格协议期限为 2 年 ~9 年。运动员法定监护人与注册单位签订的代表资格协议的终止日期不得超过该运动员年满 16 周岁的日期。注册单位应当自代表资格协议签订之日起 12 个月内为运动员进行注册。逾期不注册，代表资格协议自动失效。每年 12 月 1 日 ~ 次年 1 月 31 日为夏季项目的年度注册期和年度确认期。每年 6 月 1 日 ~ 7 月 31 日为冬季项目的年度注册期和年度确认期。注册单位未在年度确认期为运动员办理确认手续，其代表资格协议终止，运动员有权向全国性单项体育协会或运动项目管理中心提出申诉，并可自主选择新的注册单位。

　　代表资格协议期满后，注册单位享有对该运动员的注册优先权。注册优先权期限根据所签订的代表资格协议的期限确定：1 年 ~3 年（含 3 年），注册优先权期限为 12 个月；4 年~6 年（含 6 年），注册优先权期限为 24 个月；7 年~9 年，注册优先权期限为 36 个月。注册优先权期限内，如原注册单位需要，运动员只能与其签订代表资格协议。运动员在注册优先权期限内与原注册单位签订代表资格协议的，新的注册优先权期限按续签代表资格协议的时间确定。注册优先权期限已满，如原注册单位未能与运动员重新签订代表资格协议，运动员可自主选择注册单位。

（三）运动员交流机制

在代表资格协议期或注册优先权期限内的运动员，经省、自治区、直辖市、新疆生产建设兵团和行业体协同意并签署交流协议，可变更注册单位。交流协议须由运动员原注册单位和新注册单位的法人代表及年满 16 周岁运动员本人或未满 16 周岁运动员的法定监护人三方共同签订。交流协议由国家体育总局统一印制。交流协议须经全国性单项体育协会或运动项目管理中心审核。新注册单位凭交流协议可与年满 16 周岁运动员本人或未满 16 周岁运动员的法定监护人签订代表资格协议，并到全国性单项体育协会或运动项目管理中心办理交流注册手续。运动员交流到新单位须注册满 24 个月，方可再次进行交流。进行双重注册的运动员，交流权属于拥有注册最终决定权的单位。

运动员注册和交流过程中发生争议问题或出现违规行为，任何单位或个人均可以书面形式向国家体育总局、全国性单项体育协会运动或运动项目管理中心提出申诉或进行举报。全国性单项体育协会或运动项目管理中心须在接到申诉或举报 30 天内作出裁决。当事人对全国性单项体育协会或运动项目管理中心的裁决或处罚有异议，可在裁决公布之日起 20 天内，向国家体育总局提出书面复议申请，国家体育总局须在收到复议申请之日起 30 天内作出最终裁决。

四、竞技体育专业技术等级制度

《体育法》第 30 条规定：国家实行运动员技术等级、裁判员技术等级和教练员专业技术职务等级制度。

（一）运动员技术等级制度

运动员技术等级制度是根据运动员技术水平的高低而授予不同等级称号的制度，国家实行这项制度的目的是鼓励运动员勤学苦练，不断提高运动技术水平。1984 年国家体委制定了《运动员技术等级制度》，2014 年 3 月 1 日，国家体育总局颁布的《运动员技术等级管理办法》开始施行。主要内容为：

（1）国家体育总局（以下简称"总局"）实行运动员技术等级审批制度。运动员技术等级称号依申请获得。运动员符合等级标准可以申请等级称号。

（2）该办法所称运动员，是指参加总局颁布的各项目《运动员技术等级标准》（以下简称"等级标准"）中规定比赛的正式参赛人员。

（3）等级称号分为：国际级运动健将、运动健将、一级运动员、二级运动员、三级运动员。

（4）等级称号的管理实行分级审批、分级授权。总局审批国际级运动健将和运动健将。总局授予各省级体育行政部门、新疆生产建设兵团体育局、总参军训部军事体育训练局、总政宣传部文化体育局一级运动员、二级运动员、三级运动员审批权。各省级体育行政部门根据实际情况，可以将二级运动员、三级运动员审批权授予本行政区域内地市级体育行政部门，可以将三级运动员审批权授予本行政区域内县级体育行政部门。各省级体育行政部门审批本行政区域内的运动员相应的等级称号。新疆生产建设兵团体育局、总参军训部军事体育训练局、总政宣传部文化体育局审批本系统内的运动员相应的等级称号。审批区域，均以运动员参赛代表单位所在行政区域为准。总局可以授予其他单位一定范围内一级运动员、二级运动员、三级运动员审批权。

（二）裁判员技术等级制度

裁判员技术等级制度是根据裁判员技术水平的高低而授予不同等级称号的制度。国家实行这项制度的目的是鼓励裁判员不断钻研业务，提高裁判水平，更好地完成执法任务。原国家体委 1981 年制定《裁判员技术等级制度》，之后又陆续修订了各个项目的等级标准。2015 年，国家体育总局颁布了《体育竞赛裁判员管理办法》，自 2016 年 1 月 1 日起施行。结合等级制度和裁判员管理的相关要求，对裁判员技术等级制度介绍如下：

（1）体育竞赛裁判员（以下简称"裁判员"）实行分级认证、分级注册、分级管理。各体育运动项目裁判员的技术等级分为国家级、一级、二级、三级。获得国际单项体育组织有关裁判技术等级认证者，统称为国际级裁判员。

（2）国家体育总局对在我国（不含香港、澳门特别行政区）正式开展的体育运动项目裁判员的管理工作进行监管。各级政府体育主管部门负责本地区相应等级裁判员的监督管理工作。全国单项体育协会、省、自治区、直辖市各级地方单项体育协会负责本项目、本地区相应技术等级裁判员的资格认证、培训、考核、注册、选派、处罚等（以下简称"技术等级认证"）监督管理工作。

（3）裁判员技术等级认证考核内容分别为：竞赛规则、裁判法和临场执裁考核和职业道德的考察。各全国单项协会负责制定本项目各技术等级裁判员培训、考核和技术等级认证的具体标准，以及报考国际裁判员人选的考核推荐办法，具体标准和考核推荐办法公布后执行。

各级、各类裁判员技术等级认证的单位，不得跨地区、跨部门、跨运动项目认证裁判员技术等级。裁判员由于工作调动，可持本人注册证明和裁判员证书到所在地方相应的注册单位申请变更注册单位。国家级裁判员变更注册单位，应当报全国单项协会备案。各全国单项协会应当统一制作并发放本项目各技术等级裁判员证书。对各等级裁判员进行技术等级认证，不得收取费用。

裁判员实行注册管理制度。各全国单项协会应当根据本项目的特点确定裁判员的注册年龄限制、注册时限、停止注册和取消注册等条件。裁判员必须持有注册有效期内的相应裁判员技术等级证书方能参加各级体育竞赛的执裁工作。

（三）体育教练员职务等级标准[①]

为了充分发挥我国体育教练员的积极性、创造性，提高训练教学水平和指挥、管理能力，建设一支适应我国体育事业发展需要的体育教练员队伍，促进我国体育运动技术水平的迅速提高，1994年11月4日，当时国家人事部、国家体委下发《体育教练员职务等级标准》。该项制度的主要内容是：

（1）体育教练员的职务名称分为：三级教练、二级教练、一级教练、高级教练、国家级教练。三级、二级教练为初级职务，一级教练为中级职务，高级、国家级教练为高级职务。

（2）体育教练员的岗位职责。体育教练员的岗位职责因其等级不同而有不同的要求，但各级体育教练员的基本职责是：完成训练教学任务，提高运动技术水平；全面关心运动员成长，做好运动队的管理工作；参加规定的进修、学习；高等级教练员须承担对低等级教练员的业务指导、培训和辅导基层训练工作。

（3）体育教练员的任职条件分政治素质和专业技术两个方面。政治上各级体育教练员必须拥护中国共产党的领导，热爱社会主义祖国，努力学习马克思列宁主义、毛泽东思想和邓小平理论；履行教练员的职责，遵守教练员守则，具有良好的体育道德和为体育事业献身的精神。专业技术方面，因等级不同而有不同的要求，主要内容包括以下几个方面：文化程度、从事训练工作年限、掌握体育理论知识和专业技能的程度，科研能力，外语水平，完成训练，竞赛任务情况，培养输送运动员情况等。

（4）审批各级体育教练员必须符合规定的比例，并按照权限和程序审批。

---

① 参见刘举科、陈华荣主编：《体育法学》，广西师范大学出版社2014年版，第184~186页。

第三节 社会体育

一、社会体育的法律地位

（一）社会体育是我国体育事业的基石[①]

社会体育在我国体育事业中的基石地位，一方面体现在它把增强人民体质提高国民素质作为自己的根本任务，另一方面则体现在它对竞技体育的支持作用。社会体育为竞技体育发展塑造了良好的社会环境和氛围，提供了发展的沃土与动力，形成广泛的体育参与者、爱好者和支持者群体。社会体育开展得越好越快，竞技体育的基础就越扎实，社会体育和竞技体育构成普及与提高的关系。

社会体育的发展是实现体育现代化和体育强国的重要标志。国民体质是国家综合国力的一部分，社会体育是人类文化生活的重要内容之一。社会体育的规模与水平是社会发展水平的一项重要内容，是社会现代化的一个重要标志。做好社会体育工作，不仅是现代社会生活、经济、文化发展的需要，也是满足人类生存、享受与发展的需要。

（二）发展社会体育是国家责任

《宪法》第 21 条第 2 款规定：国家发展体育事业，开展群众性的体育活动，增强人民体质。从发展体育事业的宪法依据来看，社会体育是体育事业的重中之重，是国家履行体育事业发展责任的出发点和落脚点。宪法的这一定位，在《体育法》得到具体明确，比如：国家发展体育事业，开展群众性的体育活动，提高全民族身体素质。体育工作坚持以开展全民健身活动为基础，实行普及与提高相结合，促进各类体育协调发展。国家提倡公民参加社会体育活动，增进身心健康。社会体育活动应当坚持业余、自愿、小型多样，遵循因地制宜和科学文明的原则。地方各级人民政府应当为公民参加社会体育活动创造必要的条件，支持、扶助群众性体育活动的开展。

二、全民健身国家战略

国发［2014］46 号文《国务院关于加快发展体育产业促进体育消费的若干意见》提出"营造重视体育、支持体育、参与体育的社会氛围，将全民健身上

---

① 卢元镇主编：《社会体育导论》，高等教育出版社 2004 年版，第 47~58 页。

升为国家战略"。此后系列重磅中央文件都提及全民健身、全民健康和全面小康的内在逻辑关系。2016年中共中央、国务院印发《"健康中国2030"规划纲要》，要求体育等行业要主动适应人民健康需求，深化体制机制改革，优化要素配置和服务供给，补齐发展短板，推动健康产业转型升级，满足人民群众不断增长的健康需求。建立完善的全民健身公共服务体系。

（一）建立完善的全民健身公共服务体系

统筹建设全民健身公共设施，加强健身步道、骑行道、全民健身中心、体育公园、社区多功能运动场等场地设施建设。到2030年，基本建成县乡村三级公共体育设施网络，人均体育场地面积不低于2.3平方米，在城镇社区实现15分钟健身圈全覆盖。推行公共体育设施免费或低收费开放，确保公共体育场地设施和符合开放条件的企事业单位体育场地设施全部向社会开放。加强全民健身组织网络建设，扶持和引导基层体育社会组织发展。

（二）广泛开展全民健身运动

继续制定实施全民健身计划，普及科学健身知识和健身方法，推动全民健身生活化。组织社会体育指导员广泛开展全民健身指导服务。实施国家体育锻炼标准，发展群众健身休闲活动，丰富和完善全民健身体系。大力发展群众喜闻乐见的运动项目，鼓励开发适合不同人群、不同地域特点的特色运动项目，扶持推广太极拳、健身气功等民族民俗民间传统运动项目。

（三）加强体医融合和非医疗健康干预

发布体育健身活动指南，建立完善针对不同人群、不同环境、不同身体状况的运动处方库，推动形成体医结合的疾病管理与健康服务模式，发挥全民科学健身在健康促进、慢性病预防和康复等方面的积极作用。加强全民健身科技创新平台和科学健身指导服务站点建设。开展国民体质测试，完善体质健康监测体系，开发应用国民体质健康监测大数据，开展运动风险评估。

（四）促进重点人群体育活动

制定实施青少年、妇女、老年人、职业群体及残疾人等特殊群体的体质健康干预计划。实施青少年体育活动促进计划，培育青少年体育爱好，基本实现青少年熟练掌握1项以上体育运动技能，确保学生校内每天体育活动时间不少于1小时。到2030年，学校体育场地设施与器材配置达标率达到100%，青少年学生每周参与达到中等强度的体育活动3次以上，国家学生体质健康标准达标优秀率25%以上。加强科学指导，促进妇女、老年人和职业群体积极参与全民健身。实行工间健身制度，鼓励和支持新建工作场所建设适当的健身活动场地。推动残疾人康复体育和健身体育广泛开展。

全民健身是全社会的事业，需要动员各种社会力量、调动各种公共资源，各方协力共同推进，才能形成合力有效推动发展。从开展实际工作的层面看，全民健身与卫生、养老、工会、共青团、市政、财政、城建、能源、环境、教育、文化、旅游和对外交往等方方面面都有较大的交叉联系。体育部门要依靠各级政府、依靠上级、依靠其他部门、依靠社会组织、依靠社会中的积极分子去做。体育部门主要是谋划、协调、组织、推动，要善于联合力量和资源，推动全民健身发展。从现状来看，落实全民健身国家战略存在诸多短板，比如：政策法规体系有待健全，政策落地不够；全民健身公共服务供给能力有待加强；全民健身消费体量偏小，结构有待优化，产业融合发展有待加强；全民健身开展的基础条件还比较薄弱，人民群众的健身意识有待加强，全民健身工作经费筹集渠道有待拓宽，等等。[①] 面对各种阻力，我们需要进一步完善全民健身政策法规体系，发挥政府在资源配置、宏观调控方面的作用，积极推动政策落地，严格执行全民健身"三纳入"，加强全民健身公共服务供给能力，鼓励社会资本进入全民健身领域，拓宽全民健身筹集渠道，共同助推全民健身事业发展。

三、社会体育组织[②]

按照社会体育组织的组织化程度，可以分为正式社会体育组织和非正式社会体育组织。

（一）正式社会体育组织

正式社会体育组织可分为体育行政组织、体育事业组织和体育社团组织三大类。此外，还有社会体育辅助性和支持性的其他社会组织。

1. 体育行政组织。中央一级的社会体育管理部门是国家体育总局群体司。地方的社会体育实行属地管理，各省区市体育局一般也设群体处，以往各县级体育局（文教局、社体局、社发局）也设有群体科，专司社会体育工作。随着大部制机构改革的推进，地市级及以下保留独立体育行政部门的已为数不多，保留群体科的更少。这导致越基层的社会体育主管单位和部门越综合，优势是部门联合、权力贯通，有助于协同推进社会体育发展，弊端是体育本就是各项社会事业的末端，社会体育在体育事业中有属于末端，在实践中社会体育说起来重要、做起来次要、花起来不要，基层社会体育主管单位和部门的边缘化问

---

① 参见李颖川："落实全民健身国家战略重在补短板"，载《中国党政干部论坛》2016 年第 6 期。

② 参见宋剑英主编：《体育行政法新论》，中国政法大学出版社 2010 年版，第 81~82 页。

题需要引起当局重视。

2. 体育事业组织。国家体育总局下设社会体育指导中心，属于事业单位性质，在省级和地市级一般设置社会体育管理（服务）中心，接受政府委托，实施一定的社会体育管理职能，支持、指导、服务和举办社会体育活动。

3. 体育社团组织。中华全国体育总会是我国最大的全国性群众性体育组织，是依法成立的非营利性社团法人。中华全国体育总会实行会员制，其团体会员包括省、自治区、直辖市体育总会、全国各单项体育运动协会及行业系统体育协会等省、自治区、市、区、县也设体育总会。全国性和省级单项体育协会目前在竞技体育和社会体育中均扮演重要角色。地市级以下体育协会一般均为自发性体育社团。

4. 其他协同发展社会体育的正式组织。按照现行《体育法》的规定，城市应当发挥居民委员会等社区基层组织的作用，组织居民开展体育活动。农村应当发挥村民委员会、基层文化体育组织的作用，开展适合农村特点的体育活动。国家机关、企业事业组织应当开展多种形式的体育活动，举办群众性体育竞赛。

（二）非正式的社会体育组织

所谓的非正式的社会体育组织，一般指自发的不具有法人资格的社会体育群众组织，分为自治型和中介型两种。

1. 自治型社会体育组织。成员往往以健身、休闲、社交等为目的，以人群或者项目为纽带，自发组成松散的社会体育组织，以全面健身活动站点为典型。全民健身活动站点是指具有适宜的体育场地和设施，有社会体育指导员进行指导，有一定数量的群众自愿参加，有专人具体负责，定时开展科学健身活动，经所在地体育行政部门进行备案的群众性体育健身站点。[1] 据《中国群众体育发展报告（2018）》调查，截至 2017 年，全国全民健身站点已达到每万人 3 个。[2]

2. 中介型的社会体育组织。这类组织，主要协调各社区体育组织之间的关系，开展社会体育服务，接受社区委托，对社会体育活动进行指导、监督和管理。如基层的草根项目协会、体育俱乐部等。

四、体育锻炼标准与国民体质监测

《体育法》第 11 条规定：国家推行全民健身计划，实施体育锻炼标准，进

---

[1] 参见黄亚玲、郭静："基层体育社会组织——自发性健身活动站点的发展"，载《北京体育大学学报》2014 年第 9 期。

[2] 刘国永等：《中国群众体育发展报告（2018）》，社会科学文献出版社 2018 年版，第 1~3 页。

行体质监测。

（一）国家体育锻炼标准制度

国家体育锻炼标准制度是体育事业的一项基本制度，也是重要的社会体育制度。目前，我国体育锻炼标准制度包括主要针对青少年及儿童的《国家体育锻炼标准》和适用于 20~59 岁身体健康人群的《普通人群体育锻炼标准》。体育锻炼标准由体育行政部门主管。各级体育主管部门应当会同教育、卫生、民政、农业、民族等有关部门督促所属基层单位有计划、有组织的施行。卫生部门应当负责医务监督工作。城市街道办事处、县乡镇以及机关、企事业单位，要组织开展锻炼和达标测试活动。青少年体育锻炼与测验项目分为跑、跳跃、投掷、力量练习四类，普通人群测试设耐力、速度、柔韧、灵敏、力量五大类指标。体育主管部门和有关单位要充分认识施行国家体育锻炼标准的重要意义，提供各项条件保障。

（二）国民体质监测

国民体质监测是指国家为了系统掌握国民体质状况，以抽样调查的方式，按照国家颁布的国民体质监测指标，在全国范围内定期对监测对象统一进行测试和对监测数据进行分析、研究。

国民体质监测对象为 3~69 周岁的中国公民。按年龄分为幼儿、儿童青少年（学生）、成年和老年等四组人群。

国民体质监测工作的任务是：对监测对象进行体质测试，建立国民体质数据库，统计与分析监测数据，公布监测结果，为相关工作决策和研究提供服务。

国务院体育行政部门主管全国国民体质监测工作。国务院体育、教育、卫生、计划、科技、民族、民政、财政、农业、统计等有关部门和全国总工会共同建立国民体质监测工作领导机构，在各自职责范围内协同开展国民体质监测工作。国务院教育行政部门负责儿童青少年（学生）的体质监测工作。开展国民体质监测工作的各级地方人民政府体育行政部门应当会同有关部门，建立相应的领导机构，负责本地区的国民体质监测工作。

国家建立由国家国民体质监测中心、省（区、市）国民体质监测中心、地（市）国民体质监测中心和监测点构成的国民体质监测网络，实行分级管理。各级国民体质监测中心由同级体育行政部门负责组建。监测点由地（市）国民体质监测中心确定。各级国民体质监测中心、监测点的组建方案须逐级上报体育行政部门审核、备案。儿童青少年（学生）体质监测网络由教育行政部门负责组建。

国民体质监测工作经费由各级体育行政部门从其集中的体育彩票公益金中

解决并积极争取社会各界对国民体质监测工作的经费支持。

国家对全国国民体质监测结果实行统一公布制度。全国国民体质监测结果由国务院体育行政部门会同有关部门公布。全国国民体质监测结果公布后，地方可以公布本地区国民体质监测结果。

第四节　青少年体育

一、青少年体育的地位与作用

《宪法》第 46 条第 2 款规定：国家培养青年、少年、儿童在品德、智力、体质等方面全面发展。该款规定将发展青少年体质纳入公民的受教育权利之一，这使得提升青少年体质工作成为教育和体育交叉领域。《体育法》第 5 条规定：国家对青年、少年、儿童的体育活动给予特别保障，增进青年、少年、儿童的身心健康。为进一步加强新时期青少年体育工作，2007 年《中共中央国务院关于加强青少年体育增强青少年体质的意见》（中发 [2007]7 号）强调体育系统建设的加强。2009 年，根据国务院办公厅下发的《国家体育总局主要职责内设机构和人员编制规定》国办发 [2009]23 号对国家体育总局主要职责新增第 5 项规定：统筹规划青少年体育发展，指导和推进青少年体育工作。2010 年，国家体育总局成立了青少年体育司，"统筹规划青少年体育发展，指导和推进青少年体育工作"，提升青少年学生体质的职责在体育部门中得到进一步重视。

二、学校体育基本制度

长期以来，对青少年体育的管理，我国教育部门主抓在校学生体育，体育部门主抓社会一般成员的体育。因此，学校体育到底是场所定义还是性质定义的问题，具有重要分析意义。传统上，我们将学校体育认识为在学校开展的体育活动，随着社会的发展，学校与社会的交融发展进一步增多，学校体育不再是校园体育，校园体育也不仅限于校内开展。

（一）学校体育的组织开展

学校体育工作在教育行政部门领导下，由学校组织实施，并接受体育行政部门的指导。教育行政部门和学校应当将体育作为学校教育的组成部分，培养德、智、体等方面全面发展的人才。学校体育工作的基本任务是：增进学生身心健康、增强学生体质；使学生掌握体育基本知识，培养学生体育运动能力和习惯；提高学生运动技术水平，为国家培养体育后备人才；对学生进行品德教育，增强组织纪律性，培养学生的勇敢、顽强、进取精神。

（二）体育课教学

学校应当根据教育行政部门的规定，根据学生的年龄、性别和体质状况，组织实施体育课教学活动。

学校必须开设体育课，并将体育课列为考核学生学业成绩的科目。学校应当创造条件为病残学生组织适合其特点的体育活动。普通中小学校、农业中学、职业中学、中等专业学校各年级和普通高等学校的一、二年级必须开设体育课；普通高等学校对三年级以上学生开设体育选修课。体育课是学生毕业、升学考试科目。学生因病、残免修体育课或者免除体育课考试的，必须持医院证明，经学校体育教研室（组）审核同意，并报学校教务部门备案，记入学生健康档案。

（三）课外体育活动

开展课外体育活动应当从实际情况出发，因地制宜，生动活泼。普通中小学校、农业中学、职业中学每天应当安排课间操，每周安排三次以上课外体育活动，保证学生每天有一小时体育活动的时间（含体育课）。中等专业学校、普通高等学校除安排有体育课、劳动课的当天外，每天应当组织学生开展各种课外体育活动。学校可根据条件有计划地组织学生远足、野营和举办夏（冬）令营等多种形式的体育活动。学校必须实施国家体育锻炼标准，对学生在校期间每天用于体育活动的时间给予保证。学校要开展广播体操、眼保健操等体育活动，指导学生的体育锻炼，提高学生的身体素质。学校应当组织多种形式的课外体育活动，开展课外训练和体育竞赛，并根据条件每学年举行一次全校性的体育运动会。学校应当按照国务院教育行政部门规定的标准配置体育场地、设施和器材。学校体育场地必须用于体育活动，不得挪作他用。学校应当在体育课教学和课外体育活动的基础上，开展多种形式的课余体育训练，提高学生的运动技术水平。有条件的普通中小学校、农业中学、职业中学、中等专业学校经省级教育行政部门批准，普通高等学校经国家教育委员会批准，可以开展培养优秀体育后备人才的训练。

（四）学生体质监测

《中华人民共和国教育法》《中华人民共和国义务教育法》《体育法》中均涉及提高学生体质的规定。学校应当在学生中认真推行国家体育锻炼标准的达标活动和等级运动员制度。学校应当建立学生体格健康检查制度。教育、体育和卫生行政部门应当加强对学生体质的监测。

三、学校体育伤害事故

学校体育伤害事故是指在学校体育活动中（包括体育教学、课间体育活动、课余体育训练与运动竞赛），造成学生实质性的人身伤害或死亡后果的事故。学校体育伤害事故是与学校体育相伴生的一种社会现象。在学校生活中一旦发生人身伤害事故，不仅会给受害者及其家庭带来痛苦，也会使学校的教职工感到极度的不安与困惑。理性处理事故，合理承担责任，是在不幸发生之后，社会能够做到的最及时和最有效的救助方式。

（一）学校体育伤害事故的责任主体

确认学校体育伤害事故的责任主体，是学校体育伤害事故发生后，进入法律程序前必须解决的首要问题。家长经常认为学校是未成年学生的监护人，体育伤害事故发生在学校，学校具有不可推卸的法律责任。这种逻辑认为学生自入校之日起，其监护权就由其父母转移给学校，学校成为学生的实际监护人，学校与学生之间的关系成立"委托监护"关系。但是，我国立法和司法实践不承认学生或家长与学校或者教师之间成立委托监护关系。学校承担体育伤害事故责任的前提是学校未履行职责。有学者认为，学校与学生之间的法律关系是教育、管理和保护关系，而不是监护关系，因此学校承担的是教育管理责任。[①]

（二）学校在体育教学和课余体育活动的义务

从相关规定来看，学校面对学生负有教育、管理和保护的义务，为了更清晰地分析，我们进一步将相关义务分解如下：①安全保障义务，比如场地、设施、器材的安全达标、正常使用，管理制度和应急预案的完整有效性等。②警示说明义务，尤其提醒设备隐患、不宜参加运动的疾病情形等。③紧急救助的义务，在黄金时间提供第一救助的义务。④人员管理的义务，包括教师的专业能力、健康状况、操守等。⑤合理预见的义务，对于风险有足够的判断，对于技术动作和难度有准确的认识。⑥教育引导义务。

（三）学校在体育伤害事故中的过错认定

1.场地设施不安全和管理制度不健全。学校的举办者应当提供符合安全标准的校舍、体育场地、体育设施和其他教学设施。学校的校舍、场地、其他公共设施，以及学校提供给学生使用的学具、器材、教育教学和生活设施、设备不符合国家规定的标准，或者有明显不安全因素的，学校将可能承担责任。教育行政部门应当加强学校安全工作，指导学校落实预防学生伤害事故的措施，指导、协助学校妥善处理学生伤害事故，维护学校正常的教育教学秩序。学校

---

① 参见董小龙、郭春玲主编：《体育法学》，法律出版社 2013 年版，第 162~169 页。

的体育设施设备管理等安全管理制度有明显疏漏，或者管理混乱，存在重大安全隐患，而未及时采取措施导致事故发生的，学校将可能承担责任。

2. 安全教育缺失、未尽说明警示义务。学校应当对在校学生进行必要的安全教育和自护自救教育；学校对学生进行安全教育、管理和保护，应当针对学生年龄、认知能力和法律行为能力的不同，采用相应的内容和预防措施。体育示范教学和指导不准确、不到位，未进行风险提示和安全教育，并未在可预见的范围内采取必要的安全措施的，学校将可能承担责任。

3. 不履行相应救助义务。学校应当按照规定，建立健全安全制度，采取相应的管理措施，预防和消除教育教学环境中存在的安全隐患；当发生伤害事故时，应当及时采取措施救助受伤害学生。

4. 人员管理的义务。学校知道体育教师或者其他工作人员患有不适宜担任体育教育教学工作的疾病，或者其他可能伤害学生的情形，但未采取必要措施的将可能承担责任。

5. 合理预见的义务。合理预见的标准即不得构成"疏忽"。学校违反有关规定，组织或者安排未成年学生从事未成年人不宜参加的劳动、体育运动或者其他活动的；学生有特异体质或者特定疾病，不宜参加某种体育教学或者体育活动，学校知道或者应当知道，但未予以必要的注意的；以上情形均违反义务，学校可能承担责任。

6. 未正确指导示范、未纠正错误动作或行为。体育教师或者其他工作人员在负有组织、管理体育课教学或者课余体育训练、竞赛的职责期间，发现学生行为具有危险性，但未进行必要的管理、告诫或者制止的；尤其是针对体育教师的专业性和体育活动的高风险性而言的。

存在上述情形，导致学校体育伤害事故发生的，学校将可能承担法律责任。

【推荐阅读资料】

"体育事业发展概况"，载 http://www.gov.cn/guoqing/2012-04/19/content_2584193.htm，2020 年 8 月 20 日访问。

《国务院办公厅关于促进全民健身和体育消费推动体育产业高质量发展的意见》，载 http://www.sport.org.cn/search/system/xgwj/2020/0221/310881.html，2020 年 8 月 20 日访问。

《国务院办公厅关于印发体育强国建设纲要的通知》，载 http://www.sport.org.cn/search/system/xgwj/2019/0810/310880.html，2020 年 8 月 20 日访问。

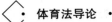
《国务院关于印发全民健身计划（2016—2020 年）的通知》，载 http://www.sport.org.cn/search/system/xgwj/2018/1108/191936.html，2020 年 8 月 20 日访问。

《体育赛事活动管理办法》，载 http://www.sport.org.cn/search/system/bmgz/2020/0320/312945.html，2020 年 8 月 20 日访问。

第十一章 ·
体育产业与经营管理法规

【引例】2014年，河北省沧州市的冯某将其房屋出租给马某，马某在其一楼开办了台球厅，工商局为其颁发了个体工商户《营业执照》。冯某认为，《河北省台球经营活动管理办法（试行）》规定，"凡在本省范围内开办台球经营活动，包括宾馆、酒店、商场等综合性娱乐场所和室外场、点，均应到当地体育行政部门申请办理《河北省体育经营许可证》"；该台球厅未取得《河北省体育经营许可证》以及消防、环保等部门的批准文件，工商局为其颁发营业执照属于程序违法，故请求工商局撤销该《营业执照》。法院审理后认为，根据《娱乐场所管条例》《娱乐场所管理办法》《文化部关于贯彻〈娱乐场所管理条例〉的通知》等的规定，应认定台球厅并非娱乐场所。国务院于2004年6月发布《国务院对确需保留的行政审批项目设定行政许可的决定》，其中对涉及体育行政主管部门保留的行政许可项目仅有4项，台球厅审批不在此列。故判决驳回冯某的诉讼请求。① 本案是一起典型的涉及体育经营要求的行政诉讼案件。目前，在体育市场经营准入方面，除了危险性和专业性较强的体育经营项目需由相关部门核发许可证外，其他项目应作为备案类项目，在严格核实市场主体法定必备条件的前提下，尽可能以登记方式准入，减少行政性审批，建立体育经营备案证制度，以简化程序，提高办事效率。

【目标】通过本章学习，学生应了解体育产业法制化的过程，掌握体育产业的基本类别，了解目前我国发展体育产业的基本方针和主要目标，掌握体育产业发展的重点任务和重点行业，了解我国体育经营活动的管理体制、管理部门的基本职责以及开展体育经营活动所需的条件，掌握有关具体产业经营活动的基本要求。

---

① （2017）冀09行终162号判决书。

第一节 发展体育产业与体育经营管理的基本规定

发展体育产业是适应社会主义市场经济体制，推进体育改革，增强体育自我发展能力的重大战略举措。而体育产业与经营管理法规，是保障体育产业和体育经营活动快速、健康、持续发展，加快体育改革步伐、增强体育事业发展后劲和活力，满足人们日益增长的体育文化需求的必需。本章主要介绍现阶段我国发展体育事业与体育经营活动管理的基本规定和各类体育市场经营管理的有关法规。

一、体育产业法制化的进程

我国体育产业的法制实践，始于十一届三中全会之后，大致可以分为四个阶段。

（一）探索阶段（1978 年~1992 年）

在改革开放之前，我国没有"体育产业"的概念，而只有"体育事业"这一广义的概念。1978 年，具有历史意义的十一届三中全会在北京召开，全会提出了以经济建设为中心和进行经济体制改革，拉开了我国以市场为取向、涉及社会各个层面的经济体制改革的序幕。同时，全会还提出为了保障人民民主，必须加强社会主义法制，使民主制度化、法律化，做到有法可依，有法必依，执法必严，违法必究。这也为党的十五大"依法治国"方略的提出打下坚实的基础。

顺应国家经济体制改革的要求，同时也为了更好的发展体育事业，1983 年 10 月 28 日，国务院批转了原国家体委《关于进一步开创体育新局面的请示》，其中提出要"依靠各部门和社会力量集资兴办体育事业，建立体育基金等。体委系统不应只靠国家拨款，也要努力增收节支。继续开辟国际体育商业性活动的渠道，以及运用体育电视、广播、广告等扩大财源"。这是我国政府首次对体育产业活动作出规定，体育产业化成为政府解决体育事业发展经费不足、拓宽经费来源渠道的一种重要的选择。

1984 年，我国运动员在美国洛杉矶举行的第 23 届夏季奥运会上取得了 15 金 8 银 9 铜的辉煌战绩，极大地激发了人民群众的民族自豪感和自信心，鼓舞了海内外中华儿女的爱国热情，扩大了我国的国际影响。中共中央随后下发了《关于进一步发展体育运动的通知》，通知提出，"体育场馆要改善管理，提高使用率，成为开展群体活动和培训体育人才的基地；同时，要讲究经济效益，积极创造条件实行多种经营，逐步转变为企业、半企业性质的单位"。体育场馆产业化方式运营，是此时发展体育产业的一种主要方式。

1985 年 4 月 5 日，国务院办公厅转发了国家统计局《关于建立第三产业统计的报告》，报告对三次产业作如下划分：第一产业为农业（包括林业、牧业、渔业等），第二产业为工业（包括采掘业、制造业，自来水、电力、蒸气、热水、煤气）和建筑业，第三产业为除上述第一、第二产业以外的其他各业。由于第三产业包括的行业多、范围广，根据我国的实际情况，报告又将第三产业分为两大部分：一是流通部门，二是服务部门。具体又分为四个层次：第一层次是流通部门，第二层次是为生产和生活服务的部门，第三层次是为提高科学文化水平和居民素质服务的部门（包括教育、文化、广播电视事业，科学研究事业，卫生、体育和社会福利事业等），第四层次是为社会公共需要服务的部门。这样，体育就属于第三产业的第三个层次，此处所示的体育产业，其实就是"为提高居民素质服务"的体育事业。

为了加快改革开放步伐，集中精力把经济建设搞上去，按照国民经济和社会发展十年规划和第八个五年计划的要求，1992 年 6 月 16 日，中共中央、国务院颁布了《关于加快发展第三产业的决定》，与《关于建立第三产业统计的报告》相比，其划定的第三产业范围并无什么变化，只是强调了要重点发展的第三产业。体育仍然属于"为生产和生活服务的部门"，该决定规定，大多数第三产业机构应办成经济实体或实行企业化经营，做到自主经营、自负盈亏。现有的大部分福利型、公益型和事业型第三产业单位要逐步向经营型转变，实行企业化管理。

这一时期发展体育产业，其初期投入来源于体育事业管理部门及其所属单位，发展的基本阵地和手段依托于体育事业已有的场馆设施，对体育场馆的经营提出了"以体为主、多种经营"，"由事业型转变为经营型"的要求。[①] 体育产业开展的初步探索，主要围绕着两个方面：一是鼓励体育系统有条件的事业单位开展多种经营，扩大服务范围，积极增收节支。二是吸引社会资金，以赞助和联办的形式，资助体育竞赛活动和办高水平运动队，相当一部分优秀运动队实现了与企业联办。这两方面的实践，都取得了积极的成效，在一定程度上缓解了体育事业发展资金不足的问题，为后一阶段深化体育改革、大力发展体育产业积累了初步经验。[②]

[①]　国家体育总局政策法规司主编：《体育产业——现状趋势与对策》，人民体育出版社 2001 年版，第 20~21 页。

[②]　国家体育总局编：《改革开放 30 年的中国体育》，人民体育出版社 2008 年版，第 174 页。

（二）起步阶段（1992 年 ~2000 年）

党的十四大以后，随着社会主义市场经济体制的确立，体育发展也逐渐转变为面向市场、形成以产业化为目标的发展方向。1992 年 11 月中旬，原国家体委在广东中山召开了以学习邓小平同志南巡讲话和中共十四大报告、探讨体育改革为主题的全国省体委主任座谈会，史称"中山会议"。"中山会议"把体育产业问题作为深化体育改革的一项重要内容列入议事议程。对体育产业的认识，也有了进一步的深化。

在"中山会议"的基础上，1993 年 5 月 24 日，原国家体委发布了《关于深化体育改革的意见》，提出要加快体育产业化进程，力争在 20 世纪末基本形成门类齐全的体育市场体系和多种所有制并存的社会化体育产业体系。其附件五《关于培育体育市场、加速体育产业化进程的意见》对体育产业问题作出了专门规定，提出了体育作为第三产业，应建立充满活力的自我发展机制，加速体育产业化进程，逐步走向市场，推动体育事业全面、快速的发展。

1995 年 6 月 16 日，原国家体委发布了《体育产业发展纲要（1995—2010 年）》，纲要提出，现阶段我国体育产业包括三大类别：第一为体育主体产业类，第二指为体育活动提供服务的体育相关产业类，第三类指体育部门开展的旨在补助体育事业发展的其他各类产业活动。由此可以看出，此时所指的体育产业，已不仅仅是体育服务业，它将一切与体育运动有关的生产经营活动都纳入到体育产业的范围。

1994 年 5 月 9 日和 1996 年 7 月 1 日，原国家体委又先后下发了《关于加强体育市场管理的通知》和《关于进一步加强体育经营活动管理的通知》，进一步明确了体育市场和体育经营活动的法律地位，并在加强体育市场和体育经营活动管理方面提出了具体要求。

随着《体育法》的颁布实施，一系列相关的配套法律法规也颁布出台。如1997 年 1 月 22 日原国家体委颁布的《关于加强体育法制建设的决定》和 1997年 4 月 2 日原国家体委、国家教委、民政部、建设部、文化部发布的《关于加强城市社区体育工作的意见》等，有多处条款都涉及体育产业问题。

1999 年 3 月 5 日，国务院总理朱镕基在第九届全国人大第二次会议上所作的《政府工作报告》中指出，要"积极引导居民增加文化、娱乐、体育健身和旅游等消费，拓宽服务性消费领域"。这表明体育产业已进入政府扩大内需、拉动经济增长的视野，预示着我国体育产业将迎来一个十分有利的发展环境。①

---

① 鲍明晓：《体育产业——新的经济增长点》，人民体育出版社 2000 年版，第 1 页。

（三）快速发展起飞阶段（2001 年 ~2008 年）

2001 年 7 月，北京市获得了第 29 届夏季奥运会的举办权。奥运会申办成功，为体育产业提供了一个绝佳的发展契机。以北京为代表的发达省市纷纷把体育产业作为本地区社会经济发展的重点行业，纳入社会经济发展规划，并置于优先发展的位置。截至 2010 年 3 月，北京市人大和政府制定的现行有效的 8 件地方性法规性文件中，其中就有 5 件主要涉及体育产业，可见对体育产业发展的重视程度。

2002 年 7 月，在中共中央、国务院颁发的《关于进一步加强和改进新时期体育工作的意见》中，进一步肯定了体育产业在国民经济中的地位和作用。意见认为，"当今世界，体育产业的发展明显加快，已经成为国民经济新的增长点"。

2003 年 5 月 14 日，国家统计局印发了《三次产业划分规定》，体育产业与文化和娱乐业一起组成文化、体育和娱乐业。在国家统计局 1995 年制定的《三次产业划分标准》的基础上，本次划分使得体育产业的地位明显提高。①

2005 年和 2007 年，国家体育总局连续召开了两次全国体育产业工作会议，提出了全社会共同发展体育产业的"大发展观"，并确立了"依托场馆、紧扣本体、全面发展、服务社会"的工作思路。在这样的新形势下，我国体育产业步入了快速发展起飞阶段。②

（四）飞速发展阶段（2009 年至今）

北京 2008 年奥运会成功举办后，我国体育产业的发展也进入到一个新的时期。2010 年，国务院办公厅发布了《关于加快发展体育产业的指导意见》，该意见指出，加快发展体育产业，对拓展体育发展空间，丰富群众体育生活，培养体育人才，提高全民族身体素质、生活质量和竞技体育水平，促进我国由体育大国向体育强国的转变，促进经济社会协调发展，具有重要意义。

2014 年，针对我国体育产业虽发展快速，但总体规模依然不大、活力依旧不强等问题，为进一步加快发展体育产业，促进体育消费，国务院又颁布了《关于加快发展体育产业 促进体育消费的若干意见》，这就是引起体育界和产业界热议的国发〔2014〕）46 号文件。2016 年，针对我国健身休闲产业总体规模不大、产业结构失衡的现状，以及有效供给不足、大众消费激发不够、基础设施建设滞后、器材装备制造落后、体制机制不活等问题，国务院办公厅颁布了《关于加快发展健身休闲产业的指导意见》。同年，国务院办公厅又颁布了《关

---

① 国家体育总局普法办公室编：《体育法规知识读本》，中国法制出版社 2003 年版，第 256 页。
② 国家体育总局编：《改革开放 30 年的中国体育》，人民体育出版社 2008 年版，第 175 页。

于进一步扩大旅游文化体育健康养老教育培训等领域消费的意见》。该意见提出，要大力促进体育消费，提高体育场馆使用效率，运用商业运营模式推动体育场馆多层次开放利用；并且要制定实施冰雪运动、山地户外运动、水上运动、航空运动等专项运动产业发展规划。

2018 年，针对我国体育竞赛表演产业存在的有效供给不充分、总体规模不大、大众消费不积极等问题，国务院办公厅颁布了《关于加快发展体育竞赛表演产业的指导意见》。该意见提出，到 2025 年，体育竞赛表演产业总规模达到 2 万亿元，基本形成产品丰富、结构合理、基础扎实、发展均衡的体育竞赛表演产业体系。要建设若干具有较大影响力的体育赛事城市和体育竞赛表演产业集聚区，推出 100 项具有较大知名度的体育精品赛事，打造 100 个具有自主知识产权的体育竞赛表演品牌，培育一批具有较强市场竞争力的体育竞赛表演企业，体育竞赛表演产业要成为推动经济社会持续发展的重要力量。

2019 年，在"〔2014〕46 号文"颁布 5 年之际，国务院办公厅颁布了《关于促进全民健身和体育消费推动体育产业高质量发展的意见》。该意见指出，体育产业在满足人民日益增长的美好生活需要方面发挥着不可替代的作用。要强化体育产业要素保障，激发市场活力和消费热情，推动体育产业成为国民经济支柱性产业。

与之相适应，国家体育总局也会同有关部委出台了相关规定。如《彩票管理条例实施细则》《大型体育场馆免费低收费开放补助资金管理办法》《中央集中彩票公益金支持体育事业专项资金管理办法》《关于鼓励和引导民间资本投资体育产业的实施意见》和《国家体育产业基地管理办法（试行）》等规章和规章性文件。

2016 年来，国家体育总局和有关部委在各个具体的项目上，提出了体育产业发展的具体规划。截止到 2020 年，已有冰雪运动、水上运动、山地户外运动、航空运动、击剑运动、自行车运动、马拉松运动和武术等多个运动项目制定了产业发展规划，成为"重点关照领域"。

二、我国体育产业的分类

2019 年，国家统计局发布了第 26 号令，颁布了《体育产业统计分类（2019）》，这是目前我国体育行业具有约束力的国家统计标准。该分类将体育产业界定为"为社会提供各种体育产品（货物和服务）和体育相关产品的生产活动的集合"。根据该分类，体育产业可以分为 11 个大类，具体包括：①体育管理活动；②体育竞赛表演活动；③体育健身休闲活动；④体育场地和设施管理；⑤体育经纪与代理，广告与会展、表演与设计服务；⑥体育教育与培训；⑦体育传媒与信息服务；⑧其他体育服务；⑨体育用品及相关产品制造；⑩体育用品及相关产品销售、出租与贸易代理；⑪体育场地设施建设等。

在上述 11 个大类的基础上，该分类还进一步细分为 37 个中类，71 个小类。

《体育产业统计分类（2019）》的颁布为完善体育产业统计制度奠定了基础，为全面、准确地获取体育及产业统计数据提供了前提，也为各级政府有关部门科学制定体育产业发展政策、积极培育体育消费市场、促进体育产业可持续发展提供了科学的依据和参考。

三、发展体育产业的基本方针、目标、重点任务和重点行业

（一）基本方针

根据《关于加快发展体育产业的指导意见》，现阶段我国发展体育产业的基本方针为：

1. 坚持体育事业和体育产业协调发展。正确认识和处理体育事业和体育产业的关系，对于大众需求、市场不能充分提供的体育基本服务，政府必须确保并不断增加投入。在此基础上，面向市场，努力扩大社会体育资源，满足人民群众多元化、多层次的体育需求。处理好公益性和经营性的关系，区别政策，分类指导，防止单纯的市场化倾向。

2. 坚持社会效益和经济效益并重。发展体育产业必须坚持面向民生，以满足大众需求为目的，向群众提供健康有益的各类体育产品；以促进体育事业的发展壮大为目的，推动全民健身计划和奥运争光计划的实施，做到社会效益和经济收益的协调统一。

3. 坚持以改革促发展。深化体育管理体制和运行机制改革，不断减少和消除影响体育产业发展的体制和政策障碍，鼓励理论创新、制度创新和科技创新，改善体育产业发展的环境，提高我国体育产业的竞争力，增加体育发展的后劲和活力。

4. 坚持依法管理体育市场。完善体育市场管理法规，加强市场管理，维护市场秩序，切实维护消费者和经营者的合法权益，促进市场繁荣。

（二）主要目标

根据《关于加快发展体育产业 促进体育消费的若干意见》，现阶段我国体育产业的发展目标是：到 2025 年，基本建立布局合理、功能完善、门类齐全的体育产业体系，体育产品和服务更加丰富，市场机制不断完善，消费需求愈加旺盛，对其他产业带动作用明显提升，体育产业总规模超过 5 万亿元，成为推动经济社会持续发展的重要力量。

1. 产业体系更加完善。健身休闲、竞赛表演、场馆服务、中介培训、体育用品制造与销售等体育产业各门类协同发展，产业组织形态和集聚模式更加丰富。产业结构更加合理，体育服务业在体育产业中的比重显著提升。体育产品和服务层次更加多样，供给充足。

2. 产业环境明显优化。体制机制充满活力，政策法规体系更加健全，标准体系科学完善，监管机制规范高效，市场主体诚信自律。

3. 产业基础更加坚实。人均体育场地面积达到 2 平方米，群众体育健身和消费意识显著增强，人均体育消费支出明显提高，经常参加体育锻炼的人数达到 5 亿，体育公共服务基本覆盖全民。

（三）重点任务

根据《关于加快发展体育产业的指导意见》，我国发展体育产业的重点任务主要包括以下几个方面：

1. 大力发展体育健身市场。在不断加大投入，加强城乡居民基本体育服务的基础上，积极培育体育健身市场，培养群众体育健身意识，引导大众体育消费。广泛开展群众喜闻乐见的运动项目，加强群众体育俱乐部建设；积极稳妥开展新兴的户外运动、极限运动等项目的经营活动，因地制宜地开发和培育具有地方特色的体育健身项目，加强对民族民间传统体育项目的市场开发、推广。

2. 努力开发体育竞赛和体育表演市场。积极引导规范各类体育竞赛和体育表演的市场化运作。借鉴吸收国内外体育赛事组织运作的有益经验，探索完善全国综合性运动会和单项赛事的市场开发和运作模式；支持地方根据当地自然人文资源特色举办体育竞赛活动，鼓励企业举办商业性体育比赛，积极引进国际知名的体育赛事，努力打造有影响、有特色的赛事品牌。

3. 积极培育体育中介市场。鼓励发展体育中介组织，大力开展体育技术、信息咨询、体育保险等中介服务。建立体育经纪人管理规范，加强行业自律，培养高素质的体育经纪人队伍，充分发挥体育经纪人在赛事推广和人才流动等方面的作用。

4. 做大做强体育用品业。进一步提升我国在世界体育用品业中的地位。积极推进标准化工作，制定完善国家标准和行业标准，加强涉及强制性标准体育用品质量监管，加强体育用品产品的认证工作，有效推动体育用品的品牌建设，增强我国体育用品的国际市场竞争力。打造国际一流的体育用品博览会。

5. 大力促进体育服务贸易。以体育劳务、赛事组织、场馆建设、信息咨询、技术培训等为重点，逐步扩大体育服务规模。积极开拓海外市场，提升我国体育服务行业在国际上的竞争力。鼓励各类运动项目，特别是我国的优势项目和民族特色项目走出去，积极参与国际竞争，培育和形成一批实力雄厚、专业性强的体育服务贸易企业，树立我国体育服务贸易品牌。

6. 协调推进体育产业与相关产业互动发展。发挥体育产业的综合效应和拉动作用，推动体育产业与文化、旅游、电子信息等相关产业的复合经营，促进体育旅游、体育出版、体育媒介、体育广告、体育会展、体育影视等相关业态的发展。

（四）重点行业

1. 竞赛表演业。加强体育赛事评估，优化体育赛事结构，建立多层次、多样化的体育赛事体系。鼓励机关团体、企事业单位、学校等单位广泛举办各类体育比赛。探索完善赛事市场开发和运作模式，实施品牌战略，打造一批国际性、区域性品牌赛事。积极推进职业体育发展，鼓励有条件的运动项目走职业发展道路，努力培育和打造一批具有国际影响力的职业体育明星。加强足球、篮球、排球、乒乓球、羽毛球等职业联赛建设，全面提高职业联赛水平。

2. 健身休闲业。制定健身休闲重点运动项目目录，以户外运动为重点，研制配套系列规划，引导具有消费引领性的健身休闲项目健康发展。通过政府购买服务等方式，鼓励社会各种资本进入健身休闲业。贯彻落实《关于加快发展体育产业的指导意见》关于新建居住区和社区配套建设体育健身设施的有关规定。支持体育健身企业开展社区健身设施的品牌经营和连锁经营。

3. 场馆服务业。积极推动体育场馆做好体育专业技术服务，开展场地开放、健身服务、体育培训、竞赛表演、运动指导、健康管理等体育经营服务。充分盘活体育场馆资源，采用多种方式促进无形资产开发，扩大无形资产价值和经营效益。支持大型体育场馆发展体育商贸、体育会展、康体休闲、文化演艺、体育旅游等多元业态，打造体育服务综合体。推进体育场馆通过连锁等模式扩大品牌输出、管理输出和资本输出，提升规模化、专业化、市场化运营水平。

4. 体育中介业。重视体育中介市场的培育和发展，积极开展赛事推广、体育咨询、运动员经纪、体育保险等多种中介服务，充分发挥体育中介机构在沟通市场需求、促进资源流通等方面的作用。优化体育中介机构的组织结构体系，逐步建立公司制、合作制、合伙制等多种经营形式并存的格局，培育以专业体育中介公司和兼业体育中介公司为主的市场竞争主体。

5. 体育培训业。大力发展各类运动项目的培训市场，培育一批专业体育培训机构。鼓励和引导各地积极开展国际合作，创办一批高水平的国际体育学校。鼓励学校与专业体育培训机构合作，加强青少年体育爱好和运动技能的培养，组织学生开展课外健身活动。加强不同运动项目培训标准的制定与实施，提高体育培训市场的专业化水平。

6. 体育传媒业。大力开发群众喜闻乐见的体育传媒产品，鼓励开发以体育为主，融合文化、健康等综合内容的组合产品，积极支持形式多样的体育题材文艺创作。鼓励发展多媒体广播电视、网络广播电视、手机 APP 等体育传媒新业态。鼓励利用各类体育社交平台，促进消费者互动交流，提升消费体验。创新体育赛事版权交易模式，加强版权的开发与保护，鼓励和支持各类新兴媒体参与国内赛事转播权的市场竞争。

7. 体育用品业。结合传统制造业去产能，引导体育用品制造企业转型升级，鼓励企业通过海外并购、合资合作、联合开发等方式，提升冰雪运动、水上运动、汽摩运动、航空运动等高端器材装备的本土化水平。支持企业利用互联网采集技术对接体育健身个性化需求，鼓励新型体育器材装备、可穿戴式运动设备、虚拟现实运动装备等的研发。支持体育类企业积极参与高新技术企业认定，提高关键技术和产品的自主创新能力，打造一批具有自主知识产权的体育用品知名品牌。

8. 体育彩票。加快建立健全与彩票管理体制匹配的运营机制。加快体育彩票创新步伐，积极研究推进发行以中国足球职业联赛为竞猜对象的足球彩票。适应发展趋势，完善销售渠道，稳步扩大市场规模。加强公益金的使用管理绩效评价，不断提升体育彩票的社会形象。

四、体育经营管理活动的基本规定

体育经营活动是指以国际体育组织认定和国家体育行政主管部门开展的体育运动项目，以及民族、民间传统体育项目的训练、竞赛、表演活动等为内容和手段，以有偿服务为表现形式进行的经营活动和与体育活动相关的商品营销活动。体育经营活动作为体育产业的一种重要的发展形式，其健康、持续、迅速发展，对于促进体育产业的发展和体育市场的兴起具有重要的作用。

（一）体育经营活动的管理体制

《体育法》规定，县级以上各级人民政府体育主管部门对以健身、竞技等体育活动为内容的经营活动，应当按照国家有关规定加强管理和监督。根据国务院办公厅《国家体育总局主要职责内设机构和人员编制规定》，国家体育总局具有拟订体育产业发展规划、政策，规范体育服务管理，推动体育标准化建设，负责体育彩票发行管理等职能。

各级人民政府的体育主管部门是我国体育经营活动的管理部门。国家体育总局负责对全国的体育经营活动进行宏观控制和管理，会同有关部门制定全国体育市场政策、法规，管理以商品形式进入流通领域的体育经营活动。各级人民政府体育管理机关按管理地域和活动级别，主管本辖区的体育经营活动。各级人民政府的工商、行政、公安、物价、税务、卫生、环保等部门，按照各自职责，协同体育主管部门对体育经营活动进行监督管理。

（二）体育主管部门管理体育经营活动的职责

2001年起，国务院加大了行政审批制度改革的力度。2002年10月，国务院决定取消国家体育总局"体育经营活动审核"的权力。与此同时，全国各地根据国务院行政审批制度改革精神，对各地的行政审批项目拟再次进行清理。按照行政审批制度改革的要求，各地对有关地方性法规或政府规章进行了修订，删除了体育主管部门对体育经营活动的审核权，增加了日常监督的内容。

结合行政许可法的立法精神和我国企业与公司法的惯例，对于危险性大、技术性强、直接关系人身健康和生命安全、涉及社会生活秩序的体育生产经营活动，考虑到我国体育市场尚处于起步阶段、市场机制还不健全，消费者自我保护意识较弱，权利保护的途径欠缺等现实状况，需要依法设定行政许可，实行体育经营许可证制度。这要求从事特定体育经营活动的单位经过有关专业管理部门审核之后，取得相应的许可证后才能进行设立登记，以此加强对特定体育经营活动的行业管理。

按照依法治国、依法治体的指导思想，为促进我国体育产业的发展和体育市场的不断成熟完善，在体育市场经营准入方面，除了危险性和专业性较强的体育经营项目需由相关部门核发许可证外，其他项目应作为备案类项目，在严格核实市场主体的法定必备条件的前提下，尽可能以登记方式准入，减少行政性审批，建立体育经营备案证制度，以简化程序、提高办事效率；对于没有法律、法规依据或可以用市场机制代替的行政性审批，坚决予以废止；对于需要保留的行政性审批，要做到程序公开、手续简便。

（三）开展体育经营活动的条件和要求

从事体育经营活动，必须具备以下条件：有必要的资金和相应的设备；有符合治安、消防、卫生和环保条件的适宜场所，体育场地、体育器材应符合国家体委颁布的设施和器材标准；有与其经营活动和规模相适应的，并经过岗位培训，具备专业知识的从业人员；经营内容有益健康，禁止有损健康、渲染暴力和封建迷信的体育经营活动；对于射击、探险、攀岩、登山、漂流、热气球、横渡江河、海滨游泳、水下娱乐、滑稽体育表演等体育项目的经营者必须提供详细的可行性报告，并接受场地、器材设施、通讯、安全、人员等情况的严格审查，以确保活动的安全性；国家标准化管理委员会有开业条件和技术要求标准的，必须经过认证；法律、法规规定的应具备的其他条件。

开展体育经营活动必须遵循：其一，要确保聘用的与经营项目性质相适应的专业技术人员持相关证件上岗。其二，要保障参加体育运动项目活动人员的安全。从事跳伞、热气球、滑翔、攀岩、登山、赛车等危险性较大的体育运动项目经营活动，不得使用未经体育主管部门及其他有关部门核准的场地、设施、器材进行经营活动。其三，对专业性、技术性要求高的体育运动项目从业人员，实行定期培训，保证其符合体育运动项目经营从业条件。其四，不得利用体育运动项目经营活动进行暴力、色情、淫秽、封建迷信、赌博等违法活动。第五，必须依法缴纳各项税费。

第二节　各类体育市场经营管理的有关规定

一、健身休闲活动的经营管理

健身休闲产业是体育产业的重要组成部分，是以体育运动为载体、以参与体验为主要形式、以促进身心健康为目的，向大众提供相关产品和服务的一系列经济活动，涵盖健身服务、设施建设、器材装备制造等业态。

我国目前健身休闲产业总体规模不大、产业结构失衡，还存在有效供给不足、大众消费激发不够、基础设施建设滞后、器材装备制造落后、体制机制不活等问题。而加快发展健身休闲产业是推动体育产业向纵深发展的强劲引擎，是增强人民体质、实现全民健身和全民健康深度融合的必然要求，是建设"健康中国"的重要内容，对挖掘和释放消费潜力、保障和改善民生、培育新的经济增长点、增强经济增长新动能等都具有重要意义。为加快健身休闲产业发展，国务院办公厅颁布了《关于加快发展健身休闲产业的指导意见》，对完善健身休闲服务体系、培育健身休闲市场主体等问题作出了重要部署。

（一）健身休闲服务体系的完善措施

1.普及日常健身。要推广适合公众广泛参与的健身休闲项目，加快发展足球、篮球、排球、乒乓球、羽毛球、网球、游泳、徒步、路跑、骑行、棋牌、台球、钓鱼、体育舞蹈、广场舞等普及性广、关注度高、市场空间大的运动项目，保障公共服务供给，引导多方参与。

2.发展户外运动。制定健身休闲重点运动项目目录，以户外运动为重点，研究制定系列规划，支持具有消费引领性的健身休闲项目发展。

冰雪运动。以举办 2022 年冬奥会为契机，围绕"三亿人参与冰雪运动"的发展目标，以东北、华北、西北为带动，以大众滑雪、滑冰、冰球等为重点，深入实施"南展西扩"，推动冰雪运动设施建设，全面提升冰雪运动普及程度和产业发展水平。

山地户外运动。推广登山、攀岩、徒步、露营、拓展等山地户外运动项目，推动山地户外运动场地设施体系建设，形成"三纵三横"（太行山及京杭大运河、西安至成都、青藏公路，丝绸之路、318 国道、长江沿线）山地户外运动布局，完善山地户外运动赛事活动组织体系，加强户外运动指导员队伍建设，完善山地户外运动安全和应急救援体系。

水上运动。推动公共船艇码头建设和俱乐部发展，积极发展帆船、赛艇、皮划艇、摩托艇、潜水、滑水、漂流等水上健身休闲项目，实施水上运动精品赛事提升计划，依托水域资源，推动形成"两江两海"（长江、珠江，渤海、东海）水上运动产业集聚区。

汽车摩托车运动。推动汽车露营营地和中小型赛车场建设，利用自然人文特色资源，举办拉力赛、越野赛、集结赛等赛事，组织家庭露营、青少年营地、主题自驾等活动，不断完善赛事活动组织体系，打造"三圈三线"（京津冀、长三角、泛珠三角，北京至深圳、北京至乌鲁木齐、南宁至拉萨）自驾路线和营地网络。

航空运动。整合航空资源，深化管理改革，合理布局"200 公里航空体育飞行圈"，推动航空飞行营地和俱乐部发展，推广运动飞机、热气球、滑翔、飞机跳伞、轻小型无人驾驶航空器、航空模型等航空运动项目，构建以大众消费为核心的航空体育产品和服务供给体系。

3. 发展特色运动。推动极限运动、电子竞技、击剑、马术、高尔夫等时尚运动项目健康发展，培育相关专业培训市场。发展武术、龙舟、舞龙舞狮等民族民间健身休闲项目，传承推广民族传统体育项目，加强体育类非物质文化遗产的保护和发展。加强对相关体育创意活动的扶持，鼓励举办以时尚运动为主题的群众性活动。

4. 促进产业互动融合。大力发展体育旅游，制定体育旅游发展纲要，实施体育旅游精品示范工程，编制国家体育旅游重点项目名录。支持和引导有条件的旅游景区拓展体育旅游项目，鼓励国内旅行社结合健身休闲项目和体育赛事活动设计开发旅游产品和路线。推动"体医结合"，加强科学健身指导，积极推广覆盖全生命周期的运动健康服务，发展运动医学和康复医学，发挥中医药在运动康复等方面的特色作用。促进健身休闲与文化、养老、教育、健康、农业、林业、水利、通用航空、交通运输等产业融合发展。

5. 推动"互联网＋健身休闲"。鼓励开发以移动互联网、大数据、云计算技术为支撑的健身休闲服务，推动传统健身休闲企业由销售导向向服务导向转变，提升场馆预定、健身指导、运动分析、体质监测、交流互动、赛事参与等综合服务水平。积极推动健身休闲在线平台企业发展壮大，整合上下游企业资源，形成健身休闲产业新生态圈。

（二）培育健身休闲市场主体

1. 支持健身休闲企业发展。鼓励具有自主品牌、创新能力和竞争实力的健身休闲骨干企业做大做强，通过管理输出、连锁经营等方式，进一步提升核心竞争力，延伸产业链和利润链，支持具备条件的企业"走出去"，培育一批具有国际竞争力和影响力的领军企业集团。支持企业实现垂直、细分、专业发展，鼓励各类中小微健身休闲企业、运动俱乐部向"专精特新"方向发展，强化特色经营、特色产品和特色服务。发挥多层次资本市场作用，支持符合条件的健身休闲企业上市，加大债券市场对健身休闲企业的支持力度。完善抵（质）押品登记制度，鼓励金融机构在风险可控的前提下拓宽对健身休闲企业贷款的抵（质）押品种类和范围。

2. 鼓励创业创新。充分利用运动员创业扶持基金，鼓励退役运动员创业创新，投身健身休闲产业。大力推进商事制度改革，为健身休闲产业提供良好的准入环境。开展体育产业创新创业教育服务平台建设，帮助企业、高校、金融机构有效对接。鼓励各地成立健身休闲产业孵化平台，为健身休闲领域大众创业、万众创新提供支持。

3. 壮大体育社会组织。推进体育类社会团体、基金会、民办非企业单位等社会组织发展，支持其加强自身建设，健全内部治理结构，增强服务功能。对在城乡社区开展健身休闲活动的社区社会组织，降低准入门槛，加强分类指导和业务指导。鼓励各类社会组织承接政府公共体育服务职能。发挥体育社会组织在营造氛围、组织活动、服务消费者等方面的积极作用。

（三）优化健身休闲产业结构和布局

1. 改善产业结构。优化健身休闲服务业、器材装备制造业及相关产业结构，着力提升服务业比重。实施健身服务精品工程，打造一批优秀健身休闲俱乐部、场所和品牌活动。结合各级体育产业基地建设，培育一批以健身休闲服务为核心的体育产业示范基地、单位和项目。发挥重大体育旅游项目的引领带动作用，发展一批体育旅游示范基地。拓宽健身休闲服务贸易领域，探索在自由贸易试验区开展健身休闲产业政策试点，鼓励地方积极培育一批以健身休闲为特色的服务贸易示范区。

2.打造地区特色。组织开展山水运动资源调查、民族传统体育资源调查，摸清发展健身休闲产业的自然、人文基础条件。各地要因地制宜，合理布局，错位发展，在保护自然资源和生态环境的基础上，充分利用冰雪、森林、湖泊、江河、湿地、山地、草原、戈壁、沙漠、滨海等独特的自然资源和传统体育人文资源，打造各具特色的健身休闲集聚区和产业带。积极推进资源相近、产业互补、供需对接的区域联动发展，形成东、中、西部良性互动发展格局。

（四）加强健身休闲设施建设

1.完善健身休闲基础设施网络。严格执行城市居住区规划设计等标准规范有关配套建设健身设施的要求，并实现同步设计、同步施工、同步投入。科学规划健身休闲项目的空间布局，适当增加健身休闲设施用地和配套设施配建比例，充分合理利用公园绿地、城市空置场所、建筑物屋顶、地下室等区域，重点建设一批便民利民的社区健身休闲设施，形成城市15分钟健身圈。鼓励健身休闲设施与住宅、文化、商业、娱乐等综合开发，打造健身休闲服务综合体。

2.盘活用好现有体育场馆资源。加快推进企事业单位等体育设施向社会开放。推动有条件的学校体育场馆设施在课后和节假日对本校学生和公众有序开放。通过公共体育设施免费或合理收费开放等措施增加供给，满足基本健身需求。通过管办分离、公建民营等模式，推行市场化商业运作，满足多层次健身消费需求。各类健身休闲场所的水、电、气、热价格按不高于一般工业标准执行。落实体育场馆房产税和城镇土地使用税优惠政策。

3.加强特色健身休闲设施建设。结合智慧城市、绿色出行，规划建设城市步行和自行车交通体系。充分挖掘水、陆、空资源，研究打造国家步道系统和自行车路网，重点建设一批山地户外营地、徒步骑行服务站、自驾车房车营地、运动船艇码头、航空飞行营地等健身休闲设施。鼓励和引导旅游景区、旅游度假区、乡村旅游区等根据自身特点，建设特色健身休闲设施。

（五）提升健身休闲器材装备研发制造能力

1.推动转型升级。支持企业、用户单位、科研单位、社会组织等组建跨行业产业联盟，鼓励健身休闲器材装备制造企业向服务业延伸发展，形成全产业链优势。鼓励企业通过海外并购、合资合作、联合开发等方式，提升冰雪运动、山地户外运动、水上运动、汽车摩托车运动、航空运动等器材装备制造水平。结合传统制造业去产能，引导企业进军健身休闲装备制造领域。

2.增强自主创新能力。鼓励企业加大研发投入，提高关键技术和产品的自主创新能力，积极参与高新技术企业认定。支持企业利用互联网技术对接健身休闲个性化需求，根据不同人群、尤其是青少年、老年人的需要，研发多样化、适应性强的健身休闲器材装备。研制新型健身休闲器材装备、可穿戴式运动设备、虚拟现实运动装备等。鼓励与国际领先企业合作设立研发机构，加快对国外先进技术的吸收转化。

3. 加强品牌建设。支持企业创建和培育自主品牌，提升健身休闲器材装备的附加值和软实力。鼓励企业与各级各类运动项目协会等体育组织开展合作，通过赛事营销等模式，提高品牌知名度。推动优势品牌企业实施国际化发展战略，扩大国际影响力。

二、体育竞赛表演活动的经营管理

体育竞赛表演产业是体育产业的重要组成部分，表现为体育竞赛表演组织者为满足消费者运动竞技观赏需要，向市场提供各类运动竞技表演产品而开展的一系列经济活动。发展体育竞赛表演产业对挖掘和释放消费潜力、保障和改善民生、打造经济增长新动能具有重要意义。

为了破解体育竞赛表演产业存在的有效供给不充分、总体规模不大、大众消费不积极等问题，国务院办公厅于 2018 年颁布了《关于加快发展体育竞赛表演产业的指导意见》。

（一）发展目标

到 2025 年，体育竞赛表演产业总规模达到 2 万亿元，基本形成产品丰富、结构合理、基础扎实、发展均衡的体育竞赛表演产业体系。建设若干具有较大影响力的体育赛事城市和体育竞赛表演产业集聚区，推出 100 项具有较大知名度的体育精品赛事，打造 100 个具有自主知识产权的体育竞赛表演品牌，培育一批具有较强市场竞争力的体育竞赛表演企业，体育竞赛表演产业成为推动经济社会持续发展的重要力量。

（二）赛事活动的丰富与完善

1. 大力发展职业赛事。着力发展足球、篮球、排球、乒乓球、羽毛球、冰球、围棋等职业联赛，鼓励网球、自行车、拳击、赛车等有条件的运动项目举办职业赛事，建立具有独立法人资格的职业联赛理事会，合理构建职业联赛分级制度。遏制非理性投资和无序竞争。积极探索适应中国国情和职业体育特点的职业运动员管理制度，借鉴"名人堂"等国际经验建立职业体育荣誉体系，推动实现俱乐部地域化。

2. 支持引进国际重大赛事。综合评估世界锦标赛、世界杯赛等大型单项国际赛事的影响力和市场价值，引进一批品牌知名度高、市场前景广的国际顶级赛事。筹办好北京冬奥会、冬残奥会及赛前各级各类测试赛，树立国际重大赛事与城市良性互动、共赢发展的典范。

3.引导扶持业余精品赛事。创新社会力量举办业余体育赛事的组织方式，开展马拉松、武术、搏击、自行车、户外运动、航空运动、极限运动等项目赛事，采用分级授权、等级评价等方式，增加赛事种类，合理扩大赛事规模。鼓励各地加强体育赛事品牌创新，培育一批社会影响力大、知名度高的业余精品赛事。

4.积极培育冰雪体育赛事。以筹办北京冬奥会、冬残奥会为契机，大力发展高山滑雪、跳台滑雪、冬季两项、速度滑冰、短道速滑、花样滑冰、冰球、冰壶、雪车雪橇等各类冰雪体育赛事，推动专业冰雪体育赛事升级发展。积极运用信息通信技术，打造智慧冬奥，提升办赛水平，带动相关产业发展。加强与国际组织合作，有计划地引进高水平的冰雪赛事。

5.促进体育竞赛与文化表演互动融合。以观赏性较强的运动项目为突破口，创作开发体现中华优秀文化、具有中国特色的体育竞赛表演精品。支持举办各类体育庙会、表演赛、明星赛、联谊赛、对抗赛、邀请赛等，推动体育竞赛与文化表演相结合。打造武术、围棋、象棋、龙舟等具有民族特色的体育竞赛表演品牌项目。

为规范体育赛事活动有序开展，促进体育事业健康发展，根据《体育法》《全民健身条例》以及其他相关法律法规，国家体育总局于2019年制定了《体育赛事活动管理办法》。对在我国境内依法举办的各级各类体育赛事活动的申办、审批、活动组织与服务等作出了具体规定。

（三）产业布局优化及平台建设

1.完善产业链条。鼓励发展以体育竞赛表演企业为主体，以旅游、交通、餐饮等为支撑，以广告、印刷、现场服务等为配套的产业集群，形成行业配套、产业联动、运行高效的体育竞赛表演产业服务体系，培育一批体育竞赛表演产业集聚区。引导传统制造业企业进军体育竞赛表演装备制造领域，促进体育赛事和体育表演衍生品创意和设计开发。

2.健全产业标准。按照总体规划、分步实施的原则，推动体育竞赛表演产业标准体系建设，制定城市马拉松、自行车等各级各类体育竞赛表演活动的办赛指南和服务规范，明确体育赛事开展的基本条件、规则、程序和各环节责任部门，提高标准化水平。健全行业统计制度，建立体育竞赛表演综合性信息发布平台。

3.打造发展平台。加快推动体育赛事相关权利市场化运营，推进体育赛事制播分离，体育赛事播放收益由赛事主办方或组委会与转播机构分享。大力支持体育新媒体平台发展。鼓励搭建体育产业公共服务平台。完善与体育赛事相关的法律法规，加强对体育赛事相关权利归属、流转及收益的保护。赛事相关权利归各级单项体育协会以及其他各类社会组织、企事业单位等合法办赛的赛事主办方所有。推进赛事举办权、赛事转播权、运动员转会权等具备交易条件的资源公平、公正、公开流转。

4.深化国际合作。推动体育竞赛表演组织机构与国际体育组织等建立合作机制。依法为外国运动员、赛事组织管理人员、国际技术官员等各类人员来华提供必要的签证便利，为参赛运动船艇、飞行器、汽车、摩托车、自行车等体育器材出入境提供便利，为参赛体育器材提供航空、铁路等托运服务。结合"一带一路"建设及多双边和区域经贸合作，积极开展体育竞赛交流活动，按规定申办、举办各类国际体育赛事。

（四）体育竞赛表演的审批登记

1.国际体育赛事活动的审批登记。根据该办法，国家体育总局主办或共同主办的重要国际体育赛事活动，国际体育组织主办的国际综合性运动会、世界锦标赛、世界杯赛、亚洲锦标赛、亚洲杯赛，涉及奥运会、亚运会资格或积分的赛事，全国性单项体育协会主办的跨省（区、市）组织的国际体育赛事活动，涉及海域、空域及地面敏感区域等特殊领域的国际体育赛事活动，需列入体育总局年度外事活动计划，并按照有关规定和审批权限报体育总局或国务院审批。

国家体育总局相关单位或全国性单项体育协会主办，或与地方共同主办但由国家体育总局相关单位或全国性单项体育协会主导的国际体育赛事活动，需列入国家体育总局外事活动计划，原则上由有外事审批权的地方人民政府或其有关部门审批。

地方自行主办，或与国家体育总局相关单位或全国性单项体育协会共同主办但由地方主导的国际体育赛事活动，由有外事审批权的地方人民政府或其有关部门审批，不列入体育总局外事活动计划，但应统一向国家体育总局备案。

其他商业性、群众性国际体育赛事活动，应当按照属地管理原则，根据地方有关规定办理外事手续。

参加以上体育赛事活动人员的来华邀请函、接待通知等相关外事手续，按照"谁审批谁邀请"的原则办理。

2.特殊赛事项目的赛事审批登记。健身气功、航空体育、登山等运动项目的体育赛事活动，另有行政审批规定的，按照规定程序办理。

境外非政府组织在中国境内举办的体育赛事活动，应当经省级人民政府体育部门同意，并报同级公安机关备案。

全国性单项体育协会代表中国参加相应的国际单项体育组织，任何组织和个人在中国境内主办或承办相应的国际单项体育组织的体育赛事活动，应当与全国性单项体育协会协商一致。

3.其他赛事活动的审批登记。除上述规定以外的其他赛事活动，国家体育总局一律不做审批，公安、市场监管、卫生健康、交通运输、海事、无线电管理、外事等部门另有规定的，主办方或承办方应按规定办理。

中央和国家机关及其事业单位、全国性社会组织主办或承办的国际性、全国性体育赛事活动，名称中可以使用"世界""国际""亚洲""中国""全国""国家"等字样或具有类似含义的词汇，其他体育赛事活动不得使用与其相同或类似的名称。

三、体育旅游产业管理

体育旅游是旅游产业和体育产业深度融合的新兴产业形态，是以体育运动为核心，以现场观赛、参与体验及参观游览为主要形式，以满足健康娱乐、旅游休闲为目的，向大众提供相关产品和服务的一系列经济活动，涉及健身休闲、竞赛表演、装备制造、设施建设等业态。为深入贯彻落实《国务院办公厅关于加快发展健身休闲产业的指导意见》（国办发〔2016〕77号）和《国务院办公厅关于进一步扩大旅游文化体育健康养老教育培训等领域消费的意见》（国办发〔2016〕85号），国家旅游局于2016年颁布了《关于大力发展体育旅游的指导意见》。

（一）发展体育旅游的意义

体育是发展旅游产业的重要资源，旅游是推进体育产业的重要动力。大力发展体育旅游是丰富旅游产品体系、拓展旅游消费空间、促进旅游业转型升级的必然要求，是盘活体育资源、实现全民健身和全民健康深度融合、推动体育产业提质增效的必然选择，对于培育经济发展新动能、拓展经济发展新空间具有十分重要的意义。

当前我国进入全面建成小康社会的决胜阶段，人民群众多样化体育运动和旅游休闲需求日益增长，体育旅游已经成为重要的生活方式，产业发展已经形成了一定的市场规模，取得了一定的经济效益和社会效益。但体育旅游总体供给不足、产品结构单一、基础设施建设滞后、体制机制不顺等问题仍然比较突出。需要旅游部门和体育部门加强合作，创新工作方式，形成工作合力，充分调动社会各方面的积极性，加快培育体育旅游消费市场，持续优化体育旅游供给体系，不断提升体育旅游在旅游产业和体育产业中的比重，充分发挥体育旅游对"稳增长、促改革、调结构、惠民生"的重要作用。

（二）重点任务

1. 引领健身休闲旅游发展。以群众基础、市场发育较好的户外运动旅游为突破口，重点发展冰雪运动旅游、山地户外旅游、水上运动旅游、汽车摩托车旅游、航空运动旅游、健身气功养生旅游等体育旅游新产品、新业态。加强体育旅游与文化、教育、健康、养老、农业、水利、林业、通用航空等产业的融合发展，培育一批复合型、特色化体育旅游产品。完善空间布局，优先推动重点区域体育旅游发展，打造一批具有重要影响力的体育旅游目的地。强化示范引领，从设施建设和服务规范入手，制定体育旅游示范基地标准，规划建设一批"国家级体育旅游示范基地"。培育一批以体育运动为特色的国家级旅游度假区和精品旅游景区。积极推动各类体育场馆设施、提供运动训练基地体育旅游服务。鼓励企业整合资源，突出特色，建设体育主题酒店。

2. 培育赛事活动旅游市场。支持各地举办各级各类体育赛事，丰富赛事活动供给，打造赛事活动品牌，盘活体育场馆设施，提升配套服务水平，重点发展足球、篮球、排球、乒乓球、羽毛球等市场化程度高的职业体育赛事和滑雪、马拉松、自行车、山地户外、武术等市场基础好的群众性体育赛事活动，促进体育赛事与旅游活动紧密结合。引导旅游企业推广体育赛事旅游，鼓励旅行社结合国内体育赛事活动设计开发体育旅游特色产品和精品线路。支持发展具有地方特色、民族风情特色的传统体育活动，推动特色体育活动与区域旅游项目设计开发、体育文化保护传承和民族地区的体育旅游扶贫相结合，打造具有地域和民族特色的体育旅游活动，分期分批推出"全国重点体育旅游节庆名录"。

3. 培育体育旅游市场主体。扶持特色体育旅游企业，鼓励发展专业体育旅游经营机构。推动优势体育旅游企业实施跨地区、跨行业、跨所有制兼并重组，打造跨界融合的产业集团和产业联盟。支持具有自主知识产权、民族品牌的体育旅游企业做大做强。加快"引进来和走出去"的步伐，培育骨干体育旅游企业。鼓励利用场地设施，专业人才组建体育旅游企业，开展体育旅游业务。推进连锁、联合和集团化经营，实现体育旅游企业规模化、集团化、网络化发展。在合法合规的前提下，鼓励成立单项体育旅游组织和团体，引导各类体育俱乐部规范、有序、健康发展，培育一批具有较高知名度和市场竞争力的体育旅游企业与知名品牌。加强体育旅游行业协会建设，搭建政府与企业沟通渠道。

4. 提升体育旅游装备制造水平。鼓励企业加强自主研发设计能力，不断提升建造品质，以满足大众体育旅游消费需求为主导，以冰雪运动、山地户外、水上运动、汽车摩托车运动、航空运动等户外运动为重点，着力开发市场需求大、适应性强的体育旅游、健身休闲器材装备。鼓励发展邮轮、游艇、房车等配套材料、设备及零部件制造，形成较为完善的配套产业体系。深化体育旅游装备相关标准规范研究，进一步健全完善设计建造标准规范体系。优化产业布局，支持国内优势企业开展国内外并购与合资合作，提升产业集中度，鼓励和引导地方发展一批以装备制造为主的国家体育旅游产业集聚区。鼓励器材装备制造企业向服务业延伸发展，培育形成一批体育旅游自主品牌和骨干企业。

5. 加强体育旅游公共服务设施建设。体育产业和旅游产业基础设施建设要向体育旅游倾斜，推动各地加大对体育旅游公共服务设施的投入。鼓励各地将体育旅游与市民休闲结合起来，建设一批休闲绿道、自行车道、登山步道等体育旅游公共设施。鼓励和引导旅游景区、旅游度假区、乡村旅游区等根据自身特点，以冰雪乐园、山地户外营地、自驾车房车营地、运动船艇码头、航空飞行营地为重点，建设特色健身休闲设施。加快体育旅游景区的游客集散中心、公厕、标示标牌、停车场等公共服务设施建设。推进体育旅游公共服务平台建设，充分利用旅游咨询、集散等体系为体育旅游项目提供信息咨询、线路设计、交通集散、赛事订票等服务。积极推动体育旅游保险。

（三）保障措施

1. 完善工作机制。建立旅游部门与体育部门的紧密工作机制，加强对体育旅游工作的领导，协调和制定关于推进体育旅游发展的相关政策，争取相关项目资金支持、研究部署重大活动和工作措施。各级旅游和体育部门要建立相应的工作机制，加强合作，共同推进体育旅游产业的持续健康发展。规范休闲绿道、自行车道、登山步道及相关营地、码头等设施的建设标准，探索建立体育旅游统计制度和行业监测机制。加强对体育旅游项目的市场监督和安全管理，健全体育旅游安全防范、风险预警、紧急救援体系。

2. 加大政策保障。用足用好国家和各地支持旅游产业、体育产业发展的优惠政策。协调争取在用地用林、基础设施配套建设、税费优惠等方面的政策，加大对体育旅游项目的支持力度。各级旅游发展专项资金、体育产业引导资金对符合条件的体育旅游项目给予优先支持，对经营效益好、示范带动作用明显的项目在扶持资金安排上给予倾斜。分级负责，建立国家、省、市三级体育旅游项目库。编制"国家体育旅游重点项目名录"，充分发挥重大体育旅游项目的引领带动作用。

3. 完善投融资机制。鼓励引导社会资本以投资、参股、控股、并购等方式参与体育旅游产品开发和项目建设。鼓励金融机构按照风险可控、商业可持续原则加大对体育旅游企业的金融支持。鼓励发展体育旅游投资项目资产证券化产品,支持地方探索项目产权与经营权交易平台建设。积极引导预期收益好、品牌认可度高的体育旅游企业探索通过相关收费权、经营权抵(质)押等方式融资筹资。鼓励和支持社会各类资本参与体育场馆、体育旅游重大项目建设。加强与金融机构的合作,加大对体育旅游重点项目的支持。鼓励社会资本以市场化方式设立体育旅游产业基金。协调金融机构加大对大型运动休闲装备出口的信贷支持,鼓励体育旅游装备出口。

4. 加大宣传推广。鼓励和支持各地旅游、体育部门采用多种形式加强宣传,引导社会各界支持体育旅游产业的发展。以健身休闲运动、体育赛事活动、民族体育项目等为重点,加大体育旅游的国际宣传推广力度。各级旅游、体育部门要进一步加强与媒体的合作,建立健全统分结合的体育旅游宣传推广体系,积极推动"区域联动、部门联合、企业联手"的体育旅游营销战略。鼓励各地围绕重点体育旅游目的地、精品体育旅游线路、体育旅游产品做好整体形象策划和包装推介,不断创新体育旅游产品宣传形式。坚持专业化、市场化、国际化和精品化,充实中国体育旅游博览会、中国国际旅游交易会、海峡旅游博览会、中国旅游产业博览会、中国国际旅游商品博览会的体育旅游内容,提升体育旅游产业的展览及交流合作水平。

5. 规范市场秩序。建立健全体育旅游市场经营秩序的联合监管机制,依法开展联合执法和日常监督检查。建立体育旅游市场"红黑榜",坚决打击欺骗、胁迫旅游者参加计划外自付费项目或强制购物的行为,打击私自收受高额回扣行为。打击假冒伪劣体育旅游装备用品,打击危害健康和缺乏安全保障的体育旅游产品和非法经营行为,努力形成规范有序、健康文明的体育旅游市场环境。

6. 建立人才培养体系。鼓励和支持各地大力发展体育旅游教育,支持有条件的体育院校和旅游院校设置体育旅游相关专业、在旅游管理专业中增设体育旅游方向或增加相应专业课程,加快培养体育旅游经营管理人才、专业技术人才和服务技能人才。加强体育旅游从业人员培训,不断提高专业技能和服务水平。鼓励体育旅游企业与体育、旅游类院校合作建立体育旅游实习实训基地。将体育旅游内容纳入导游培训体系。加强体育旅游产业发展理论和实践研究,鼓励各地组建体育旅游专家库和高技能人才库,引导院校和科研机构为体育旅游提供智力支持。

四、体育标志的经营管理

（一）意义

随着社会经济和体育事业的不断发展和体育社会化程度的不断提高、各类体育赛事的日益增多，体育竞赛所具有的巨大宣传效应和其创造的越来越高的商业价值受到社会组织和企业的高度关注。通过对举办体育竞赛的赞助而获得在商业活动中使用体育赛事或体育组织的名称、会徽、吉祥物、旗帜等标志，以扩大企业声誉、促进商品的流通，也成为企业和商家的普遍做法。体育竞赛也因此而获得了发展，丰富了人民群众的文化生活，取得了良好的社会效益和经济效益。

为了维护体育竞赛组织者和竞赛本身的声誉，维护合法赞助企业和经营者的正当权益，禁止擅自非法制作、使用体育竞赛名称和标志销售牟利或利用体育竞赛名称和标志招摇撞骗等不法行为，必须加强体育竞赛的名称和标志的法律保护，规范对各种体育竞赛的名称和标志的使用行为。

（二）保护范围

我国《体育法》第 34 条明确规定，在中国境内举办的重大体育竞赛，其名称、徽记、旗帜及吉祥物等标志按照国家有关规定予以保护。

《特殊标志管理条例》对国务院批准举办的全国性和国际性的文化、体育、科学研究及其他社会公益活动所使用的，由文字、图形组合的名称及缩写、会徽、吉祥物等标志进行了严格管理，对特殊标志的登记、使用与保护作了较为详尽的规定。经国务院批准代表中国参加国际性体育活动的组织所使用的名称、徽记、吉祥物等标志的保护，也可参照该条例的规定施行。

2002 年，国务院颁布《奥林匹克标志保护条例》，2018 年又对其进行了修改。《奥林匹克标志保护条例》是我国第一部关于奥林匹克标志的行政法规，该法规的实施，对加强奥林匹克标志的保护，保障奥林匹克标志权利人及利害关系人的合法权益，维护奥林匹克运动的尊严，打击各式各样的奥林匹克标志侵权行为，提供了直接的法律依据。

根据该条例的规定，奥林匹克标志的权利人包括国际奥林匹克委员会、中国奥林匹克委员会和中国境内申请承办奥林匹克运动会的机构、在中国境内举办的奥林匹克运动会的组织机构。

受该条例保护的奥林匹克标志包括：①国际奥林匹克委员会的奥林匹克五环图案标志、奥林匹克旗、奥林匹克格言、奥林匹克徽记、奥林匹克会歌；②奥林匹克、奥林匹亚、奥林匹克运动会及其简称等专有名称；③中国奥林匹克委员会的名称、徽记、标志；④中国境内申请承办奥林匹克运动会的机构的名称、徽记、标志；⑤在中国境内举办的奥林匹克运动会的名称及其简称、吉祥物、会歌、火炬造型、口号、"主办城市名称＋举办年份"等标志，以及其组织机构的名称、徽记；⑥《奥林匹克宪章》和相关奥林匹克运动会主办城市合同中规定的其他与在中国境内举办的奥林匹克运动会有关的标志。

未经奥林匹克标志权利人许可，任何人不得为商业目的使用奥林匹克标志。利用与奥林匹克运动有关的元素开展活动，足以引人误认为与奥林匹克标志权利人之间有赞助或者其他支持关系，构成不正当竞争行为的，依照《中华人民共和国反不正当竞争法》处理。

（三）保护主体

国务院市场监督管理部门、知识产权主管部门依据本条例的规定，负责全国的奥林匹克标志保护工作。县级以上地方市场监督管理部门依据本条例的规定，负责本行政区域内的奥林匹克标志保护工作。

五、体育彩票的经营管理

发行彩票是国家筹集公益资金的一种重要手段。1978年以来，我国先后批准了"社会福利有奖募捐券""第十一届亚运会基金奖券"等彩票的发行，收到了较好的效果，促进了社会福利事业和体育事业的发展。1994年起，国务院正式批准体育彩票的发行，弥补了体育经费的不足，成为发展体育事业的一种重要筹资手段。

为了加强彩票管理，规范彩票市场发展，维护彩票市场秩序，保护彩票参与者的合法权益，促进社会公益事业发展，国务院于2009年制定了《彩票管理条例》。国务院特许发行福利彩票和体育彩票。未经国务院特许，禁止发行其他彩票。禁止在我国境内发行、销售境外彩票。

2012年，财政部、民政部和国家体育总局联合发布了《彩票管理条例实施细则》，2018年又对其进行了修改。2013年，财政部和国家体育总局联合颁布了《中央集中彩票公益金支持体育事业专项资金管理办法》。2019年，财政部、民政部和国家体育总局又联合下发了《关于调整高频快开彩票游戏和竞猜彩票游戏规则加强彩票市场监管的通知》。同时，国家体育总局也颁布了《中国体育彩票全民健身工程管理暂行规定》《关于加强体育彩票公益金援建项目监督管理的意见》《关于进一步加强用于全民健身的体育彩票公益金使用管理的通知》《体育彩票公益金资助项目宣传管理办法》等规章和规章性文件。

（一）体育彩票发行和销售管理

财政部负责全国的体育彩票监督管理工作。国家体育总局负责全国的体育彩票管理工作。省级财政部门负责本行政区域的体育彩票监督管理工作。省级体育局负责本行政区域的体育彩票管理工作。县级以上各级人民政府公安机关和县级以上工商行政管理机关，在各自的职责范围内，依法查处非法体育彩票，维护体育彩票的市场秩序。

国家体育总局体育彩票管理中心负责全国的体育彩票发行和组织销售工作（以下简称"彩票发行机构"），省级体育彩票管理中心负责本行政区域的体育彩票销售工作（以下简称"彩票销售机构"）。

彩票发行机构申请开设、停止体育彩票的具体品种或者申请变更体育彩票品种审批事项的，应当依照规定的程序报财政部批准。财政部应当根据彩票市场健康发展的需要，按照合理规划彩票市场和彩票品种结构、严格控制彩票风险的原则，对该申请进行审查。

彩票发行机构申请变更体育彩票品种的规则、发行方式、发行范围等审批事项的，应当经国家体育总局审核同意，向财政部提出申请并提交与变更事项有关的材料。财政部应当自受理申请之日起45个工作日内，对申请进行审查并作出书面决定。彩票发行机构申请停止体育彩票品种的，应当经国家体育总局审核同意，向财政部提出书面申请并提交与停止体育彩票品种有关的材料。财政部应当自受理申请之日起10个工作日内，对申请进行审查并作出书面决定。

经批准开设、停止体育彩票品种或者变更体育彩票品种审批事项的，彩票发行机构应当在开设、变更、停止的10个自然日前，将有关信息向社会公告。

因维护社会公共利益的需要，在紧急情况下，财政部可以采取必要措施，决定变更体育彩票品种审批事项或者停止彩票品种。

彩票发行机构和销售机构应当建立风险管理体系和可疑资金报告制度，保障体育彩票发行、销售的安全。

（二）体育彩票销售的管理

彩票发行机构和销售机构可以委托单位、个人代理销售体育彩票，委托时要签订体育彩票代销合同。体育彩票的代销合同示范文本由国家体育总局制定。体育彩票代销者不得再委托他人代销彩票。

彩票销售机构应当为体育彩票代销者配置体育彩票投注专用设备。体育彩票投注专用设备属于销售机构所有，体育彩票代销者不得转借、出租、出售。

体育销售机构应当在彩票发行机构的指导下，统筹规划体育彩票销售场所的布局。体育彩票销售场所应当按照彩票发行机构的统一要求，设置彩票销售标识，张贴警示标语。

彩票发行机构、销售机构和体育彩票代销者不得有下列行为：①进行虚假性、误导性宣传；②以诋毁同业者等手段进行不正当竞争；③向未成年人销售彩票；④以赊销或者信用方式销售彩票。

需要销毁体育彩票的，由彩票发行机构报财政部批准后，在国家体育总局的监督下销毁。

彩票发行机构和销售机构应当及时将体育彩票发行、销售情况向社会全面公布，接受社会公众的监督。

（三）体育彩票开奖和兑奖管理

彩票发行机构和销售机构应当按照批准的彩票品种的规则和开奖操作规程开奖。国家体育总局和省级体育行政部门应当加强对体育彩票开奖活动的监督，确保体育彩票开奖的公开、公正。

彩票发行机构和销售机构应当确保体育彩票销售数据的完整、准确和安全。当期体育彩票销售数据封存后至开奖活动结束前，不得查阅、变更或者删除销售数据。应当加强对开奖设备的管理，确保开奖设备正常运行，并配置备用开奖设备。在每期体育彩票销售结束后，应当及时向社会公布当期彩票的销售情况和开奖结果。

彩票中奖者应当自开奖之日起 60 个自然日内，持中奖彩票到指定的地点兑奖，彩票品种的规则规定需要出示身份证件的，还应当出示本人身份证件。逾期不兑奖的视为弃奖。

彩票发行机构、彩票销售机构和彩票代销者应当按照体育彩票品种的规则和兑奖操作规程兑奖。彩票中奖奖金应当以人民币现金或者现金支票形式一次性兑付，且不得向未成年人兑奖。

彩票发行机构、彩票销售机构、彩票代销者以及其他因职务或者业务便利知悉彩票中奖者个人信息的人员，应当对彩票中奖者个人信息予以保密。

（四）体育彩票资金管理

1. 体育彩票资金的内容。体育彩票资金包括彩票奖金、彩票发行费和彩票公益金。体育彩票资金构成比例由国务院决定，各彩票品种按照彩票游戏销售额计提彩票奖金、彩票发行费、彩票公益金的具体比例，由财政部按照国务院的决定确定。经国务院批准，财政部可在奖金比例不超过 75% 的范围以内，根据彩票发行销售需求状况及不同彩票品种的特征，确定具体彩票游戏的资金构成比例。彩票发行机构、彩票销售机构的业务费提取比例，由彩票发行机构、彩票销售机构根据彩票发展需要提出方案，报同级体育行政部门商同级财政部门核定后执行。

体育彩票品种中彩票资金的具体构成比例，由国务院财政部门按照国务院的决定确定。

2. 体育彩票的奖金比例。体育彩票奖金比例应在坚持比例返奖的原则的基础上和国务院批准的最高限度以内，根据彩票需求状况及不同彩票品种的特性拟定。要适当控制单注彩票最高中奖奖金额度，合理设置彩票设奖金额，提高彩票中奖面，增强购彩体验和娱乐性。

3. 彩票公益金比例。彩票发行机构应当根据彩票需求状况及彩票品种的特性，在彩票游戏规则中合理拟定彩票公益金比例。彩票公益金比例最低不得低于 20%。

4. 彩票发行费比例。彩票发行费比例应按照彩票品种特性、发行规模和发行方式等合理拟定。其中，传统型、即开型彩票发行费比例最高不得超过 15%，乐透型、数字型、竞猜型、视频型、基诺型等彩票发行费比例最高不得超过 13%。

六、体育赛事转播权的经营管理

开发和利用赛事资源，是培育、发展体育市场的重要组成部分。尤其是对体育赛事转播权的出售和转让，现已成为体育组织重要的收入来源。《国务院关于加快发展体育产业 促进体育消费的若干意见纲要》明确指出：要研究建立体育产业资源交易平台，创新市场运行机制，推进具备交易条件的赛事转播权资源公平、公正、公开流转。要按市场原则确立体育赛事转播收益分配机制，促进多方参与主体共同发展。《国务院办公厅关于印发中国足球改革发展总体方案的通知》也提出，要创新足球赛事转播和推广运营方式，探索传统媒体和新媒体在足球领域融合发展的实现形式，增加新媒体市场收入。

为贯彻落实《国务院关于加快发展体育产业促进体育消费的若干意见》和《国务院办公厅关于印发中国足球改革发展总体方案的通知》的有关精神，满足广大群众收听收看体育比赛的需求，保障体育比赛的正常传播秩序，营造重视体育、支持体育、参与体育的舆论氛围，国家新闻出版广电总局于 2015 年颁布了《关于改进体育比赛广播电视报道和转播工作的通知》。

（一）赛事转播权的分类

赛事转播权按传播途径可以分为广播转播权、电视转播权和网络转播权。广播转播由于不能使人们看到活生生的现场画面，存在先天不足。我们一般提到的赛事转播主要是指电视转播。目前随着互联网的兴起，数字技术的进步、通讯的全球化以及计算机的小型化，使得人们在世界各地非常容易上网获得自已需要的信息，并且由于网络的互动性，网络传播的优势已显现出来。

赛事转播权按转播内容可以分为新闻报道权、赛事集锦权和实况转播权。一般来讲，转播机构凡是播出 3 分钟以上的赛事画面，就要购买新闻报道权；集中播出 15 分钟以上的集锦画面，就要购买赛事集锦权；而要对整个比赛进行转播，那么就需要购买赛事的实况转播权。

（二）转播原则

1. 重大国际赛事转播。重大的国际体育比赛，包括奥运会、亚运会和世界杯足球赛（包括预选赛），在我国境内的电视转播权统一由中央电视台负责谈判与购买，其他电台电视台不得直接购买。中央电视台在保证最大观众覆盖面的原则下，应就其他电台电视台的需要，通过协商转让特定区域内的转播权，确保重大国际体育赛事在中国境内的播出覆盖。

2. 一般赛事转播。除奥运会、亚运会和世界杯足球赛（包括预选赛）外的其他国内外各类体育赛事，各电台电视台可以本着公平、公正、公开流转的原则直接购买或转让，实现体育赛事转播权有序竞争。

（三）转播要求

1. 把握正确的舆论导向。各电台电视台报道和转播体育比赛，要遵守有关管理规定，把握正确的舆论导向，遵守新闻报道的职业道德要求和体育比赛规则，真实、客观、公正地进行赛事报道和解说。对损害中国形象的敏感画面、音响、文字等，各电台电视台须采取必要措施加以防范。直播体育赛事需按直播节目管理要求执行。

2. 协调配合转播。各电台电视台要本着支持体育事业产业发展、满足观众收看需要的原则，共同做好体育比赛的转播工作。凡电台电视台之间已达成转播协议的，相关单位和部门要提供必要的技术保障，确保节目信号的传输安全、畅通。

3. 社会效益优先。体育报道和体育转播要把社会效益放在首位，将社会效益与经济效益相统一，防止只讲经济效益、该播不播的现象出现，同时也要防止哄抬转播权价格、进行恶性竞争的现象出现。

【推荐阅读资料】

易剑东等:《中国体育产业政策研究：总览与观点》，社会科学文献出版社 2016 年版。

国家体育总局经济司、国家体育总局体育器材装备中心编:《体育产业政策文件汇编（国务院及部门篇）》，人民体育出版社 2017 年版。

骆雷：《中国竞赛表演业政策研究》，复旦大学出版社 2017 年版。

吴香芝：《我国体育服务产业政策及发展对策研究》，中国社会科学出版社，2018 年版。

冯国有：《中国体育产业发展财政政策支持研究》，经济科学出版社 2018 年版。

杨京钟：《中国体育产业财税理论与政策研究》，东北师范大学出版社 2019 年版。

苗苗：《社会发展新常态下体育产业发展研究》，中国原子能出版社 2019 年版。

第十二章 ·
体育纠纷解决

【引例】根据国际奥委会和中央电视台的授权，央视国际网络有限公司（以下简称"央视网络"）享有伦敦奥运会在中国大陆地区的独家移动网和互联网的广播权和展览权。央视网络接收国际奥委会统一提供的"2012年伦敦奥运会开幕式"现场画面信号，配以解说和字幕（以下简称"涉案节目"），通过信息网络平台提供给观众实时观看。未经央视网络许可，上海某公司运营的网站同时直播了涉案节目。原告央视网络将被告上海某公司起诉至法院，请求法院判令被告立即删除涉案节目并赔偿原告经济损失。[①] 该案属于在体育节目转播中被告的行为是否构成侵权产生的法律纠纷，该案原被告双方就涉案节目是否应受到著作权法保护（涉案节目属于著作权意义上的作品，还是邻接权意义上的录音录像制品），原告是否是涉案节目的权利主体（广播权与展览权是否包含信息网络传播权和互联网直播权，原告对涉案节目享有《著作权法》第10条规定哪一或者哪些权利）等法律问题存在争议，最终原告通过办理证据保全公证固定被告侵权行为、提起民事诉讼等法律方式保障其合法权益。

【目标】通过本章学习，学生应掌握体育纠纷的概念、特征和类型，熟练运用诉讼、仲裁、调解等不同纠纷解决机制以正确、有效地解决各种体育纠纷。

---

① 参见马宏俊主编：《体育法案例评析》，中国政法大学出版社2017年版，第238~254页。

第一节　体育纠纷解决概述

一、体育纠纷概述

（一）体育纠纷的概念

纠纷是指争执不下或不易解决问题，其是人类社会的共生现象，遍布人类社会生活各个方面。社会学者认为，纠纷（dispute）是存在利益冲突社会主体间产生的一种对抗行为，其实质旨在遏制对手而实现自己目的，反映的是社会成员间的抵触性、非合作、敌意的社会关系。[①] 当制定法成为调整社会生活主要方式，法律被用于调整社会关系中权利义务的丧失均衡（equilibrium）状态，因而产生法律纠纷。

体育纠纷（Sports Dispute），又称"体育争议"，[②] 作为社会纠纷的一种类型，是各体育关系主体利益分配而引发的权利义务的丧失均衡状况。具体来说，体育纠纷是在体育活动中以及在与体育相关事务中，各体育活动主体之间发生的，以体育权利义务为内容的社会纠纷。体育纠纷往往是体育活动主体违反有关法律规范和体育行业规范引起的。法律规范包括法律、行政法规、地方性法规、规章和规范性文件等，即所谓"国家法"；体育行业规范是由体育自治性组织制定的适用于体育行业内部的规范，即所谓"民间法"。[③] 对应的，体育纠纷包括体育活动主体因实施违反法律规范的行为（以下简称"体育违法行为"）而引发的"体育法律纠纷"，也包括因实施违反体育行业规范的行为（以下简称"体育违规行为"）而引发的"体育行业纠纷"[④] 两大类。其中体育法律纠纷又可分为狭义体育法律纠纷和广义体育法律纠纷。狭义体育法律纠纷是指体育活动

---

① 参见［美］乔纳森·H. 特纳：《现代西方社会学理论》，范伟达等译，天津人民出版社 1988 年，第 245 页。

② 肖永平主编：《体育争端解决模式研究》，高等教育出版社 2015 年版，第 5 页。

③ 王学辉："双向建构：国家法与民间法的对话与思考"，载《现代法学》1999 年第 1 期。

④ 体育行业纠纷，又常被称为管理型体育纠纷、竞技体育纠纷、内部体育纠纷、体育行会内部纠纷等。参见孙国友："法治与自治：司法介入管理型体育纠纷的限度"，载《首都体育学院学报》2008 年第 4 期；徐宏怡："法制视野下我国竞技体育纠纷'破败效应'规避"，载《南京体育学院学报（社会科学版）》2014 年第 2 期；袁杜娟："我国内部体育纠纷的司法介入"，载《体育学刊》2014 年第 1 期；高升、陆在春、金涛："论司法对体育协会内部纠纷的介入——从足协风暴谈起"，载《体育与科学》2011 年第 2 期。

主体违反体育法律法规而引发的体育法律纠纷，如违反《体育法》《学校体育工作条例》《奥林匹克标志保护条例》《公共文化体育设施条例》《反兴奋剂条例》《彩票管理条例》《全民健身条例》等而产生的纠纷，例如某广告未经授权使用奥林匹克标志；广义体育法律纠纷除了狭义体育法律纠纷之外，还包括体育活动主体违反其他法律规范引发的纠纷，例如本章引例中上海某公司未经授权网络直播央视网络制作的 2012 年伦敦奥运会开幕式。这一类体育法律纠纷又可称为"相关体育法律纠纷""涉体法律纠纷"或"间接体育纠纷"，对应的，狭义体育法律纠纷和体育行业纠纷合称"直接体育纠纷"。

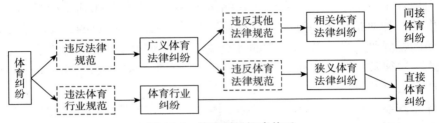

图 12.1　体育纠纷概念体系

（二）体育纠纷产生的原因

体育纠纷的产生受到体育自身因素以及经济、社会、政治等多重因素的单一或者复合的、直接或者间接的影响。

1. 自身因素。多数体育活动具有主体多数性和行为竞争性的特点，具有一定危害性。多数体育活动是不同参与者在特定时间、空间和场所里进行，相互之间不仅存在合作性，更存在竞争性，突出表现在有大量肢体接触并且具有剧烈对抗的群体性体育运动之中，例如足球、篮球。为获得比赛胜利，在动作、语言等信息传递中，不同参与者在行为和心理上呈现较强的侵犯性，容易引发冲突与纠纷。即便是个体性运动中，运动本身也不同于日常活动，更易使身体受到伤害而引发纠纷，例如在健身中心使用跑步机过程中意外摔倒，会引发个人与健身中心的侵权纠纷。

2. 经济因素。部分体育活动往往能够带来巨大经济利益，对经济利益的追逐容易引发纠纷。竞技体育市场化、产业化、职业化，体育活动尤其是高水平竞技体育带来越来越大经济利益，推动各类体育竞争越来越激烈。一名成功运动员所获得的各类奖金、赞助等，可以为其所在团队、运动队、地区和国家带来丰富的经济回报。人的逐利本性会驱使体育参与者铤而走险，违反规范。

3. 社会因素。参与体育活动的主体越来越多，社会纠纷也在体育领域中逐步呈现。随着参与体育活动主体越来越多样，体育事务与社会联系越来越广泛，体育关系越来越复杂，不同国家、地区、组织、团体、个人之间在体育活动中以不同方式进行社会交流，形成各类社会关系，因此社会中不同纠纷会以各种方式折射到体育活动中，例如社会角色转变、同工不同酬等。

4. 政治因素。随着体育全球化和体育影响日益扩大，其必然被作为政治较量的重要砝码。政治既可能促进体育运动快速发展，也可能阻碍体育前进步伐，因此体育与政治密切相关。[①]体育赛场尤其是奥运会成为各种政治力量进行交流的重要平台，通过较量彰显国家力量、表达意识形态、发泄政治不满、强化民族凝聚、传达政治信息等。例如第一届奥运会因希腊王储与首相的不同意见，差点无法在雅典举行；在冷战时期，1980 年莫斯科奥运会和 1984 年洛杉矶奥运会都曾遭到不同规模的抵制。

二、体育纠纷特征

作为社会纠纷的一种，体育纠纷具有社会纠纷的普遍性、变异性、复合型、周期性、潜伏性等一般特征。普遍性是指不同国家、民族、社会在各个历史时期普遍存在社会纠纷；变异性是指不同时间、地点，社会纠纷的内容和形式可能各不相同；复合性是指社会纠纷产生原因上的多因性，存在和表现方式上的重叠性，社会后果上的多重性；周期性是指只要具备条件，已解决了社会纠纷仍有可能重新出现；潜伏性是指社会纠纷的暴露需要一个过程，只有造成了一定社会影响，才会被普遍关注并被解决。[②]此外，作为一种特殊的社会活动，体育活动中产生的体育纠纷具有特有属性。因为间接体育纠纷不仅是由于该纠纷发生在体育活动之中，也由于专业体育活动主体在作为法律关系主体而出现，因此其具有一般法律纠纷的特征，这里讨论体育纠纷特征主要是指直接体育纠纷的特有属性。

（一）体育纠纷具有专业性和技术性

一般体育活动应当遵循体育特有规律、遵守确定的体育规范，这些体育规律和规范不同于一般规律与规范，明显具有专业性和技术性。普通法院法官、商事仲裁机构仲裁员、民间调解机构调解员难以掌握这些规律和规范，很难作出准确判断，甚至无法界定法律规制的边界，无法对于纠纷作出正确的处理和化解。因此，建立专门体育裁判机构已经成为国际通例。正是体育运动本身的

---

① 参见黄世席："奥运会政治化之法律解读"，载《中国体育科技》2008 年第 4 期。
② 参见卢元镇编著：《中国体育社会学》，北京体育大学出版社 2001 年版，第 150 页。

专业性和技术性决定了体育纠纷具有专业性和技术性。

（二）体育纠纷具有解决的时限性

体育纠纷区别于一般社会纠纷在于其解决具有较强时限性，这个特征突出表现在竞技体育中，一旦出现例如参赛资格、赛外兴奋剂检测等纠纷需要在有限时间内尽快得到解决并得出确定答案，因为竞赛往往是在确定期限内举行，纠纷就必须在比赛前一段时间得以完全解决，否则将损害运动员及其相关利益方的切实利益。因为只有让体育回归正当的、确定的秩序，才能保障体育活动的正常进行，[①] 才能发挥体育活动的特有功能。

（三）体育纠纷具有较高社会关注度

随着体育产业的日益发达和现代媒体技术的发展，并且因为体育运动的无国界性，不受语言、时间等客观因素的制约，体育赛事与现代传媒高度融合。竞技体育本身就是社会关注的热点领域，而且高水平运动员往往又拥有大量拥趸，涉及这类运动员的劳资、转会、赞助等问题各类媒体自然趋之若鹜。学校体育、社会体育等具有较低门槛，普通人在参与体育活动中所遭遇的合同、侵权等纠纷，往往会让其他人感同身受，无法避免成为新闻报道、社交媒体的广泛关注的对象。现代体育运动与大众传媒共存，媒体不仅传播体育运动中的正能量事件，也会暴露出体育运动中尤其是体育纠纷中的负面问题。可以说，各类体育纠纷一旦产生就会获得较高社会关注度，如果体育纠纷解决无法得到相对合理、果断和透明的解决，必然会招来传媒与公众的广泛批评。[②]

（四）体育纠纷具有多样性与复杂性

在直接体育纠纷之中，由于存在众多的体育相关利益主体，例如运动员、教练员、球迷等自然人，体育行政部门、体育社会团体、体育经营机构、体育赞助商等法人，所以纠纷类型就多样，例如运动员与运动员之间的竞争性纠纷，运动员与教练员之间的侵权纠纷，运动员、教练员与俱乐部之间的劳动合同纠纷，俱乐部与体育经营机构、赞助商之间的合同纠纷，俱乐部、体育社会团体与体育行政部门的行政管理纠纷等。体育纠纷主体不确定性导致体育纠纷呈现多样化的特征，各类体育纠纷的法律性质、当事人在体育纠纷中的法律地位和权利义务关系不尽相同。可以说是体育纠纷主体的多元性决定了体育纠纷类型的多样性和复杂性。

---

① 参见黄进："体育争议与体育仲裁初探"，载中国法学会体育法学研究会编：《追寻法治的精神》，人民体育出版社 2011 年版，第 165 页。

② 参见卢元镇编著：《中国体育社会学》，北京体育大学出版社 2001 年版，第 149 页。

三、体育纠纷类型

体育纠纷往往是各体育活动主体在实现其不同利益过程中矛盾冲突的产物，由于各体育活动体的地位和关系的内容不同，体育纠纷类型呈现多元性。例如在职业足球中常出现假球、黑哨、球场暴力、球员转会纠纷、故意伤害、薪金拖欠纠纷等。根据不同的标准，可以将体育纠纷作出不同类型划分，不同分类也有利于更好认知体育纠纷，有助于体育纠纷的有效解决。

（一）以体育活动主体为分类标准

在体育活动中同时存在多个利益主体，包括体育行政部门、单项体育协会、体育俱乐部、运动员、教练员、裁判员、经纪人、球迷等。以体育运动的核心利益主体为基础对体育纠纷进行分析和分类，可为体育纠纷解决途径的选择提供理论和实践上的参考。

1. 体育行政部门相关纠纷。自 1949 年以来，以体育行政部门为主导，以自上而下的体育行政领导机构及其对竞技体育的业务指导为内容，是我国竞技体育举国体制的主要特征。体育行政部门在我国体育事业发展的初期发挥着决定性作用。社会主义市场经济体制的建立与完善，竞技体育的全球化和市场化，客观上要求体育行政部门不能既当运动员又当裁判员，不再参与体育竞技活动，干预体育市场的运行。随着体育管理关系的理顺，与体育行政部门相关的纠纷应当仅与体育行政部门的职权行使和职责承担相关。

2. 体育社团相关纠纷。为便于参与国际体育赛事，新中国成立之后，体育行政部门陆续设立了全国性单项体育协会（以下简称"协会"），但是由于职能不明，缺乏人员、经费和编制，协会在很长一段时间可以说是"与体育行政部门合为一体"。[①] 在对足球、武术等运动管理体协会化改革试点基础上，按照"精简、统一、效能"的原则，在 1998 年新一轮国务院机构改革中，体育行政部门启动新一轮竞技体育管理体制改革，剥离运动项目管理职能，成立运动项目管理中心（以下简称"中心"）并与各协会形成"两块牌子，一个机构"结构，构建"中心＋协会"的管理体制。实际上，协会集行业协会和《体育法》授权的行政权力于一身，导致现阶段协会与俱乐部、运动员之间的管理纠纷存在法律性质界定上的争议。

3. 体育俱乐部相关纠纷。在欧美体育发达国家和地区，体育俱乐部分为职业体育俱乐部和业务体育俱乐部。[②] 而在我国体育俱乐部发展实践来看，分类

---

① 许仲槐等主编：《体育社团实体化初论》，广东高等教育出版社 2003 年版，第 163 页。

② 参见鲍明晓：《中国职业体育评述》，人民体育出版社 2010 年版，第 15 页。

更为复杂。[①] 我国职业体育俱乐部作为具有法人资格，以营利为目的的体育组织，已经成为体育市场中最重要市场主体，其主要经营竞技体育产品，涉及体育无形资产的开发、广告、赞助等业务。因此，体育俱乐部易与运动员、教练员、体育行政部门、协会、赞助商、投资者之间产生经济性质纠纷。

4. 运动员、教练员、裁判员相关纠纷。运动员无疑是现代竞技体育中最核心要素，体育的市场化、职业化、社会化使运动员由"业余"变成"职业"，运动员也成为体育市场独立的平等的主体，其合法权益理应得到承认和保护。教练员在竞技体育运动中扮演主导角色，其作用和价值越来越重要，其不仅是运动员的培养者，更是体育运动战术训练的实施者。裁判员在体育竞技中，依据竞赛规程和竞赛规则评定运动员（队）成绩、胜负和名次，其评定直接影响到运动员（队）利益，容易成为体育纠纷的焦点。运动员、教练员、裁判员之间会因为竞赛发生冲突，也会与俱乐部、体育社团等发生劳动合同、劳务合同纠纷等。

5. 体育赞助商相关纠纷。体育赞助始于 20 世纪 70 年代的西方国家，我国 20 世纪 80 年代初出现体育赞助，并随着改革开放的深入和体育产业的壮大，体育赞助得到一定程度的发展。[②] 体育赞助商通过对赛事投入，借助体育赛事的传播效果，从而实现企业营销目的。体育赞助商与体育行政部门、体育社团、俱乐部、运动员等以签订赞助合同的形式建立法律关系，因此这类纠纷基本属于合同纠纷。

6. 其他体育参与者的相关纠纷。其他体育参与者众多，从主要体育权利义务主体上来看，主要包括体育经纪人、体育赛事观众、体育赛事志愿者和体育传播工作者（体育记者）。涉及这些体育参与者的纠纷以合同纠纷和侵权纠纷为主。

（二）以体育活动内容为分类标准

按照体育活动的具体内容，即其权利义务的不同，体育纠纷可划分为如下四种类型：

1. 竞争型体育纠纷。竞争型体育纠纷是在体育竞赛活动过程中，因竞赛相关主体相互之间丧失均衡，表现在运动员、裁判员、体育组织中，因不公平的竞争行为而形成的以体育竞赛规则中权利义务为内容的纠纷。这类纠纷核心是判断行为是否违反体育竞赛规则。体育竞赛规则（Lex ludica）包含两种特殊类型规则，一种是比赛的实际规则，主要是体育比赛中所有的管理和组织规

---

① 参见徐士韦：《体育纠纷及其法律解决机制构建》，法律出版社 2019 年版，第 39 页。

② 参见胡利军："我国体育赞助的现状分析"，载《体育科学》1999 年第 6 期。

则，其内容与运动员直接相关；另一种就是"体育精神"，最主要是"诚信"和"公平竞争"，体育运动中的"诚信"是比赛和结果要诚实，不舞弊或消极比赛；"公平竞争"内容广泛，包括遵守法律、尊重体育组织、不实施不诚信行为，尊重对手和裁判，接受比赛的裁决和结果。[1] 遵循对于 Lex ludica 不加干涉原则，体育仲裁、体育诉讼等体育诉讼纠纷解决机制不去干涉这些规则的适用，因为其属于裁判员自治空间，被认为是纯粹体育的事情。[2]

这类纠纷形式多样，有些纠纷的确难以进行客观性评价，因为争议双方多是通过自身主观判断来核定对方行为，比如在体操、跳水、花样滑冰、花样游泳等技能类比赛项目中，往往对于裁判员的判定是否具有客观性、公正性和中立性存在质疑甚至该裁判可能引发纠纷。在体育竞赛过程中，常出现裁判员错判、误判、漏判而导致的纠纷，对于这类纠纷的处理因为难以裁定裁判员的行为是否属于故意行为而饱受争议，这些都跟体育比赛规则相关。还有一些纠纷则跟"体育精神"相关。例如 1999 年沈阳海狮队在最后时刻客场战胜主队并奇迹般地保级成功；2012 年伦敦奥运会羽毛球比赛，中国队女双组合因"消极比赛"被取消的奥运参赛资格；因里约奥运会拳击比赛出现了多起争议性的判罚事件，2019 年国际奥委会特别工作组正式宣布，里约奥运会的全部拳击裁判将被禁止在 2020 年东京奥运会拳击比赛中担任裁判。

2. 管理型体育纠纷。管理型体育纠纷是体育行政管理部门、体育行业协会根据行政法规、内部规则对行政相对人、成员行使管理权限而引起的纠纷。引起纠纷的焦点主要表现在被管理方有行为过错，而管理方在行使行政管理权的过程中被管理方认为处罚过重，处罚的方式不合理、不合法。管理型体育纠纷主要有两大类：一是基于不平等主体关系而形成的管理与被管理型纠纷，基本上是行政处罚引起的；二是基于体育行业协会内部自治权而产生的内部管理纠纷，也称为内部纪律纠纷。前一种体育纠纷由于《体育法》对于体育行政部门职责的规定，只限于《体育法》第 47、48 条（体育行政部门对国家工作人员中的直接责任人员，依法给予行政处分）和第 50 条（体育行政部门对侵占、破坏公共设施行为责令限期改正）。后一种体育纠纷大多数是因为运动员或俱乐部不服其所属的体育行业协会对其作出的纪律处罚，如对比赛中判罚不服引起的纠纷，对延误比

① 参见康晓磊："全球体育法——Lex Sportiva 释义"，载《南京体育学院学报（社会科学版）》2017 年第 6 期。

② 参见姜世波："Lex Sportiva：全球体育法的兴起及其理论意义"，载《天津体育学院学报》2011 年第 3 期。

赛、弃赛、罢赛、非正常比赛的处罚不服引起的纠纷，等等。我国竞技体育管理体制确立"运动项目管理中心＋全国性单项体育协会"管理竞技体育的同构模式，体育行业协会固有的官民"二重性"特征，[①] 体育行业协会与其成员之间的管理与被管理关系既不是传统法学中的行政管理法律关系，也不是单纯的民事法律关系而只享有民间自治权。体育行业协会作为法律法规授权的组织和社团法人，兼具法律法规授予的管理权和按照行业规章的自律管理权两类管理权。对于前者只能按照法律的规定，通过司法机关依据法定的行政诉讼程序解决，对于后者只能按照体育行会内部纠纷解决机制以及独立的体育仲裁机制来解决。

这类纠纷一般发生在体育行业协会与运动员之间，例如 2001 年因涉打假球，中国足协取消四川绵阳、成都五牛、长春亚泰、江苏舜天和浙江绿城俱乐部国内球员的注册、转会、人员引进，停止教练员工作的处罚；2003 年中国排球协会对四川男排的罢赛行为作出了取消比赛资格的处罚；2017 年上海绿地申花足球俱乐部秦升用脚底恶意踩踏对方球员脚面，中国足协做出停赛 6 个月、罚款 12 万元的处罚等，这些纠纷都在全国引起了强烈反响。对于类似案件，从体育组织管理的角度，利用其职权就要求被管理者接受处罚。这类纠纷适合运用独立的体育仲裁来解决。

3. 合同型体育纠纷。合同型体育纠纷一般是指体育组织、运动队、运动员参加比赛或与比赛相关的活动时，或面临运动员的注册、转会流向、竞赛报酬收益分配等问题时，合同当事人双方对形成的法律关系有着不同的看法而引起的争议，常表现为拒绝履行合同约定、不完全履行约定等行为。这类纠纷包括适用《民法典》合同编等一般民事法律的民事合同纠纷，以及适用《中华人民共和国劳动法》《中华人民共和国劳动合同法》合同编等劳动法律的劳动合同纠纷，但不包含适用行政法律的行政合同纠纷。

我国合同型体育纠纷的案例较多，例如 2003 年上海东方篮球俱乐部与马健合同解除纠纷、2003 年塞尔维亚佩特科维奇与上海申花俱乐部之间的劳动合同纠纷、2004 年前国脚谢晖与重庆力帆俱乐部之间劳动合同纠纷、2005 年广州市欧文体育用品有限公司与北京中篮体育开发中心商标许可使用合同纠纷、2009 年长春亚泰俱乐部与球员王栋的流动导合同纠纷、2013 年科特迪瓦球星德罗巴与上海申花队之间的劳动合同纠纷等。[②] 这类纠纷跟普通合同、劳动合同性质一样，可以采用相同的纠纷解决机制。

---

① 参见袁钢："全国性单项体育协会改革的法治化路径"，载《体育科学》2019 年第 1 期。
② 焦洪昌主编：《体育纠纷指导案例选编》，北京大学出版社 2019 年版，第 1~21 页。

4.侵权型体育纠纷。侵权型体育纠纷是在体育竞赛活动或者体育相关活动中，体育活动主体一方当事人违反民事法律规定，因故意或过失造成另一方当事人人身（既包括身体健康权和生命权，又包括身体上和精神上的损害）、财产的伤害而引发的纠纷。这类纠纷主要适用《民法典》《学生伤害事故处理办法》《著作权》《专利权》《商标法》《奥林匹克标志保护条例》等。例如王某与丹阳市后巷实验学校教育机构责任纠纷案、[①] 杨某诉北京市海淀区某小学校园伤害事故案件。[②] 这类纠纷与普通侵权纠纷性质相同，可以采用相同的纠纷解决机制。

除了以上分类之外，还有学者提出一种特殊类型：保障型体育纠纷，即《体育法》第2~7条规定了对青年、少年、儿童、少数民族等的体育活动加以保障的规定，如果各部门或组织对应给予保障的体育运动权益未加以保障甚至肆意侵犯，就可用体育争端解决机制来加以解决。[③] 实际上，以上条款仅是原则性规定，其有效实施有赖于具体法律规范，例如《妇女权益保障法》《老年人权益保障法》《未成年人保护法》《教育法》《高等教育法》以及各省、自治区、直辖区《少数民族权益保障条例》中存在相关规定，但是根据法律规范的逻辑结构，以上规定并没有相关法律后果（罚则），因此这类原则性规定无法引发法律纠纷，不适宜列为体育纠纷的类型。

此外，以体育活动领域为分类标准，体育纠纷可以分为社会体育纠纷、学校体育纠纷和竞技体育纠纷；以体育纠纷性质为分类标准，体育纠纷可以分为民事纠纷、行政纠纷、刑事纠纷和行业纠纷；以体育主体地位为分类标准，体育纠纷可以分为法律地位平等和法律地位不平等主体之间的纠纷；以体育纠纷解决方式为分类标准，即体育纠纷是否适合通过第三方裁决方式来解决，体育纠纷可以分为可裁决的纠纷和不可裁决的纠纷；以体育纠纷是否含有国际因素为标准，可以分为国内体育纠纷和国际体育纠纷。球迷骚乱、兴奋剂违规、参赛资格纠纷、学校体育伤害、性别（种族）歧视等都是特殊类型的体育纠纷。

四、体育纠纷解决机制

（一）体育纠纷解决的主要机制

随着体育越来越广泛而蓬勃地发展和人们维权意识的增强，必然形成各类

---

① 焦洪昌主编：《体育纠纷指导案例选编》，北京大学出版社2019年版，第145~157页。

② 参见马宏俊主编：《体育法案例评析》，中国政法大学出版社2017年版，第291~306页。

③ 参见杨洪云、张杰："论体育纠纷的争端解决机制"，载《体育学刊》2002年第4期；肖永平主编：《体育争端解决模式研究》，高等教育出版社2015年版，第17~18页。

各种体育纠纷的不断增多的趋势和寻求依法处理解决的社会需求。在我国《体育法》颁布实施后，人们对依法建立体育纠纷解决救济机制的要求愈益强烈。体育纠纷解决机制包括体育行业内纠纷解决机制和体育行业外纠纷解决机制。体育行业内纠纷解决机制是指体育行业内部的自律性纠纷解决机制，如中国足球协会仲裁委员会；行业外纠纷解决机制是指体育行业外的第三方、中立性、裁断性的纠纷解决机制，如诉讼、体育仲裁、体育调解等非诉讼纠纷解决机制（Alternative Dispute Resolution，ADR）。

如涉及国际体育纠纷，体育纠纷当事人常会利用以下方式来寻求纠纷解决：①向体育协会所属国内或者国际体育联合会请求解决争端；②向适当的有管辖权的国内法院或者区域法院（如欧洲人权法院[①]）起诉；③向适当体育仲裁机构提起体育仲裁纠纷。就第一种方式，在国内国际体育组织作出裁断后，并不能阻却当事人继续向法院起诉或者提起仲裁；就第二种方式，由于体育运动本身的性质及其规则的专业性要求，对体育纠纷的裁决应当具有专业性和权威性，而法院往往不是体育运动方面的专家，并且各国法律制度差异很大，同一体育案件在不同法院审理，可能产生不同诉讼结果，会影响到体育规则及裁判准则的全球统一性，不利于体育事业发展。因此多数体育纠纷采用仲裁方式予以解决，裁决对当事人具有约束力，再加上国际社会存在普遍承认仲裁裁决的国际公约（1958 年在纽约签订的《关于承认与执行外国仲裁裁决的公约》），体育仲裁裁决的执行力有保障。[②] 所以，虽然各国法律传统、体育制度各不相同，但是各国体育纠纷解决机制都坚持和维护体育自治，都出现一些普遍趋势：①各国大都采用体育行会内部救济与外部的调解、仲裁、诉讼相结合的方式，即可采用多元化体育纠纷解决机制；②对体育行会内部的纠纷处理机制要求越来越高，确保其在组织、财政、人事方面的独立性，特别是对其仲裁程序要求更高；③体育诉讼的数量呈增加的趋势，但是司法机关对于体育纠纷介入仍应谨慎和规范；④体育仲裁逐步扩张和加强，是当前最有效的纠纷解决机制。[③]

（二）体育纠纷解决的主要原则

尽管体育纠纷解决机制方式很多，但是无论哪一方式，都应当遵循以下主

---

① 参见郭树理："运动员诉权保障与《欧洲人权公约》——欧洲人权法院佩希施泰因案件述评"，载《武汉体育学院学报》2019 年第 9 期。

② 参见郭树理："建立中国体育仲裁制度的设想"，载《法治论丛》2004 年第 1 期。

③ 参见韩勇："体育纠纷的法律解决机制"，载《首都体育学院学报》2004 年第 4 期。

要原则。

1.法治原则。法治（Rule of Law）不仅是治国之道，也是社会生活中最基本的行为准则。在体育纠纷解决中，不仅应当尊重体育的特殊性，更应当尊重法治。首先，应遵守法治的精神要件，包括对法律至上地位的认同、法的观念的养成、权利文化人文基础的建立。[①] 即每个人都无权凌驾于法律之上，无论其身处何种境地，都要服从法律及其裁决，这要求体育纠纷当事人无差别地接受司法机关、仲裁机构的中立裁决。其次，应遵守法治的实质要件，即体育纠纷当事人应当尊重国家法（法律法规）、民间法（行业规则、体育规则等）。最后，应遵守法治的形式要件。正义不仅应得到实现，而且要以人民看得见的方式得以实现，因此体育纠纷处理应当遵守正当程序的基本要求，保证体育纠纷当事人的程序权利均能得到保障。

2.行业自治原则。体育行业是一个自治性很强的行业，突出表现在体育行业所制定的技术规则、竞赛规则、行业规则构成行业自治的基本规范，具有自治管理职能的行业协会在体育行业发展中具有重要地位，发挥巨大作用，并且通过建立行业内部的纠纷解决机制，避免行业外其他机构来解决体育纠纷，以维护其地位。因此，体育纠纷解决机制要尊重体育行业的自治权，尤其是体育纠纷的垄断解决权。行业外其他机构应当尊重体育行业内仲裁机构对于体育纠纷的管辖及其裁决结果，不应受理应属于体育行业内的体育纠纷。

3.权利保障原则。在体育纠纷解决中，无论是作为体育行政行为中行政相对人，还是劳动合同中的劳动者、体育纪律惩戒中被惩戒人，运动员、教练员及其他人员在获得法律救济方面处于相对弱势地位，其合法权益可能会受到侵害，因此在体育纠纷解决中应当贯彻权利保障原则，尤其是运动员的合法权利。

（三）体育纠纷解决机制的意义

通过建立完善的体育纠纷解决机制，具有重要的现实意义。

1.体育纠纷解决机制使得体育秩序得以恢复或形成新的体育秩序。[②] 体育纠纷的发生往往意味着打破原有体育秩序，例如 1993 年比利时足球运动员博斯曼因转会费问题卷入纠纷，最终欧洲法院裁定欧盟的所有球员在合约期满之后，可在欧盟成员国内自由转会。同时，新的体育秩序的形成，必然为当事人

[①] 参见徐显明："论'法治'构成要件——兼及法治的某些原则及观念"，载《法学研究》1996 年第 3 期。

[②] 参见曹吉、杨春霞、徐华："体育纠纷的多元化解决机制研究"，载《咸宁学院学报》2010 年第 6 期。

新的体育权利带来保障。

2. 体育纠纷解决机制使得体育纠纷当事人之间利害关系得以平衡。体育纠纷本质是体育纠纷当事人之间利害关系的失衡，体育纠纷解决机制对当事人之间的体育利害关系进行全面综合分析，判断是否曲直，通过具有强制力的诉讼裁判和仲裁裁决平衡利害关系。

3. 体育纠纷解决机制的建立和完善能够促进体育法治、体育自治的健康发展。体育法治和体育自治是体育治理体系与治理能力现代化的两个重要方面，二者本身也是相互影响，相互促进，因为体育自治是在体育法治保障的行业自治，体育法治是由体育自治支撑的治理模式。但是无论体育法治还是体育自治都需要解决纠纷问题，体育纠纷解决机制不仅是考察体育法治、体育自治的组成部分，而且也是考察体育法治、体育自治发展程度的重要指标。因此，建立和完善体育纠纷机制与体育法治、体育自治发展休戚相关。

第二节　体育仲裁

体育仲裁，是指依法设立的特定仲裁机构根据当事人的申请，以第三者的身份，对当事人之间的体育纠纷依法予以公断的一种法律制度。运用仲裁的方式解决各种体育纠纷，是现代体育领域的通行做法，例如美国、德国、意大利、瑞士等国都建立体育仲裁制度。①

一、体育仲裁特征

（一）体育仲裁与民间仲裁

体育仲裁与民事仲裁具有相同特征：①仲裁机构的独立性：这是公正解决纠纷、提高仲裁公信力的关键要素；②仲裁过程的灵活性；③仲裁主体的平等性；④仲裁结果的终局性；⑤仲裁费用的低廉性。较之民事仲裁，体育仲裁具有以下特点：

（1）体育仲裁员的专业性。体育仲裁在聘任仲裁员不仅要求其保证在履行职责时必须做到完全客观与中立，而且要求其同时具备体育和法律的专业知识。

（2）体育强制管辖性。通过国际组织规章、各国国内立法中的规定以及运动员参赛表格中的约定等方式，体育仲裁对于体育纠纷（主要是竞技体育纠纷）

---

① 参见黄世席："体育仲裁制度比较研究——以美、德、意大利及瑞士为例"，载《法治论丛》2003 年第 2 期。

获得强制性的专属管辖权，无需纠纷当事人之间签订仲裁协议或者仲裁条款，体育仲裁强制性"一裁终局"方式极大地排斥了司法审查。

（3）体育仲裁机构独立性。作为公益性社会团体，体育仲裁机构依法独立制定其章程和仲裁规则；体育仲裁机构独立聘请专业人士担任仲裁员，任何机关和组织无权指定仲裁员；体育仲裁机构独立受理、处理、裁决案件，不受行政机关和其他组织的干涉；体育行政部门、国家奥林匹克组织、单项体育协会人员不得兼任仲裁员；体育仲裁机构运作和财政由其自身负责。

（4）体育仲裁程序的特殊性。体育仲裁程序遵循了普通仲裁程序一般原则和规则，在证明责任分配等方面具有其特殊性。例如在国际体育仲裁院在反兴奋剂仲裁案件中确立了国际体育联合会应承担证明运动员存在兴奋剂违规行为的举证责任，证明标准高于盖然性权衡标准，但低于排除合理怀疑的标准；如果反兴奋剂规则规定由运动员或其他当事人对推定存在兴奋剂违规行为的抗辩或对主张的其他事实承担举证责任，则证明标准应当为盖然性权衡标准。

（二）体育仲裁与体育调解、体育诉讼

较之体育纠纷调解，体育仲裁具有以下特点：①仲裁申请可以由任何一方当事人提起，无需双方当事人合意；②仲裁机构在调解不成的情况下可以作出裁决，仲裁裁决依法生效后具有强制执行的效力。较之体育纠纷诉讼，体育仲裁具有以下特点：①仲裁机构不是司法机关，在处理体育纠纷过程中无权采取强制措施；②仲裁程序相比较为简便，不及诉讼程序严密和复杂。

综上，体育仲裁最主要特征是对于竞技体育纠纷的强制性、专属性管辖，并且"一裁终局"。这一方面是竞技体育的特性决定的，因为竞技体育纠纷具有多发性、专业性、可仲裁性，纠纷往往需要快速解决，作为裁决机构的仲裁机构具有较高的自治性。另一方面这也是国际体育仲裁实践所决定的。《奥林匹克宪章》第 61 条第 2 款规定"在奥林匹克运动会举办时发生的或与奥林匹克运动会有关的任何争议，须按照国际体育仲裁院《体育仲裁规则》提请国际体育仲裁院独家仲裁"。该条赋予国际体育仲裁院对奥林匹克纠纷的强制的管辖权，而且其仲裁裁决是一裁终局的，在国际体育仲裁院办公室送达当事人的时候对当事人具有约束力。

二、体育仲裁的分类

在实践中，体育仲裁并不是统一的方式。国际上和我国目前已存在的体育仲裁主要有：体育组织设立常设仲裁机构进行的体育仲裁；国际体育仲裁机构进行的体育仲裁；一般的仲裁机构或法律机构进行的体育仲裁；体育竞赛中设立临时机构进行的体育仲裁;《体育法》设定的体育仲裁机构进行的体育仲裁。①

（一）国际和国内体育仲裁机构

根据体育仲裁机构受理案件是否具有国际因素，可以分为国际体育仲裁机构和国内体育仲裁机构。国际体育仲裁机构主要是指是国际奥委会为解决体育纠纷设立的专门体育仲裁机构——国际体育仲裁院，其总部设于瑞士洛桑。早期的体育仲裁院机构不够独立，管辖权仅仅涉及与体育有关的活动，即负责处理产生于体育运动的实践或发展中具有司法性质的争端。1994年国际体育仲裁机制进行了重大改革，建立了国际体育仲裁理事会，替代国际奥委会全面负责国际体育仲裁院的财政和运作，维护其独立性，以更好地保护当事人的权利；设立了普通仲裁处和上诉仲裁处两个机构，分别解决普通体育纠纷的仲裁和体育组织所做的裁定不服而引发的争议；修改章程，扩大了国际体育仲裁院的受案范围，即受理"此类争议可能涉及体育的原则或金钱性问题或在体育的实践或发展中起到作用的利害关系，以及一般而言任何一种体育活动"。② 即任何一个直接或者间接与体育有关的纠纷，无论是否是商业性的，或是否与体育运动的实践或发展有关，或是否因不服体育组织的决议而引起的，都可以提请国际体育仲裁院裁决解决。国内体育仲裁机构是指各国专门设立专司受理体育纠纷的仲裁机构，各国设立方式多样，主要包括专门设立体育仲裁机机构（例如比利时）、依托国家仲裁、通过普通仲裁制度解决体育纠纷（例如美国）。③

（二）行业内和行业外体育仲裁机构

根据体育仲裁机构法律地位为分类标准，可以分为行业内体育仲裁机构、行业外体育仲裁机构。行业内体育仲裁机构属于行业自律范畴，是由各体育行会内部设立的仲裁制度，例如为了解决足球领域日益增多的纠纷，中国足球协会2009年建立了仲裁委员会。但是这类仲裁机构在独立性、中立性、透明性等诸多方面还存在较多问题，因此多数学者并未将行业内体育仲裁机构视为符合本书界定的体育仲裁机构。很多国家都建立了自己的行业外的独立体育仲裁机构，例如2001年美国仲裁协会在受理和仲裁体育争端案件基础上特别成立了全国体育仲裁小组专门负责体育仲裁案件、2001年英国成立独立的体育纠纷解决委员会、2003年日本设立日本体育仲裁机构建立了日本国内的体育仲裁

---

① 参见于善旭等："建立我国体育仲裁制度的研究"，载《体育科学》2005年第3期。

② 参见国际体育仲裁院：《国际体育仲裁委员会与体育仲裁院章程与规则》，宋连斌、林一飞译，武汉大学出版社2001年版，第25页。

③ 参见张笑世："体育纠纷解决机制的构建"，载《体育学刊》2005年第5期。

制度、2008 年德国仲裁协会设立了德国体育仲裁院并制定了德国体育仲裁规则。① 1995 年颁布的《体育法》单独规定了体育纠纷解决机制，其第 33 条（现为第 32 条）规定："在竞技体育活动中发生的纠纷，由体育仲裁机构负责调解、仲裁。体育仲裁机构的设立办法和仲裁范围由国务院另行规定。"很显然，体育仲裁具有相当的复杂性，正因为如此，"国务院另行规定"至今也没规定出来。

（三）常设性和临时性体育仲裁机构

根据体育仲裁机构运作时限为分类标准，可以分为常设性体育仲裁机构、临时性体育仲裁机构。以上分类中的国内体育仲裁机构、国际体育仲裁机构一般均为常设性体育仲裁机构，这些机构在重大体育赛事运作期间或者为了特别类型体育纠纷设置专门的临时仲裁机构。例如根据国际体育仲裁院《仲裁体育仲裁规则》第 S6 条第 2 款第 8 项的规定，国际体育仲裁院如果认为合适，可以设立区域性的或地方性的、永久性的或临时性的仲裁机构。为有效地处理奥运会期间发生的纠纷，1995 年国际奥委会修改了《奥林匹克宪章》，增加了允许设立临时仲裁庭的第 74 条，该条规定："在奥运会上发生的或与奥运会有关的任何争端都应当提请仲裁院根据仲裁规则行使专属管辖权。"自 1996 年亚特兰大奥运会开始，国际体育仲裁院在每届夏季、冬季奥运会、残疾人奥运会设立临时的仲裁机构（Ad Hoc Division，AHD）。国际体育仲裁院为落实 2017 年和 2018 年奥林匹克峰会的建议，设立并运作反兴奋剂仲裁庭（Anti-Doping Division，ADD），作为一个永久的新机构自 2019 年 1 月开始独立运作，该仲裁庭将处理反兴奋剂事务的一审（first-instance）或独任仲裁（sole-instance）。

三、我国体育仲裁机构的建立

2015 年 1 月，中央深化改革领导小组审议通过了《中国足球改革发展总体方案》，明确要求建立法制健全的体制机制，而其中重要一环是建立体育仲裁机制。由于体育仲裁机构阙如，导致实践中当事人对体育协会的决定不服产生的纠纷多交由协会下属委员会解决，这难以满足体育行业对正义的需求，也不利于维护运动员的合理诉权。

（一）体育仲裁立法的可行路径

1995 年《体育法》第 33 条（现第 32 条）将体育仲裁机构的设立办法和仲

---

① 参见林世行："国外体育仲裁制度及其启示"，载《体育文化导刊》2010 年第 3 期。

裁范围交由国务院规定，从而使得该法属于法律之下的行政条例的位阶范畴。虽然国务院早在1997年将体育仲裁条例纳入立法工作安排，并成立起草领导小组和工作小组，但其立法过程进展缓慢，最终搁浅。2000年颁布的《中华人民共和国立法法》（以下简称《立法法》）第8条有关全国人大及其常委会立法权的规定，其中规定了只能制定法律的情况，其中的第9款规定了"诉讼"和"仲裁"制度必须由全国人大常委会立法，实践中作为特别仲裁制度的《中华人民共和国劳动仲裁法》《中华人民共和国土地承包经营仲裁法》莫不如此。这一做法在《立法法》2015年修订中仍未改变，故上述就体育仲裁法的立法位阶的规定存在冲突。

无论从新法优于旧法适用原则还是基本法律与其他法律的关系出发，都应遵守《立法法》。由于只能由全国人大或其常委会制定法律，故出台单独的体育仲裁法的前景一度并不乐观。基于新《立法法》第8条和第10条的规定，可以通过在《体育法》中增设一章关于体育纠纷解决的规定，对体育纠纷解决中关于体育仲裁的事项加以规定，这样就符合新《立法法》的要求。因此，由全国人大常委会适时修订《体育法》并制定《体育仲裁法》具有现实的必要性和可行性。体育事项可仲裁性、管辖、仲裁员选任、实体法律适用等是未来《体育仲裁法》需要作出规定的重点内容。①

此外，修改《中华人民共和国仲裁法》（以下简称《仲裁法》）是建立我国体育仲裁制度另外一条可行的路径，即通过修改《仲裁法》，将体育仲裁纳入一般仲裁之中，在现有各地仲裁委员会建立一个体育仲裁部门，但是《仲裁法》修改难以在短期内完成，仲裁委员会吸收大量了解体育业务的仲裁员难度很大，除职业体育领域的劳资纠纷外，其他诸如参赛资格纠纷、兴奋剂纠纷等涉及的金额标的并不大，经济效益不高，并且一般商事仲裁机构受理体育纠纷案件与《体育法》的规定不符。②

（二）体育仲裁立法的具体内容

一方面，我国现有的体育纠纷法律解决的途径还不够多，特别是与社会以至国际的接轨还差距较大；另一方面，我国在体育纠纷解决的立法方面还基本是个空白，现行纠纷的体育行会内部解决和行政部门解决普遍缺乏明确的法规依据，致使处理结果的法律效力和强制力不足。因此，十分需要在《体育法》

---

① 参见董金鑫："论我国单独的体育仲裁法的制定"，载《北京体育大学学报》2016年第3期。

② 参见姜熙：《体育法》修改增设'体育纠纷解决'章节的研究"，载《天津体育学院学报》2015年第5期。

及其配套立法中抓紧体育纠纷解决方面的立法。

1. 在《体育法》中增设体育纠纷解决章节。根据我国法治原则和方向，与国际体育纠纷解决接轨，就应在《体育法》中增设体育纠纷章节，规定我国体育纠纷解决机制的基本原则和主要内容，该章节可以包括以下内容：①界定体育纠纷，可以采取原则性规定和列举式规定相结合的方式，包括运动员、教练员、裁判员注册纠纷、运动员转会纠纷、参赛资格纠纷、纪律处罚纠纷、体育知识产权纠纷等；②明确多元体育纠纷解决机制，包括体育调解、体育仲裁等制度；③明确我国体育仲裁机制，对体育仲裁机构的性质、地位、职能等进行原则性规定，对体育仲裁基本原则等进行规定。

2. 制定《体育仲裁法》或《体育仲裁条例》。在《体育法》修订后增加有关体育仲裁机制原则规定后，需要制定《体育仲裁法》或《体育仲裁条例》对仲裁员的资格和任命、仲裁委员会组成、仲裁程序等具体仲裁规则进行规定。

以上建议属于一步到位的做法，即通过修法或立法来设立独立的体育仲裁机构。有学者考虑到建立体育仲裁机构的步骤性，建议先设立中国体育仲裁委员会，其应属半官方机构，其办事机构应当设在国家体育总局，①或者走先作为中华全国体育总会或者中国奥委会的内设机构的"中间道路"，②再逐步成为独立社会机构。

第三节　体育诉讼

诉讼在解决体育纠纷中具有不可替代的作用，是重要的体育纠纷解决机制。体育诉讼是指人民法院在审判体育纠纷案件的过程中和所有诉讼参与人所进行的各种体育诉讼活动以及由此产生的各种体育诉讼关系的总和。如第一节所述我国直接体育纠纷的解决，除了当事人自行和解和体育行会内部解决外，还多采取调解和内部仲裁等方式，这是因为直接体育纠纷的专业性和技术性，直接诉诸法院的为数极少。较为突出的是 2002 年初长春亚泰足球俱乐部等不服中国足协的处罚而引起的诉讼纠纷，法院均驳回起诉，该案在法学界、体育界引

---

① 参见杨洪云、张杰："论体育纠纷的争端解决机制"，载《体育学刊》2002 年第 4 期。

② 参见黄世席："国际体育争端及其解决方式初探"，载《法商研究》2003 年第 1 期；谭小勇："中国'体育仲裁'制度建设之中间道路——以建立统一而相对独立的内部仲裁制度为视角"，载《西安体育学院学报》2016 年第 6 期。

起较大的争议和讨论。① 但是，间接体育纠纷其原则上是在体育活动中违反了其他法律法规，根据司法最终裁决原则，这类纠纷主要是通过诉讼方式来解决。现行《体育法》关于体育纠纷法律责任条款并没有随着竞技体育职业化和市场化发展而修改完善，其本身就存在缺陷，再加上《体育法》并未对体育纠纷及违法行为作出明确界定，使得《体育法》很难在司法实务中得以适用。

一、我国体育诉讼的原则

正确处理体育自治原则与司法终局原则关系，要防止"法治万能主义"和"自治万能主义"的倾向，司法应当根据当事人的请求负责任地介入，发挥解决社会纠纷的最后一道阀门的作用，对自治组织的"自治"进行必要干预，着重根据法律优先原则审查自治规范是否与国家法律法规相抵触、根据法律保留原则审查自治规范是否设定了只能由法律设定的对公民重要权利的限制，对自治行为的合法性进行监督，以维护法治统一和社会公平正义。②

（一）用尽内部救济原则

为了维护行业协会自治权，司法机关应当尊重行业内部的自治权，体育行业内部成员之间的纠纷与不服处罚的纠纷，在向法院起诉之前，应当首先通过行业内部裁决程序解决，即用尽体育行业协会内部救济原则。对应该原则，体育诉讼表现出谦抑性，即少用甚至不用体育诉讼方式来解决体育纠纷。

用尽内部救济原则适用可能导致存在多重适用内部救济程序（如必须同时适用申诉、调解、内部仲裁）、无法对复审或者申诉程序单独提起司法救济、形成行业垄断、不同级别体育组织关系不清（如国家田径协会与国际田径协会的关系）、专家权力无限膨胀的问题。因此也需要对该原则进行必要限制。③ 设立该原则的主要目的是节约司法资源，避免一些由内部机制就可以解决的当事人的权利救济问题进入司法程序，浪费司法资源；另外，用尽内部救济原则，在某一方面也是对被诉一方当事人的管理权限（行政管理权限、行业管理权限）和管理秩序（行政管理秩序、行业管理秩序）的一种维护。当然，用尽行业协会内部救济原则也是有限制的，那就是在情况紧急的时候，如果不进行司法干

---

① 参见沈建华、汤卫东："职业足球俱乐部纠纷解决机制探析"，载《上海体育学院学报》2005年第3期。

② 参见茅铭晨："介入与止步——司法权在体育纠纷中的边界"，载《北京体育大学学报》2014年第1期。

③ 参见王家宏、陈华荣："用尽体育行业内部救济原则反思——兼谈奥运会对我国社会治理的部分影响"，载《体育与科学》2009年第1期。

预，可能会使当事人的权利受到不可挽回的损失，在这种情况下，法院可以不受该原则的限制，直接受理当事人提起的诉讼。

（二）尊重专业判断原则

对于司法介入管理型、合同型、侵权的体育纠纷，尊重"以事实为依据，法律为准绳"法律原则。司法机关面对纠纷中的事实问题，大部分和体育运动项目进行过程中发生的技术性争议有关，例如球员对裁判员出示红牌的处罚不服等。由于体育运动具有一定的专业性，而司法机关一般不具有这方面的专业知识。对此，应由行业协会来认定纠纷中涉及的专业技术方面的事实问题，司法权不应干预。司法机关要做的事情主要是进行法律问题认定，包括是否越权、滥用职权、法律适用是否适当、程序是否合理等。对应该原则，体育诉讼应具有专业性，审判人员应当具有相应体育专门知识，并进行专业判断；体育诉讼应具有有限性，法院不宜对自治行为进行实质性审查，即一般不涉及行业协会自治事务的实体问题，对涉诉体育行政行为只是合法性而非合理性审查。[①]

（三）尊重体育仲裁原则

体育纠纷的当事人可以在纠纷发生前后通过订立仲裁条款或仲裁协议，将纠纷提交仲裁机构仲裁，从而排除法院的管辖。但是区别于普通仲裁协议，体育仲裁协议的签订具有强制性、体育仲裁协议的仲裁事项具有限定性、体育仲裁机构具有特定性，并且其存在的形式具有多样性。[②]我国除了《体育法》第32条规定之外，《仲裁法》第5条还规定："当事人达成仲裁协议，一方向人民法院起诉的，人民法院不予受理，但仲裁协议无效的除外。"尽管我国目前尚未建立独立体育仲裁机构，贯彻体育仲裁协议效力优先原则不仅符合诉讼与仲裁的法律地位，而且保障了体育自治性，减轻法院的诉累。对应该原则，体育纠纷呈现终局性，诉讼是纠纷的最终解决方式，也是最后救济方式。

二、我国体育诉讼的类型

（一）我国体育民事诉讼（责任）

《体育法》中关于民事责任规定只出现第50条中，即侵占、破坏公共体育设施的应依法承担民事责任，其本质属于侵权纠纷，可以通过民事诉讼方式加以解决。前文所提及的合同型体育纠纷和侵权型体育纠纷主要是以民事纠纷方

---

① 参见高升、陆在春、金涛："论司法对体育协会内部纠纷的介入——从足协风暴谈起"，载《体育与科学》2011年第2期。

② 参见张芳芳："体育仲裁协议的法律特征思考"，载《体育学刊》2005年第6期。

式加以解决，民事诉讼是解决体育纠纷（主要是间接体育纠纷）最主要的方式。根据我国司法现状，由于法院对以体育协会为被告的行政诉讼采取了回避态度等，当事人往往选择以名誉权侵权起诉体育协会、以劳动争议起诉体育协会或者俱乐部、以合同违约起诉俱乐部消极比赛或故意输球等情形。①

学生伤害事故是特殊的体育民事责任承担。教育部《学生伤害事故处理办法》第2条界定学生伤害事故的概念，第8条确立了根据过错程度比例和因果关系承担相应责任。例如教学比赛中，由于教师对学生的鞋子、服装等检查不到位、对场地的选择不合适，学生本身无自我保护意识，个别同学准备活动不认真等导致学生出现扭伤、拉伤的情况，就应进行损害的因果分析，确定责任承担的比例。此类案件中，作为侵权人的学校常可将"被害人之允诺阻却违法"（允许行为发生在自己身上的人，不应在因此遭受损害时就控诉该行为是不正当行为）、"参与者风险自负理论"（行为人知道或者至少应该知道自己介入了不确定的风险时，必须自己承担预期的损害后果，不能因风险的发生而主张权利进行抗辩，即《民法典》第1176条）、签订免责条款等作为阻却侵权责任成立的抗辩事由。此外，具有涉外因素的体育民事诉讼在解决时，应当遵循法院所在地国际私法相关规定，并充分考虑国际体育规则和惯例。

（二）我国体育行政诉讼（责任）

《体育法》中关于行政责任承担的可以分为三种类型：①根据《体育法》第50、51条，体育行政部门作为行政主体，可以责令侵占、破坏公共体育设施的行为人限期改正，可以批评、教育并予以制止在体育活动中，寻衅滋事、扰乱公共秩序的行为。②根据《体育法》第49、50、51规定，公安机关对于侵占、破坏公共体育设施的，在体育活动中，寻衅滋事、扰乱公共秩序的、利用竞技体育从事赌博活动的，可以依照《中华人民共和国治安管理处罚法》的有关规定给予处罚。③根据《体育法》第52条，违反国家财政制度、财务制度，挪用、克扣体育资金的，上级机关可以责令限期归还被挪用、克扣的资金，并对直接负责的主管人员和其他直接责任人员，依法给予行政处分。④根据第47、48条，体育行政部门对于国家工作人员在竞技体育中从事弄虚作假等违反纪律和体育规则的行为，在体育运动中使用禁用的药物和方法的，并且负有直接责任的，依法给予行政处分。

---

① 参见赵毅："自治的黄昏？——从我国法院裁判考察司法介入体育的边界"，载《体育与科学》2015年第5期。

（三）我国体育刑事诉讼（责任）

根据《体育法》第 49~52 条，对于在竞技体育活动中，有贿赂、诈骗、组织赌博行为，侵占、破坏公共体育设施的，在体育活动中，寻衅滋事、扰乱公共秩序的，违反国家财政制度、财务制度，挪用、克扣体育资金的四种行为构成犯罪的，依法追究刑事责任。

2019 年 11 月 18 日，最高人民法院发布《关于审理走私、非法经营、非法使用兴奋剂刑事案件适用法律若干问题的解释》自 2020 年 1 月 1 日施行。该解释加强源头管理：根据司法实践情况，明确走私兴奋剂目录所列物质的定罪量刑标准。同时规定，非法经营兴奋剂目录所列物质，涉案物质属于法律、行政法规规定的限制买卖的物品的，可以非法经营罪定罪处罚；惩治非法使用行为：明确对未成年人、残疾人负有监护、看护职责的人组织、强迫、引诱、欺骗未成年人、残疾人在体育运动中非法使用兴奋剂，严重损害未成年人、残疾人身心健康的，以虐待被监护、看护人罪定罪处罚。明确在普通高等学校招生、公务员录用等法律规定的国家考试涉及的体育、体能测试等体育运动中，组织考生非法使用兴奋剂的，以组织考试作弊罪定罪处罚。明确生产、销售含有兴奋剂目录所列物质的食品，符合刑法相关规定的，以生产、销售不符合安全标准的食品罪，生产、销售有毒、有害食品罪定罪处罚；压实监管责任：明确国家机关工作人员以及依法或者受委托行使反兴奋剂管理职权的单位的工作人员，在行使反兴奋剂管理职权时滥用职权或者玩忽职守，造成严重兴奋剂违规事件，严重损害国家声誉或者造成恶劣社会影响的，以滥用职权罪、玩忽职守罪定罪处罚。

2020 年 12 月 26 日，全国人大常委会第二十四次会议通过了《中华人民共和国刑法修正案（十一）》，明确将引诱、教唆、欺骗、组织、强迫运动员使用兴奋剂的行为规定为犯罪。《中华人民共和国刑法修正案（十一）》新罪名的增设，释放出积极的立法信号，对于反兴奋剂工作和打击兴奋剂犯罪提供了法律依据，进一步向国际、国内展示了我国反兴奋剂工作的透明化、法治化和严厉化。新罪名的增设，能够有效引导运动员及其辅助人员树立"拿干净金牌"的正确价值观，增强体育从业者的规则意识和守法意识，进一步健全、完善反兴奋剂长效治理机制。

第四节　其他体育纠纷解决机制

党的十八届四中全会对我国法治建设进行了全面部署，在《中共中央关于全面推进依法治国若干重大问题的决定》中明确提出："健全社会矛盾纠纷预防化解机制，完善调解、仲裁等有机衔接、相互协调的多元化纠纷解决机制。""完善仲裁制度，提高仲裁公信力。"这为中国体育纠纷解决机制的建立提供了契机。

体育调解、体育行会内部解决机制、和解、劳动仲裁等构成其他体育纠纷解决机制。和解也是一项重要的体育纠纷解决机制，但是和解只能适用于民事性质的体育纠纷，在不受外来因素干预情况下，纠纷当事人自愿合作解决问题。和解的程序灵活简单，但是和解愿望的形成与和解行为的进行，取决于纠纷当事人是否共同努力和谦让，其前提是都有着协商的意愿和进行协商行为。纠纷当事人达成的和解协议不具有强制执行力。而体育纠纷本身就是纠纷当事人权利义务失衡，这也决定了和解作为体育纠纷解决机制作用发挥受限。如果体育纠纷涉及劳动合同的订立、履行、解除、终止，还应在诉至法院之前经过劳动仲裁程序。相比和解、劳动仲裁，体育调解和体育行会内部解决是常见的体育纠纷解决机制。

一、体育调解

体育调解本质上属于非诉讼调解，即在第三方主持下对纠纷当事人进行说服教育、规劝疏导，促使他们互相谅解、平等协商，自愿达成协议，以消除纷争的一种纠纷解决方式。它不仅具有快捷、简便、低廉等优点，而且在时间、地点、方式上因需制宜、因人制宜、因事制宜。非诉讼调解通常不具有强制性和严格的程序要求。结合我国法律规定与调解制度功能的传统定位，可以将体育调解界定为是体育纠纷当事人在自愿基础上，由第三方（调解员）从中调停，促使当事人双方自主协商解决与体育有关的纠纷的非诉讼解决机制。不同于体育仲裁等其他体育纠纷解决机制，体育调解须当事人合意方能达成，并且随意性、灵活性更大。体育调解从调解主体上包括民间调解、体育调解机构调解、体育仲裁机构调解、诉讼程序中的调解、行政机关调解等多种形式。

（一）体育调解的特点

体育调解在体育纠纷解决中发挥重要作用，具有独特的优势。

1. 体育调解的合意性，契合了体育纠纷具有内部容忍性的特点。竞技体育具有较强的对抗性，体育伤害纠纷不可避免。但明知体育对抗性的风险，就应对其纠纷具有宽容性和容忍性，而非一概予以法律上的制裁，因此可以通过调解的方式合意解决。

2. 体育调解的高效性，契合了体育纠纷往往需要及时解决的时效性特点。

如运动员合同纠纷，如果不能及时解决将会影响运动员和俱乐部的利益，运动员的运动生命可能就此完结，俱乐部的巨额投资可能无法收回。此时通过调解及时解决纠纷，是纠纷双方都乐见其成的。

3. 体育调解的私密性，契合了体育纠纷具有高度社会关注度的特点。体育本身具有高度的社会关注度，这也是体育发展的良好的社会基础。但也正因为如此，就更加需要保护当事人的隐私、体育竞争中的商业秘密和技术秘密等。具有私密性的调解解决纠纷，对有效防止舆论的不当干扰具有积极意义。

4. 体育调解的广泛性和灵活性，契合了体育纠纷主体、纠纷性质多元化的特点。由于体育纠纷主体的多元性、纠纷内容的多样性、纠纷性质的复杂性，单一的纠纷解决机制往往不能实质性地解决纠纷。调解具有灵活多样、适用范围广的特点，有利于实效性地解决纠纷。

5. 体育调解的专业性，契合了体育纠纷技术性较强的特点。体育的技术规则比较复杂，经验的判断和专业的裁量尤显重要。体育调解由专业人士主导，调解方案和调解结果更能得到纠纷各方的认同和执行。①

（二）体育调解的构建

体育调解是各国体育纠纷解决机制中重要组成部分，例如英国的体育争议解决小组、加拿大体育纠纷解决中心。②我国《体育法》第33条（现第32条）的规定，即"在竞技体育活动中发生纠纷，由体育仲裁机构负责调解、仲裁"。其中关于"调解"和"仲裁"关系的规定并不清晰明确，即"调解"和"仲裁"是在并行、独立的纠纷解决机制，还是"调解"寓于"仲裁"之中，"调解"是"仲裁"的一个环节呢？另外，《中华人民共和国人民调解法》明确其适用于"民间纠纷"，而体育纠纷符合民间纠纷的概念，但是规定的自愿、平等调解原则、合法调解原则、尊重当事人权利原则等，是可以适用于体育调解的，体育调解亦应遵循这些原则。

关于我国体育调解制度的模式，主要有两种意见：一是建立一元的体育调解模式，即建立独立的体育调解制度；二是建立和完善多元的体育调解模式，即完善现有体育内部裁决、体育诉讼等体育纠纷解决机制中的调解制度，并在将来建立体育仲裁制度时规定调解。一元的体育调解模式是鉴于体育纠纷的特

---

① 参见孙彩虹："体育调解：多元化解决体育纠纷的新路径"，载《温州大学学报（社会科学版）》2018年第3期。

② 参见叶才勇、周青山："体育纠纷调解解决及我国体育调解制度之构建"，载《体育学刊》2009年第7期。

点和调解在解决体育纠纷中的独特作用，并结合现有纠纷解决机制中调解所存在的问题而提出的，对于体育纠纷的调解制度具有整体规划、全面布局的顶层设计的意义，也契合了多元化解决纠纷的时代潮流。① 同时就立法层面而言，虽然《立法法》规定了仲裁制度为"法律保留"事项，但调解是可以通过行政法规由国务院立法的，因此，在完善其他解决体育纠纷机制中的调解的同时，由国务院制定专门的《体育调解条例》，作为体育调解的基础性立法，既有实践中的必要性亦有立法上的可行性。

二、体育行会内部解决机制

体育纠纷的专业性、技术性等特点，以及自律性体育行业协会的权威性决定了体育纠纷解决倾向于通过内部纠纷解决机制，如内部调解、内部裁决、内部听证、内部仲裁等方式得以解决。根据《体育法》第47、48条，在竞技体育中从事弄虚作假等违反纪律和体育规则的行为以及在体育运动中使用禁用的药物和方法的行为，由体育社会团体按照章程规定给予处罚。

（一）体育行会内部解决机制的性质

作为体育行业协会具有两类管理权。一方面，作为行业协会，其自律管理权是依据章程规定对本项目竞技活动进行管理，包括对竞赛规则、裁判及其规则，以及竞赛本身的管理等。这种管理多是一种专业技术性强的管理，主要依据自律性的竞赛规则实施，基于行业协会行使自治权而产生的纠纷，称为内部纪律纠纷。另一方面，作为法律法规授权的组织，其享有法律法规授予的管理权是依据法律法规的规定行使的，包括对整个行业的组织和宏观管理、对相对人的注册管理。这种管理涉及相对人法定的人身权和财产权，尤其是涉及注册许可、劳动就业、经济处罚等的管理权，是一种法定的公权力。

这两种管理权产生纠纷的解决方式有所不同，前者是行业协会行使自治权，按照章程规定，由行业协会自行解决对于此类纠纷大部分可以依照章程寻求内部救济，且有的行业协会章程中以行使行业协会自治权为由，规定了内部纠纷解决方式的排他性，即排除法院的干预。后者是行政管理权，作为法律法规授权的组织，其行使行政职权应当承当相应的行政责任。

（二）体育行会内部解决机制的问题

目前体育行业内部解决仍然存在问题。体育协会其本身是作为一个双重利

---

① 参见孙彩虹："体育调解：多元化解决体育纠纷的新路径"，载《温州大学学报（社会科学版）》2018年第3期。

益主体的混合体而存在，既作为授权管理体育的机构，又作为社会组织与俱乐部、运动员发生直接利益关系，其解决体育纠纷，在处理主体性质、处理公信力方面均受质疑。体育行业内部解决以内部仲裁为主，相比外部仲裁，其存在以下问题：其一，缺乏中立性。外部仲裁从仲裁机构设立和仲裁员的选聘都强调中立性，但是体育行会内部设立的仲裁机构，主要解决该协会内部产生的特定纠纷，这些纠纷大量是纪律处罚中被处罚者对体育协会处罚不满而产生的纠纷。而且各体育协会对体育纠纷机制的设定并不一致，在处理机构、程序、罚则、类型等方面存在很大差异，导致处理结果相去甚远，可能又造成新的不公平。[1] 体育行会内部仲裁机构是由体育协会设立，并由其制定仲裁规则、聘请仲裁员，即使其努力做到客观公正，也很难让当事人信服。其二，缺乏终局性。体育行会内部仲裁的终局性并不确定，多数内部仲裁没有关于终局性的规定。因此，即使体育行会内部仲裁机构作出裁决，还要接受外部仲裁机构或者法院的审查。其三，缺乏强制力。体育协会通过行业组织自治规则进行规范和约束，但不具有法定约束力，并且其本身不具有强制力，裁决执行亦存质疑。

关于外部仲裁和内部仲裁的关系，目前主要存在以下三种情况：其一，不服内部仲裁裁决结果可以上诉至外部仲裁机构，但仅限国际体育仲裁院，例如国际足联、国际篮联；其二，不服内部仲裁裁决结果可以上诉至普通仲裁机构，例如澳大利亚田径协会的规定；其三，不服体育协会处罚决定，应向本国普通仲裁机构进行仲裁，对仲裁裁决不服，可以上诉至国际体育仲裁院，例如美国兴奋剂处罚纠纷的解决。

（三）体育行会内部解决机制的完善

在《体育法》规定的体育仲裁机制没有建立情况下，我国竞技体育纠纷通过体育行会内部纠纷解决机制成了无奈的选择。完善我国体育行会内部解决机制具有现实必要性和可行性。[2] 一方面，竞技体育纠纷形式、层次、性质差异很大，决定了竞技体育纠纷解决机制的多元化；国际体育纠纷解决的经验也表明，体育行会内部纠纷解决机制是解决体育纠纷的重要渠道。另一方面，参考国际体育仲裁制度的成功经验，体育行业协会通过完善内部申诉、听证、调解和仲裁程序来我国体育行会内部解决机制。例如参考法国、奥地利的做法，作

---

① 参见严红、刘家库："我国体育协会章程与体育纠纷解决方式的研究——以足球协会章程研究为中心"，载《河北法学》2006 年第 3 期。

② 参见谭小勇："中国体育行会内部纠纷解决机制的重构——基于我国现实"，载《南京体育学院学报（社会科学版）》2009 年第 5 期。

为内部救济途径的申诉、调解和仲裁没有顺序之分，当事人选择其一就可以被认为用尽内部救济。[①]通过完善我国体育行业内部解决机制问题，也是促进我国体育行会自身规范发展一个重要途径。

【推荐阅读资料】

茅铭晨："介入与止步——司法权在体育纠纷中的边界"，载《北京体育大学学报》2014年第1期。

康晓磊："全球体育法——Lex Sportiva 释义"，载《南京体育学院学报（社会科学版）》2017年第6期。

赵毅："自治的黄昏？——从我国法院裁判考察司法介入体育的边界"，载《体育与科学》2015年第5期。

黄世席："体育仲裁制度比较研究——以美、德、意大利及瑞士为例"，载《法治论丛》2003年第2期

谭小勇："中国体育行会内部纠纷解决机制的重构——基于我国现实"，载《南京体育学院学报（社会科学版）》2009年第5期。

---

① 参见赵许明、张鹏："体育社团处罚纠纷处理机制的比较及选择"，载《体育科学》2005年第4期。

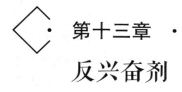

第十三章

反兴奋剂

【引例】Claudia Pechstein 是一名优秀的德国速度滑冰运动员，在 1992 年~2006 年间，先后获得了 5 枚奥运会金牌、2 枚奥运会铜牌。Claudia Pechstein 从 2009 年 4 月开始接受了几次赛外和赛内的兴奋剂检测，并在血液检测中被查出血液指标异常，之后被国际滑冰联合会（International Skating Union）的纪律委员会处以禁赛 2 年的处罚。针对这一处罚，Claudia Pechstein 开启了长达 9 年的上诉历程。该案从国际体育仲裁院（CAS）、瑞士联邦最高法院、德国地方法院、德国地方高等法院、德国联邦最高法院，几乎经历了所有可以获得的诉讼程序。最后上诉至欧洲人权法院。欧洲人权法院最后的裁决认为，《欧洲人权公约》第 6 条保障运动员的公开听证权，但 Claudia Pechstein 的该权利遭到了侵犯。Claudia Pechstein 案漫长的诉讼过程呈现了反兴奋剂领域所有可以获得的救济程序，加之高级别法院的裁决以及所涉及的诸多法律问题，使得该案能够与早年的博斯曼案相媲美。

【目标】通过本章学习，学生应掌握反兴奋剂的基本制度、禁用清单与药物豁免、兴奋剂检查政策，以及反兴奋剂处罚与救济制度。

第一节　世界反兴奋剂制度

一、体育运动中使用兴奋剂的历史回顾

兴奋剂物质的使用可追溯到古希腊时期，当时就有参加奥林匹克运动会的运动员试图通过喝酒和食用各种混合物，比如食用能够引起兴奋状态的蘑菇等植物来提高自己的身体能力。古埃及人也有通过使用一些混合物质来达到这类目的的做法。罗马角斗士们为了增加自己的战斗能力，甚至为了能够在受伤后

继续进行战斗也使用兴奋剂物质。即使是中世纪的骑士，他们也采用类似的方法。[①] 至 19 世纪中下叶，兴奋剂物质开始在体育竞技运动中被使用。1850 年前后，化学家安杰洛·马里亚尼（Angelo Mariani）推出了一种饮料，包含了古柯叶和葡萄酒的混合物，被称为"运动员的酒"，一些法国自行车选手开始使用这些混合物。除了自行车项目，还有报道说，游泳运动员也在当时使用咖啡因。人们还发现由海洛因和可卡因组成的混合物对于提高人体的兴奋程度非常有效。随着公路自行车运动的普及，使用这类混合物和药物的情况越来越多。在 1896 年的 Bourdeax-Paris 公路自行车比赛中首次出现了使用这类兴奋剂物质造成伤亡的事故。在此次比赛中，英国人亚瑟·林顿（Arthur Linton）获得第四名，但在他越过终点线后，不幸去世。后来有报道说，他的教练 Warburton 给了他"魔药"，使得他在比赛中尽管全身已经筋疲力尽，但仍然可以凭借药物的作用完成比赛。从那以后，在自行车运动中发生了一系列与兴奋剂有关的死亡。

现代奥林匹克运动诞生之后，运动员使用兴奋剂的事件开始层出不穷。兴奋剂与奥林匹克运动会之间发生关系的一个生动例子是在 1904 年奥运会上，当时美国马拉松选手托马斯·希克斯（Thomas Hicks）获得男子马拉松比赛金牌。在此期间，他使用了大剂量的士的宁（strychnine）。[②] 在 1908 年奥运会上，同样是马拉松项目，意大利马拉松运动员多兰多·彼得里到达终点后昏迷，也被认为是服用了士的宁。在 1952 年冬季奥运会上，数名速滑运动员因过度使用苯丙胺类兴奋剂而生病。1960 年，丹麦自行车运动员年仅 23 岁的 Knud Jensen 在罗马奥运会 100 公里团体赛中死于过量服用苯丙胺（amphetamines）。1967 年，Tom Simpson 在环法自行车赛期间猝死，在他身上发现了安非他明。至 1970 年，法国运动医师协会主席 Chailley-Bert 教授估计，兴奋剂导致一百多名自行车运动员死亡。仅在 1987 年～1988 年间，就有 18 名荷兰和比利时运动员死于不明原因。但一直以来，对于在体育比赛中使用这些兴奋剂物质，体育组织都没有明确的规制措施。直到不断出现由于使用这些兴奋剂物质而导致死亡事件后，人们才开始对于使用兴奋剂物质感到担忧。

二、反兴奋剂政策的早期发展

从时间轴来看，尽管在体育运动中使用兴奋剂的历史悠久，但直到二战后

---

① 参见 David R, Mottram, *Drugs in Sport*, *Routledge*, 1996, p.29.

② Allen Guttmann, *The Olympics: A History of the Modern Games*, 2nd ed. Urbana: University of Illinois Press, 2002.

这一问题才获得体育管理组织和部门关注。非治疗用途的战时实验，类固醇的成功合成，以及冷战的意识形态要求，为随后体育领域兴奋剂滥用快速增长提供了基础。①

早期打击兴奋剂的政策相对分散，也不系统，包括国际奥委会，少数国际体育组织和政府，以及欧洲委员会开始采取行动。1961年，国际奥委会开始成立一个医学委员会来专门从事反兴奋剂工作。②1964年东京奥运会首次对自行车运动员试行针对苯丙胺类药物的检测。1966年，国际自行车联盟（UCI）和国际足球联合会（FIFA）首次对比赛冠军采用兴奋剂检测。1967年，欧洲委员会部长委员会就反兴奋剂问题制定了第一部国际法律文书。国际奥委会（IOC）医学委员会在这一年重组，并开始全面运行。医学委员会主要有三项职责：

1. 就奥林匹克村医疗和辅助医疗设备及设施，为奥运会主办国提供指导和批准。

2. 负责奥运会的兴奋剂检查、药物和方法的分类，以及在违反兴奋剂规则时向国际奥委会执行委员会提出制裁。

3. 委员会还负责管理奥运会上女性体育赛事的女性气质检查，并向通过检查的女性颁发女性气质证书。

该医学委员会颁布了第一份禁用物质清单，这些清单构成了1968年第十九届墨西哥城奥运会进行系统性药物测试的基础。在墨西哥城奥运会查出了第一例兴奋剂检查阳性运动员。

法国和比利时在20世纪60年代中期立法禁止在体育运动中使用兴奋剂，随后在20世纪70年代初，意大利和土耳其也出台了反兴奋剂政策。在1978年的欧洲委员会部长会议之后，欧洲理事会制定了一项关于兴奋剂的建议，该建议旨在带动成员国反兴奋剂政策的发展，并提出了一个行动纲领，着重于体育联合会之间政策的执行和协调，以及对运动员进行兴奋剂危害健康的教育。从此，体育界真正意义上开启了反兴奋剂的历史。国际体育组织对兴奋剂的反应较快，自行车、举重和田径等项目的国际体育组织在制定反兴奋剂政策方面起步较早。

到1970年，国际奥委会意识到在奥运会上广泛使用兴奋剂正在演变成一

---

① 参见 Barrie Houlihan，*Dying To Win: Doping in Sport and the Development of Anti-Doping Policy*，Council of Europe Publishing，1999，pp.33–34.

② 参见 Alison Wrynn，"The Human Factor: Science, Medicine and the International Olympic Committee, 1900–70"，*Journal Sport in Society Cultures*，*Commerce*，*Media*，*Politics*，2004.

种危险的、日益严重的道德危机。因此，当年 5 月的国际奥委会大会记录表明，有必要在这个敏感领域采取积极而有组织的措施。直到 20 世纪 80 年代中期，反兴奋剂政策都是较为分散而不统一的。但是体育运动是高度国际化的，运动员的流动性要求必须有高度统一的反兴奋剂政策，以防止兴奋剂使用者利用国家、国内管理机构和国际机构之间政策的差异和矛盾来逃避反兴奋剂制裁。

同时，体育组织已经意识到反兴奋剂样本收集和分析的费用也已超出了自己的能力，而运动员人数却越来越多。运动员们关于兴奋剂违规的处罚提出法律挑战使情况更加复杂。备受瞩目的案件，如德国的 Katrin Krabbe 案和澳大利亚的 Martin Vinnicombe 案，凸显了各组织之间在政策制定和实施方面需要更紧密的合作，以便建立和实施持续有效的国际反兴奋剂制度。

三、欧洲反兴奋剂政策的发展

欧洲层面严厉打击反兴奋剂的政策要早于世界反兴奋剂机构的成立。为了统一欧洲国家反兴奋剂的政策，加强兴奋剂的打击力度，早在 1989 年 11 月 16 日，欧洲委员会就通过了《欧洲反兴奋剂公约》（欧洲条约系列第 135 号）。①迄今为止，该公约已得到 52 个国家的批准，并向欧洲委员会非成员国开放。澳大利亚、白俄罗斯、加拿大和突尼斯加入了该公约。《欧洲反兴奋剂公约》1990 年 3 月 1 日正式生效。《欧洲反兴奋剂公约》并没有声称要建立统一的反兴奋剂模式，而是规定了一些共同的标准，要求各缔约方采取立法、财政、技术、教育和其他措施来打击兴奋剂滥用。该公约制定了欧洲反兴奋剂的若干共同标准和规则，缔约国承诺采取国家和国际协调所需的措施，有效打击在体育运动中的兴奋剂使用，并建立了一个公约监督小组，并与 1999 年创建的世界反兴奋剂机构（WADA）和相关国际体育联合会进行合作。《欧洲反兴奋剂公约》实施后还设立了世界反兴奋剂机构特设欧洲委员会（CAHAMA）。该委员会是一个专家委员会，负责协调代表世界反兴奋剂机构（WADA）的欧洲文化公约缔约国的立场。

《欧洲反兴奋剂公约》在前言部分强调，体育应在保护健康、道德和体育教育以及促进国际理解方面发挥重要作用，并且要关注运动员和运动员在整个运动过程中越来越多地使用兴奋剂或其他方法及其对参与者健康和体育未来的影响，铭记国际体育组织通过的反兴奋剂条例、政策和宣言，意识到公共当局

---

① 参见 Council of Europe. Anti-Doping Convention [EB/OL]. https://www.coe.int/en/web/conventions/full-list//conventions/treaty/135.

和体育组织在打击体育运动中兴奋剂使用有相辅相成的责任，特别是确保在公平竞赛原则基础上体育活动的正确行为，并保护参加体育活动的人的健康。可见，《欧洲反兴奋剂公约》打击兴奋剂的一个重要出发点也是维护体育参与者的健康，维护体育公平竞争。

《欧洲反兴奋剂公约》第 7 条是关于反兴奋剂的国际合作。该条规定，各方应鼓励其体育组织，并通过它们所属的国际体育组织制定和实施属于其职权范围内的所有适当措施，反对在体育运动中使用兴奋剂。

《欧洲反兴奋剂公约》的附加议定书于 2002 年 9 月 12 日公开，并供欧洲成员国和签署了《欧洲反兴奋剂公约》的其他国家签署，于 2004 年 4 月 1 日生效。①其目的是确保相互承认反兴奋剂控制并加强通过强制性控制系统执行《欧洲反兴奋剂公约》。为此，"议定书"确保《欧洲反兴奋剂公约》缔约国承认来自其他缔约国的运动员实施的兴奋剂控制措施。这将消除缔结多项双边协议的必要性，并将提高反兴奋剂控制的有效性。本着同样的精神，该议定书是国际公法的重要文书，它承认世界反兴奋剂机构在竞赛之外的反兴奋剂职能。为加强《欧洲反兴奋剂公约》的适用，"议定书"建立了具有约束力的监测机制。这种监测将由评估小组进行，评估小组将访问有关国家，然后出具评估报告。

可见，从《欧洲反兴奋剂公约》的内容来看，它已经为欧洲各国制定统一的反兴奋剂政策提供了法律依据。

自 1989 年《欧洲反兴奋剂公约》通过以来，欧洲国家在打击兴奋剂上就保持了较为紧密的协同。各国政府在反兴奋剂上都保持着较为一致的立场。除了《欧洲反兴奋剂公约》的作用之外，《欧洲联盟运行条约》（TFEU）也是重要的法律基础。因为《欧洲联盟运行条约》第 6 条和第 165 条就涉及欧洲体育的发展。《欧洲联盟运行条约》第 6 条规定，联盟有权采取行动支持、协调或补充成员国的行动。此类行动的领域在欧洲层面上包括，……⑤教育、职业培训、青年和体育运动；第 165 条（原《欧洲共同体条约》第 149 条）规定：

1.联盟通过鼓励成员国之间的合作，以及在必要情况下通过支持和补充成员国的行动，联盟在考虑到体育的特殊性质、其以自愿活动为基础的组织结构及其社会与教育功能的情况下，致力于促进欧洲体育事业。

---

① 参见 Council of Europe.Additional Protocol to the Anti-Doping Convention [EB/OL]. https://www. coe.int/en/web/conventions/full-list/-/conventions/treaty/188.

2. 联盟行动的目的在于，通过促进体育竞赛的公平、公开及体育机构之间的合作，通过保护运动员特别是年轻运动员的身心健康，发展体育事业的联盟维度。

3. 联盟与成员国应鼓励与第三国及有关国际组织在教育和体育领域进行合作，特别是与欧洲委员会的合作。①

可见，《欧洲联盟运行条约》实际上也为欧洲国家统一反兴奋剂政策提供了重要的法律依据。

除了《欧洲联盟运行条约》，欧盟委员会以及各国政府在反兴奋剂领域也采取了实际行动。欧盟委员会为《世界反兴奋剂条例》的修订就提供了诸多的建议。例如，2012 年 2 月 23 日，欧盟委员会向世界反兴奋剂机构提出的《世界反兴奋剂条例》的修改意见（6846/12）。

欧盟委员会还认可了《世界反兴奋剂条例》为体育组织内部和公共当局之间统一的反兴奋剂政策、规则和条例提供了基本框架。

此外，欧盟成员国政府在反兴奋剂政策上也有着一致的行动，如 2016 年 11 月 29 日，在匈牙利布达佩斯举行的第 14 届欧盟委员会负责体育运动的部长会议上，通过了关于政府在应对欧洲反兴奋剂斗争新挑战方面作用的第 1.1 号决议。② 该决议回顾了近年来威胁国际反兴奋剂体系完整性的巨大挑战。进一步强调了各国政府在应对国家和国际层面反兴奋剂中的作用。认识到了政府需要评估并在必要时修订其反兴奋剂政策，以确保国家层面打击体育运动中使用兴奋剂的行动的有效性。同时也强调了《欧洲反兴奋剂公约》对在欧洲及其他地区反对使用兴奋剂的重要贡献。赞扬世界反兴奋剂机构特设的欧洲委员会（CAHAMA）在促进欧洲国家之间的有效合作和促进其在世界反兴奋剂机构（WADA）中的协调方面的重要作用。重申支持世界反兴奋剂机构作为反兴奋剂领域唯一的国际监管机构。将促进签署方遵守 2015 年《世界反兴奋剂条例》，并鼓励各国支持世界反兴奋剂机构确保遵守《世界反兴奋剂条例》。欢迎欧洲委员会与世界反兴奋剂机构之间加强合作，特别是签署两个组织之间的谅解备忘录。该决议还提到了所有反兴奋剂组织必须遵守善治规则和相称原则（principle of proportionality），同时尊重《世界反兴奋剂条例》规定的个人基本

① 参见 EUR.Treaty on the Functioning of the European Union [EB/OL]. https://eur-lex.europa. eu/legal-content/EN/TXT/?uri=CELEX: 12012E/TXT.

② 参见 Council of The European Union. 14th Council of Europe Conference. of Ministers responsible for Sport [EB/OL].http://register.consilium.europa.eu/doc/srv?l=EN&f=ST%206846%202012%20 INIT.

权利，特别是在数据保护方面的权利。鼓励欧洲委员会成员国评估并在必要时修订其国家反兴奋剂政策和做法，以提高其效力，帮助应对新出现的挑战，并确保政府的行动得到补充。

可见，反兴奋剂在欧洲各国，以及欧洲联盟机构的眼中都是十分重要的一个事项，欧洲人权法院在"FNASS 等诉法国案"①中的裁决充分考察了欧洲在反兴奋剂政策上日益具有统一性的现实情况，并认识到欧洲各国政府在反兴奋剂事务上所作出的努力和所采取的一致行动。可以说，从体育组织到国家政府，再到欧洲联盟机构和世界反兴奋剂机构，它们在反兴奋剂政策上的协同已经十分的紧密，已经形成了一个统一的欧洲反兴奋剂政策体系，且这个体系是与世界反兴奋剂体系保持高度一致的。欧洲人权法院在"FNASS 等诉法国案"中的裁决只是进一步维护了欧洲反兴奋剂政策的统一性。

四、世界反兴奋剂机构和《世界反兴奋剂条例》

（一）世界反兴奋剂机构

1998 年夏季，震惊世界的环法自行车赛兴奋剂丑闻被曝出。环法自行车赛前，多个车队被法国警方查出携带、使用禁用物质，使兴奋剂争端国际化。国际奥委会（IOC）决定召集所有与兴奋剂斗争有关的各相关利益方召开一次世界兴奋剂大会。1999 年 2 月 2 日～4 日，在瑞士洛桑举行了第一届世界体育运动兴奋剂会议。此次会议提出了《关于在体育运动中禁止使用兴奋剂的洛桑宣言》和《奥林匹克运动反兴奋剂规则》。该文件规定创建一个独立的国际反兴奋剂机构，以便 2000 年在悉尼举行的第二十七届奥林匹克运动会上开始运作。根据《洛桑宣言》的条款，世界反兴奋剂机构（以下简称"WADA"）将被建立。该机构于 1999 年 11 月 10 日在洛桑成立，总部设在加拿大的蒙特利尔，并在开普敦、洛桑、蒙得维的亚和东京设置了区域办事处。WADA 的使命是领导全球的反兴奋剂运动，促进和协调国际上反对使用兴奋剂的斗争。在国际奥委会的倡议下，WADA 成立了一个基金会。该基金会在政府间组织、政府、公共当局以及其他反对体育运动中使用兴奋剂的公共和私人机构的支持和参与下运作。WADA 每年的运行资金得益于各体育组织、各国政府对打击兴奋剂的高度支持。WADA 的资金每年达几千万美元，并且在不断增长。国际奥委会提供了 WADA 资金中的一半，剩余的资金多来自各国政府。以 2018 年为例，

① 参见 AFFAIRE FÉDÉRATION NATIONALE DES ASSOCIATIONS ET SYNDICATS DE SPORT-IFS（FNASS）ET AUTRES c. FRANCE.（Requêtes nos 48151/11 et 77769/13）

WADA 的 2018 年实际经费为 3540 万美元，比 2017 年增长了 11％。2018 年，各国政府向 WADA 提供了总计 1760 万美元的资金。除了通常的年度捐款外，一些政府还在 2018 年向 WADA 提供了额外的 130 万美元。额外捐款主要来自中国政府（99.4 万美元）和日本（亚洲地区的 RADO 16.4 万美元）、澳大利亚（6 万美元）。为了增加活动的资金，2017 年 11 月和 2018 年 5 月，WADA 理事会批准在 2018 年至 2022 年期间每年将 WADA 的预算增加 8％。

WADA 与政府机构的合作不仅仅是资金方面，在反兴奋剂实务方面也是十分紧密的，因为与政府组织的合作本身就是 WADA 优先发展的战略重点。WADA 与国际组织的合作也十分紧密，目前 WADA 与联合国毒品和犯罪问题办公室、世界卫生组织和国际刑警组织等开展了业务合作。WADA 还参加了由经济合作与发展组织牵头的"有效国际规则制定的国际组织伙伴关系"倡议。当然，WADA 与政府间组织的最重要伙伴关系仍然是联合国教科文组织。主要是以《反对在体育运动中使用兴奋剂国际公约》为依托，与联合国教科文组织合作并支持其鼓励各国政府批准和履行教科文组织《反对在体育运动中使用兴奋剂国际公约》的任务。

WADA 还实施了区域反兴奋剂计划。WADA 的区域反兴奋剂计划主要是为了帮助较小和较不发达的国家制定反兴奋剂计划。自 2004 年以来，WADA 区域反兴奋剂计划在全球取得了重大进展，协助国家反兴奋剂机构和国家奥委会（NOC）履行其在《世界反兴奋剂条例》下的职责。截至 2018 年底，共有 16 个区域反兴奋剂组织，覆盖了全球 132 个国家的反兴奋剂事务，包括非洲六个区域反兴奋剂组织（覆盖 46 个国家）；亚洲五个区域反兴奋剂组织（覆盖 36 个国家）；美洲三个区域反兴奋剂组织（覆盖 27 个国家）；欧洲一个区域反兴奋剂组织（覆盖 8 个国家）；大洋洲一个区域反兴奋剂组织（覆盖 15 个国家）。

（二）《世界反兴奋剂条例》

世界反兴奋剂机构最重要的成就之一是在世界反兴奋剂规则中制定了一套统一的反兴奋剂规则——《世界反兴奋剂条例》。2003 年 3 月，在丹麦哥本哈根举行的第二届世界反兴奋剂大会以支持一项决议的方式通过了《世界反兴奋剂条例》，这一条例被誉为世界各个国家和地区及国际体育组织铲除滥用兴奋剂现象的法典。2004 年《世界反兴奋剂条例》生效。之后《世界反兴奋剂条例》经过修改有 2009 年版与现行的 2015 年版。2019 年 11 月 5 日～7 日，第五届世界反兴奋剂大会在波兰卡托维兹召开，会议通过了《世界反兴奋剂条例》新的修订案。① 新版《世界反兴奋剂条例》将于 2021 年 1 月 1 日起生效实施。②

《世界反兴奋剂条例》是国际体育领域反兴奋剂的基本规则，是制定体育运动中世界反兴奋剂体系的全球性基础文件，其提供了国际统一的反兴奋剂政策框架，旨在协调各反兴奋剂组织，建立统一标准，解决以前由世界范围内不平衡和不协调的反兴奋剂工作引起的问题。《世界反兴奋剂条例》在全球反兴奋剂斗争中取得了两项重大进步，即某些规则的形式化以及利益相关者责任的明确化和组织化，从而使国际反兴奋剂规则体系变得协调一致。

国家反兴奋剂组织和国际体育联合会是《世界反兴奋剂条例》的主要实施者，包括对违反反兴奋剂规则的运动员进行测试和制裁。世界反兴奋剂机构的作用是与国家反兴奋剂组织合作，监督全球范围内的反兴奋剂活动，以确保《世界反兴奋剂条例》的实施和遵守。例如，每当世界反兴奋剂机构认可的实验室分析从运动员身上收集的表明存在违禁物质或方法的兴奋剂对照样品时，世界反兴奋剂机构都会获得分析资料。因此，世界反兴奋剂机构能够对有关的国家反兴奋剂组织进行监督，以确保它遵守《世界反兴奋剂条例》中规定的既定规则和程序。

五、《反对在体育运动中使用兴奋剂国际公约》

为了加大反兴奋剂的力度，汇集整个世界各国政府的力量，在国际层面进一步协调各国政府的行动，联合国教科文组织响应了国际社会在制定《反对在体育运动中使用兴奋剂国际公约》的呼吁。在 1999 年 12 月于乌拉圭举行的第三届国际体育运动部长和高级官员国际会议（MINEPS III）上，部长们对不道德行为，特别是体育运动中的兴奋剂表示关注，并敦促所有国家采取一致行动。

2003 年 1 月，教科文组织举行部长级圆桌会议。2003 年 3 月，51 个国家签署了《反兴奋剂哥本哈根宣言》。该宣言认可了《世界反兴奋剂条例》，并支持就《反对在体育运动中使用兴奋剂国际公约》进行谈判。2005 年 10 月 19 日，联合国教育、科学及文化组织（UNESCO）在第 33 届大会上通过了《反对在体育运动中使用兴奋剂国际公约》（International Convention Against Doping in

---

① 参见 WADA. World Anti-Doping Code 2021 [EB/OL].（2019–11–25）[2019–12–14]. https://www.wada-ama.org/sites/default/files/resources/files/2021_code.pdf.

② 参见"新版世界反兴奋剂条例审议通过 2021 年实施"，载 http://sports.163.com/19/1108/07/ETEOL52400058782.html，2020 年 8 月 17 日访问。

Sport）。①该公约成为一个重要的统一国际反兴奋剂政策的国际性文件。该公约是在近100个国家的代表之间的磋商和会议之后起草的，并于2005年10月19日获得通过、于2007年2月1日生效。就通过和生效的速度而言，这是教科文组织历史上最成功的公约。至2019年底，随着毛里塔尼亚的加入，共计189个国家成为联合国教科文组织《反对在体育运动中使用兴奋剂国际公约》的签署国，全世界仅剩6个国家没有签署了。2006年8月17日，中国决定加入该公约，并于2006年10月9日交存加入书，该公约2007年2月1日对中国生效，同时中国声明，该公约适用于香港和澳门特区。

联合国教科文组织于2008年设立了"消除体育运动中的兴奋剂基金"，该基金由成员国提供自愿财政捐助。教科文组织和WADA于2006年签署了一项谅解备忘录。《反对在体育运动中使用兴奋剂国际公约》建立在国际社会为制定公平的兴奋剂控制和执法的通用方法和标准而做出的努力的基础上，提供了各国可以参加的共同文书，以表明其对《世界反兴奋剂条例》的承诺，以此作为国家反兴奋剂控制和政策的基础。《反对在体育运动中使用兴奋剂国际公约》超越了《世界反兴奋剂条例》的范围，将协调政府在打击体育运动兴奋剂必不可少的各个领域的活动，例如科学研究和医学研究，预防和教育以及有关特定兴奋剂和兴奋剂方法控制规则等也纳入了其中。《反对在体育运动中使用兴奋剂国际公约》的结构并不是确保改变国家法律或法规，而是确保缔约国作出承诺以促进国际合作、研究和教育，并支持《世界反兴奋剂条例》的原则和世界反兴奋剂机构在执行《世界反兴奋剂条例》中的作用。

《反对在体育运动中使用兴奋剂国际公约》涉及国家和国际层面的反兴奋剂活动、教育、研究和检测等问题。批准该《反对在体育运动中使用兴奋剂国际公约》对各国体育机构产生了潜在的影响，因为《反对在体育运动中使用兴奋剂国际公约》要求成员国采取行动，包括立法来打击兴奋剂。《反对在体育运动中使用兴奋剂国际公约》的宗旨是"促进预防和打击体育运动中的兴奋剂，以期消除兴奋剂"。《反对在体育运动中使用兴奋剂国际公约》规定了实现这一目标的若干手段，包括《反对在体育运动中使用兴奋剂国际公约》的缔约方要在国家和国际层面采取符合《世界反兴奋剂条例》原则的适当措施。这些措施可包括立法、条例、政策或行政执法。《反对在体育运动中使用兴奋剂国际公约》要求签署国承诺遵守《世界反兴奋剂条例》的原则，将其作为本国反兴奋

---

① 参见 UNESCO. International Convention against Doping in Sport 2005 [EB/OL]. http://portal.unesco. org/en/ev.phpURL_ID=31037&URL_DO=DO_TOPIC&URL_SECTION=201.html.

剂措施的基础。《反对在体育运动中使用兴奋剂国际公约》第 7 条允许各国政府依靠国家反兴奋剂机构和体育组织来实现公约的宗旨。鼓励对涉及兴奋剂的体育训练辅助人员，如教练员和医生进行制裁，以及制定营养补充条例。《反对在体育运动中使用兴奋剂国际公约》规定国家行动的重点之一是限制兴奋剂辅助设备和方法的提供和使用。《反对在体育运动中使用兴奋剂国际公约》鼓励政府和体育组织采取措施，限制违禁物质的供应、拥有和使用，尽管它特别允许对治疗用途的药物实行豁免。《反对在体育运动中使用兴奋剂国际公约》建议采取的遏制运动员服用兴奋剂的措施包括：不提前通知、比赛外和比赛期间的兴奋剂测试；允许体育组织同意其成员接受其他国家经正式授权的兴奋剂管制小组的检测，并协助体育和反兴奋剂组织建立经认可的反兴奋剂实验室。《反对在体育运动中使用兴奋剂国际公约》还规定了各国可用于控制体育兴奋剂的财政方法，规定各方应提供资金支持国家反兴奋剂检测，或通过直接补贴、赠款为兴奋剂管制提供资金。它还要求各国政府为因违反兴奋剂规定而被禁赛期间的运动员和运动支助人员提供资金。

《反对在体育运动中使用兴奋剂国际公约》第三节的重点是以国际合作作为控制和消除兴奋剂的手段，鼓励世界各国政府、反兴奋剂机构和体育组织之间合作。这种合作包括允许在自己的领土和其他地区对运动员进行比赛内兴奋剂测试，允许兴奋剂管制小组和样本跨界流动，并承认其他成员的兴奋剂控制程序，支持对等测试安排。《反对在体育运动中使用兴奋剂国际公约》还鼓励缔约方，分享关于有效的反兴奋剂方案和反兴奋剂研究与发展的信息。还要求缔约方支持世界反兴奋剂机构（WADA）的任务，并通过公共来源和奥林匹克运动为该机构提供资金。可以说，《反对在体育运动中使用兴奋剂国际公约》的要求将对各国的反兴奋剂产生重要影响。

如果说《哥本哈根宣言》是一份政治性文件，各国政府借此表示其正式承认和实施《世界反兴奋剂条例》的意向，那么，联合国教科文组织的《反对在体育运动中使用兴奋剂国际公约》则是一份有法律约束力的文件。如果某国不认可该公约，则该国可能会受到国际奥委会和其他国际体育组织的"特别对待"——其中最为重要的可能就是丧失主办奥运会或其他国际性赛事的机会，以及参与全球体育竞争的权利。如都灵奥运会期间东道主意大利的反兴奋剂法律规定与国际奥委会的反兴奋剂规定相冲突。依照意大利法律规定，运动员使用兴奋剂将被视为刑事犯罪行为。而按照国际奥委会的规定，选手使用兴奋剂仅仅面临取消成绩与禁赛的处罚，不受刑罚制裁。负责监督都灵冬奥会的意大利政府官员表示尝试在都灵冬奥会期间使意大利反兴奋剂法规暂时失效，但该提议首先遭到了意大利政府的强烈反对。然而经过最后的协商，意大利政府最终做出让步，决定在都灵冬奥会期间意大利的反兴奋剂政策暂停执行。

所以，从法律效力上看，《反对在体育运动中使用兴奋剂国际公约》是第一个全球性的禁止在体育运动中使用兴奋剂的公约，也是全球第一个有普遍国际约束力的反对兴奋剂的法律文书，是世界各国政府首次达成共识，即在反兴奋剂活动中使用国际法，这意味着首次将体育领域的反兴奋剂问题带入到国际法领域。《反对在体育运动中使用兴奋剂国际公约》的目的是让各国在国际层面承诺，缔约国有责任通过一些合理的措施包括采取立法、制定条例和政策或者采取行政手段来禁止在体育运动中使用兴奋剂。这为各国政府在禁止兴奋剂问题上提供了一个法律框架，以便在打击兴奋剂在体育运动中的滥用时进行国际协调。《反对在体育运动中使用兴奋剂国际公约》在实践过程中表明了在反对滥用兴奋剂的过程中国际法是有影响力的，并且确保所有的政府都有法律上的义务来执行《世界反兴奋剂条例》，把反兴奋剂实践与政府行为结合在一起。由于《世界反兴奋剂条例》是非政府文件，只适用于体育运动组织成员，而《反对在体育运动中使用兴奋剂国际公约》有助于确保《世界反兴奋剂条例》发挥其效力。因此，《反对在体育运动中使用兴奋剂国际公约》有助于规范国际反兴奋剂规章、政策和指导方针，为所有运动员营造一个公平、公正的竞技环境。《反对在体育运动中使用兴奋剂国际公约》给体育界和运动员发出了一个明确的信息，即各国反对和打击在体育运动中使用兴奋剂这种不道德行为的坚定决心。《反对在体育运动中使用兴奋剂国际公约》主要是由代表国际体育最高权威机构的国际奥委会（IOC）为了制定一个统一的、全球性的反对兴奋剂的法律而努力实现的。制定《反对在体育运动中使用兴奋剂国际公约》的一个重要成果就是加强了与反对在体育运动中使用兴奋剂的体育团体和其他组织的联系。这表明，在国际法的某些领域，政府可以和非政府的民间团体进行合作，为了全社会的利益而共同制定某些国际法规则。

六、反兴奋剂法治全球化

在过去的几十年中，国际反兴奋剂事业得到了很大的进展。世界反兴奋剂机构（WADA）建立了反兴奋剂基金，《世界反兴奋剂条例》的生效，《反对在体育运动中使用兴奋剂的哥本哈根宣言》《反对在体育运动中使用兴奋剂国际公约》的出台以及国际奥委会、所有国际体育联合会和各国根据相关公约制定的本国反兴奋剂规则、政策，都标志着一个严密的反对兴奋剂的全球性法律体系已经形成。总的来说，体育管理机构制定的反兴奋剂规则组成了一个世界范围的私法制定规则，从而产生了一个"全球体育法"（Global Law）的概念。这个私法体系又通过一些重要的公法要素比如联合国教科文组织的公约和其他国际性文件、国家反兴奋剂立法和专业化的国家反兴奋剂机构而得以补充和充实。这一全球范围的法律制度得到了各国普遍的承认并具有较强的执行力。到目前为止，这个反兴奋剂的国际法律体系已经得到了国际社会广泛的认可和支持。Houlihan 认为，"没有哪个国际领域的联系能够像体育与法律关系中的反兴奋剂一样"。①

　　总之，在国际体育反兴奋剂领域已经形成了一个在体育中禁止滥用兴奋剂的全球性的法律管理体系。Matthew J. Mitten 认为这个法律体系的调整范围和发展速度使得反兴奋剂法治的发展成为整个全球法律领域中十分突出的一个方面。②在国际体育反兴奋剂法律体系内，不管是政府组织还是非政府组织或是个人都对体育领域滥用兴奋剂的态度和对滥用兴奋剂所实施的处罚表现出了高度的一致性，即使是在反兴奋剂时涉及人权的一些争议也得到了很好的解决。所以，世界反兴奋剂法律体系的形成与发展是体育法治全球化的一个重要例证。

第二节　禁用清单与药物豁免制度

一、有关"兴奋剂"的概念

　　"兴奋剂"一词的英文为"doping"。很多兴奋剂相关的著作认为，"doping"一词起源于南非的单词"dop"———一种产生刺激作用的饮料。③被国际奥委会认可的"使用兴奋剂"的定义，最早是 1963 年由欧洲体育联合会提出，于1964 年东京召开的国际运动医学会的国际兴奋剂会议上被采纳的。其定义为：参加竞赛的运动员使用任何异体物质，或以不正常的量和不正常的进入机体的途径使用生理物质，试图人为地以不正当的方式提高其在竞赛中的运动成绩的行为。④

①　参见 Barrie Houlihan，*Dying To Win: Doping in Sport and the Development of Anti-Doping Policy*，Council of Europe Publishing，1999，pp.33-34.

②　参见 Matthew J. Mitten: "Hayden Opie.'Sports Law': Implications for the development of international, comparative, and national law and global dispute resolution"，*Tulane Law Review*，2010.

③　参见 Verner Møller，*The Doping Devil*，Copenhagen，2008，p.28.

④　参见杨则宜："体育中兴奋剂使用和反兴奋剂的历史、现状及未来"，载《自然杂志》1997 年第 5 期。

1989 年《欧洲反兴奋剂公约》第 2 条将"兴奋剂"界定为：①"在体育运动中使用兴奋剂"是指对运动员使用药理学类别的兴奋剂或兴奋剂方法；②"兴奋剂或兴奋剂方法"是指下面第 2 款，有关国际体育组织禁止的，并出现在监测团体根据本公约第 11.1.b 条批准的清单中的那些兴奋剂或兴奋剂方法。

《世界反兴奋剂条例》第 1 条和第 2 条就是关于"使用兴奋剂"的界定。其中第 2 条共列出了 10 种情形属于兴奋剂违规：

（1）在运动员的样本中，发现禁用物质或其代谢物或标记物。

（2）运动员使用或企图使用某种禁用物质或禁用方法。

（3）逃避、拒绝或未完成样本采集的行为。

（4）违反行踪信息管理规定。

（5）篡改或企图篡改兴奋剂管制过程中的任何环节。

（6）持有某种禁用物质或禁用方法。

（7）从事或企图从事任何禁用物质或禁用方法的交易。

（8）赛内对运动员施用或企图施用任何禁用物质或禁用方法，或赛外对运动员施用或企图施用任何赛外禁用物质或禁用方法。

（9）共谋。协助、鼓励、资助、教唆、策划、掩盖兴奋剂违规，或以其他任何形式故意合谋的违规、企图违规或以上述方式帮助其他当事人违反禁赛期禁止参加比赛或活动的行为。

（10）禁止合作。禁止反兴奋剂组织管辖下的运动员或其他当事人在其职业或与体育相关的范围内与相关运动员辅助人员合作。

从上述定义可以看出，使用兴奋剂包括：其一，使用属于禁用药物类的有关物质；其二，使用各种禁用方法。

二、禁用清单

为了使反兴奋剂机构能够在体育运动中控制兴奋剂使用，就有必要能够准确地识别出那些不允许使用的兴奋剂物质。于是就需要制定一份详细的禁用清单。

自 2004 年以来，根据《世界反兴奋剂条例》的要求，世界反兴奋剂机构（WADA）每年会出台一版《禁用物质和方法清单》，该清单构成了六项国际标准之一，用于确定在体育运动中禁止的物质和方法。清单中的物质和方法按不同类别进行分类（例如，类固醇、兴奋剂、基因兴奋剂）。WADA 通过专家组和健康、医疗和研究委员会，在 10 月 1 日之前筹备和公布清单，为协商期提供便利，以便在下一年年初推出。"禁用清单"通常会详尽无遗列出禁用物质，还会列出其代谢产物（由于人体转化禁用物质而产生的其他物质）。

（一）禁用清单的公布与修订

《世界反兴奋剂条例》第 4 条对禁用清单有着明确的规定。WADA 应根据需要至少每年一次公布用作国际标准的禁用清单。应将所建议的禁用清单的内容和所有修订以书面形式迅速寄发给各签约方和各国政府，以供征求意见和讨论。禁用清单每年的版本和所有修订内容应由 WADA 迅速寄发给各签约方、WADA 认证或批准的实验室和政府，并应公布在 WADA 网站上，而各签约方也应采取相应措施将禁用清单分发给其成员组织和个人。各反兴奋剂组织的规定都应明确：每年的禁用清单和修订将在 WADA 公布 3 个月后自动生效，无需各反兴奋剂组织另行通知，但禁用清单及修订版另有规定的除外。

（二）禁用清单中明确的禁用物质和禁用方法

禁用清单应明确那些在任何时候（赛内检查和赛外检查）都被视为使用兴奋剂而禁用的物质和方法。因为它们有可能使运动员在未来的比赛中提高成绩或有可能掩蔽使用其他药物的痕迹，并明确那些仅仅在赛内禁用的物质和方法。WADA 可为某个特定项目扩大禁用清单的内容。禁用清单中包括的禁用物质和禁用方法可被列为普通类别（例如蛋白同化制剂），或专门列出某种特殊物质或方法。除禁用清单上列出的蛋白同化制剂、激素、刺激剂、激素拮抗剂与调节剂外，所有禁用物质都是"特定物质"。

（三）判断进入禁用清单的物质和方法的评定标准

在决定是否将某种物质或方法列入禁用清单时，WADA 主要的判断标准：

（1）如果 WADA 自行确认某种物质或方法符合以下三条标准中的两条，则可考虑将该物质或方法列入禁用清单：①医学或其他科学证据、药理学作用或经验证明，该种物质或方法，在单独使用或与其他物质或方法一起使用时，可能提高或能够提高运动能力；②医学或其他科学证据、药理学作用或经验证明，使用该种物质或方法可对运动员的健康造成实际的危害或潜在的危害；③ WADA 确定，使用该种物质或方法违背了本条例导言中提及的体育精神。至于什么是"体育精神"，《世界反兴奋剂条例》已经进行了概括，具体为：反兴奋剂体系努力维护体育运动固有的价值观。该价值观被称为"体育精神"，也是奥林匹克精神的精髓，即通过完美呈现个人自然禀赋来追求人类卓越，关系到我们如何公平竞赛。体育精神是人类灵魂、身体、心灵的体现，并且体现在从体育运动中发现的如下价值中，包括：道德、公平竞赛与诚实；健康；优秀的竞技能力；人格与教育；趣味与快乐；团队协作；奉献与承诺；尊重规则与法律；尊重自己，尊重其他参赛者；勇气；共享与团结。

（2）如果 WADA 确定，医学或其他科学证据、药理学作用或经验证明，该种物质或方法具有掩蔽使用其他的禁用物质或禁用方法的可能性，则该种物质或方法也将被列入禁用清单。

（3）WADA 对列入禁用清单中的禁用物质和禁用方法，禁用清单中物质的分类，以及在任何场合都禁用或仅在赛内禁用的物质的分类决定是最终的，运动员或其他当事人不得以某种物质或方法不是掩蔽剂、不具有提高运动能力的潜在效力、不具有损害健康的危险，或者不违背体育精神为由提出质疑。

每年的禁用清单一般都会经过科学、医学和反兴奋剂专家协商，以确保其反映当前的医学和科学证据，以及使用兴奋剂的一些做法。禁用清单自每年 1 月 1 日起生效，WADA 在生效前 3 个月公布；但是，在特殊情况下，可随时将一种物质列入禁用清单。

（四）禁用清单的主要内容

禁用清单的主要内容包括禁用物质（赛内和赛外）、禁用物质（赛内）、特殊项目禁用物质（赛内）、禁用方法（赛内和赛外）。

表 13.1　所有场合禁用的物质和方法（赛内和赛外）

S0. 未获批准的物质	S1. 蛋白同化制剂
S2. 肽类激素、生长因子、相关物质和模拟物	S3. β 2- 激动剂
S4. 激素及代谢调节剂	S5. 利尿剂和掩蔽剂

表 13.2　赛内禁用的物质和方法

S6. 刺激剂	S7. 麻醉剂
S8. 大麻（酚）类	S9. 糖皮质激素

表 13.3　特殊项目禁用物质

P1. 酒精（空中运动、射箭、汽车运动、动力艇）	P2. β – 阻断剂（射箭、汽车运动、台球、飞镖、高尔夫、射击、滑雪、水下运动）

表 13.4　禁用方法（赛内和赛外）

M1. 篡改血液和血液成分	M2. 化学和物理篡改
M3. 基因兴奋剂	

Source：www.wada-ama.org

三、治疗用途豁免（TUE）制度

由于运动员可能患有一些疾病需要服用特定药物来治疗疾病，而这些特定的药物又可能正好是禁用清单上的物质或含有这些物质。为了保障运动员正当的治疗疾病的权利，WDAD 建立了治疗用途豁免（Therapeutic Use Exemptions，TUE）制度。治疗用药豁免规则属于世界反兴奋剂机制下的国际标准之一。治疗用药豁免具体是指：如果运动员需要服用药物治疗疾病，而该药物碰巧属于禁用清单中的物质，运动员可以通过治疗用途豁免（TUE）获得授权服用所需药物的权利。根据《世界反兴奋剂条例》第 4 条的规定，运动员因治疗疾病，依照 WADA 制定的治疗用途豁免国际标准（ISTUE）申请使用违禁药物或者违禁方法，将不会被认定为兴奋剂违规。

WADA 制定治疗用途豁免国际标准（ISTUE），其目的是确保在国家之间协调授予 TUE 的过程。TUE 国际标准（ISTUE）为 TUE 的评估和潜在授权提供了严格的框架。WADA 还制作了一系列治疗用途豁免（TUE）检查表，在 TUE 申请过程中为运动员、他们的医生和反兴奋剂组织（ADO）提供指导和支持。

（一）治疗用途豁免需要遵循一些基本的原则

（1）"治疗用药必须是针对运动员的疾病"。也就是说，运动员使用药物必须是基于治疗相关疾病的目的。如果禁止患有相关疾病的运动员使用某些违禁物质或方法，这些运动员的健康将受到严重损害。

（2）没有其他可以替代的治疗选择。运动员所使用的违禁药物或违禁方法是唯一行之有效的办法。

（3）使用违禁物质或违禁方法除恢复健康状态外，不会进一步提高运动能力。

所以，治疗用途豁免制度是符合反兴奋剂关于保护运动员健康和维护公平竞赛的宗旨的。

（二）《世界反兴奋剂条例》规定的治疗用药豁免内容

《世界反兴奋剂条例》第 4 条是关于治疗用药豁免的具体规定。首先，《世界反兴奋剂条例》对治疗用药豁免进行了明确的界定，即如果发现某种禁用物质或其代谢物或标记物和 / 或使用或企图使用、持有或施用或企图施用某种禁用物质或方法，与获得的 TUE 内容一致，且该 TUE 符合治疗用药豁免国际标准，则不应作为兴奋剂违规。其次，按照运动员级别对治疗用药豁免的申请进行了规定。非国际级运动员应向其国家反兴奋剂组织申请 TUE。若国家反兴奋剂组织拒绝其申请，运动员可专门向相关的国家级上诉机构提出上诉。国际级运动员应向其所属的国际单项体育联合会申请 TUE。　若运动员已经从其国家反兴奋剂组织获得使用某种物质或方法的 TUE，且该 TUE 符合治疗用药豁免国际标准的要求，国际单项体育联合会必须予以承认。如果国际单项体育联合会认为该 TUE 不符合标准并拒绝承认，必须立即通知运动员和其所属国家反兴奋剂组织，并告知其原因。运动员和 / 或其国家反兴奋剂组织有权在收到该通知之日起的 21 日内将该情况提交 WADA 审查。如果该情况已经提交 WADA 审查，国家反兴奋剂组织批准的 TUE 仍然在国家级比赛和赛外检查中有效（但是在国际级比赛中无效），直到 WADA 作出决定。如果未提交 WADA 审查，那么该 TUE 在 21 日的时限结束时，不论出于何种目的都应视为无效。如果运动员未从其国家反兴奋剂组织获得使用某种物质或方法的 TUE 时，运动员在有需要时必须直接向其所属的国际单项体育联合会申请。如果国际单项体育联合会（或同意代表国际单项体育联合会受理申请的国家反兴奋剂组织）否定了运动员的申请，必须立即告知运动员及相关原因。如果国际单项体育联合会批准了运动员的申请，不仅需要及时通知运动员，还需通知其所属国家反兴奋剂组织。而如果国家反兴奋剂组织认为该 TUE 不符合治疗用药豁免国际标准，国家反兴奋剂组织有权自发出该通知的 21 天内将该情况提交 WADA 审查。如果国家反兴奋剂组织已将该情况提交 WADA 审查，国际单项体育联合会批准的 TUE 仅在国际级比赛中和赛外检查中有效（但在国家级比赛中无效），直到 WADA 作出决定。如果国家反兴奋剂组织未将该情况提交 WADA 审查，那么该 TUE 在 21 日的时限结束时，在国家级比赛中同样生效。如果运动员需在赛事期间使用某种禁用物质或禁用方法，重大赛事组织机构可以要求运动员申请 TUE。在这种情况下：

（1）重大赛事组织机构必须确保 TUE 申请程序对没有 TUE 的运动员也能适用。批准的 TUE 仅在该赛事期间有效。

（2）若运动员已经获得其国家反兴奋剂组织或国际单项体育联合会批准的 TUE，且该 TUE 满足治疗用药豁免国际标准，重大赛事组织机构必须予以承认。如果重大赛事组织机构认为 TUE 不符合标准而拒绝承认，必须立即通知运动员并解释原因。

（3）对于重大赛事组织机构不承认或不批准的 TUE 决定，运动员可以向重大赛事组织机构为此专门成立或指定的独立机构提起上诉。如果运动员不进行上诉（或上诉不成功），他 / 她不能在赛事期间使用该物质或方法，但其国家反兴奋剂机构或国际单项体育联合会批准的使用该物质或方法的任何 TUE 在赛事外仍有效。

如果反兴奋剂组织决定采集某非国际级或非国家级运动员的样本，而该当事人出于治疗的目的正在使用某种禁用物质或禁用方法，反兴奋剂组织则可以允许该运动员追补 TUE 申请。

如果运动员或其所属国家反兴奋剂组织提出要求，WADA 必须审查国际单项体育联合会拒绝承认国家反兴奋剂组织批准的 TUE 的决定。

此外，如果国家反兴奋剂组织向 WADA 提交审查申请，WADA 必须审查国际单项体育联合会批准的 TUE。无论是接到相关方的申请还是自行决定，WADA 都可以随时审查其他 TUE 决定。如果正在审查的 TUE 决定符合治疗用药豁免国际标准，WADA 将不会予以改变。如果 TUE 决定不符合治疗用药豁免国际标准，WADA 将撤销该决定。

任何未被 WADA 审核，或 WADA 审核后未被撤销的国际单项体育联合会（或国家反兴奋剂组织，当其同意代表国际单项体育联合会受理申请时）做出的 TUE 决定，运动员及其所属国家反兴奋剂组织可以提起上诉，且只能向 CAS 上诉。

对于 WADA 撤销 TUE 的决定，运动员、国家反兴奋剂组织和／或相关的国际单项体育联合会可以提起上诉，且只能向 CAS 上诉。如在合理时间内 WADA 未对正式提交的要求批准或承认 TUE 的申请，或对 TUE 决定审核的申请做出回应，均应视为否决该申请。

（三）治疗用药豁免制度的实施情况

TUE 制度是运动员获得批准以使用违禁物质或方法合法治疗疾病的一种手段，它是现代精英竞技体育的必要组成部分，得到了全世界运动员、医生和反兴奋剂利益相关者的普遍认可。

世界反兴奋剂机构（WADA）在其 2015 年年度报告中报告提到，2015 年进入其反兴奋剂管理和管理系统（ADAMS）的 TUE 数量增加了 30%，达到 1330 个。其中 63%（839 人）来自三个国家——美国、澳大利亚和法国。2016 年为 2175 个，2017 年，ADAMS 中总共注册了 3563 个已批准的 TUE。到 2018 年，在 WADA 反兴奋剂管理和管理系统（ADAMS）中总共注册了 2891 个批准的新 TUE。近年来，由于 WADA 加大了合规工作，在 ADAMS 中输入的 TUE 一直在稳定增长。国家反兴奋剂机构（NADO）仍然是最活跃的反兴奋剂组织，占所有 TUE 的 79%。国际体育联合会（IF）注册了 19%，重大赛事组织（MEO）注册了 1.3%，区域反兴奋剂组织（RADO）注册了 0.1%，其他组织注册了 0.6%。WADA 根据风险优先级筛选所有 TUE。为了确保统一且高质量的 TUE 评估过程，WADA 科学和医学部门与相关专家一起定期更新在 WADA 网站上发布的指南。这些文件可协助 TUE 委员会评估特定医疗状况的 TUE，并概述适当 TUE 应用的要求。

第三节　兴奋剂样本检测制度

一、兴奋剂检测的历史

19 世纪 50 年代和 60 年代，随着现代制药业的发展，先进的化学试剂在体育领域得到了广泛使用。由于通过化学合成方法而不是从植物或动物来源中提取新药物，制药业也开发了化学分析方法，以测试其产品的功效和安全性。正是这种敏感的药物筛选方法的发展，成为后来体育运动中的兴奋剂检测方法发展的基础。许多国际体育联合会在 19 世纪 50 年代末和 60 年代初引入了兴奋剂测试。但是，这个时候测试针对的是少数兴奋剂物质，如苯丙胺。苯丙胺是当时使用最广泛的作为身体能力增强剂。之后，兴奋剂测试由于缺乏标准化的测试程序而存在较多的问题。直到欧洲委员会于 1989 年制定《欧洲反兴奋剂公约》开始，反兴奋剂检测的程序才朝着标准化测试程序迈进。

实际上，真正有效的反兴奋剂测试仅在 20 世纪 70 年代初才获得应用。1972 年在德国慕尼黑举行的夏季奥林匹克运动会上首次进行了奥运会运动员的全面测试，[①] 分析了 2079 个样品，7 名运动员被取消资格。

1973 年，Raymond Brooks 教授开发了第一个能够检测尿液样本中合成代谢类固醇代谢物的测试。这种对合成代谢类固醇的测试是基于放射免疫法。[②] 国际奥委会于 1975 年将合成代谢类固醇列入禁用物质清单。经过科隆反兴奋剂实验室的进一步完善后，该测试首次在 1976 年蒙特利尔奥运会上使用。所以，合成代谢类固醇的首次正式测试是在 1976 年加拿大蒙特利尔奥运会上进行的，但仅在 8 个体育项目中使用，因为其他的国际体育联合会拒绝合作。[③] 在这些测试中，所采集的样本中有 15%（约 275 个样本）接受了合成代谢类固醇的检测，在 11 名被取消比赛资格的运动员中，有 8 名使用了合成代谢类固

---

① 参见 Merode, A, "Doping tests at the Olympic Games in 1976", *Journal of Sports Medicine*, 1979.

② 参见 Brooks, R.V., Firth, R.G. and Sumner, N.A, "Detection of anabolic steroids by radioimmunoassay", *British Journal of Sports Medicine*, 1975.

③ 参见 Hatton, C.K. and Catlin, D.H, "Detection of androgenic anabolic steroids in urine", *Journal of Laboratory and Clinical Medicine*, 1987.

醇。在 1980 年的莫斯科奥运会上进行了类似的测试。

　　值得注意的是，放射免疫分析法也存在缺陷。一种基于气相色谱／质谱（GC-MS）的新测定法出现。该方法可以较好地识别尿液中的禁用物质，还可以检测天然存在的类固醇睾丸激素。1983 年委内瑞拉加拉加斯举行的泛美运动会采用 GC-MS 方法测试了雄激素合成代谢类固醇和睾丸激素，结果 19 名运动员被剥夺了参赛资格。1984 年洛杉矶奥运会从 1510 个样本中发现 12 个含有合成代谢类固醇或睾丸激素。[①]1988 年汉城奥运会查出 4 例合成代谢类固醇阳性。1992 年巴塞罗那奥运会上，被查出的兴奋剂违规数量进一步增加，但一些运动员仍然愿意冒险使用违禁药物。在 2000 年悉尼奥运会之前，进行了广泛的赛外反兴奋剂测试，查出了许多兴奋剂违规行为。

二、《国际测试和调查标准》

　　1999 年 WADA 成立后，在兴奋剂检测上作出了诸多的努力。WADA 在 2003 年首次通过了《国际测试和调查标准》（ISTI），并于 2004 年 1 月 1 日生效。2004 年《世界反兴奋剂条例》的正式实施使得兴奋剂检测开始规范化。《国际测试标准》实施后进行了五次修订，第一次是 2009 年 1 月 1 日生效，第二次是 2011 年 1 月 1 日生效，第三次生效时改名为《国际测试和调查标准》（International Standard for Testing and Investigations，ISTI），于 2015 年 1 月 1 日生效，第四次于 2017 年 1 月生效，第五次于 2019 年 3 月生效。

　　《国际测试和调查标准》（ISTI）是作为世界反兴奋剂计划的一部分而制定的强制性国际标准。《国际测试与调查标准》的首要目的是在比赛中和比赛外进行有效的兴奋剂检测，并维护从运动员收到测试通知之日起样品的收集到样品被送到实验室进行分析的整个过程的完整性和规范性。为此，《国际测试和调查标准》（包括其附件）为测试分配计划（包括运动员行踪信息的收集和使用）、运动员通知、样品收集的准备和样本采集、安全性、测试后样品和文件的管理，将样品运输到实验室进行分析等方面制定了强制性标准。《国际测试和调查标准》的第二个目的是有效收集、评估和使用反兴奋剂情报，并为有效地调查可能违反反兴奋剂规定的行为建立强制性标准。

　　《国际测试和调查标准》的实施为兴奋剂检测和调查提供了重要的标准，使得反兴奋剂检查和调查日益规范化，已经成为绝大多数国家、地区反兴奋剂

---

① 参见 Catlin, D.H., Kammerer, R.C., Hatton, C.K., Sekers, J.H. and Merdink, J.L:"Analytical chemistry at the games of the XXIIIrd Olympiad in Los Angeles, 1984", *Clin. Chem*, 1987.

的关键标准。

三、《世界反兴奋剂条例》规定的样本检测原则

《世界反兴奋剂条例》对样本检测的具体原则进行了详细的规定。所有的样本检测都需要遵循这些原则。

（1）使用获得认可和批准的实验室。样本只能在已获得 WADA 认可的实验室，或 WADA 批准的实验室进行检测。只能由负责结果管理的反兴奋剂组织选择 WADA 认可或 WADA 批准的实验室进行样本检测。

（2）样本检测目的是通过样本分析，检测禁用清单中确定的禁用物质和禁用方法；协助反兴奋剂组织记录运动员的尿液、血液或其他类型样本的相关参数，包括 DNA 或基因表达谱，或用于任何其他合法的反兴奋剂目的。可以采集并保存样本用于日后的检测。

（3）样本研究。未经运动员书面签字同意，样本均不得用于研究。

（4）样本检测和报告的标准。实验室应按照实验室国际标准，对样本进行检测并报告结果。

（5）样本进一步检测。因发生兴奋剂违规行为，反兴奋剂组织将样本 A 和样本 B 的检测结果通知运动员前（或仅通知样本 A 结果，取消或不执行样本 B 检测），负责结果管理的反兴奋剂组织可随时对任何样本做进一步检测。样本的进一步检测应当符合实验室国际标准及检查和调查国际标准的要求。

四、竞赛外的兴奋剂测试

最初的测试是在比赛进行之后进行反兴奋剂测试，但这无法解决运动员使用兴奋剂的问题。因为参加比赛的运动员都知道有可能被选中进行测试，为了躲避兴奋剂检测，运动员可以根据药物的属性将药物使用安排到非竞赛时期，这样可以通过计算药物在体内清除时间来准确控制兴奋剂使用时间。如此一来，运动员可以保留大部分药物的作用，但可以避免被发现。基于打击兴奋剂的需要，连续的、突击性的测试程序已成为控制滥用兴奋剂的必然需要。所以，兴奋剂的检查测试开始扩展到竞赛外。当然，赛外的测试程序主要集中于优秀的顶级运动员。在团队运动中，可以在团队训练中组织测试。对于田径、游泳和举重等个人项目，可以随时在运动员的住所、工作地点或训练场所进行测试。

五、行踪规则

要对运动员进行竞赛外的兴奋剂检测就必须掌握运动员的行踪信息。因此，

WADA 建立了"行踪规则"（Whereabouts rules）制度。"行踪规则"是从 2003 年《世界反兴奋剂条例》开始确立起来的重要反兴奋剂规则，主要是为了在训练和竞赛之外进行兴奋剂突击检查，要求特定的运动员在特定时间提供有关其行踪位置的信息。① 具体而言，就是被国际单项体育联合会或国家反兴奋剂机构列入注册检查库的运动员应根据反兴奋剂检查和调查国际标准中规定的方式提供行踪信息。2009 年版《世界反兴奋剂条例》和 2015 年版《世界反兴奋剂条例》都延续了行踪信息管理的内容。②

"行踪规则"自 2003 年实施以来，一直成为体育法学领域广为重视且存在一定争议的规则。"行踪规则"由于涉及运动员的人权问题，所以自实施以来一直受到许多运动员的抗议。③2009 年，65 名比利时运动员就发起了对"行踪规则"的挑战，认为其违反了《欧洲人权公约》第 8 条的规定。④ 虽然这次挑战并没有推翻比利时反兴奋剂部门实施"行踪规则"，但却引起了广泛的关注。接下来就是著名的"国家运动员协会与工会联合会等诉法国案"（Fédération Nationale des Syndicats Sportifs（FNASS）and Others v. France，以下简称"FNASS 等诉法国案"）提交到欧洲人权法院（European Court of Human Rights，ECHR），该案同样是以"行踪规则"违反《欧洲人权公约》第 8 条发起的挑战。2018 年 1 月 18 日，欧洲人权法院就"FNASS 等诉法国案"作出裁决，裁定反兴奋剂中的行踪规则符合关于私人和家庭生活权利的规定。⑤ 欧洲人权法院"FNASS 等诉法国案"对世界反兴奋剂实践的推进无疑具有重要的积极意义。在该案中，欧洲人权法院对反兴奋剂理念、目标和相关政策规则都表现出了高度的认同，这无疑是对世界反兴奋剂事业强有力的支持。该案实际上还理清了在反兴奋剂中政府的权责以及国家反兴奋剂政策与国际反兴奋剂政策的协调关系，并理顺了反兴奋剂中运动员的权利保护与反兴奋剂的内在逻辑联系。该案件将成为今后其他反兴奋剂案件，尤其是挑战"行踪规则"案件

---

① 参见朱文英："论兴奋剂'行踪'规则与运动员隐私权的冲突"，载《潍坊学院学报》2011 年第 5 期。

② 参见 WADA，World Anti-Doping Code，https://www.wada-ama.org/sites/default/files/resources/files/wada-2015-world-anti-doping-code.pdf

③ 参见"运动员以侵犯隐私为由反对 WADA 兴奋剂检测条例"，载 http://www.olympic.cn/china/doping_news/2009-02-24/1742958.html，2020 年 8 月 17 日访问。

④ 参见 Matt Slater，"Legal threat to anti-doping code"，载 https://news.bbc.co.uk/sport2/hi/front_page/7844918.stm，2019 年 6 月 23 日访问。

⑤ 参见 WADA，WADA welcomes ECHR decision to back Whereabouts rules，https://www.wada-ama.org/en/media/news/2018-01/wada-welcomes-echr-decision-to-back-whereabouts-rules.

的重要参考案例。由于该案是由欧洲人权法院这一高级别法院做出的裁决，其权威性使得该案在欧洲将成为重要的、具有说服力的先例。欧洲国家法院和国际体育仲裁院（CAS）在今后相关案件的裁决中都必会将该案视为最为重要的先例来加以对待。对于运动员而言，该案也让运动员能够意识到，作为体育领域的重要一员，为了保持清洁、道德、公平的体育竞争环境，他们有义务接受包括"行踪规则"在内的反兴奋剂政策，并且该案的法院裁决理由也应该能够让运动员进一步意识到，从更深层面来说，这也是为了保护他们的权利。

六、国际检测机构（ITA）

2015 年 10 月，国际奥委会在第四届奥林匹克峰会首次提出了建立国际检测机构（ITA）的设想，同时一个由奥林匹克运动机构和公共机构代表组成的 WADA 工作组建立。WADA 在 2015 年 11 月也正式表示支持探讨建立独立于体育组织的国际检测机构的想法。

2016 年 5 月，WADA 工作组启动了初步可行性研究，该研究将详细说明如何建立和运行 ITA。与此同时，WADA 成立了 ITA 政策指导组，由来自体育界、公共机构和国家反兴奋剂组织（NADO）的代表组成，由现任 ITA 主席 Valérie Fourneyron 担任该指导组的主席。

2016 年 8 月在里约举行的国际奥委会会议一致支持将反兴奋剂工作组独立于体育组织。2017 年 5 月 17 日~18 日 WADA 执委会和基金董事会在加拿大魁北克举行会议，会议批准了 ITA 政策指导小组关于建立 ITA 委员会的结构和流程的建议。重点内容如下：

（1）ITA 将通过新的瑞士基金会完全独立地建立。国际奥委会为 ITA 的创始机构，并负责该机构建立时的初始资金。

（2）ITA 委员会的组成如下：

一名主席（独立 / 中立）、一名国际奥委会代表、一名国际联合会代表、一名运动员代表、一名专家（独立 / 中立）。

（3）WADA 将派出一名代表，该代表可以参加 ITA 委员会会议，但没有投票权。

（4）体育机构（主要是 IOC）将五名成员提名给由三人组成的推选委员会。推选委员会将由 WADA 任命，将包括具有适当专业知识的人员。推选委员会将负责审查各职位的提名人。任何来自体育、政府、世界反兴奋剂机构或更广泛的反兴奋剂领域的人都可以建议 ITA 委员会中的那两个独立 / 中立的职位人选。经推选委员会审查后，ITA 委员会的拟议组成成员将提交 WADA 执行委员会批准。

2017 年 10 月 12 日，WADA 执委会批准了 ITA 委员会的成员。2018 年 2 月，要求全球国际体育联合会协会（GAISF）的 GFSU 组建 ITA 的运营核心，并在 2018 年平昌冬奥会上进行反兴奋剂检查。2018 年 7 月，ITA 全面运行。

ITA 的建立是国际奥委会旨在建立一个更加强大和独立的全球反兴奋剂体系的重要举措之一。ITA 委员会设独立主席、独立专家、运动员代表、国际联合会代表和 IOC 代表。

ITA 的使命是向国际联合会（IFs）、重大赛事组织者（MEO）以及所有其他要求获得支持的反兴奋剂组织提供全面的反兴奋剂服务，帮助国际联合会、重大赛事组织者努力遵守《世界反兴奋剂条例》。

ITA 在规划赛内外兴奋剂测试、评估风险、运动员行踪规则、用药豁免（TUEs）管理、结果管理等方面都将发挥重要的作用，将进一步提高反兴奋剂测试的有效性和效率，提供独立、透明和专业的反兴奋剂服务。

ITA 自 2018 年 7 月 1 日正式运作以来，在 2018 年韩国平昌冬奥会首次开展了赛前、赛中的反兴奋剂测试。ITA 还对 2012 年伦敦奥运会的 2500 多个样本进行了重新分析，并对所有呈阳性的案件进行了起诉。截至 2019 年 7 月，ITA 与 40 多个国际体育组织签署了合作伙伴关系，这些组织已委托 ITA 管理其全部或部分反兴奋剂计划。ITA 还根据《世界反兴奋剂条例》向若干国际体育联合会提供反兴奋剂支持。ITA 还与若干国家反兴奋剂组织开展合作，以促进国家和国际层面反兴奋剂计划之间的协同，以及在反兴奋剂测试、情报、运动员生物护照和教育等领域的信息和专业知识分享。

无疑建立 ITA 的愿景是美好的，这是希望建立一个更独立、更高效的反兴奋剂体系，通过 ITA 确保反兴奋剂检测独立于体育组织，化解反兴奋剂中体育组织存在的利益冲突，也化解外界对当前国际反兴奋剂体系的一些批评。

第四节　兴奋剂处罚及救济制度

一、兴奋剂违规和处罚

一旦相关主体被裁定为兴奋剂违规，就必须接受相应的处罚。兴奋剂违规的处罚主要是依据《世界反兴奋剂条例》的具体规定。根据《世界反兴奋剂条例》的规定，兴奋剂违规的裁定和处罚标准是统一的。各签约方对违规认定标准和处罚标准不得进行实质性修改，且必须纳入各反兴奋剂组织的反兴奋剂规则。其中，关键是保持统一，即所有的签约方都根据相同的违反反兴奋剂规则的定义及同样的举证责任对兴奋剂违规行为做出决定，并对性质相同的兴奋剂违规行为给予同样的处罚。无论是在国际单项体育联合会、国家反兴奋剂组织还是在国际体育仲裁院（CAS）举行听证会，都必须执行相同的规则。就兴奋剂违规而言，《世界反兴奋剂条例》第2条进行了详细的规定，具体规定了10种兴奋剂违规情形：

（1）在运动员的样本中，发现禁用物质或其代谢物或标记物；

（2）运动员使用或企图使用某种禁用物质或禁用方法；

（3）逃避、拒绝或未完成样本采集的行为；

（4）违反行踪信息管理规定；

（5）篡改或企图篡改兴奋剂管制过程中的任何环节；

（6）持有某种禁用物质或禁用方法；

（7）从事或企图从事任何禁用物质或禁用方法的交易；

（8）赛内对运动员施用或企图施用任何禁用物质或禁用方法，或赛外对运动员施用或企图施用任何赛外禁用物质或禁用方法；

（9）共谋；

（10）禁止合作。

在兴奋剂违规处罚方面，主要涉及《世界反兴奋剂条例》第9、10条。第9条规定了个人成绩的自动取消，在某次个人项目的赛内检查中兴奋剂违规，将导致在该项比赛中所获得的成绩自动取消，以及由此所产生的所有后果，包括取消所获得的任何奖牌、积分和奖金。第10条则规定了个人的具体处罚。

二、反兴奋剂纠纷的救济

在遇到纠纷时诉诸司法是一项基本权利。《世界反兴奋剂条例》第8条和WADA《国际结果管理标准》第13.2.2条都涉及相关内容。[①]2019年11月在波兰举行的世界反兴奋剂大会上通过的《反兴奋剂运动员权利法》[②]第4条就是关于诉诸司法的权利的条款，该条规定："运动员有权享有司法公正，包括发表意见的权利，拥有由公平、公正和独立的听证小组在合理时间内进行公正听证的

---

① 参见 WADA，World Anti-Doping Code，https://www.wada-ama.org/sites/default/files/resources/files/wada-2015-world-anti-doping-code.pdf.

② 2019年11月在波兰举行的世界体育反兴奋剂会议上批准了《反兴奋剂运动员权利法》，将与2021年新版《世界反兴奋剂条例》一起生效。

权利，并有获得及时合理裁决的权利，特别是获得裁决理由的解释。"①

对于涉及国际级运动员的兴奋剂纠纷，其管辖权在《世界反兴奋剂条例》和各国际体育单项联合会的反兴奋剂规则中都是强制性的，救济途径主要是包括各国际体育单项联合会的内部纠纷解决机制，以及 CAS 的纠纷解决机制。如果对 CAS 仲裁庭裁决不满，还可以去瑞士联邦最高法院，甚至欧洲人权法院。

（一）国际体育组织内部的兴奋剂纠纷解决机制

很多国际体育组织针对反兴奋剂相关的纠纷都在其内部设置了相关的纠纷解决机制。如国际泳联设置了反兴奋剂委员会来处理反兴奋剂纠纷。当涉事运动员被国际泳联裁定兴奋剂违规时，运动员可以先向国际泳联的反兴奋剂委员会上诉。但值得注意的是国际体育组织建立的这类兴奋剂纠纷处理机构绝大部分是属于其内部机构，并非独立于国际体育组织的机构。这就使得其中立性、独立性受到很多人的质疑。就目前的情况而言，世界田联于 2017 年建立了独立于自己之外的"田径诚信部门"（Athletics Integrity Unit，AIU）。建立 AIU 的主要目的是为了更好的保护田径运动的诚信，履行世界田联作为签约人的义务。AIU 具体负责教育、测试、调查、结果管理、听证、制裁和上诉。可以说，AIU 的建立为其他国际体育组织建立独立于自身的纠纷解决机构起到了很好的示范作用。

（二）CAS 纠纷解决程序

当反兴奋剂案件的各当事方对国际体育组织内部纠纷解决程序不满时，可以上诉至国际体育仲裁院（CAS）。各国际体育组织通常将 CAS 作为兴奋剂案件的最终裁决机构。根据 CAS 仲裁规则第 47 条规定，"根据体育联合会、单项运动协会或其他与体育组织的章程或规定约定了国际体育仲裁院的管辖权，或当事人各方达成了特别的仲裁协议并且上诉人已经在上诉前用尽了所有前述章程或规定中可用法律救济后，可以针对前述组织做出的决定提出上诉。"该条实际上是对 CAS 管辖权的规定。

为了更好地解决兴奋剂纠纷，从 2016 年里约热内卢奥运会开始，CAS 设立了反兴奋剂程序。2018 年平昌冬奥运也设立了这种程序。2019 年 1 月 1 日，CAS 在原有的普通仲裁庭和上诉仲裁庭的基础上，新设立了 CAS 兴奋剂仲裁庭（Anti-Doping Division，ADD），并正式开始运作。同时，国际体育仲裁理事会专门制定了《国际体育仲裁院反兴奋剂部门仲裁规则》，作为兴奋剂仲裁庭的程序

---

① 参见 WADA，Athletes' Anti-Doping Rights Act，https://www.wada-ama.org/en/resources/anti-doping-community/athletes-anti-doping-rights-act.

规则，该规则考虑了兴奋剂纠纷的特点，设置了一些特殊仲裁制度，比如建立有专门的仲裁员名册（目前当事人可从 30 名左右的反兴奋剂仲裁员名册中选择仲裁员来审理案件），允许当事人选择仲裁庭类型，重视专家证人作用，公开听证，仲裁裁决书强制性公开。具体而言，CAS 兴奋剂仲裁庭是根据国际奥林匹克委员会（IOC）、国际体育联合会、国际检测机构（ITA）和其他《世界反兴奋剂条例》签约方授权设立的，是作为一审机构来审理和裁决反兴奋剂案件。

（三）瑞士联邦最高法院的程序

虽然 CAS 仲裁裁决是最终的裁决，但是如果兴奋剂纠纷当事方不服 CAS 仲裁庭的裁决，还可以向瑞士联邦最高法院申请撤销 CAS 仲裁庭的裁决。瑞士联邦最高法院对体育仲裁审查时，主要关注的是程序正义问题，主要是依据《瑞士联邦国际私法》第 190 条所列的理由，前四项理由均涉及程序正义问题，分别是仲裁庭组成不当或仲裁员偏私、管辖权异议、仲裁庭超裁或漏裁、违反平等听证和平等对待原则，第五项为违反公共秩序的审查。① 在著名的 Pechstein 案中，Pechstein 就是根据《瑞士联邦国际私法》第 190 条，要求瑞士联邦最高法院撤销 CAS 仲裁庭的裁决。Pechstein 提出，CAS 仲裁庭的仲裁员任命方式存在瑕疵，CAS 不是"独立和公正"的法庭，其仲裁庭主席没有不偏不倚的保持公正性。②

可见，瑞士联邦最高法院在国际仲裁案件中的司法审查权力非常有限。除少数涉及实体性公共秩序的审查外，瑞士联邦最高法院不干预仲裁裁决的实体问题。正如瑞士联邦最高法院在 Caster Semenya 案所述："法院在国际仲裁案件中的司法审查的权力非常有限，而且一般而言，只涉及审查有争议的决定是否符合公共秩序的基本原则（"公共秩序"），这也适用于体育领域。"瑞士联邦最高法院强调自己绝不是可以自由审查任何事项的"体育最高法院"。③

---

① 参见熊瑛子："国际体育仲裁司法审查之法理剖析"，载《苏州大学学报（法学版）》2019 年第 3 期。

② 参见 Tribunal Arbitral du Sport Court of Arbitration for Sport, statement of the court of arbitration for sport（cas）on the decision made by the oberlandesgericht münchen in the case between claudia pechstein and the international skating union（isu），http://www.tas–cas.org/fileadmin/user_upload/ CAS_statement_ENGLISH.pdf. 2018–10–23.

③ 参见 Bundesgericht, Press Release of the Swiss Federal Supreme Court, https://www.bger.ch/ext/ eurospider/live/de/php/aza/http/index.php?lang=de&type=show_document&highlight_docid= aza：//29–07–2019–4A_248–2019&print=yes.

（四）欧洲人权法院的程序

由于兴奋剂问题在很多方面涉及人权，所以已经有一些案件在瑞士联邦最高法院没有获得支持后，一些当事人根据《欧洲人权公约》上诉至位于法国斯特拉斯堡的欧洲人权法院（European Court of Human Rights）。比较有名的涉兴奋剂案件有"MUTU&Pechstein 诉瑞士案"和"FNASS 等诉法国案"。这两个案件都涉及兴奋剂问题。去欧洲人权法院上诉之前，必须要先经过国家的法院程序。

第一，因为《欧洲人权公约》只适用于由国家行为导致的侵犯人权案件。那么如果到欧洲人权法院上诉，被告就是具体的国家。

第二，上诉事由必须是违反了《欧洲人权公约》的规定。Pechstein 案上诉至欧洲人权法院主要涉及《欧洲人权公约》第 6 条。"FNASS 等诉法国案"的申请人是以"行踪规则"违反《欧洲人权公约》第 8 条发起的挑战。

第三，上诉要得到欧洲人权法院受理也不是那么简单的。在以往的诉讼案件中，有关程序的要求比较繁琐，尤其是对个人提起的诉讼有许多的限制。

第四，欧洲人权法院的案件审理周期比较长。一般案件的审理都长达几年。比如"FNASS 等诉法国"案，部分申请人于 2011 年 7 月 23 日就向欧洲人权法院提出上诉申请，但 2018 年 1 月 18 日欧洲人权法院才就"FNASS 等诉法国案"作出裁决。这与欧洲人权法院大量的受案量有关。据悉 2019 年，欧洲人权法院下达的裁决就有 884 个，涉及 2187 项申请，且都是较为复杂的案件。所以，即使案件上诉至欧洲人权法院，裁决往往需要几年时间。

就反兴奋剂救济途径而言，Pechstein 案是最值得关注的，该案从国际体育仲裁院（CAS）、瑞士联邦最高法院、德国地方法院、德国地方高等法院、德国联邦最高法院，几乎经历了所有可以获得的救济程序，诉讼历程长达 9 年，完美地演绎了一次体育纠纷解决的救济程序。纵观这些救济途径，从国际体育组织到 CAS 再到瑞士联邦最高法院，再到欧洲人权法院，运动员维护自身权利的成本（时间成本、经济成本、机会成本）是很大的，救济途径并不友好。CAS 建立的初衷是建立一个快速、经济的体育争议解决体系，如今看来似乎离这一初衷越来越远。能有多少运动员能够承担这样的救济成本？运动员一旦被这种纠纷缠住，训练、比赛都会受到严重的影响。

【推荐阅读资料】

David R. Mottram，Neil Chester，*Drugs in Sport*，Routledge，2018.

O'Leary，John，*Drugs and doping in sport：socio-legal perspectives*，Cavendish Pub，2001.

Chris Cooper，*Run，Swim，Throw，Cheat：The Science Behind Drugs in Sport*，Oxford University Press，2012.

Alan Marzilli，*Drugs and Sports*，Infobase Publishing，2008.

A History of Drug Use in Sport 1876–1976，Routledge，2007.

韩勇："世界反兴奋剂机构诉孙杨案法律解读"，载《体育与科学》2020 年第 1 期。

郭树理："国际体育仲裁机制的制度缺陷与改革路径——以佩希施泰因案件为视角"，载《上海体育学院学报》2018 年第 6 期。

郭树理："兴奋剂禁赛期满仍不得参加奥运会?——评国际奥委会:'大阪规则'的重启"，载《上海体育学院学报》2018 年第 2 期。

郭树理："运动员兴奋剂违纪重大过错的认定——以莎拉波娃案为例"，载《武汉体育学院学报》2017 年第 4 期。

姜熙："欧洲人权法院 MUTU & PECHSTEIN 案研究及启示"，载《武汉体育学院学报》2020 年第 4 期。

周青山："国际体育仲裁院兴奋剂仲裁机制评析"，载《武汉体育学院学报》2019 年第 5 期。

宋彬龄："兴奋剂入刑之再思考"，载《西安体育学院学报》2018 年第 2 期。

· 第十四章 ·

国际体育法

【目标】通过本章学习，学生应了解国际体育法的概念、特征、原则，熟练掌握国际体育纠纷机制，并对奥林匹克法律制度有所了解。

第一节　国际体育法概述

一、国际体育法的概念

（一）国外研究

在和平与发展的时代主题之下，随着奥林匹克运动的发展，国际体育法已逐步成长为一个独立的法律部门。而明确国际体育法的概念，是国际体育法研究的基本问题，也是国际体育法其他领域研究的前提和基础。目前对于如何界定国际体育法这一问题，学界尚未达成统一意见。

首次对国际体育法进行明确界定的外国学者是 James AR Nafziger。Nafziger 认为，国际体育法（International Sports Law）是指"调整跨国体育活动的规则、原则、制度和程序性制度体系的总称，国际体育法对跨国体育活动有重要的影响"。① 此概念确定了国际体育法的调整范围是跨国体育活动（Transnational sports activity），并明确了国际体育法的主要内容，对国际体育法研究体系的形成与发展具有开创性的意义。

随着国际体育法自治性理论的提出，各国学者试图通过不同术语表述国际体育法的概念。体育仲裁院秘书长 Matthieu Reeb 在体育仲裁院出版的第一

---

① Nafziger JAR. , *International Sports Law*（*2nd ed*），New York：Transnational Publishers，Inc.2005。

部裁决摘要（1983 年~1998 年）首次使用了"Lex Sportiva"这一术语，①Lex Sportiva 是在全球体育领域可统一适用的法律秩序。Ken Foster 作为研究 Lex Sportiva 学者之一，详细界定了 Lex Sportiva。Ken 认为，Lex Sportiva 是体育仲裁院通过总结仲裁实践形成的判例法，是国际体育法的分支，是体育领域内一般原则的适用，是仲裁规则，②并提出应区别国际体育法和全球体育法。Ken 还认为，国际体育法（International Sports Law）是应用于国际体育领域的国际公法，而全球体育法（Global Sports Law）等同于 Lex Sportiva，是指国际体育组织创设的跨国自治法律秩序。③意大利罗马大学体育法学者 Lorenzo Casini 把 Lex Sportiva 界定为体育组织制定的跨国法，是天生的全球法，应包含体育组织制定和实施的整套规则和标准。④美国明尼苏达大学法学院教授 Allan Erbsen 认为 Lex Sportive 是体育仲裁院创设的一种全新的国际体育法体系。⑤英国体育法学者、体育仲裁院仲裁员 Michael Beloff 概括了 Lex Sportiva 的三大特征：其一，它拥有由国际体育联合会的规则和惯例所产生的跨国规范；其二，它具有独特的法理，遵循体育仲裁院宣布的原则；其三，它自治于国内法。⑥

随着国际体育法概念的研究和争论的深入，荷兰学者 Robert C.R.Siekmann 进一步细化国际体育法的概念，提出了体育公法和体育私法的概念：体育公法是体育法中的"强行法"部分，分为体育国家法和体育国际法，是附属法（incidental）；而体育私法是旨在规范体育运动本身的法，是体育组织制定的私人的、自治的、非政府的体育法，是体育法的主要部分。⑦除此以外，国际体育法学界还出现了 Transnational Sports Law，Lex Ludica，Lex Olympica，Lex Mercatoria 等术语。不同术语的涌现一方面体现了国际体育法研究的蓬勃发展，另一方面也表现出国际体育法的概念还未达成共识这一事实。

---

① 袁古洁："国际体育法发展的特点及趋势"，载《体育学刊》2014 年第 7 期。

② Ken Foster，"Lex Sportiva：Transnational Law in Action"，*International Coference on Lex Spertiva Indonesia*，2010.

③ Foster K.，"Is There a Global Sports Law？"，*Entertainment Law*，2003，pp.1–18.

④ 体育仲裁院 ini L："The Making of a Lex Sportiva by the Court of Arbitration for Sport"，*German Law Journal*，2011，pp.1317–1340.

⑤ Erbsen A.，"The Substance and Illusion of Lex Sportiva"，in Blackshaw，Siekman and Soek（ed），*the Court of Arbitration for Sport 1984–2004*，T. M.C. Asser Press，2006.

⑥ Beloff MJ，Kerr T，"Demetriou M. Sports Law"，Oxford：Hart Pub，1999.

⑦ Siekmann RCR，"Introduction to International and European Sports Law"，The Hague：T.M.C. ASSE R Press，2012.

（二）国内研究

我国学者对国际体育法研究起步较晚、涉足较少，国际体育法概念的研究尚未形成系统的研究成果。但是近年来，随着国际体育法学概念研究前沿理论的引入，我国在国际体育法概念研究领域有了新的突破。

姜世波教授曾专文论述了 Lex Sportiva。他认为 Lex Sportiva 是全球体育法，是建立在合同基础上的一种跨国民间法律秩序，但同时指出 Lex Sportiva 并不能构成"没有国家的法"，仍然需要国家法的支持并接受国内法的司法监督。① 谭小勇教授以 Lex Mercatoria（商人法）作为例证，通过分析跨国法和全球法理论对"全球体育法"合法性进行了论证。② 全浙平教授分析了国内外有关国际体育法概念的理论，认为多数理论承认国际体育法是一个混合体，既包括由国家制定的具有法律约束力的国际条约，又包括国际体育组织制定的体育行业规则。③ 袁古洁教授对国际体育法和全球体育法的概念进行了比较分析，认为国际体育法具有"公法"的性质，全球体育法则更多具备"私法"的性质。④ 唐勇博士认为体育法是人们在从事以维持、增进健康以及参与竞技为目的的人体运动过程中所产生的各种社会关系的法律规范的总称，并从国内法和国际法两个维度界定国际体育法，从国际法维度，将体育法的概念区分为国际体育法和全球体育法，指出国际体育法的法律性质属于国际法，是体育法的正式渊源，而全球体育法的法律性质属于民间法，是体育法的非正式渊源，需要国家法的认可。⑤ 周爱光教授将体育法分为国际体育法、国家体育法和固有体育法，其中国际体育法是指由国际组织和国际体育组织制定的体育法律、法规，是调整国家与国家之间、国家与国际组织或国际体育组织之间法律关系和法律行为的法律规范。⑥

从上述国内外学者的研究成果来看，国际法的概念仍处于发展和演化的过程之中，其内涵在不断丰富，外延也在逐步扩大。目前通论认为，广义的国际体育法应当包括狭义的国际体育法，即国际体育公法和国际体育组织指定的自

---

① 姜世波："Lex Sportiva：全球体育法的兴起及其理论意义"，载《天津体育学院学报》2011 年第 3 期。
② 谭小勇、姜熙："全球体育法引论"，载《体育科学》2011 年第 11 期。
③ 全浙平、贾文彤："国际体育法研究——来自软法视角的考察"，载《武汉体育学院学报》2011 年第 11 期。
④ 袁古洁："论国际体育法的渊源"，载《体育学刊》2011 年第 6 期。
⑤ 唐勇："体育法概念的甄别"，载《体育科学》2013 年第 3 期。
⑥ 周爱光："体育法学概念的再认识"，载《体育学刊》2015 年第 2 期。

治法，是调整、控制和解决运动员、国际体育组织以及政府之间产生的体育纠纷和相关体育活动的法规总称，包括跨国体育运动的规则、原则、程序、组织性规定。[①] 国际体育法概念的研究促进了国际体育法本体理论的构建，有利于国际体育法理论体系的形成和发展，但不可否认的是，过多晦涩难懂的术语如 Lex Sportiva，Global Sports Law，Lex Ludica，Lex Olympica，lex Mercatoria 的出现在一定程度上加深了理解难度，也会导致理论体系上的混乱。同时，这些术语的理论基础还不够成熟，其内涵、外延和合法性亟需进一步论证。

二、国际体育法的特征

国际体育法是一个新兴的法律部门，是一个包括国际法和国内法在内的特殊法律部门。明确国际体育法的特征，有助于将国际体育法与其他部门法进行区分，清晰的划分国际体育法的调整对象和调整范围。国际体育法的特征主要表现在其主体、调整对象、法律责任以及国际体育法相关法律法规四大方面。

1. 国际体育法的主体。国际体育的主体，也可以说是国际体育活动的参加者，是在国际体育活动中享有权利、承担义务的主体。[②] 著名国际法学者布朗利曾论述道："在特殊的场合，个人作为具有法律人格者而出现在国际层面上。然而把个人列为国际法的主体是于事无补的，因为这可能意味着个人具有一些能力，而事实上是并不存在的，并且也不能避免将个人和其他类型的主体加以区别的必要性。"[③] 与一般国际法拒绝承认个人作为国际法主体不同，国际体育法的主体包括运动员、参与管理国际体育活动的组织和其他人员、联合国及其相关专门机构、欧盟、国家及奥林匹克运动成员，其中运动员是体育运动的细胞。

2. 国际体育法的调整对象。国际体育法是国际体育运动与国际法碰撞的产物。国际体育法的调整对象是国际体育运动过程中产生的各种法律关系，既包括平等主体之间的法律关系，如运动员之间或运动员与其他相关当事人之间；又包括不平等的法律关系，如运动员与其所属的单项体育联合会、对其有管辖权的反兴奋剂组织、政府之间的法律关系。

3. 国际体育法律责任。虽然国际体育法的主体既包括个人，也包括国家和体育组织，但是由于个人的违规行为，如兴奋剂违规大多由其所属的体育组织或对该违规行为有管辖权的赛事组织机构、专门机构进行处理，因此，国际体

---

① 周爱光："体育法学概念的再认识"，载《体育学刊》2015 年第 2 期。
② 高媛、董小龙："国际体育法若干基本理论问题刍议"，载《华南理工大学学报（社会科学版）》2011 年第 6 期。
③ ［英］伊恩·布朗利：《国际公法原理》，曾令良等译，法律出版社 2007 年版，第 75 页。

育法律责任一般是指国家和体育组织的责任。实践中，体育组织承担责任的情况极为罕见，国家是国际体育法律责任最主要的承担者。传统的国家责任的承担方式包括反报、集体制裁、舆论谴责等。但国际体育运动是以促进和平与合作为目的，因此国家体育法律责任仅包括集体制裁和舆论谴责，其中集体制裁是最主要的法律责任。以南非种族歧视为例，国际奥委会曾在联合国的体系下，集体抵制南非的种族歧视，并于 1964 年、1968 年、1970 年奥运会拒绝南非参赛。

4. 国际体育法的外延。国际体育法的外延，就是国际体育法体系内包含的所有法律法规。国际体育法是一个具有多重性、交叉性的法律部门，其调整范围既包括运动员之间、体育组织之间的横向法律关系，体育组织的内部法律关系，又包括体育组织与运动员之间的纵向法律关系。相应的国际体育法的外延既包括国内法，又包括国际法；既包括实体法，又包括程序法；既包括公法又包括私法。①

三、国际体育法的原则

奥林匹克运动是国际体育法产生和发展的基础，国际体育法也是在奥林匹克宪章的基础上制定的。根据《奥林匹克宪章》关于奥林匹克主义基本原则和核心价值的规定，国际体育法的基本原则如下：

1. 公平竞赛原则。依据《奥林匹克宪章》序言部分第 4 条规定，每个人都享有从事体育运动的权利，体育运动应体现相互理解、友好、团结和公平竞赛的奥林匹克精神。②

公平竞赛原则是奥林匹克精神的重要内容，是保障运动员及参赛国家之间团结友好关系的基础，是体育运动全球化和制度化的保障，是制止赌博、欺诈等其他恶意竞争行为，建立一个平等无压迫的竞赛环境，实现奥林匹克运动神圣目标的前提。③

体育运动的本质就是以公平为基础的竞争与对抗，制定国际体育法的目的之一就是通过科学、系统的制度体系，培育公平竞争、和谐共处的世界秩序。欧洲议会曾于 1992 年通过的体育伦理法典指出：公平竞赛包含三个理念，即遵守比赛规则、友好并尊重他人、恪守比赛精神，并以此为基础，对政府、体

---

① 高媛、董小龙："国际体育法若干基本理论问题刍议"，载《华南理工大学学报（社会科学版）》，2011 年第 6 期。

② "Olympic Charters"，载 https://www.olympic.org/olympic-studies-centre/collections/official-publications/olympic-charters，2020 年 3 月 6 日访问。

③ 陈华荣："体育法的基本原则：以体育特殊性为标准"，载《体育与科学》2011 年第 1 期。

育组织和运动员及其他当事人提出相关要求。①2015 年 9 月国际奥委会在其官网上发布了公平宣言（Integrity Initiatives）。该宣言开篇指出，对比赛结果的过度看重是对公平竞赛的最大威胁，体育运动最需要的是捍卫公平竞赛，因此宣言要求参与体育运动的所有主体，如运动员及其父母、教练、体育组织、医务人员、裁判、政府、记者、观众等，都认可并切实履行促进公平竞赛的责任。②

2. 独立原则。《奥林匹克宪章》明确保障独立性是体育组织的权利和义务，体育组织的运作和管理不受政府部门的干扰。③国际体育法以《奥林匹克宪章》为基础，自然也坚决反对政府对体育事务的干预。独立原则包含三个方面的要求：

第一，体育组织的独立性。首先，独立原则要求体育组织的产生和成员的选任不应受到政府的干扰；其次，政府不得任意干预体育组织的体育活动。参与体育活动的主体是个人和运动团体，而不是国家和政府，政治不能成为抵制体育活动的借口，也不能因政治原因歧视任何国家或个人。

第二，体育立法的独立性。国际层面，国际体育组织有权也有职责制定调整跨国体育领域法律关系的法律规范；国内层面，各国应遵守其参与的国际条约和公约的约定，切实履行国际义务，并通过制定法律法规维护国际体育运动的中立性。

第三，体育司法的独立性。各国政府应尊重国际体育组织对国际体育争议的管辖权，对于国际体育组织依法作出的判决、裁决或决定，各国法院通过依法审查后应承认判决、裁决或决定的效力，并执行或协助执行该判决、裁决或决定。

3. 保障人权原则。《奥林匹克宪章》序言部分原则第 4 条规定，体育运动的参与权是一项基本人权，每一个人参与体育运动的机会应当是平等的。④各国政府和国际体育组织应当以教育青年、构建和平美好的比赛环境为目的，积极开展平等、无歧视且以互相尊重、友好交流、团结互助、公平竞争的竞赛精神为主导的体育活动。

保障人权，一方面应当保障所有参与体育运动人员的基本人权，通过科学

①　Concil of Europe，"Code of sports Ethics–Fair Play–The Winning Way"，adopted in 1992，and revised on 16 Sept. 2001。

②　国际奥委会："国际奥委会 Integrity initiatives"，载 http://www.olympic.org/factsheets-and-reference-documents/ 国际奥委会 –integrity–initiatives，2020 年 3 月 6 日访问。

③　周爱光："体育法学概念的再认识"，载《体育学刊》第 2015 年第 2 期。

④　周爱光："体育法学概念的再认识"，载《体育学刊》第 2015 年第 2 期。

的国际立法、有效的执法体系、可靠的执法协助，构建一个坚实的人权保护阵地；另一方面，应当坚决抵制任何形式的歧视。以足球运动为例，种族歧视一直是足球运动发展的重大阻碍，特别是欧洲五大联赛，素有种族主义重灾区之称。2018 年 8 月 4 日，在中超联赛上海申花客场挑战长春亚泰的比赛中，亚泰 27 号球员张力与申花 9 号外籍球员登巴巴发生了较为严重的言语冲突。申花俱乐部方面赛后表示，"比赛中，登巴巴遭到了对方 27 号种族歧视的言语，让他非常愤怒，直到赛后回更衣室依然没有平静。我们从未见登巴巴如此愤怒，俱乐部赛后第一时间向比赛监督汇报此事，并将整理材料上诉至中国足协"。8 月 6 日，中国足协发文称已启动调查登巴巴遭遇种族歧视事件程序并即将举行听证会。8 月 10 日，中国足协开出罚单，亚泰球员张力由于干扰比赛正常秩序，引起场面混乱，造成恶劣社会影响，被禁赛 6 场，罚 2 万元。[①]

四、国际体育法的体系

建立并完善国际体育法的体系是国际体育法作为一个独立的法律部门，实现完整性、系统性和科学性的关键。国际体育法实质内容来源是如侵权法、知识产权法、合同法等以规则性质定义的法律部门，但其本身却是以行为性质定义的法律部门。因此，国际体育法的体系应包括以下内容：

第一，国际体育法的本体论问题，具体包括国际体育法的内涵、外延、特征、基本原则、法律渊源等问题，明确此类基本理论问题，是国际体育法建立及完善的前提，也是学习国际体育法的基础。

第二，运动员基本权利问题。如前所述，运动员是体育运动的细胞，是国际体育法律关系中最重要的主体，因此国际体育法应当明确运动员的基本权利问题，具体包括运动员基本权利保障、运动员参赛资格确认以及体育组织内运动员会员资格管理等。

第三，体育知识产权问题。科学技术日新月异，体育运动中知识产权的保护也逐渐占据了重要地位，体育知识产权的保护既包括国内的法律保护，也包括国际的法律保护。

第四，暴力行为的预防和制止问题。体育运动本就是热血的，运动场上无论是运动员和观众，都会对运动比赛投注以十二万分的热情。但相应的，体育运动场上也极易发生暴力事件，因此建立赛场上运动员、观众暴力行为的预防

---

① 何博芳、朱文英："中超联赛拒绝种族歧视"，载 https://m.sohu.com/a/287961582_503725，2020 年 3 月 6 日访问。

和制止制度十分重要，另外还需明确反恐和安全保障等法律问题。

第五，体育运动争议解决和司法监督问题。具体包括国际体育运动管辖权、争议解决机制的选择、听证程序、上诉程序、裁决决定执行程序、裁决的监督及纠正机制等。

除此之外，国际体育法的体系还应包括反兴奋剂机制和国际体育法发展问题的研究。

第二节　国际体育纠纷解决机制

一、国际体育纠纷的特殊性

体育纠纷指的是在体育活动中或相关体育事务中产生的以体育权利和义务为内容的一种社会纠纷。[①] 显而易见，国际体育纠纷则指两个或两个以上不同国家或地区的主体之间发生的以体育权利、义务为内容的社会争议。在体育运动或与体育运动相关的事项中经常会产生纠纷，不仅仅是发生在运动员和体育协会之间——他们可能因竞赛机制的合法性问题而争论，而且也发生在发起者、赞助商、筹办者以及各类代理商之间。[②] 相对于一般社会纠纷的动态性、对抗性、复杂性，国际体育纠纷因具备自身的特殊性而从纠纷解决中自成体系。

1. 国际体育纠纷具有较强的专业技术性。体育运动本身具有的专业性和技术性使得体育纠纷也表现出较强的专业性和技术性，[③] 正是这种特性使得体育纠纷往往从司法实践中脱离。国际体育纠纷中存在大量的技术行为需要特定体育机构和专业技术人员加以鉴定或评估，并依赖于相关的技术规则和标准，这使得仅具备一般法学知识却不具备体育专业背景的司法工作人员难以做出正确的决断。总之，国际体育运动实践表明，体育专家和法律专家的相互配合是应对体育纠纷专业技术性的通用做法。

2. 国际体育纠纷具有较高的时效性要求。国际体育赛事的频繁以及运动员运动生涯的短暂性使得该领域发生的体育纠纷对时效性提出较高要求，在有限的时间内及时高效地解决问题不仅是体育纠纷解决机制合理性的内涵，亦是维

---

① 郭树理："多元的体育纠纷及其救济机制的多元化"，载《浙江体育科学》2005 年第 2 期。

② Jan Paulsson，"Arbitration of International Sport Disputes"，*Entertainment and Sports Lawyer*. Vol 11，1944，p.12.

③ 徐士韦："体育纠纷及其法律解决机制研究"，上海体育学院 2015 年博士学位论文。

护运动员权利的重要手段。尤其是在运动员参赛资格问题上，若无法满足高效紧迫的需求导致参赛选手无缘赛事，这将给运动员造成不可弥补的切身利益损失，甚至对其职业生涯产生不可估量的负面影响。

3. 国际体育纠纷具有极强的社会关注度。新闻媒体、网络技术的迅猛发展使得体育赛事不断扩大其社会关注的聚集性，例如孙杨兴奋剂违规事件的舆论热潮始终高居不下。特别是赛事举办期间，由于体育赛事的聚集性特征，赛事举办期间国内外大量媒体、相关组织或个人的目光都会聚焦到举办地，把全世界的目光在短时期内迅速聚焦到一个城市。① 在此种情形下，体育赛事中产生的体育纠纷具有极高的社会关注度，其处理结果甚至涉及民族利益之争，这使得国际体育纠纷解决的压力骤增，能否公平公正妥善解决纠纷成为营造公平竞技环境和赢得公众信心的重要环节。

4. 国际体育纠纷当然具备国际性特征。随着全球化进程和国际赛事的增加，世界各国体育运动呈现密切交织样态，这一国际性包括涉事主体的国际性，即国际体育组织、运动员及其辅助人员的跨国流动与合作；亦包括体育赛事规模的国际性和体育产业链的全球扩张。然而伴随这一国际性趋势而来的是国家利益竞争和法律体制差异带来的矛盾与纷争，这意味着国际体育纠纷解决需要从更高层次探寻高水平治理方式。

二、各种国际体育纠纷解决机制的优势比较

纠纷解决是纠纷发生后特定解纷主体依据一定的规则、手段和程序，消除冲突状态、对损害进行救济和恢复秩序的活动过程。② 在国际体育实践中，体育纠纷的解决机制主要包括内部救济机制与外部救济机制，前者即体育行业内部自律性救济，后者则包括司法诉讼、仲裁以及 ADR 解决机制。总的来说，各类纠纷解决机制禀赋各异，共同组成了多元化体育纠纷救济体系。

1. 体育行业内部救济。行业内救济主要是指各级体育协会或团体内部建立的纠纷解决机制，它是一种自律性的解纷机制。③ 在体育纠纷解决的整体机制中，用尽行业内部救济原则已然成为国际社会的通用原则。这要求体育纠纷当事人在内部救济途径不能解决纠纷时才能够诉诸仲裁、司法诉讼等外部救济方式。其优势在于体育行业内部人员具有较强的专业知识，在处理相关领域体育

---

① 张业安等："上海市大型体育赛事的媒介传播效果评估指标研究"，载《体育科研》2013 年第 4 期。

② 范愉、李浩：《纠纷解决——理论、制度与技能》，清华大学出版社 2010 年版，第 14 页。

③ 张春良："体育纠纷救济法治化方案论纲"，载《体育科学》2011 年第 1 期。

纠纷时往往能够如臂指挥。另外，行业内救济具有较强的灵活性、高效性、经济性，使得其成为轻微体育纠纷当事人的首要选择。然而，行业内部救济往往存在不平等隶属或附属关系，这使得最终结果的公正性令人质疑。

2. 体育司法诉讼。在体育仲裁院建立之前，诸多国际体育纠纷往往被诉诸法院，通过司法诉讼的方式加以解决。法院诉讼具有其他纠纷解决机制不可比拟的公权性、强制性和严格的程序性。这些特点使得司法诉讼具备最高权威性，在各类纠纷解决机制中处于最终环节。可以说，司法诉讼是体育纠纷解决的最后防线。但由于僵硬性、耗时性、高成本和法律适用冲突等弊端，以及仲裁这种替代纠纷解决机制的快速发展，司法诉讼在体育纠纷解决时显得愈加力不从心并逐渐被阻挡在国际体育纠纷解决的大门之外。

3. 体育仲裁。仲裁作为诉讼的一种替代方式，在广泛的国际实践中迅速发展成熟并凭借其独特优势在各类国际体育纠纷解决机制中独占鳌头。相比其他机制，仲裁的优势主要体现在：①仲裁解决体育纠纷具有高效快捷性。这主要表现在仲裁的审限短且为一裁终局，对时间的限制使得仲裁能够加速纠纷的解决以适应体育行业对时效的特殊需求。例如，《奥林匹克运动仲裁规则》规定了奥运会期间24小时内解决有关体育纠纷的特殊时限安排。②灵活选择仲裁员、仲裁地和准据法。体育仲裁以当事人之间的仲裁协议为基础，其优点在于充分尊重了双方当事人对仲裁员、仲裁地和准据法的共同合意，使得体育仲裁具备较高的灵活性和稳定性。③体育仲裁具有较强专业性。以体育仲裁院为例，现有体育仲裁员往往是来自体育行业内的专业人员，这促使体育仲裁院裁决比较容易获得双方当事人的共同认可。④除此之外，体育仲裁的保密性、经济性、灵活性、仲裁机构的独立性和仲裁结果的公正性亦是体育仲裁纠纷解决机制的独到之处。

4. ADR解决机制。狭义的观点认为ADR指不包括仲裁在内的各种非诉讼解决争议的方法，① 国际体育纠纷的ADR解决机制则应包括体育谈判、调解、和解等方式。尽管目前尚未形成成熟的理论研究成果，但ADR机制在实践中的运行无疑提高了国际体育纠纷解决机制的多元性，通过此种机制，体育纠纷当事人可实现全程自愿自主参与和利益诉求的全面表达，且这种方式有着更为低廉的成本、较高的保密性和较为友好的交流氛围，在一般国际体育纠纷解决中不失为一剂良方；但其缺陷也异常鲜明，即不具备权威性和强制执行力。

---

① 黄进：《国际商事争议解决机制研究》，武汉大学出版社2010年版，第12页。

三、国际体育仲裁制度

1. 体育仲裁院的历史沿革。国际体育纠纷的本质特征要求国际社会建立具备广泛管辖权的体育机构并且能够做出有效、灵活、经济且正式的裁决。1983 年 4 月 6 日，在新德里举行的国际奥委会会议上通过了体育仲裁院的章程，体育仲裁院（CAS）正式成立，总部坐落于瑞士洛桑。[①] 成立之初，体育仲裁院仅具有 60 名仲裁员，其职能包括受理普通仲裁程序、上诉仲裁程序以及提供咨询意见。伴随体育仲裁院成功运转，它逐渐成为解决国际体育纠纷的重要场所。

由于体育仲裁院自身体制设置和仲裁员选任制度存在的缺陷，在成立之初，体育仲裁院就饱受独立性质疑，这一点在 1993 年甘德尔（Gundel）案中出现转机，在该案中，瑞士联邦法院肯定了体育仲裁院是真正的仲裁机构。可以说甘德尔案是体育仲裁院历史上起决定作用的事件。

为了进一步保证体育仲裁院的独立性和公正性，国际体育仲裁委员会（ICAS）于 1994 年成立，作为体育仲裁院的管理机构，确保体育仲裁院独立于国际奥委会。从国际体育法学的角度而言，1994 年可以被视为一个转折点，转型后的体育仲裁院以及从国际奥委会中独立出来的行为使体育仲裁院从国际法律同行、国际单项体育联合会及运动员代表组织那里获得了更多的自信。[②]

在国际体育仲裁委员会成立后不久，体育仲裁院再一次进行结构扩张，即创建临时仲裁机构和分部。除此之外，从体育仲裁院建立至今，其仲裁员名单不断更新和扩大，体育仲裁院仲裁规则经历数次修改。2019 年反兴奋剂仲裁庭的成立体现了体育仲裁院面对复杂的国际体育态势不断做出调整和应对，体育仲裁院的不断发展以及其在国际体育领域地位的不断提高使得其逐步成长为一个为世界广泛认同的体育仲裁机构。

2. 国际体育仲裁的法律适用。国际体育仲裁中，法律适用是仲裁程序的重要内容之一，如何选择适用合适的法律将直接影响到双方当事人的权利和义务。[③] 以体育仲裁院为例，作为国际体育仲裁最权威机构，其实体法律适用规则较为完善，是国际体育仲裁的典范之作。具体规则设置如下：

---

① 郭树理主编：《国际体育仲裁的理论与实践》，武汉大学出版社 2009 年版，第 5~6 页。

② 郭树理主编：《国际体育仲裁的理论与实践》，武汉大学出版社 2009 年版，第 8~13 页。

③ 周青山：“现代冲突法视野下国际体育仲裁院实体法律适用”，载《北京体育大学学报》2018 年第 5 期。

表 14.1　体育仲裁院实体法律适用规则

	普通仲裁程序	上诉仲裁程序	奥运会特别仲裁程序
实体法律适用规则	A. 当事人意思自治 B. 瑞士法 C. 仲裁庭依公平合理原则进行裁决	A. 体育规则 B. 当事人意思自治 C 被上诉决定的体育联合会、体育协会或相关体育组织所在地国的法律 D. 仲裁庭认为适当的法律规则	A.《奥林匹克宪章》 B 可适用的体育规则 C. 仲裁庭认为适当的一般法律原则和法律规则

从上表中，我们可窥见国际体育仲裁法律适用的主要特征，主要包括以下几个方面：

（1）法律适用的层次性。以体育仲裁院为例，其法律适用的层次性主要体现在两个方面：首先体育仲裁院为普通程序、上诉程序和奥运会特别仲裁程序设置了不同的法律适用规则；其次，在某一具体程序内，实体法律规则的选择亦具有层级限制，如在普通仲裁程序中，当事人双方意思自治成为法律适用的首要选择，其他法律选择途径则用以补充意思自治的不足。丰富且严谨的层次架构保证了国际体育仲裁法律适用的灵活性、公正性和对当事人权利的充分尊重。

（2）实体规范的广泛性。国际体育仲裁的法律适用上具备规范种类的广泛性。整体而言，主要包括特定国家法、具备一定法律拘束力的各类体育规则或规章、《奥林匹克宪章》以及一般法律原则和法律规则，这些实体规范可通过当事人意思自治、仲裁庭自由裁量等方式进行个案选择。总之，国际体育仲裁的法律适用已经脱离国内实体法的局限得到丰富和发展。

（3）当事人选法的优先。从现有法律适用规则来看，无论是普通仲裁程序还是上诉仲裁程序都允许当事人通过意思自治进行实体法的选择，并充分肯定了这种选择的优先性。这一原则的设立符合现代冲突法的发展趋势，大大增强法律适用的稳定性和仲裁结果的可预见性。另一方面，通过意思自治确定实体法亦强化了仲裁结果的说服力和执行力，有利于纷争的顺利化解。

（4）排斥冲突法的适用。无论是体育仲裁院还是其他国际体育仲裁机构，在法律适用上不约而同地选择直接适用实体法从而拒绝冲突规则的适用，这一做法是值得肯定的。冲突规则的一大本质特点是法律适用的不确定性，即通过繁杂的冲突规则指引实体法适用不仅增加了法律适用的难度，还有可能导致实体法与体育纠纷的分离，相反，直接适用实体法使得法律适用程序更加灵活简捷。

确立国际体育仲裁的法律适用规则的一大价值取向应当是保证法律适用的一致性、确定性和稳定性。从广泛的国际实践中，不难看到国际体育仲裁规则以其独具特色的设计为法律适用保驾护航，但另一方面，国际体育仲裁法律适用的极大灵活性亦带来法律适用模糊性、不可预见性风险，尤其是仲裁庭具有极大的自由裁量权，仲裁员的主观偏好在某种程度上减损了法律适用的客观性和一致性。

3. 国际体育仲裁院裁决的承认与执行。

（1）《纽约公约》在国际体育仲裁中的适用。1958 年签订的《承认与执行外国仲裁裁决的公约》（以下简称《纽约公约》）被誉为"国际仲裁大厦框架中最为重要的支柱"。[1] 从目前国际体育理论与实践来说，《纽约公约》是国际体育仲裁裁决承认与执行的主要依据。

首先应当明确国际体育仲裁裁决适用《纽约公约》的基本条件，即适用的仲裁裁决是发生在自然人或法人之间的仲裁裁决且对于被申请国而言为国外仲裁裁决。按照一般理论，只要国际体育仲裁裁决是基于合法仲裁协议作出的并符合上述适用条件，就应当和其他裁决一样获得承认与执行。但是，对于国际体育纠纷的性质《纽约公约》中并未有明确规定，这也使得不同性质的国际体育仲裁裁决在适用性上产生诸多争议，尤其在非商事性的体育仲裁方面。有学者提出，国际体育仲裁属于广义上的民商事仲裁，其当然可依据《纽约公约》得到成员国的承认与执行；但另有学者认为一部分国际体育纠纷在性质上具备明显的行政色彩和纪律处罚性质，这种人身权利属性使得难以将之简单定性为民商事仲裁，也就无法直接适用《纽约公约》保障其承认与执行。目前而言，非商事性国际体育仲裁裁决仍然需要根据个案具体情形获得相关被申请国法院的承认与执行。

《纽约公约》为其承认与执行提供了强有力的支撑。目前，世界上主要的国际单项体育联合会均表明了他们对体育仲裁院裁决的可执行性的信心，不少国家亦通过个案实践承认了体育仲裁院裁决的可执行性。例如"一方俱乐部案"[2] 作为首例在中国获得承认与执行的个案肯定了《纽约公约》在国际体育仲裁裁决承认与执行中发挥的作用。

---

[1] Stephen A Kaufman, "Issues in International Sports Arbitration", *Boston University International Law Journal*, Vol 13, 1995, p.527.

[2] 胡安、阿尔方索与大连一方足球俱乐部有限公司一审民事裁定书（2017）辽 02 民初 583 号。

（2）拒绝承认与执行国际体育仲裁的根据。《纽约公约》第5条规定了仲裁裁决可能得不到承认与执行的各种情况，主要包括程序性和实体性抗辩理由。前者包括仲裁协议无效、仲裁庭侵犯当事人的正当程序和公平听证权、仲裁庭组成不当、仲裁庭越权仲裁五种违反正当程序的抗辩情形；后者则包括两种实体抗辩情形，即体育争议具有不可仲裁性和公共政策抗辩。[①] 在前述理由中，公共政策问题适用最为广泛也最为有效。尤其在《纽约公约》并未明确其确定含义的前提下，各国依据自由裁量权和概念之间的差异赋予公共政策问题以较大的弹性。

总而言之，伴随国际体育仲裁的蓬勃发展，仲裁机构的中立性和公正性不断加强，《纽约公约》和国际社会实践表明国际体育仲裁具备良好的承认与执行趋势，但是《纽约公约》并非专门针对体育纠纷而制定，其本身仍存在诸多未尽之处。基于国际体育赛事的全球性运作特征，国际社会尤其是国际体育法领域有必要探索制定或形成全球统一的专门用于国际体育仲裁裁决承认与执行的特殊标准。

第三节　奥林匹克法律制度

一、奥林匹克运动组织管理制度

奥林匹克运动组织体系主要由三个部分组成，分别是国际奥林匹克委员会、国际体育联合会和国家奥林匹克委员会，它们的主要职责与相互关系由《奥林匹克宪章》规定。《奥林匹克宪章》是国际奥委会制定的关于奥林匹克运动的最高法律文件，该宪章对奥林匹克运动的宗旨、原则、组织构成与各自的职权范围以及奥林匹克各种活动的基本程序等做了详细规定，是约束所有参与者行为的最基本标准和开展国际合作的基础。

宪章内容随着奥林匹克运动的发展而完善。第一个具有宪章性质的文件是1908年《国际奥委会的地位》，由国际奥林匹克运动委员会的发起人皮埃尔·德·顾拜旦起草。该文件对国际奥委会的任务、组织管理、委员产生方式等问题作了比较明确的阐述，后世以该文件为基础逐步建立起了奥林匹克运动的规章。1978年，国际奥组委首次使用"奥林匹克宪章"这一名称来称呼规章，自此所有版本的规章都被称为"奥林匹克宪章"。现行《奥林匹克宪章》总共

---

① 黄世席："国际体育仲裁裁决的承认与执行"，载《当代法学》2012年第6期。

六个章节：第一章规定了奥林匹克运动的最高权力、运动的范围和国际奥委会的职责；第二章到第四章对国际奥委会的法律地位、组成和成员资格、国际单项体育联合会的资格认可和作用以及国家奥委会的组成与职能等进行了详细规定；第五章涉及奥运会的组织管理、参赛条件、礼仪安排和相关协议等内容；第六章则规定了对违反宪章等相关法律文件者可能采取的措施以及纠纷解决程序。下文将主要介绍国际奥委会和国家奥委会以及二者的关系。

1. 国际奥委会。国际奥委会是一个非盈利、非政府的国际组织，也是奥林匹克运动的领导机构，于1894年在巴黎召开的国际体育代表大会上成立，成立时的名称是"国际奥林匹克运动会委员会"（International Committee for the Olympic Games），[1] 它的任务是依奥林匹克宪章领导奥林匹克运动。

（1）国际奥委会的组织结构。[2] 国际奥委会的组织结构包括国际奥委会的全体会议、执行委员会和主席。国际奥委会全体委员会议是国际奥委会的最高权力机构，所作决定为最终决定。全体委员会议对奥林匹克运动一切重大问题享有决策权，包括但不限于对奥林匹克宪章进行修改或表决通过；推选国际奥委会的新委员或撤销委员资格；选举并任命国际奥委会主席、副主席和执行委员会委员；决定奥运会的主办城市；决定增加或撤销奥运会比赛项目中的运动大项；承认或撤销国际单项体育联合会和国家奥委会在奥林匹克大家庭中的资格。

国际奥委会执行委员会是国际奥委会全体委员会的常设机构，行使国际奥委会的职责，负责处理奥林匹克运动的日常事务。执行委员会由主席1名、副主席4名和委员10人组成，经全体委员会选举产生。其主要职责为监督《奥林匹克宪章》的正确实施并确保奥运会正常举行，制定与颁布内部组织管理规章，管理国际奥委会财务并制作年度报告，确定全体委员会议议程，确定国际奥委会候选人名单，等等。

国际奥委会主席由全体委员会议以无记名投票方式从委员中选举产生，任期8年，可连选1任，连选任期4年。主席领导执委会工作，对外代表国际奥委会，主持国际奥委会的所有活动，当出现国际奥委会及其执行委员会都难以采取行动的情况时，经主管部门批准，主席可以代表国际奥委会作出决定。

---

① 陈江峰："国际奥委会的法律性质及运作规则初探"，外交学院2004年硕士学位论文。

② Olympic Charter, Rul. 17–20. 载：https://stillmed.olympic.org/media/Document%20Library/OlympicOrg/General/EN-Olympic-Charter.pdf#_ga=2.157743482.1134897361.1584675472-114885751.1583557503，2020年3月20日访问。

（2）国际奥委会委员。①国际奥委会委员经全体委员会议选举产生，新当选者经宣誓方可正式就职。国际奥委会委员需遵守《奥林匹克宪章》及国际奥委会的其他规定，参加会议并完成被委任的工作，委员还应监督各自国家或供职的组织执行国际奥委会计划的情况，并将有关信息向国际奥委会主席汇报。

2. 国家奥林匹克运动委员会。②国家奥委会是奥林匹克运动的基层组织，是奥林匹克各种活动的直接承担者。国际奥委会和国际单项体育联合会组织的一切奥林匹克活动，最终都要由国家奥委会来执行和完成。《奥林匹克宪章》第四章对国家奥委会的任务、作用、组成、名称、使用的标志等方面进行了详细规定，完全符合要求者才能得到国际奥委会的承认，成为这一国家或地区奥林匹克运动唯一合法的组织者与领导者。目前，已有 206 个国家或地区奥委会获得了国际奥委会承认。

（1）国家奥委会的职责和权力。国家奥委会的任务是根据《奥林匹克宪章》在本国或本地区发展和维护奥林匹克运动。其具体职责如下：①为宣传奥林匹克基本原则与价值观，国家奥委会应在各自国家内的各级学校、体育教育机构及大学中普及奥林匹克运动并推广相关教学计划。除此之外，还可以通过建设奥林匹克专门院校、博物馆，开展各种文化活动等方式强化奥林匹克运动在国内的影响力。②确保《奥林匹克宪章》在各自国家内得到遵守，推动运动技术水平的提升以及全民体育的发展。国家奥委会可以组织训练班对体育管理人员进行培训。培训内容应有助于传播奥林匹克主义的基本原则。国家奥委会还应积极打击运动中任何形式的歧视和暴力行为，推动反兴奋剂条例的批准通过与实施等。③各国参加奥林匹克运动会和受国际奥委会赞助的地区的、洲的或世界性的综合体育竞赛，只能以国家奥委会名义参加；而国家奥委会也有义务遴选运动员并组成代表团参加奥运会和由国际奥委会赞助的综合体育竞赛。国家奥委会有权选择和指定适合举办奥运会的城市。④国家奥委会应保持独立自主的地位。为保证《奥林匹克宪章》在各国国内的执行，其应抵制来自政治、宗教和经济等方面的压力。国家奥组委可以与政府或非政府机构开展合作，但不得参与任何违背宪章精神的活动。

---

① Olympic Charter, Rul. 16. Olympic Charter, Rul. 17–20. 载：https://stillmed.olympic.org/media/Document%20Library/OlympicOrg/General/EN-Olympic-Charter.pdf#_ga=2.157743482.1134897361.1584675472–114885751.1583557503，2020 年 3 月 20 日访问。

② Olympic Charter, Rul. 27. 载：https://stillmed.olympic.org/media/Document%20Library/OlympicOrg/General/EN-Olympic-Charter.pdf#_ga=2.157743482.1134897361.1584675472–114885751.1583557503，2020 年 3 月 20 日访问。

国家奥委会有权使用"国家奥林匹克委员会"这一专有名称，它可以选派运动员、官员和其他人员随代表团参加奥运会。在国际奥林匹克事务中，国家奥委会有权向国际奥委会提出有关奥林匹克宪章和奥林匹克运动的建议，可就奥运会申办者的资格提出意见。必要时，国家奥委会将共同筹备奥林匹克代表大会。在经国际奥委会授权并符合相关规定的前提下，国家奥委会还可以使用奥林匹克财产等。

　　（2）国家奥委会的组成。[1]国家奥委会的组成有一定的标准，只有达到了这种标准，才能得到国际奥委会的承认，成为奥林匹克大家庭中的一员。其组成人员具体要求为：①如果本国有国际奥委会委员，则国家奥委会中必须包括该国际奥委会委员。国际奥委会委员的职责决定了他们同时也是国家奥委会执行机构的成员，并且在全体会议和执行机构中拥有投票权。②必须包括管辖奥林匹克运动会项目的国际单项体育联合会所属的所有全国单项体育协会或其指派的代表。③必须包括参加过奥林匹克运动会的在役或退役运动员。他们最迟必须在参加的最后一届奥运会之后的第三届奥运会结束前离职。

　　隶属于国际单项体育联合会但体育项目尚未列入奥运会计划的全国单项体育协会、综合体育团体及其代表以及愿意为国家奥委会效力或已为奥林匹克事业做出了杰出贡献的公民，都可以成为国家奥委会的成员。需要特别指出的是，政府或其他行政机关不能指定国家奥委会的任何成员，但国家奥委会可以按自己意志遴选上述部门的代表为委员。

　　3. 国际奥委会与国家奥委会的关系。《奥林匹克宪章》规定了国际奥委会与国家奥委会之间的关系。国际奥委会、国际单项体育运动联合会与国家奥委会通常被称为奥林匹克运动的"三大支柱"，它们互相配合、相辅相成，保证着奥林匹克运动的正常运行。具体而言，国际单项体育运动联合会与国家奥委会在国际奥委会领导下的相互协调、互相配合的关系。在这种关系结构中，国际奥委会是指挥首脑，国际单项体育联合会进行技术辅助，国家奥委会是开展各种活动的基本单位，三者缺一不可。[2]国际奥委会与国家奥委会之间并不存在隶属关系，它们在组织上各自独立，地位彼此平等。

　　宪章将奥林匹克运动的一切重要权力集中在国际奥委会手中，它有权承认

---

[1]　Olympic Charter, Rul. 28. 载：https://stillmed.olympic.org/media/Document%20Library/Olympic
　　Org/General/EN-Olympic-Charter.pdf#_ga=2.157743482.1134897361.1584675472–
　　114885751.1583557503，2020 年 3 月 20 日访问。

[2]　孙葆洁编著：《奥林匹克运动》，大众文艺出版社 2000 年版，第 85~89 页。

或撤销国家奥委会的资格，也有权取消组委会承办奥运会的权利。在这一前提下，为了保证各组织合作的顺利展开，国际奥委会注重听取国家奥委会的意见，尊重其独立性，不干预其内部事务。①国际奥委会可通过奥林匹克代表大会与国际奥委会执委会和国家奥委会的联合会议来加强与国家奥委会的协商沟通。奥林匹克代表大会由国际奥委会委员、国际单项体育联合会、国家奥委会和被国际奥委会承认的组织的代表参加，原则上每8年举行一次会议；国际奥委会执委会与国家奥委会之间还可以举行联席会议，每两年至少举行一次会议。②国际奥委会与国家奥委会机构之间存在一定程度的兼职：国际奥委会委员是国家奥委会的当然成员，而国家奥委会的负责人也可能成为国际奥委会的委员。如此，国际奥委会与国家奥委会在组织上形成了你中有我、我中有你的交叉态势，有利于加强彼此的联系。③此外，国家奥委会还可以通过奥林匹克团结基金分享国际奥委会从举办奥运会中获得的经济收入。

二、奥林匹克主要法律制度

（一）奥运会赛事转播权制度

奥运会赛事转播权是国际奥委会的专属权利。奥运会能够成为当今世界最负盛名的赛事之一，与其赛事转播权及商业开发的发展离不开关系。自1936年柏林奥运会开始，奥运会与电视转播共同发展，赛事转播为国际奥委会也带来了巨大的资金收入。此后，国际奥委会所实施的长期电视转播权计划和1984年奥运会所独创的TOP商业计划，给奥林匹克运动的正常运作以及奥运会举办者提供了可靠的资金保证。根据国际奥委会官方网站提供的数据，包括2014年索契冬奥会和2016年里约奥运会在内，2013年~2016年所有奥运会通过出售赛事转播权、国际奥林匹克TOP营销计划和其他来源取得的总收入高达57亿美元，其中73%为出售赛事转播授权所得，而2018年奥运会赛事为国际奥委会带来收入22亿美元。④随着奥运会开始通过互联网和手机等进行传播，出现了许多新的法律问题，因此，对奥运会转播的法律制度进行研究，有利于为奥运会转播权转让与保护的规范化、法制化问题寻找出路。

1.奥运会赛事转播权的概念与法律性质。《奥林匹克宪章》第7条规定，

---

① 孙葆丽："奥林匹克运动三大支柱之间的关系"，载《体育文史》1994年第3期。

② "奥林匹克大家庭"，载国家体育总局官网：http://www.sport.gov.cn/n320/n370/c573734/content. html，2020年3月20日访问。

③ 周庆杰："论奥林匹克运动三大支柱间的相互关系"，载《体育文化导刊》2005年第8期。

④ 资料来源：https://www.olympic.org/funding，2020年3月17日访问。

奥运会是国际奥委会的专有财产，国际奥委会享有与之相关的所有权利，包括以广播、转播、录像等方式将奥运会赛事展示、提供给公众的权利。① 但是，体育赛事转播权并不是法律上的概念，其内涵需要明确定义。关于奥运会转播权的法律性质，国内外众说纷纭，尚无定论。国内的几种主流观点如下。

著作权说：有的学者认为体育赛事转播权属于著作权，应该由著作权法提供保护。著作权以作品的存在为前提，认定体育赛事转播权属于著作权，首先要论证的是体育赛事本身是否能被定义为作品。我国现行《著作权法》规定，为保护文学、艺术和科学作品作者的著作权以及与著作权有关的权益，鼓励有益于社会主义精神文明、物质文明建设的作品的创作和传播。体育赛事是一种运动竞赛，是在裁判员主持下，按统一的规则要求，组织与实施的运动员个体或运动队之间的竞技较量。② 它既是运动员运用自己的技术水平和发挥自己心理、智能的最终场所，也是其教练员、科研人员、管理人员展示自己辛勤劳动、聪明才智、科研成果的主要表现形式，他们的成果既通过运动员在运动竞赛中反映出来，也通过运动竞赛表演来检验其效益。③ 因此，体育竞赛满足作品的独创性要求。此外，竞赛可以通过多种方式进行再现，具有可复制性。尽管目前体育赛事尚不属于受法律保护的作品，但其与知识产权客体的诸多相似特征，使人有理由期待《著作权法》会进一步丰富作品内涵而将体育赛事纳入保护范围。

邻接权说：由于体育运动技术的共享性，运动员的创新程度有限，因此一般认为体育赛事不是作品。有人认为在体育比赛不是作品的情况下，仍可根据《罗马公约》第9条的规定将体育赛事转播权视为表演者权，理由是根据该条款可以将表演者的范围扩大到运动员。同时，出于保护劳动成果的需要，可以将运动员视为表演者，将体育赛事转播权视为表演者权。④ 表演者权是邻接权的一种，是表演者对其文学、音乐、戏剧、舞蹈、曲艺等作品的艺术表演依法享有的专有权利。根据邻接权的定义，它是一种以他人的作品为基础而衍生出的传播权。现代体育发生了根本性的变化，技能要求很高，难度很大，且其观赏性大大的增强，很多高难度的创新动作都是由教练员和科研人员在幕后进行

① Olympic Charter Rules 7. 载：https://stillmed.olympic.org/media/Document%20Library/Olympic Org/General/EN-Olympic-Charter.pdf#_ga=2.157743482.1134897361.1584675472-114885751.1583557503，2020年3月20日访问。

② 田麦久："运动训练学词解"，载《北京体育大学学报》1999年第6期。

③ 张厚福："论运动竞赛表演的知识产权保护"，载《体育科学》2001年第2期。

④ 李建华、申卫星主编：《知识产权法》，吉林出版社1998年版，117页。

了大量的智力创作，所以体育赛事表演者权主体包括运动员、教练员和科研人员。① 因此，有学者主张对我国著作权法中表演者的范围作扩大解释，将运动员等表演非作品的人也纳入其中。

无形财产权说：由于体育赛事转播权难以纳入现有权利中加以保护，有学者提出了无形财产权说。无形财产权的定义尚无定论，一般认为它是包括但不局限于知识产权的权利。无形财产的特征有：其一，人们可以多次利用它而不会消耗它的价值；其二，它是无形的人们无法触摸到；其三，因其无形性容易超出人们的控制。直播意义上的电视转播权是职业体育俱乐部、比赛组织者向电视机构出售现场制作体育电视节目的权利，这些节目的制作与播出几乎是同步的，根据"服务产品理论"，服务产品即非实物劳动成果，体育赛事为非实物形态的体育劳动成果，属于无形财产权。②

契约权利说：有学者认为，体育赛事转播权实质上是一种根据契约而产生的民事权利，是一种广义上的合同权。③《奥林匹克宪章》中明确规定了国际奥委会对奥运会电视转播权享有全部的权利，奥林匹克大家庭的每一个成员都必须遵守《奥林匹克宪章》的规定，并受其约束。④ 接受《奥林匹克宪章》就意味着接受其中转播权事项的约定，即合同法上的"达成合意"，奥运会赛事转播权也因此应被定义为一项契约权利。

欧美对体育赛事转播权法律性质的认识，在理论上经历了从"赛场准入权说""娱乐服务提供说"到"企业权利说"的发展过程，但仍未达成一致意见。由此可见，国内外关于体育赛事转播权法律性质的主要理论都缺乏充分说服力，目前还没有哪一部法律能够为体育赛事转播权提供完全的保护。

2. 奥运会赛事转播权侵权的法律规制。对于体育赛事转播侵权的方式主要有两种，一种是直播现场的侵权，表现为侵权人未获得体育赛事组织者许可，在体育赛事现场对正在进行的体育赛事进行直播。另一种是信号盗播的侵权，表现为侵权媒体或者网站盗取持权转播媒体的体育赛事直播信号在自己的网站或电视频道上进行实时同步直播。第一种侵权在互联网时代才开始大量出现，数码产品

---

① 王立新："体育赛事转播权中的法律问题"，苏州大学 2016 年硕士学位论文。
② 向会英、谭小勇、姜熙："反垄断法视野下职业体育电视转播权的营销"，载《天津体育学院学报》2011 年第 1 期。
③ 马法超："体育赛事转播权法律性质研究"，载《体育科学》2008 年第 1 期。
④ 张志伟："体育赛事转播权法律性质研究——侵权法权益区分的视角"，载《体育与科学》2013 年第 2 期。

的普及和互联网的快速发展使每个人都有条件对比赛实况进行现场直播；①第二种侵权则是体育赛事转播侵权的最普遍情形。两种侵权行为的法律规制是相互区分的。国际奥委会对网络转播一直持负面态度，一方面是因为网络赛事转播有可能削减其出售电视转播权所能获得的收益，另一方面则是由于通过网络进行赛事转播会出现大量的侵权现象。②

欧美国家的职业体育赛事发展时间较长，对体育赛事转播权的开发和保护形成了完善的系统和机制。美国司法实践认为，体育赛事的组织和开展获得了各方面资源的巨大投入，所以体育赛事转播权是为了获取更多经济利益的财产性权利。美国的"企业权利说"认为，由于比赛主办方的投入，"搭便车行为"应该被反对和禁止。因此，在美国的司法判例中，法院更倾向于保护俱乐部对于体育赛事的转播权并阻止第三人未经授权的盗用。而1961年《体育转播法》更是为体育赛事转播权的开发利用提供了法律依据。③欧盟的做法与美国有所不同，欧盟竞争法将体育赛事转播权市场按影响力、足球联赛和覆盖时间周期分门别类，根据不同赛事的等级和市场划分进行权利保护。我国对互联网转播和电视转播侵权行为依据不同的法律采取不同的打击方式。电视转播侵权行为通过《著作权法》《信息网络传播保护条例》的著作权和广播组织权相关规定进行保护；互联网转播侵权行为则主要采用合同形式保护，体育赛事转播权的转让者（如国际奥委会）与受让者之间往往通过签订严密的合同来明确双方的权利和义务。实践中，因缺乏高位阶的立法，我国对互联网传播侵权行为多通过行政手段规制。

2008年北京奥运会是第一次使用互联网、手机媒体进行赛事转播的奥运会。为了保护国际奥委会对奥运会的各项权利以及持权转播商的独家转播权，国际奥委会制定了《北京2008年第29届奥运会注册人员博客指南》，并针对不同受众（包括注册人员、持权转播商和非持权媒体）分别颁布了《北京2008年第29届奥运会互联网指南》，要求从以下几个方面入手，限制奥运会内容在互联网上的传播：①登载内容严格限制在自身的奥运会经历上；②严格限制登载动态视频和音频；③禁止运动员、教练员等从事新闻活动，个人拍摄的奥运会内容不得用于商业目的；④严格遵守奥林匹克知识产权保护的规定，网站、

① 王立新："体育赛事转播中的法律问题研究"，苏州大学2016年硕士学位论文。

② 王晓东："奥运会网络传播发展的历史回顾及前景展望"，载《武汉体育学院学报》2006年第5期。

③ 解丹阳："互联网生态下我国体育赛事转播权的保护"，北京体育大学2017年硕士学位论文。

博客的域名不得出现"Olympic""Olympics"及其相似字样，运动员、教练员等须遵守奥林匹克市场开发的各项原则，不得为非奥运会赞助企业提供宣传和隐形市场的机会。[①] 为了保护北京奥运会网上传播的版权，国家版权局、工业和信息化部、国家广播电影电视总局联合出台《关于严禁通过互联网非法转播奥运赛事及相关活动的通知》（国权联[2008]3 号），禁止一切未经授权的网络转播行为，并对打击新媒体盗播作出明确职能分工。[②]

由于互联网版权保护的法律模糊地带多，且赛事举办期有限，打击侵权行为必须争分夺秒。为兑现我国保护奥林匹克知识产权的国际承诺，国家版权局牵头联合各部门专门组建了"反盗版工作组"，并制定了《处理非法转播奥运赛事案件快速反应机制》。在该工作组中，各部门根据机制所规定的流程相互配合，实现对互联网的 24 小时监控，做到快速反应、特事特办。这充分反映了中国行政执法体制的特点，利用行政手段高效有力地打击了互联网非法转播赛事行为。

（二）奥林匹克标志保护制度

对奥林匹克标志定义的理解有狭义与广义之分，狭义的奥林匹克标志是《奥林匹克宪章》所指的奥林匹克五环与另一个独特元素相关联的集成设计；广义的奥林匹克标志则不仅包括了宪章第 8~14 条所做的描述（除传统的图案类标志外，也包含一般不能称为"标志"的会歌、会旗等），还包括了同各国家奥委会、各届奥运会有关的标志、专有名称及简称。为顺应加强奥林匹克标志保护的国际趋势，符合有关国家的立法实践，下文所称的奥林匹克标志应作广义理解。

奥林匹克标志是世界公认的国际奥委会和奥林匹克运动的标志，同时也是国际奥委会、国家奥委会以及奥组委的重要知识产权。除一般知识产权固有的垄断性、地域性外，它还具有无期限性的特点。奥林匹克标志蕴含着巨大的经济利益和广阔的市场空间，国际奥委会和举办奥运会的国家、城市可通过对奥林匹克标志进行市场开发以将其内在价值转化为可观的有形资产。但知识产权客体的无形性决定了标志权利人的合法权益易受侵害。因此，国际奥委会与各国建立起奥林匹克标志保护制度，为办好现代奥运会提供基本保障。

[①] 冯丰、孙婕："奥运会新媒体转播权研究"，载第 29 届奥林匹克运动会组织委员会法律事务部编：《北京奥运法律事务的足迹——北京奥组委法律事务部纪念文集》，中国人民公安大学出版社 2009 年版，第 186~188 页。

[②] 冯丰、孙婕："奥运会新媒体转播权研究"，载第 29 届奥林匹克运动会组织委员会法律事务部编：《北京奥运法律事务的足迹——北京奥组委法律事务部纪念文集》，中国人民公安大学出版社 2009 年版，第 189 页。

1. 奥林匹克标志保护的法律依据。

（1）国际保护。《奥利匹克宪章》是保护奥林匹克标志重要的基础性法律文件，它不仅明确了奥林匹克标志将受到法律保护，同时提出国际奥委会将采取一切适当措施使其在国际上和成员国内受到保护，此外，国家奥委会还必须采取措施防止以违反宪章规则或其附则的形式使用奥林匹克标志、旗、格言和会歌。[①] 但国际奥委会是非政府间国际组织，《奥林匹克宪章》并非国家间签订的条约，不具有国际法效力。

尽管宪章不能作为正式法律渊源，但它有力地影响并推动了奥林匹克标志保护的进程。为了解决奥林匹克标志的全球保护问题，世界知识产权组织于1981年制定了《保护奥林匹克标志内罗毕公约》（以下简称《内罗毕公约》），规定成员国非经国际奥委会许可，有义务拒绝以宪章规定的奥林匹克标志作为商标注册或使其注册无效，并采取措施禁止奥林匹克标志的商业使用。[②] 但该公约对各缔约国承担的保护义务仅作原则性要求，奥林匹克标志的范围、商业目的之含义、侵权后的救济措施等具体内容尚不明确，只能通过缔约国国内立法加以规定。公约的缔约国有52个，主要为发展中国家，中、美、英、法等国均未加入。目前为止，《内罗毕公约》在奥林匹克标志保护方面所能发挥的作用十分有限。

除《奥林匹克宪章》与《内罗毕公约》两部专门法律文件外，奥林匹克标志保护在国际上可适用的法律还包括《保护工业产权巴黎公约》《商标国际注册马德里协定》等公约，这些传统知识产权国际公约可以在各自范围内为奥林匹克标志提供国际保护。

（2）国内立法。由于奥林匹克标志的国际保护处于相对辅助地位，各国通过国内立法和司法手段打击侵权行为仍然是主要的法律规制。奥林匹克标志的国内立法保护主要有传统知识产权立法保护和专门立法保护两种方式。传统知识产权立法保护主要是将奥林匹克标志保护纳入商标法调整范围内。例如，由于本国商标法中对"官方标志"的保护强于一般商标，加拿大将奥林匹克标志规定为"官方标志"以提供必要的特殊保护。

由于传统知识产权法的保护范围和力度有限，国际奥委会对奥运会主办城

---

① Olympic Charter, Bye-law to Rules 7-14, 载：https://stillmed.olympic.org/media/Document%20 Library/OlympicOrg/General/EN-Olympic-Charter.pdf#_ga=2.157743482.1134897361.1584675472- 114885751.1583557503，2020 年 3 月 20 日访问。

② 裴洋："论奥林匹克标志的法律保护——国际法与比较法的角度"，载《法学评论》2008 年第 2 期。

市所在国为奥林匹克标志提供充分的法律保护提出了特别要求。通过专门立法进行保护逐渐成为各国和各地区的首选。美国 1978 年《业余体育法》是一部较早且具有重要影响的奥林匹克专门立法。该法规定了美国奥委会在其辖区内是奥林匹克标志的权利人；未经许可，任何人不得在商业或服务中使用该标志；美国奥委会有权对任何非法使用奥林匹克标志的人提起民事诉讼。[①]英国《奥林匹克标志（保护）法》和澳大利亚《奥林匹克徽记保护法》与《悉尼 2000年奥运会标识与图像保护法》等也为奥林匹克标志在其国内享有广泛保护提供了法律依据。

我国奥林匹克标志保护也分为传统知识产权保护和专门立法保护。《著作权法》《商标法》《专利法》中都有相应条款可为奥林匹克标志提供保护；被收入商标法律法规汇编的 1996 年《特殊标志管理条例》规定，条例保护对象包括在经国务院批准举办的全国性和国际性体育活动中所使用的，由文字、图形组成的名称及缩写、会徽、吉祥物等标志。[②]专门立法方面，2002 年国务院颁布的《奥林匹克标志保护条例》是一部保护奥林匹克标志的专门条例，该条例是我国吸收借鉴它国立法经验、保护奥林匹克标志的重要成果。

2. 奥林匹克标志侵权行为及其法律规制。国际奥委会等权利人对奥林匹克标志享有的权利内容包括专有权、许可使用权、收益权和禁止权。[③]根据《奥林匹克标志保护条例》第 10 条的规定，奥林匹克标志侵权是指行为人未经权利人许可，以商业营利为目的（含潜在商业目的），有意或无意使用奥林匹克标志，侵害权利人的专有、使用权，依法应当承担损害赔偿等法律后果的行为。条例第 5 条对"商业目的"进行了说明，[④]并在第 6 条规定，利用与奥林匹克标志有关的元素开展活动，足以引人误认为与奥林匹克标志权利人之间有赞助或其他支持关系，构成不正当竞争行为的，依照《中华人民共和国反不正当竞争

① 裴洋："论奥林匹克标志的法律保护——国际法与比较法的角度"，载《法学评论》2008 年第 2 期。

② 《特殊标志管理条例》第 2 条：本条例所称特殊标志，是指经国务院批准举办的全国性和国际性的文化、体育、科学研究及其他社会公益活动所使用的，由文字、图形组成的名称及缩写、会徽、吉祥物等标志。

③ 于善旭、马法超："体育标志与体育标志权初探"，载《天津体育学院学报》2001 年第 3 期。

④ 《奥林匹克标志保护条例》第 5 条：本条例所称为商业目的使用，是指以营利为目的，以下列方式利用奥林匹克标志：①将奥林匹克标志用于商品、商品包装或者容器以及商品交易文书上；②将奥林匹克标志用于服务项目中；③将奥林匹克标志用于广告宣传、商业展览、营利性演出以及其他商业活动中；④销售、进口、出口含有奥林匹克标志的商品；⑤制造或者销售奥林匹克标志；⑥其他以营利为目的利用奥林匹克标志的行为。

法》处理。① 经分析可知，我国奥林匹克标志侵权行为的构成要件包括：①未经权利人许可；②以盈利为目的；③使用了奥林匹克标志；④可能使人认为行为人与奥林匹克标志权利人之间存在赞助或其他支持关系。②

尽管各国对侵权的具体认定标准不同，但大都要求标志的使用不能使人认为行为人与权利人之间存在特定联系。英国《奥利匹克标志（保护）法》规定，关于奥林匹克的任何表达，包括使用与奥林匹克标志足够相近、易使人联想到奥运会的标志都是侵权行为。但不以自身获利为目的、仅在诚实表述商誉过程中为表明其曾经与奥林匹克运动有过赞助或其他支持关系而使用奥林匹克标志的，行为不会被定性为侵权。澳大利亚则采取"合理人"标准，即以正常情况下普通人的判断为标准，标志使用者不能使人联想到赞助而引起混淆。

奥林匹克标志侵权行为的表现形式可分为直接侵权和间接侵权。直接侵权是指在商品或服务中以盈利为目的使用奥林匹克标志，使人误以为行为人与奥运会存在某种支持关系。北京奥运会期间，"名乐"运动鞋为中国举重队战略合作伙伴，其在没有北京奥组委的合作协议情形下，在"名乐"新款运动鞋的吊牌上标记着"名乐体育"、奥运五环标志、"北京2008年奥运会中国举重队战略合作伙伴"等字样。③ 间接侵权则主要表现为变相使用奥运口号做商业广告、隐形推销等。④ 如印有奥运五环标志的服饰，写有"快乐奥运""北京2008年奥运会"等含奥林匹克标志字样的宣传单等。随着互联网的发展，还出现了抢注奥林匹克标志域名的现象。诸多侵权行为中，最具代表性的是埋伏营销式侵权。下文将以埋伏营销为例介绍奥林匹克标志侵权的法律规制。

埋伏营销（ambush marketing）源于体育赞助，是指埋伏营销者展开有计划的营销活动，把自己与某一有影响的赛事相联系，以期在某种程度上获得与该赛事的正式赞助商相同的认知或其他利益。⑤ 埋伏营销者通常与被埋伏者存

① 《奥林匹克标志保护条例》第6条，载：http://www.gov.cn/zhengce/content/2018-06/30/content_5302468.htm，2020年3月20日访问。

② 武嘉："试论奥林匹克标志权的保护"，载《齐齐哈尔大学学报（哲学社会科学版）》2004年第5期。

③ 慧聪网："'奥运快车'不能随便乱搭，不少商家涉嫌侵权"，载http://info.cloth.hc360.com/2008/04/07143067485.shtml，2020年3月14日访问。

④ 黄亚玲、赵洁："北京2008年奥运会奥林匹克知识产权保护研究"，载《北京体育大学学报》2005年第9期。

⑤ Erinn M Batcha, "Who Are the Real Competitors in the Olympic Games-Dual Olympic Battles：Trademark Infringement and Ambush Marketing Harm Corporate Sponsors-Violations against the USOC and its Corporate Sponsors", (1998) 8 Seton Hall J Sport L 229.

在市场竞争关系，像奥运会这样国际关注度极广、赞助费用十分高昂的体育赛事，埋伏营销是一种极为常见的侵权行为。对奥运会组织者而言，埋伏营销将减弱奥运会对未来赞助商的吸引力，进而逐渐减少自己的未来收益；对赞助商而言，其支付高昂的赞助费用是为了借助奥运会影响力提升自身品牌知名度，埋伏营销会削弱这种影响力。①

由于传统的知识产权法、不正当竞争法和侵权法已经不足以有效治理埋伏营销，为保护奥运会组织者和赞助商的利益，各国多通过特别立法的方式进行反埋伏营销。反埋伏营销特别立法可分为以下几类：保护大赛标志型、广泛规制联系性埋伏营销型和全面规制型。②仅保护大赛标志的特别立法是比较常见的类型，该类型以美国为代表。《业余体育法》中规定，未获美国奥委会许可以商业目的将奥林匹克标志用于营销的行为属于侵权行为，使用相类似的文字并使人将其与奥运会赞助商产生混淆或认识错误的，美国奥委会可对其提起民事诉讼。③该规定将保护范围局限于奥林匹克标志及相关且有专门意义的文字。我国《奥林匹克标志保护条例》也属于此种类型。广泛规制联系性埋伏营销型立法以英国为代表。《伦敦奥运会和残奥会法案》中提出了"伦敦奥林匹克联系权"，它规定，除符合工商业"诚实作法"的情形外，任何未经合法授权在产品或服务中暗示公众该产品或服务与奥运会之间存在联系的行为都可能被视为侵权。④此举使得除奥林匹克标志之外，所有的联系性埋伏营销也被列入打击范围，但是否构成侵权则在个案中具体认定。全面规制型则以南非为代表，除禁止未经授权使用奥林匹克标志外，还通过修改《商标法》来禁止大赛期间一切未经大赛组织者授权而在赛场附近等与比赛相关的场合为赢得关注而使用商标的行为。⑤南非的反埋伏营销法律规定在打击联系性埋伏营销的基础上，将侵入性埋伏营销也纳入禁止范围。可以说，南非对奥林匹克标志的保护范围最广，侵权打击力度最为严厉。

除特别立法外，各国也在司法实践中加强反埋伏营销。以雅典为例，2004年雅典奥运会期间，雅典奥运会组委会就通过其商标保护部门的协调，采取防

---

① 田雨："奥林匹克知识产权保护与反埋伏式营销比较研究"，载《知识产权》2007年第5期。

② 宋彬龄、童丹："反埋伏营销特别立法的类型化研究"，载《体育科学》2016年第3期。

③ 裴洋："论奥林匹克标志的法律保护——国际法与比较法的角度"，载《法学评论》2008年第2期。

④ 黄世昌："奥林匹克标志侵权法律规制的比较研究"，载《天津体育学院学报》2011年第1期。

⑤ 谢潇："规制奥运会隐性市场行为的立法探索"，载《体育科学》2007年第10期。

止、监督、报告、调查、强制措施等措施进行反埋伏营销互动。①据雅典奥组委法律部介绍，只有雅典奥组委才有权使用雅典奥运会会徽，希腊政府唯一使用过的同雅典奥运会相关的徽记也只是雅典奥运会火炬传递徽记。报纸、杂志在新闻报道中也不得擅自使用雅典奥运会会徽。②雅典奥组委通过加强宣传，取得了公众与政府部门的支持与理解，在不违反《奥林匹克宪章》的前提下顺利开展埋伏营销打击工作。

（三）奥运会志愿者制度

有百年悠长历史的奥林匹克运动不是超然于世而独自成长的事物，它的发生发展与其栖身的社会环境及时代背景都有密不可分的联系。19 世纪的欧洲，英国工业化飞速发展的同时导致了严重的失业问题，产生了大量贫困人口。为救济贫民而成立的慈善组织成为现代志愿服务的雏形，而参与慈善事业的各界人士被视为最早的志愿者。20 世纪正是奥林匹克运动与社会政治、经济、文化交织的百年历程，志愿者作为奥运会必不可少的组成部分，其发展脉络与奥林匹克运动相随相伴。③顾拜旦基于志愿精神创办了奥林匹克运动之后，国际奥委会的发展愈加依靠志愿者的支持与协助。现代奥运会的规模已今非昔比，人力资源面临着更加严峻的考验，志愿者不仅是奥运工作的辅助者，也正逐渐成为奥运会不可分割的重要元素。

1. 奥运会志愿者的概念与特点。志愿服务是公众参与社会生活的一种重要方式。关于体育赛事志愿者的界定，直到 1992 年巴塞罗那奥运会才以正式报告的形式予以明确。所谓"体育赛事志愿者"是指在举办体育赛事过程中，无私奉于、尽其所能、通力合作，完成交给自己的任务而不计报酬或任何回报的人。④在《北京奥运会志愿者行动计划》中，志愿者是指从规则制定伊始至 2008 年，在奥运会、残奥会筹备和举办全过程中以自愿为原则，以志愿服务为基本形式，在北京奥运会志愿者行动项目体系内，服务奥运、服务他人、服务社会的志愿者。⑤根据上述对奥运会志愿者的定义，可总结出以下特征：

① 田雨："奥林匹克知识产权保护与反埋伏式营销比较研究"，载《知识产权》2007 年第 5 期。
② 徐超："论奥运会埋伏营销的法律规制问题——兼谈对 2008 年奥运会埋伏营销的法律规制"，载《山东体育学院学报》2008 年第 1 期。
③ 宋玉芳："奥运会志愿者的形成背景与历史演变"，载《上海体育学院学报》2003 年第 5 期。
④ 肖浩："奥运会志愿者法律地位问题研究"，湘潭大学法学院 2008 年硕士学位论文。
⑤ "北京奥运会志愿者行动计划"，载新浪网：http://news.sina.com.cn/c/2005-06-06/10276092450s.shtml，2020 年 3 月 20 日访问。

（1）自愿性。自愿性是所有志愿服务的首要特征，奥运志愿服务也不例外。志愿者参加志愿服务是一种自愿行为，来源于一个人内心的道德与良知，而非外力的逼迫。奥运会志愿者凭借发自内心地对奥运会这一世界体育盛事的认同以及坚信当届奥运会能够成功举办的信念，主动投入自己的时间、精力、技能等以支持奥运事业的发展。

（2）无偿性。无偿服务是奥运会志愿者的最直接贡献。使用大量志愿者是筹办奥运会的惯例之一。筹办奥运会这样会期短、任务重的大型体育赛事，如果全部使用正式员工，组委会要支付的薪酬将会是一笔巨额开支，因而志愿者们提供的无偿服务无疑起到了开源节流的作用。

（3）社会性。体育赛事的举办牵涉到社会的各个方面，数量庞大的志愿者群体能帮助赛事举办国更好地完成比赛期间的接待和服务工作。奥运会志愿者在为来自世界各地的运动员、官员、裁判员、观众、记者和游客提供热情周到的服务时，他们的身份已经超越服务人员本身，而成为举办国家的形象大使。志愿者在与形形色色的求助者交流时，也学习了不同的文化，提升了个人素质。由此可见，奥运会志愿者是促进各国各民族友好交流、增进相互理解的使者，是奥运精神的最佳体现。

2. 奥运会志愿者的法律地位。奥运会志愿者的法律地位可通过其与志愿者组织、服务对象和其他社会不特定主体的关系反映。

（1）奥运会志愿者与志愿者组织的关系。奥运会志愿者与志愿组织之间的关系堪称奥运会志愿者参与的各种关系中的基础关系，决定了志愿者在志愿者组织中的法律地位。在我国，体育赛事的志愿组织一般有两类，即依法注册登记的社团法人和组织志愿活动的政府机关、非营利的事业单位等。有人认为在第二种情况下，志愿者与组织部门是行政管理关系。但是，具有行政职能的部门对奥运会志愿者并没有行政上的职责，也没有行政上的管理权限，不能命令或者强迫志愿者参加或不参加志愿活动，[①]因此二者之间不可能是行政管理关系。而由于志愿工作的无偿性，志愿者组织并没有向志愿者支付相应的劳动报酬，自然也不可能成立所谓的劳务关系。

志愿者与志愿者组织之间应当成立合同关系。合同是在自愿的基础上，基于平等主体间的合意而达成协议的一种民事法律行为。举办国奥组委在媒体上发布志愿者的招募公告应被视为面向不特定主体发出的要约邀请，而志愿者申

---

① 吴伟、郝战军："论体育赛事志愿者的法律关系及其立法启示"，载《首都体育学院学报》2011年第6期。

请人完成一系列考核最后正式注册为志愿者，就是合同从要约、承诺到最后订立的过程。双方当事人居于平等地位，自愿表示愿意受志愿者组织的章程或活动规则约束，且违约一方必须承担相应的法律后果，符合合同成立生效的全部要件。因此，奥运会志愿者与志愿者组织之间为合同关系。

（2）奥运会志愿者与服务对象的关系。奥运会志愿者与服务对象之间，是一种自愿、平等、互相尊重的服务与被服务关系，[①]且这种关系仅存在于赛事举办期间。我国志愿服务起步晚，宣传力度不够，大众对志愿活动的了解程度有限。一般观念认为，既然志愿者是自愿和主动提供服务，那么就没有权利可言，"理所应当"要忍受一些不公正待遇。这种观念是不正确的，它有违奥林匹克运动"互相理解、团结友爱"的精神。志愿者与服务对象之间虽然存在服务关系，但双方仍然是完全平等的主体，被服务一方在接受服务方的周到服务同时，也应当尊重服务方的人格和工作。任何一方的合法权益受对方侵害，都有权通过诉讼或其他方式寻求救济。

（3）奥运会志愿者与其他社会不特定主体的关系。奥运会志愿者在志愿服务过程中还会与其他社会成员形成一系列的法律关系，[②]此时志愿者被视为一个普通公民，享有其作为公民所应有的权利并履行法定或约定的义务，其作为志愿者的身份并不能成为逃避其法律责任和义务的借口。

【推荐阅读资料】

Foster K., "Is There a Global Sports Law?", *Entertainment Law*, Vol 1, 2003.

姜世波："Lex Sportiva：全球体育法的兴起及其理论意义"，载《天津体育学院学报》2011年第3期。

谭小勇、姜熙："全球体育法引论"，载《体育科学》2011年第11期。

唐勇："体育法概念的甄别"，载《体育科学》2013年第3期。

周爱光："体育法学概念的再认识"，载《体育学刊》2015年第2期。

高媛、董小龙："国际体育法若干基本理论问题刍议"，载《华南理工大学学报（社会科学版）》2011年第6期。

---

① 缪仲妮："论完善我国志愿服务法律制度"，载《江苏教育学院学报（社会科学版）》2006年第3期。

② 郑明："北京奥运会志愿者法律问题刍议"，载《北京社会科学》2007年第1期。

陈华荣:"体育法的基本原则:以体育特殊性为标准",载《体育与科学》2011 年第 1 期。

郭树理:"多元的体育纠纷及其救济机制的多元化",载《浙江体育科学》2005 年第 2 期。

后　记

　　我与体育法结缘，始于20年前受邀赴韩国参加的一个体育法学术会议，当时作为兼职律师代理过一起游泳馆人身损害案件的经历，我在那次会议上粗略介绍了中国法院对此类案件的处理实践。未曾料想的是，从此之后的20年来，我竟然有幸深入地进入体育法这个崭新的领域，并亲眼见证了她在中国的茁壮成长。

　　2002年，我与焦洪昌、王小平两位同道一起，创办了中国政法大学体育法研究中心，后来被大家戏称为"三驾马车"。在学校的支持下，中心的工作踏实而稳健地不断前行。身处一所法科院校，却有许多热爱体育的同仁不断加入我们团队，用兴趣之火助燃体育法的发展。2006年，开始招收体育法方向硕士研究生，2014年，开始招收体育法方向博士研究生。同时，也渐次开设了多门针对研究生的体育法专业课。除了校内的人才培养外，多年以来，鉴于体育法鲜明的实践面向，我们积极参与国家与北京市的体育立法工作，为国家体育法治建设建言献策，多份咨询意见被国家体育总局采纳，在社会服务方面作出了应有的贡献。2019年以来，我校体育法学科建设步入了快车道，体育法研究所和体育法治研究基地的相继成立，可谓是我们多年积累后的结果，为体育法的繁荣发展提供了新的契机。

　　从现行的学科建设体系角度说，法学的二级学科是非常稀缺的资源，想要跻身于现有的二级学科目录之内非常困难，但是一个不容忽视的趋势是，近年来像体育法这样的诸多交叉学科，正在实践需求的带动下自发地、迅猛地发展壮大。理论终究是要关注实践的，学科设置不能固步自封，必须回应快速发展的社会现实。近年来在体育领域，围绕着兴奋剂违规、足球职业联赛改制、奥运会延期等热点，法律问题层出不穷。对这些问题，传统的部门法左支右绌，很难涵盖，人们发现在体育和法律交汇的地方，有一个学术富矿亟待发掘。当然，这一现象非独体育领域存在，在卫生、教育、能源等许多领域，都有类似的情景。其实，这也恰恰反映了在一个快速走向法治的社会中，各行各业均需实现规则之治的现实。在此背景下，中国政法大学研究生院组织编写这套交叉学科法学研究生精品教材，可谓正当其时。

　　本书编写力量汇聚了国内体育法研究的部分中坚，大家结合各自研究专长，就体育领域中主要的法律现象进行了较为充分的介绍和分析。在本书即将付梓之际，衷心感谢中国政法大学出版社艾文婷编辑、郭柯一编辑，他们认真而勤勉的工作态度对编写工作助益良多。中国政法大学研究生院彭姣老师、体育法硕士研究生昝白雪、潘宏哲对本书的撰写亦有贡献，在此也对他们表示感谢。当然，书中若有讹误，悉由编者承担。

马宏俊

于北京海淀

2021 年 5 月

声　明　　1. 版权所有，侵权必究。

2. 如有缺页、倒装问题，由出版社负责退换。

图书在版编目（ＣＩＰ）数据

体育法导论/马宏俊主编. —北京：中国政法大学出版社，2021.11
ISBN 978-7-5764-0073-1

Ⅰ.①体…　Ⅱ.①马…　Ⅲ.①体育法－中国　Ⅳ.①D922.16

中国版本图书馆CIP数据核字(2021)第178550号

出　版　者　　中国政法大学出版社
地　　　址　　北京市海淀区西土城路 25 号
邮　　　箱　　fadapress@163.com
网　　　址　　http://www.cuplpress.com (网络实名：中国政法大学出版社)
电　　　话　　010-58908435(第一编辑部) 58908334(邮购部)
承　　　印　　保定市中画美凯印刷有限公司
开　　　本　　720mm×960mm　1/16
印　　　张　　22
字　　　数　　383 千字
版　　　次　　2021 年 11 月第 1 版
印　　　次　　2021 年 11 月第 1 次印刷
印　　　数　　1～5000 册
定　　　价　　69.00 元